O EVANGELHO SEGUNDO O ESPIRITISMO

Allan Kardec

O EVANGELHO SEGUNDO O ESPIRITISMO

Contendo a explicação dos ensinamentos morais do Cristo, sua concordância com o Espiritismo e sua aplicação às diversas situações da vida.

O Evangelho Segundo o Espiritismo
Título do original francês:
"L'ÉVANGILE SELON LE SPIRITISME" (Paris, 1857)

Copyright *by* Fundação Espírita André Luiz • 2012
Mundo Maior Editora
Fundação Espírita André Luiz

Diretoria Editorial: Onofre Astinfero Baptista
Editor: Antonio Ribeiro Guimarães
Assistente Editorial: Marta Moro
Capa: André Alves Marouço/Leonardo Lopes
Diagramação: Leonardo Lopes
Revisão: Equipe Mundo Maior
Tradução: Karine Rutpaulis

Rua São Gabriel, 364 térreo
Guarulhos/SP – CEP 07056-000
Tel.: (11) 4964-4700

www.mundomaior.com.br
e-mail: editorial@editoramundomaior.com.br

Dados Internacionais de Catalogação na Publicação (CIP)
(Câmara Brasileira do Livro, SP, Brasil)

Kardec, Allan, 1804-1869.
O Evangelho segundo o espiritismo / Allan Kardec ; tradução Karine Rutpaulis. -- 6. ed. -- São Paulo : Mundo Maior Editora, 2012.
Título original: L'Évangile selon le spiritisme.

1. Espiritismo I. Título.

12-02614   CDD-133.9

Índice para catálogo sistemático

1. Espiritismo 133.9
2. Evangelhos : Exegese espírita 133.9

Disse Jesus: *"Porque onde estiverem dois ou três reunidos em meu nome, ali estarei no meio deles".*
Mateus, XVIII:20

SUGESTÕES PARA REALIZAR O EVANGELHO NO LAR

Defina um dia e horário fixo da semana, de sua conveniência, para não ser interrompido.

Coloque, se preferir, uma jarra com água para ser fluidificada, durante o estudo e a prece e, ao fim da reunião, será oferecida aos presentes.

Ao iniciar o estudo, faça uma prece, rogando o amparo dos Amigos Espirituais; realize a leitura de um trecho de *O Evangelho Segundo o Espiritismo*, mantendo na ordem sequencial dos capítulos, evitando assim abrir no mesmo capítulo sucessivas vezes.

Comente com os integrantes do estudo o assunto lido, evidenciando o ensino moral, e ao término da explanação peça a Deus, a Jesus e aos Espíritos de Luz, em favor da harmonia do lar e dos familiares presentes e desencarnados. Neste momento, mentalize a paz entre os povos, governantes e aqueles que sofrem (do corpo e da alma).

Ao encerrar, profira uma prece, agradecendo a proteção dos Amigos Espirituais.

Obs.: A prática do Evangelho no Lar não é uma reunião mediúnica. Os médiuns que desejem trabalhar nas reuniões mediúnicas, especializadas nesse assunto, devem dirigir-se às Casas Espíritas.

À medida que o grupo vai se fortalecendo, os familiares podem ser convidados a se revezar para a leitura e a prece, durante o Evangelho no Lar.

Para outros esclarecimentos, leia a obra *O Evangelho no Lar*, elaborada pelo Conselho Doutrinário do Centro Espírita Nosso Lar – Casas André Luiz, pela Mundo Maior Editora. Em forma de perguntas e respostas, mostra, de maneira clara e de fácil compreensão, as questões mais comuns para as dúvidas de Como, Onde e Por que fazer o Evangelho no Lar. (www.mundomaior.com.br)

SUMÁRIO

Prefácio		9
Introdução		11
Capítulo I	Não vim destruir a Lei	37
Capítulo II	Meu Reino não é deste mundo	47
Capítulo III	Há muitas moradas na Casa de meu Pai	53
Capítulo IV	Ninguém poderá ver o Reino de Deus se não nascer de novo	63
Capítulo V	Bem-aventurados os aflitos	75
Capítulo VI	O Cristo Consolador	103
Capítulo VII	Bem-aventurados os pobres de espírito	109
Capítulo VIII	Bem-aventurados os puros de coração	121
Capítulo IX	Bem-aventurados os mansos e pacíficos	133
Capítulo X	Bem-aventurados os misericordiosos	139
Capítulo XI	Amar ao próximo como a si mesmo	151
Capítulo XII	Amai os vossos inimigos	163
Capítulo XIII	Que a mão esquerda não saiba o que faz a direita	177
Capítulo XIV	Honra a teu pai e a tua mãe	199
Capítulo XV	Fora da caridade não há salvação	209
Capítulo XVI	Não se pode servir a Deus e a Mamon	217
Capítulo XVII	Sede perfeitos	233

Capítulo XVIII	Muitos os chamados e poucos os escolhidos	247
Capítulo XIX	A Fé que transporta montanhas	259
Capítulo XX	Os trabalhadores da última hora	267
Capítulo XXI	Haverá falsos cristos e falsos profetas	275
Capítulo XXII	Não separeis o que Deus juntou	287
Capítulo XXIII	Moral estranha	291
Capítulo XXIV	Não pôr a candeia sob o alqueire	301
Capítulo XXV	Buscai e achareis	311
Capítulo XXVI	Dar de graça o que de graça receber	317
Capítulo XXVII	Pedi e obtereis	323
Capítulo XXVIII	Coletânea de Preces Espíritas	337

Breve Descrição Histórica..385
Dados Biográficos de Allan Kardec..387
Nota Explicativa...391

PREFÁCIO

Os Espíritos do Senhor – que são as virtudes dos Céus – como um imenso exército que se movimenta ao receber a ordem de comando, espalham-se por toda a face da Terra.

Semelhantes às estrelas cadentes, vêm iluminar o caminho e abrir os olhos aos cegos.

Eu vos digo, em verdade, que são chegados os tempos em que todas as coisas devem ser restabelecidas no seu verdadeiro sentido, para dissipar as trevas, confundir os orgulhosos e glorificar os justos.

As grandes vozes do Céu ressoam como o toque da trombeta, e os coros dos anjos se reúnem. Homens, nós vos convidamos ao divino concerto. Que vossas mãos tomem a lira, que vossas vozes se unam, e, num hino sagrado, se estendam e vibrem de um ponto a outro do Universo.

Homens, irmãos amados, estamos junto de vós: amai-vos uns aos outros e dizei, do fundo de vossos corações, fazendo a vontade do Pai que está no Céu: "Senhor! Senhor!" e podereis entrar no reino dos Céus.

O Espírito de Verdade

Nota: A instrução acima, transmitida por via mediúnica, resume ao mesmo tempo o verdadeiro caráter do Espiritismo e o objetivo desta obra. Por isso, foi colocada aqui como prefácio. (*Nota de Allan Kardec.*)

INTRODUÇÃO

I – Objetivo desta obra

Podemos dividir os assuntos contidos nos Evangelhos em cinco partes: *os atos comuns da vida do Cristo; os milagres; as predições; as palavras que serviram de consolidação aos dogmas*[1] *da Igreja para fundamento de seus dogmas e o ensino moral.*

Se as quatro primeiras partes são objeto de controvérsias; a última permanece inatacável. Diante desse código divino, submete-se a própria incredulidade. É o terreno em que todos os cultos se encontram, a bandeira sob a qual todos podem abrigar-se, sejam quais forem as suas crenças, pois ela nunca se fez objeto de disputas religiosas, sempre e por toda a parte levantadas pelos dogmas. Se o discutissem, as seitas teriam encontrado nele a sua própria condenação, pois a maioria delas está ligada à parte mística do que à parte moral, que exige a renovação de si mesmo. Para os homens, em particular, é uma regra de conduta que abrange todas as circunstâncias da vida particular ou pública, o princípio de todas as relações sociais fundadas sobre a mais rigorosa justiça. É, enfim, e acima de tudo, o caminho infalível da felicidade que virá. É uma ponta do véu erguido sobre a vida futura. Este é o tema exclusivo desta obra.

Todo o mundo admira a moral evangélica. Todos proclamam a sua sublimidade e a sua necessidade; mas muitos o fazem confiando naquilo que ouviram, ou apoiados em algumas máximas que se

---

[1] **Dogma** – Princípio de fé definido pela Igreja, apresentada como incontestável e indiscutível – ver Kardec, Allan – *O Livro dos Espíritos*, cap. IV, q. 171 nota [2]. Mundo Maior Editora, 1ª edição, 2000.

tornaram proverbiais. Mas poucos a conhecem a fundo, menos ainda a compreendem e sabem deduzir-lhes as consequências. A razão disso está, em grande parte, nas dificuldades que a leitura do Evangelho apresenta, tornando-se incompreensível para a maioria. A forma alegórica e o misticismo intencional da linguagem fazem com que a maioria o leia por desencargo de consciência e por obrigação, como leem as orações sem as compreender, ou seja, sem delas tirar proveito. Os preceitos morais, disseminados no texto, misturados às narrativas. Torna-se impossível, assim, compreendê-los como um todo e fazê-los objeto de leitura e de meditação separadamente.

É bem verdade que já foram escritos tratados de moral evangélica, mas o arranjo em estilo literário moderno lhe tira a primitiva espontaneidade primitiva, que lhes proporciona ao mesmo tempo, encanto e a autenticidade. Ocorre o mesmo com as máximas soltas, reduzidas à sua mais simples expressão proverbial; não são mais do que aforismos², que perdem uma parte do seu valor e de seu interesse, pela falta de complementos e das circunstâncias em que foram transmitidas.

Para evitar tais inconvenientes, reunimos nesta obra os trechos que podem constituir, por assim dizer, um código de moral universal sem distinção de culto. Nas citações, conservamos tudo o que era útil ao desenvolvimento do pensamento, suprimindo apenas o que era estranho ao assunto. Além disso, respeitamos, escrupulosamente, a tradução original de Sacy, bem como a divisão por versículos. Mas, em vez de nos atermos a uma ordem cronológica sem real utilidade neste caso, agrupamos e classificamos as sentenças metodicamente, segundo a natureza de cada uma delas, de maneira que elas se deduzam, o máximo possível, umas das outras. A ordem de numeração dos capítulos e dos versículos permite recorrer à consulta, caso seja necessário.

Foi apenas um trabalho material, que teve somente uma utilidade secundária. O essencial era colocá-lo ao alcance de todos pela explicação das passagens obscuras e o desenvolvimento de todas as suas consequências,

---

[2] **Aforismo** – Máxima ou sentença que em poucas palavras contém uma regra ou um princípio de grande alcance. (*N. do E.*)

em vista da aplicação nas diferentes circunstâncias da vida. Foi o que tentamos fazer, com a ajuda dos bons Espíritos que nos assistem.

Muitas passagens do Evangelho, da Bíblia e de outros autores sagrados, em geral, são de difícil compreensão; muitas até parecem absurdas, por causa da falta de uma chave para se entender o verdadeiro sentido. Essa chave está inteiramente no Espiritismo, como já puderam convencer-se aqueles que o estudaram seriamente, e como também será ainda mais bem reconhecido.

O Espiritismo encontra-se por toda a parte, na Antiguidade e em todas as épocas da Humanidade. Em tudo encontramos os seus traços: nas escrituras, nas crenças e nos monumentos. É por isto que, ao abrir novos horizontes para o futuro, lança uma luz tão esclarecedora sobre os mistérios do passado.

Como complemento de cada preceito, acrescentamos algumas instruções escolhidas entre as que foram ditadas pelos Espíritos, em diversos países e por intermédio de diferentes médiuns. Se estas instruções tivessem surgido de uma única fonte, poderiam ter sofrido influência pessoal ou do meio, enquanto que a diversidade das origens prova que os Espíritos dão os seus ensinamentos por toda parte e que ninguém é privilegiado nessa questão[3].

Esta obra é para uso de todos. Dela podem todos haurir os meios de conformar com a moral do Cristo o respectivo proceder. Aos espíritas oferece aplicações que lhes concernem de modo especial. Graças às relações estabelecidas, doravante e permanentemente, entre os homens e o mundo invisível, a lei evangélica, que os próprios Espíritos

---

[3] Poderíamos, sem dúvida, dar, sobre cada assunto, outras comunicações obtidas em um grande número de outras cidades e centros espíritas, além daqueles que citamos, mas devemos, antes de tudo, evitar a monotonia das repetições inúteis e limitar nossa escolha às que, pelo conteúdo e pela forma, se enquadrem mais especialmente no plano desta obra, reservando para as publicações posteriores as que não foram aqui incluídas. Quanto aos médiuns, evitamos nomeá-los; em sua maior parte, atendendo ao seu próprio pedido. Além disso, não seria conveniente fazer exceções, pois os nomes dos médiuns não acrescentariam nenhum valor à obra dos Espíritos. Seria apenas uma satisfação do amor-próprio, com o qual os médiuns verdadeiramente sérios não se preocupam, pois compreendem que, sendo seu papel puramente passivo, o valor das comunicações em nada realça o seu mérito pessoal e que seria ingênuo envaidecerem-se de um trabalho intelectual para o qual apenas prestaram o seu concurso mecânico. (*Nota de Allan Kardec.*)

ensinaram a todas as nações, já não será letra morta, porque cada um a compreenderá e se verá incessantemente compelido a pô-la em prática, a conselho de seus guias espirituais. As instruções que promanam dos Espíritos são verdadeiramente *as vozes do Céu* que vêm esclarecer os homens e convidá-los *à prática do Evangelho*.

II – Autoridade da Doutrina Espírita
Controle universal do ensinamento dos Espíritos

Se a Doutrina Espírita fosse uma concepção puramente humana, ela teria como garantia somente as luzes daquele que a tivesse concebido. Ora, ninguém aqui na Terra poderia ter a pretensão de possuir para si a verdade absoluta. Se os Espíritos que a revelaram exclusivamente houvessem se manifestado a um só homem, nada lhe garantiria a origem, pois seria necessário crer na palavra daquele que dissesse ter recebido deles os seus ensinamentos. Admitindo-se absoluta sinceridade de sua parte, poderia no máximo convencer as pessoas de seu relacionamento e poderia ter seguidores, mas jamais conseguiria reunir a todos.

Deus quis que a nova revelação chegasse aos homens por um meio mais rápido e mais autêntico. Eis por que encarregou os Espíritos de levá-la de um polo a outro, manifestando-se por toda a parte, sem dar a ninguém o privilégio exclusivo de ouvir a sua palavra. Um homem pode ser enganado e pode enganar-se a si mesmo, mas tal não ocorre quando milhões veem e ouvem a mesma coisa. É uma garantia para cada um e para todos. Além disso, pode fazer-se desaparecer um homem, mas não se faz desaparecerem multidões; pode-se queimar livros, mas não se pode queimar Espíritos. Ora, mesmo que se queimassem todos os livros, a fonte da doutrina continuaria inesgotável, pois ela não se encontra na Terra. Surgiu de toda a parte e todos podem dessedentar-se nessa fonte. Se faltarem homens que a propaguem, haverá sempre os Espíritos, que atingem a todos e aos quais ninguém pode atingir.

São os próprios Espíritos, na verdade, que fazem a propagação com a ajuda de inumeráveis médiuns que eles despertam por toda a parte. Se houvesse apenas um intérprete, por mais favorecido que fosse, o Espiritismo seria apenas conhecido. Esse intérprete, qualquer que fosse a sua categoria, teria sido objeto de desconfiança de muitos; nenhuma nação o aceitaria, enquanto os Espíritos, comunicando-se em todos os lugares, a todos os povos, a todas as seitas e a todos os grupos, são aceitos por todos. O Espiritismo não tem nacionalidade, independe dos cultos particulares, não é imposto por nenhuma classe social, pois todos podem receber as instruções de seus parentes e amigos de além--túmulo. É necessário que assim seja, para que ele possa conclamar todos os homens à fraternidade, pois se não se colocasse sobre um terreno neutro, teria mantido as dissensões, ao invés de apaziguá-las.

Na universalidade dos ensinamentos dos Espíritos está a força do Espiritismo e, também, a causa de sua tão rápida propagação. A voz de um só homem, mesmo com o auxílio da imprensa, teria levado séculos para chegar aos ouvidos de todos. Por isso, milhares de vozes se fazem ouvir simultaneamente, pela Terra, para proclamarem os mesmos princípios e transmiti-los aos mais ignorantes e aos mais sábios, a fim de que ninguém seja deserdado. É uma vantagem da qual não desfrutou nenhuma das doutrinas aparecidas até hoje. Se, portanto, o Espiritismo é uma verdade, ele não teme a má vontade dos homens, nem as revoluções morais, nem as transformações físicas do globo, pois nenhuma dessas coisas pode atingir os Espíritos.

Mas esta não é a única vantagem que resulta dessa posição excepcional. O Espiritismo nela encontra uma poderosa garantia contra os cismas que poderiam ser suscitados, seja pela ambição de alguns, seja pelas contradições de certos Espíritos. Essas contradições são certamente um obstáculo, mas carregam em si mesmas o remédio ao lado do mal.

Sabe-se que os Espíritos, pela diferença que há em seus conhecimentos, estão longe de estar individualmente de posse de toda a verdade; que não é dado a todos o poder de conhecer certos mistérios; que o seu saber é proporcional à sua evolução; que os Espíritos comuns não sabem mais do que muitos homens; que há, entre eles, como entre os homens, os presunçosos e os pseudossábios, que acreditam saber o que não sabem; os sistemáticos, que tomam suas próprias ideias como verdadeiras e, enfim, os Espíritos de ordem mais elevada, que são completamente desmaterializados, os únicos despojados das ideias e dos preconceitos terrenos. Mas também sabemos que os Espíritos enganadores não têm escrúpulos para se ocultar sob nomes falsos, a fim de fazerem que suas utopias sejam aceitas. Disto resulta que, para tudo o que se encontra fora do ensinamento exclusivamente moral, as revelações que cada um possa obter terão um caráter individual, sem garantia de autenticidade e devem ser consideradas opiniões pessoais deste ou daquele Espírito, sendo imprudência aceitá-las e divulgá-las levianamente como verdades absolutas.

O primeiro controle é, sem dúvida, o da razão, ao qual é necessário submeter, sem exceção, tudo o que vem dos Espíritos. Toda teoria contrária ao bom senso, com uma lógica rigorosa e, com os dados positivos que possuímos, por mais respeitável que seja o nome que assine, deve ser rejeitada. Mas esse controle é incompleto em muitos casos, por insuficiência de conhecimentos de algumas pessoas e da tendência de muitos de tomarem seu próprio julgamento por único árbitro da verdade. Em caso semelhante, o que fazem os homens que não confiam absolutamente em si mesmos? Levam em consideração a opinião da maioria, que lhes serve de guia desta. Assim deve ser acerca do ensinamento dos Espíritos, que nos fornecem por si mesmos os meios de consegui-lo.

A concordância nos ensinamentos dos Espíritos é, então, a sua melhor comprovação, mas é ainda necessário que ela aconteça em certas condições. A menos segura de todas é quando um médium interroga por si mesmo vários Espíritos, sobre um ponto duvidoso. É evidente que, se ele estiver sob o domínio de uma obsessão, ou se relaciona com um Espírito mistificador, este Espírito pode dizer-lhe a mesma coisa sob nomes diferentes. Não há também nenhuma garantia suficiente na concordância que se possa obter pelos médiuns de um mesmo centro, pois podem sofrer a mesma influência.

A única garantia segura do ensino dos Espíritos está na concordância que existe entre as revelações feitas espontaneamente, através de um grande número de médiuns, estranhos uns aos outros e em diferentes lugares.

Entenda-se que não se trata aqui de comunicações relativas a interesses secundários, mas das que se relacionam com os princípios da

Doutrina. A experiência prova que quando um novo princípio deve ser transmitido, ele é ensinado *espontaneamente*, em diferentes pontos ao mesmo tempo, e de uma maneira idêntica, senão pela forma, ao menos pelo conteúdo. Se, portanto, apraz a um Espírito formular um sistema excêntrico, baseado em suas próprias ideias e fora da verdade, podemos estar certos de que esse sistema permanecerá *circunscrito*, e cairá, diante da unanimidade das instruções dadas por toda parte, assim como já tivemos vários exemplos. É esta unanimidade que fez cair todos os sistemas parciais surgidos na origem do Espiritismo, quando cada qual explicava os fenômenos à sua maneira, e antes que fossem conhecidas as leis que regem as relações do mundo visível com o mundo invisível.

Tal é a base sobre a qual nos apoiamos, quando formulamos um princípio da Doutrina: não é por estar de acordo com as nossas ideias que o consideramos verdadeiro. Não nos colocamos, absolutamente, como árbitros supremos da verdade, e não dizemos a ninguém: "Acredite em tal coisa, pois nós a dizemos". Nossa opinião não é, aos nossos próprios olhos, mais do que uma opinião pessoal, que pode ser verdadeira ou falsa, pois não somos mais infalíveis do que os outros. E não é também porque um princípio nos foi ensinado que o consideramos verdadeiro, mas porque recebeu a sanção da concordância.

Em nossa posição, recebendo as comunicações de perto de mil centros espíritas sérios, disseminados pelos mais diversos pontos do globo, estamos em condições de ver os princípios sob os quais essa concordância se estabelece. É esta observação que nos tem guiado até hoje, e é igualmente ela que nos guiará, através dos novos campos que o Espiritismo for chamado a explorar. É assim que, estudando atentamente as comunicações vindas de diversos lugares, tanto da França quanto do exterior, reconhecemos, pela natureza toda especial das revelações, que há uma tendência para entrar numa nova via, e que chegou o momento de dar um passo à frente. Essas revelações, às vezes formuladas com palavras veladas, passaram quase sempre despercebidas para muitos daqueles que as receberam. Muitos outros acreditaram tê-las recebido sozinhos. Tomadas isoladamente, elas seriam sem valor para nós; apenas a coincidência lhes confere valor. Depois, quando chegar o momento de publicá-las, cada um se lembrará de haver recebido instruções no mesmo sentido. É esse o movimento geral que observamos e estudamos, com a assistência dos nossos guias espirituais, que nos ajuda a avaliar a oportunidade de fazermos alguma coisa ou de nos abstermos.

Esse controle universal é uma garantia para a unidade futura do Espiritismo e anulará todas as teorias contraditórias. É nele que, no futuro, procuraremos o critério da verdade. O que determinou o sucesso da doutrina formulada em *O Livro dos Espíritos* e em *O Livro dos Médiuns* foi que todos puderam receber, diretamente dos Espíritos, a confirmação do que eles afirmavam. Se, por toda parte, os Espíritos os contradissessem, esses livros teriam, há muito tempo, sofrido a sorte de todas as concepções fantásticas. Nem o apoio da imprensa os teria salvo do naufrágio, embora, mesmo privados desse apoio, não deixaram de fazer rapidamente o seu caminho, pois tiveram o dos Espíritos, cuja boa vontade compensou, com vantagem, a má vontade dos homens. Assim será com todas as ideias emanadas dos Espíritos ou dos homens, que puderem suportar a prova desse controle, cujo poder ninguém pode contestar.

Imaginemos, então, que alguns Espíritos queiram ditar, sob um título qualquer, algum livro com sentido contrário; suponhamos mesmo que, com uma intenção hostil e com a finalidade de desacreditar a Doutrina, a malevolência suscitasse comunicações apócrifas[4]. Que influência poderiam ter esses relatos, se eles são desmentidos por todos os lados pelos Espíritos? É a adesão desses últimos que precisa ser assegurada, antes de lançar um sistema em seu nome. Do sistema de um só ao sistema de todos, há a distância da unidade ao infinito. O que podem todos os argumentos dos detratores contra a opinião das massas, quando milhões de vozes amigas, partidas do Espaço, chegam de todas as partes do Universo, e no seio de cada família os repelem energicamente? A experiência, em relação a esse assunto, já não confirmou a teoria? O que aconteceu com todas essas publicações que deveriam, pretensamente, destruir o Espiritismo? Qual delas conseguiu, ao menos, deter-lhe a marcha? Até hoje não se havia considerado essa

---

[4] **Apócrifas** – Não autênticas. (*N. do E.*)

questão desse ponto de vista, sem dúvida um dos mais graves. Todos contaram consigo mesmos, sem contar com os Espíritos.

O princípio da concordância é ainda uma garantia contra as alterações que, em proveito próprio, pretendessem introduzir no Espiritismo as seitas que dele quisessem apoderar-se, acomodando-o à sua maneira. Quem quer que tentasse desviá-lo de seu fim providencial fracassaria, pela simples razão de que os Espíritos, pela universalidade de seus ensinamentos, farão cair toda modificação que se desvie da verdade.

Disso tudo resulta uma verdade capital: quem quer que desejasse se colocar contra uma corrente de ideias estabelecida e sancionada poderia muito bem provocar uma pequena perturbação local e momentânea, mas jamais o conjunto, mesmo no presente, e menos ainda no futuro.

Resulta ainda que as instruções dadas pelos Espíritos sobre os pontos da Doutrina ainda não esclarecidos não conseguiriam manter-se, enquanto permanecessem isoladas, só devendo, por conseguinte, ser aceitas sob todas as reservas, a título de informação.

Daí ser preciso a maior prudência na publicação, e no caso de julgar-se necessário publicá-las, só devem ser apresentadas como opiniões individuais, mais ou menos prováveis, mas tendo, em todo o caso, necessidade de confirmação. É essa confirmação que é preciso esperar, antes de apresentar um princípio como verdade absoluta, se não quiser ser acusado de leviandade ou de credulidade irrefletida.

Os Espíritos superiores procedem, em suas revelações, com extrema prudência. Somente expõem as grandes questões da Doutrina gradualmente, à medida que a inteligência está apta a compreender as verdades de uma ordem mais elevada, e quando as circunstâncias sejam propícias para a emissão de uma ideia nova. Eis por que, desde o início, eles não disseram tudo, nem o disseram até agora, não cedendo à impaciência de pessoas muito apressadas, que desejam colher os frutos antes de amadurecerem. Seria, então, inútil querer antecipar o tempo assinalado para cada coisa pela Providência, pois os Espíritos verdadeiramente sérios se recusam positivamente a ajudar. Porém, os Espíritos levianos pouco se preocupam com a verdade, a tudo respondendo. É por essa razão que, sobre todas as questões prematuras, há sempre respostas contraditórias.

Os princípios acima não são o resultado de uma teoria pessoal, mas a forçosa consequência das condições nas quais os Espíritos se manifestam. É bem evidente que, se um Espírito diz alguma coisa num lugar, enquanto milhões dizem o contrário por toda a parte, a presunção da verdade não pode estar com aquele que ficou só, nem aproximar-se de sua opinião, pois pretender que um só tenha razão contra todos, seria tão ilógico da parte de um Espírito quanto da parte dos homens. Os Espíritos realmente sábios, quando não se sentem suficientemente esclarecidos sobre um assunto, não o resolvem jamais de uma maneira absoluta. Declaram tratar do assunto de acordo com a sua opinião pessoal e aconselham esperar-se pela confirmação.

Por maior, mais bela e justa que seja uma ideia, é impossível que ela reúna, desde o início, todas as opiniões. Os conflitos que dela resultam são a consequência inevitável do movimento que se processa; e são mesmo necessários, para maior realce da verdade. É útil que assim aconteça para que as falsas ideias sejam prontamente desgastadas. Os espíritas que revelam alguns temores devem ficar tranquilos. Todas as pretensões isoladas cairão, pela força das coisas, diante do grande e poderoso critério do controle universal.

Não será pela opinião de um homem que se produzirá a união, mas pela unanimidade da voz dos Espíritos. Não será um homem, *nem muito menos nós que qualquer outro*, que fundará a ortodoxia espírita. Tampouco será um Espírito, vindo impor-se a quem quer que seja. É a universalidade dos Espíritos, comunicando-se sobre toda a Terra, por ordem de Deus. Este é o caráter essencial da Doutrina Espírita; aí está a sua força e a sua autoridade. Deus quis que a Sua lei fosse assentada sobre uma base inabalável, e foi por isso que não a fez repousar sobre a cabeça frágil de um só.

É diante desse poderoso areópago[5], que não conhece o conluio nem as rivalidades invejosas, nem o sectarismo, nem as divisões nacionais, que virão quebrar-se todas as oposições, todas as ambições, todas as

---

[5] **Areópago** – Tribunal ateniense, formado por sábios, magistrados e homens ilustres. (*N. do E.*)

pretensões à supremacia individual; *pois nós mesmos nos destruiríamos se quiséssemos substituir esses decretos soberanos pelas nossas próprias ideias.* Somente Ele resolverá todas as questões litigiosas, que fará silenciar as dissidências e dará razão ou não a quem de direito. Diante desse acordo imperativo de todas *as vozes do céu*, que pode a opinião de um homem ou de um Espírito? Menos que uma gota d'água que se perde no oceano, menos que a voz de uma criança abafada pela tempestade.

A opinião universal é o juiz supremo, aquele que se pronuncia em última instância. Ela se forma de todas as opiniões individuais. Se uma delas é verdadeira, tem na balança o seu peso relativo. Se ela é falsa, não pode sobrepujar as outras. Nesse imenso concurso, as individualidades desaparecem e eis aí um novo revés para o orgulho humano.

Esse conjunto harmonioso já se esboça; logo, este século não passará sem que ele resplandeça em todo o seu esplendor, de maneira a resolver todas as incertezas; porque daqui em diante, vozes poderosas terão recebido a missão de se fazerem ouvir, para unirem os homens sob a mesma bandeira, desde que o campo esteja suficientemente preparado. Enquanto isso, aquele que gravitar entre dois sistemas opostos poderá observar em que sentido se forma a opinião geral: é o indício certo do sentido em que se pronuncia a maioria dos Espíritos, dos diversos pontos sobre os quais se comunicam; é o sinal não menos seguro de qual dos dois sistemas prevalecerá.

III – Notícias históricas

Para bem compreendermos certas passagens dos Evangelhos, é preciso conhecer o valor de muitas palavras que são frequentemente empregadas e que caracterizam os costumes e a sociedade judaica naquela época. Essas palavras, não tendo para nós o mesmo sentido, foram muitas vezes mal-interpretadas, e por isso geraram algumas incertezas. A compreensão de sua significação explica, também, o sentido verdadeiro de certas máximas, que parecem estranhas numa primeira abordagem.

Samaritanos: Após o cisma das dez tribos, Samaria tornou-se a capital do reino dissidente de Israel. Destruída e reconstruída em várias ocasiões, ela foi, sob o domínio romano, a sede administrativa da Samaria, uma das quatro divisões da Palestina. Herodes, chamado o Grande, embelezou-a com suntuosos monumentos e, para homenagear Augusto, deu-lhe o nome de *Augusta*, em grego *Sebaste*.

Os samaritanos estiveram quase sempre em guerra com os reis de Judá. Uma aversão profunda, que datava da época da separação, perpetuou-se constantemente entre os dois povos, que se esquivavam de qualquer relação recíproca. Os samaritanos, para tornarem a cisão mais profunda e por não terem de ir a Jerusalém para a celebração das festas religiosas, construíram um templo próprio e adotaram certas reformas: somente admitiam o Pentateuco[6] – que contém as leis de Moisés – e rejeitavam todos os livros que a ele foram anexados posteriormente. Seus livros sagrados eram escritos em caracteres hebraicos da mais alta antiguidade. Aos olhos dos judeus ortodoxos, eles eram heréticos e, por isso mesmo, desprezados, anatematizados[7] e perseguidos. O antagonismo das duas nações tinha, portanto, como único princípio a divergência das opiniões religiosas, embora as suas crenças tivessem a mesma origem. Eram os protestantes desse tempo.

Ainda hoje se encontram samaritanos em algumas regiões do Oriente, particularmente em Nablus e em Jaffa. Observam a lei de Moisés com mais rigor que os outros judeus e só se casam entre si.

Nazarenos: Nome dado, na antiga lei, aos judeus que faziam votos, seja por toda a vida, ou por algum tempo, de conservar-se em pureza perfeita; adotavam a castidade, a abstinência das bebidas alcoólicas e não cortavam os cabelos. Sansão, Samuel e João Batista eram nazarenos.

Mais tarde, os judeus deram esse nome aos primeiros cristãos, por alusão a Jesus de Nazaré. Foi também o nome de uma seita herética dos primeiros séculos da era cristã, que, como os ebionitas[8], cujos princípios ela adotou, misturava as práticas do Mosaísmo aos dogmas cristãos. Essa seita desapareceu no quarto século.

Publicanos: Eram assim chamados, em Roma, os cavalheiros arren-

---

[6] **Pentateuco** – Os cinco primeiros livros do Velho Testamento, cuja autoria é atribuída a Moisés. (*N. do E.*)

[7] **Anatematizar** – Condenar, reprovar energicamente, votar à execração. (*N. do E.*)

datários das taxas públicas, encarregados da cobrança dos impostos e das rendas de toda espécie, fosse em Roma ou em outras partes do Império. Assemelhavam-se aos arrendatários gerais e aos contratantes do antigo regime na França, e aos que ainda existem em algumas regiões. Os riscos a que estavam sujeitos faziam que se fechassem os olhos ao seu enriquecimento, que, para muitos, era produto de cobranças e de lucros escandalosos. O nome publicano estendeu-se mais tarde a todos aqueles que detinham a gestão do erário público e aos seus agentes subalternos. Hoje, essa palavra se usa pejorativamente, para designar os negocistas e seus agentes pouco escrupulosos. Costuma-se dizer: "Ávido como um publicano, rico como um publicano", referindo-nos a fortunas de má procedência.

O que os judeus mais dificilmente aceitaram e também o que mais causou irritação entre eles durante a dominação romana, foi o imposto. Provocou inúmeras revoltas e fez-se disso uma questão religiosa, porque era considerado como contrário à lei. Formou-se mesmo um partido poderoso encabeçado por um certo Judas, chamado o Gaulonita, que tinha por princípio o não pagamento do imposto. Os judeus tinham, portanto, horror ao imposto e, consequentemente, por todos aqueles que eram encarregados de arrecadá-lo. Daí a sua aversão pelos publicanos de todas as categorias, entre os quais podiam encontrar-se pessoas muito estimáveis, mas que, em razão de suas funções, eram desprezadas, assim como aqueles de suas relações e que eram vistos com a mesma repulsa. Os judeus bem considerados acreditavam comprometer-se, tendo relações pessoais com eles.

Portageiros: Eram os cobradores de categoria inferior, encarregados do recebimento de pagamento pela entrada nas cidades. Suas funções correspondiam mais ou menos à dos aduaneiros e dos cobradores de taxa sobre mercadorias. Sofriam, também, a reprovação aplicada aos publicanos em geral. É por essa a razão que, encontramos frequentemente no Evangelho o nome de publicano ligado à designação de gente de má

---

[8] **Ebionitas** – Relativo a Ebionismo, doutrina herética do século II, que, posto reconhecesse Jesus por Messias, Lhe negava a divindade, aceitava o Velho Testamento e rejeitava o Novo, que substituía por outro, chamado o Evangelho dos Ebionitas. (*N. do E.*)

vida. Essa qualificação não significava "dissolutos" ou "vagabundos": era uma expressão de desprezo, sinônimo de pessoas de má companhia, indignas de conviver com gente de bem.

Fariseus: (do hebraico *pharush*, divisão, separação): A tradição formava uma parte importante da teologia[9] judaica. Consistia nas coletâneas das interpretações sucessivas dadas aos trechos das escrituras, que se haviam transformado em artigos de dogma. Era, entre os doutores, motivo de intermináveis discussões, muitas vezes por simples questão de palavras ou de formas, à semelhança das disputas teológicas e das sutilezas da escolástica[10] medieval. Daí nasceram diferentes seitas, que pretendiam ter cada qual o monopólio da verdade e, como acontece quase sempre, detestando-se cordialmente entre si.

Entre essas seitas, a mais influente era a dos fariseus, que tinha por chefe Hillel, doutor judeu nascido na Babilônia, fundador de uma célebre escola, na qual se ensinava que a fé só era dada pelas escrituras. Sua origem remonta aos anos 180 ou 200 a.C. Os fariseus foram perseguidos em diversas épocas notadamente por Hircanio, soberano pontífice e rei dos judeus, e ainda por Aristóbulo e Alexandre, reis da Síria. Entretanto, como este último devolveu-lhes as honras e bens, eles retomaram o poder e o conservaram até a ruína de Jerusalém, no ano 70 da era cristã, época na qual o seu nome desapareceu, depois da dispersão dos judeus.

Os fariseus tomavam parte ativa nas controvérsias religiosas. Servis observadores das práticas exteriores do culto e das cerimônias, ardorosamente proselitistas, inimigos das inovações, mostravam grande severidade de princípios. Mas, sob as aparências de uma devoção meticulosa, escondiam hábitos dissolutos, muito orgulho e, sobretudo, excessivo desejo pela dominação. A religião, para eles, era mais um meio de subir do que propriamente objeto de uma fé sincera. Eles tinham apenas as aparências e a ostentação de virtudes, embora com isso exercessem uma

---

[9] **Teologia** – Ciência que se ocupa de Deus e Seus atributos. (*N. do E.*)
[10] **Escolástica** – Sistema teológico-filosófico surgido nas escolas medievais e caracterizado pela coordenação entre Teologia e Filosofia, iniciado pelos pais da Igreja (Santo Agostinho e São Tomás de Aquino), firmados em Aristóteles. Manteve-se até fins do século XVIII. (*N. do E.*)

grande influência sobre o povo, aos olhos de quem passavam por santos personagens. Eis por que eram tão poderosos em Jerusalém.

Criam ou ao menos professavam crer na Providência, na imortalidade da alma, na eternidade das penas e na ressurreição dos mortos. (Cap. IV, nº 4.) Jesus, que prezava acima de tudo a simplicidade e as qualidades do coração, que preferia na lei *"o Espírito que vivifica à letra que mata"*, entregou-se, durante toda a Sua missão, a desmascarar essa hipocrisia, e por isso granjeou inimigos obstinados. Foi por isso que eles se ligaram aos príncipes dos sacerdotes para levantar o povo contra Jesus e fazê-Lo sacrificar.

Escribas: Nome dado, a princípio, aos secretários dos reis de Judá e a alguns intendentes dos exércitos judeus. Mais tarde, essa designação foi aplicada especialmente aos doutores que ensinavam a lei de Moisés e a interpretavam ao povo. Faziam causa comum com os fariseus, com os quais dividiam os princípios e a aversão aos renovadores. É por isto que Jesus também os envolve na mesma reprovação.

Sinagoga: (do grego *synagogê*, assembleia, congregação) Havia na Judeia apenas um templo, o de Salomão, situado em Jerusalém, onde se celebravam as grandes cerimônias do culto. Para lá iam todos os anos os judeus em peregrinação, para as festas principais, como as da Páscoa, da Dedicação e a dos Tabernáculos. Foi nessa época que Jesus ali fez diversas incursões. As outras cidades não tinham templos, mas sinagogas, onde os judeus se reuniam nos dias de sábado, para orar em público sob a orientação dos anciãos, dos escribas e dos doutores da lei. Nesse local se faziam também as leituras dos livros sagrados, seguidas de comentários e explicações. Todos podiam tomar parte e foi por isso que Jesus, sem ser sacerdote, ensinava nas sinagogas aos sábados. Após a ruína de Jerusalém e a dispersão dos judeus, as sinagogas, nas cidades em que passaram a residir, servem-lhes de templo para a celebração do culto[11].

Saduceus: Seita judia que se formou por volta do ano 248 a.C., assim chamada em virtude do nome de seu fundador *Sadoc*. Os saduceus não acreditavam na imortalidade da alma, nem na ressurreição, ou na

---

[11] À época da Codificação, ainda não existia o Estado de Israel. (*N. do E.*)

existência dos bons e maus anjos. Apesar disso, acreditavam em Deus, e embora nada esperassem após a morte, serviam-no com o intuito de obter recompensas temporais, ao que, segundo eles, se limitava a providência divina. A satisfação dos sentidos era, aos seus olhos, o motivo principal da vida. Quanto às escrituras, apegavam-se ao texto da antiga lei, não admitindo nem a tradição, nem qualquer outra interpretação. Colocavam as boas obras e a execução pura e simples da lei acima das práticas exteriores do culto. Eram, como se vê, os materialistas, os deístas e os sensualistas da época. Essa seita era pouco numerosa, mas contava com personagens importantes e tornou-se um partido político sempre oposto aos fariseus.

Essênios: Seita judia fundada por volta do ano 150 a.C., no tempo dos macabeus. Seus membros moravam numa espécie de monastério e formavam um tipo de associação moral e religiosa. Distinguiam-se pelos costumes suaves e virtudes austeras, ensinando o amor a Deus e ao próximo, a imortalidade da alma e acreditavam na ressurreição. Eram celibatários, condenavam a servidão e a guerra; seus bens eram comuns e se entregavam à agricultura. Contrários aos saduceus sensuais, que negavam a imortalidade da alma, e aos fariseus enrijecidos pelas práticas exteriores, para os quais a virtude era apenas aparente, não tomaram parte nas disputas que dividiam essas duas seitas. Seu gênero de vida se aproximava ao dos primeiros cristãos, e os princípios morais que professavam fizeram com que alguns pensassem que Jesus pertencera a essa seita, antes do início de Sua missão pública. O que é certo é que Ele devia conhecê-la, mas nada prova que era integrante dela e tudo quanto se tem escrito a respeito é hipotético.[12]

Terapeutas (do grego *therapeutai*, vindo de *théra-peuein*, servir, tratar; quer dizer: servidores de Deus ou curadores): Sectários judeus contemporâneos do Cristo, estabelecidos principalmente em Alexandria, no Egito. Tinham intensas relações com os essênios, dos quais professavam os princípios. Como esses últimos, eles se davam à prática

---

[12] A Morte de Jesus, que se diz escrita por um irmão essênio, é um livro completamente apócrifo, escrito com o objetivo de servir a uma opinião e que reforça em si mesmo a prova de sua origem moderna. (*Nota de Allan Kardec.*)

de todas as virtudes. Sua alimentação era extremamente frugal. Com votos de celibato, de contemplação e de vida solitária, formavam uma verdadeira ordem religiosa. Fílon, filósofo platônico de Alexandria, foi o primeiro a se referir aos terapeutas, apresentando-os como uma seita do Judaísmo. Eusébio, São Jerônimo e outros Pais da Igreja pensavam que eles eram cristãos. Judeus ou cristãos, é evidente que, como os essênios, formam o traço de união entre o Judaísmo e o Cristianismo.

IV – Sócrates e Platão, precursores da ideia cristã e do Espiritismo

Da suposição de que Jesus devia conhecer a seita dos essênios, seria errado concluir que Ele embasou nela a Sua doutrina, e que, se tivesse vivido em outro meio, teria professado outros princípios. As grandes ideias nunca apareceram subitamente. As que têm por base a verdade contam sempre com precursores, que lhes preparam parcialmente o caminho. Depois, quando é chegado o tempo, Deus envia um homem com a missão de resumir, coordenar e completar os elementos esparsos e formar, com eles, um corpo de doutrina. Dessa maneira, não tendo surgido bruscamente, a ideia encontra, ao aparecer, espíritos preparados para aceitá-la. Assim foi com as ideias cristãs, pressentidas muitos séculos antes de Jesus e dos essênios, e das quais Sócrates e Platão foram os principais precursores.

Sócrates[13], assim como o Cristo, nada escreveu ou, pelo menos, nada deixou escrito. Teve a morte dos criminosos por haver atacado as crenças tradicionais e colocado a verdadeira virtude acima da hipocrisia e da ilusão dos formalismos. Em uma palavra, por haver combatido os preconceitos religiosos. Assim como Jesus foi acusado pelos fariseus de corromper o povo com os Seus ensinamentos, Ele também foi acusado pelos fariseus de seu tempo – pois que os tem havido em todas as épocas – de desviar a juventude, ao proclamar o dogma da unidade de Deus, da

---

[13] **Sócrates** (470-399 a.C.) – Filósofo ateniense. Educador por excelência, partiu do princípio de que era necessário despertar as inteligências para o exercício da reflexão filosófica. (*N. do E.*)

imortalidade da alma e da existência da vida futura. Da mesma forma porque hoje conhecemos a doutrina de Jesus pelo que escreveram os Seus discípulos, só se conhece a de Sócrates através dos escritos de seu discípulo Platão. Acreditamos ser útil resumir aqui os seus pontos mais importantes, para demonstrar a sua concordância com os princípios do Cristianismo.

Àqueles que olharem esse paralelo como uma profanação, pretendendo não ser possível haver semelhanças entre a doutrina de um pagão e a do Cristo, responderemos que a doutrina de Sócrates não foi pagã, pois tinha por objetivo combater o paganismo. Que a doutrina de Jesus, mais completa e mais apurada que a de Sócrates, nada tem a perder com a comparação. A grandeza da missão divina do Cristo não poderá ser diminuída. Além disso, trata-se de fatos históricos, que não podem ser ocultados. O homem chegou a um ponto em que a luz flui por si mesma de debaixo do alqueire[14]. Ela é colocada para que a vejam de frente. Tanto pior para aqueles que temem abrir os seus olhos. É chegado o tempo de perceber as coisas do alto e com amplitude, e não mais do ponto de vista mesquinho e estreito de seitas e castas.

Estas citações provarão também que, se Sócrates e Platão pressentiram as ideias cristãs, encontram-se igualmente em sua doutrina os princípios fundamentais do Espiritismo.

Resumo da Doutrina[15] de Sócrates e de Platão

I. *O homem é uma alma encarnada. Antes de sua encarnação, ela existia junto aos modelos primordiais, às ideias da verdade, do bem e do belo. Separou-se deles ao encarnar, e, lembrando-se do seu passado, sente-se mais ou menos atormentada pelo desejo de a eles voltar.*

Não se pode enunciar mais claramente a distinção e a independência do princípio inteligente e do princípio material. Além disso, temos aí a doutrina da preexistência da alma; da vaga intuição que ela conserva,

---

[14] **Alqueire** – Antiga medida de capacidade, equivalente a 13,8 litros; utilizava-se um caixote, com que se mediam cereais. (*N. do E.*)
[15] As proposições selecionadas por Allan Kardec foram extraídas dos "Diálogos", de Platão. (*N. do E.*)

da existência de um outro mundo, ao qual aspira; de sua sobrevivência à morte do corpo; de sua saída do mundo espiritual, para encarnar; e de seu retorno a esse mundo, após a morte. É, enfim, o germe da doutrina dos anjos decaídos.

II. *A alma perturba-se e confunde-se, quando se serve do corpo para considerar algum objeto. Ela tem vertigens como se estivesse ébria, pois se prende às coisas que são, por sua natureza, sujeitas a transformações. Ao passo que, ao contemplar a sua própria essência, ela se volta para o que é puro, eterno, imortal, e, sendo da mesma natureza, permanece nessa contemplação tanto tempo quanto possível. Cessam, então, as suas perturbações, pois ela está unida ao que é imutável, e a esse estado de alma é que chamamos sabedoria.*

Assim, o homem que considera as coisas sob o ponto de vista material, terra a terra, vive iludido. Para apreciá-las de maneira justa, é preciso vê-las do alto, ou seja, do ponto de vista espiritual. O verdadeiro sábio deve, então, de alguma maneira, isolar a alma do corpo, para ver com os olhos do Espírito. É o que ensina o Espiritismo. (Ver cap. II, nº 5.)

III. *Enquanto tivermos o nosso corpo, e a nossa alma encontrar-se mergulhada nessa corrupção, jamais possuiremos o objeto de nossos desejos: a verdade. De fato, o corpo nos oferece mil obstáculos pela necessidade que temos de cuidar dele; além disso, ele nos enche de desejos, de vontades, de crenças, de mil quimeras e mil tolices, de maneira que, com ele, é impossível sermos sábios por um instante. Mas, se nada se pode aprender puramente, enquanto a alma está unida ao corpo, conclui-se de duas coisas, uma: ou que jamais se conheça a verdade, ou que se conheça após a morte. Libertados da loucura do corpo, então conversaremos, é de se esperar, com homens igualmente livres, e descobriremos, por nós mesmos, a essência das coisas. É por isso que os verdadeiros filósofos se preparam para morrer, e a morte não lhes parece de maneira alguma temível.* (O Céu e o Inferno, 1ª parte, cap. II; 2ª parte, cap. I.)

Este é o princípio das faculdades da alma, obscurecidas pela mediação dos órgãos físicos e da expansão dessas faculdades depois da morte. Mas trata-se, aqui, das almas evoluídas, já depuradas; não ocorre o mesmo com as almas impuras.

IV. *A alma impura, nesse estado, está entorpecida, e é novamente arrastada para o mundo visível pelo horror ao que é invisível e imaterial. Ela vaga, segundo se diz, pelos túmulos e monumentos, perto dos quais foram vistos algumas vezes fantasmas tenebrosos, como devem ser as imagens das almas que deixaram o corpo, sem estarem inteiramente puras e que retêm algo da forma material, o que permite aos nossos olhos percebê-las. Não são as almas dos bons, porém as dos maus, que são forçadas a vagar nesses lugares, onde trazem as dores de sua vida passada, e onde continuam a vagar, até que os desejos inerentes à sua forma material as devolvam a um corpo. Então, elas retomam, sem dúvida, os mesmos hábitos que, durante sua vida anterior, eram objeto de sua predileção.*

Não apenas o princípio da reencarnação está aqui claramente expresso, como também o estado das almas que se encontram ainda sob o domínio da matéria é descrito tal como o Espiritismo demonstra nas evocações. E há mais: afirma-se que a reencarnação é consequência da imperfeição da alma, enquanto as almas purificadas dela estão libertas. O Espiritismo não diz outra coisa; apenas acrescenta que a alma que tomou boas resoluções na erraticidade e que adquiriu conhecimentos trará, ao renascer, menos defeitos, mais virtudes e mais ideias intuitivas do que na existência precedente e que, assim, cada existência marca para ela um progresso intelectual e moral. (O Céu e o Inferno, 2ª parte: exemplos.)

V. *Após a nossa morte, o gênio* (daimónion, daemoniu) *que nos havia sido designado durante a vida, nos leva para um lugar onde se reúnem todos os que devem ser conduzidos para o Hades[16], para serem julgados. As almas, depois de terem permanecido no Hades o tempo necessário, são reconduzidas a esta vida,* por numerosos e longos períodos.

É a doutrina dos Anjos Guardiães ou Espíritos protetores, e das reencarnações sucessivas, após intervalos mais ou menos longos de erraticidade.

VI. *Os demônios preenchem o espaço que separa o céu da Terra; são o elo que une o Grande Todo consigo mesmo. A divindade, jamais entrando em*

---

[16] **Hades** – Inferno pagão. (*N. do E.*)

comunicação direta com o homem, se comunica intermédio dos demônios, com os quais os deuses se relacionam e conversam, seja durante a vigília ou durante o sono.

A palavra *daemoniu*, da qual se originou *demônio*, não era compreendida no sentido negativo na antiguidade, como nos tempos atuais. Essa palavra não se aplicava apenas aos seres malévolos, mas aos Espíritos em geral, entre os quais se distinguiam os Espíritos superiores, chamados *deuses* e os Espíritos menos evoluídos – ou demônios propriamente ditos – que se comunicavam diretamente com os homens. O Espiritismo ensina também que os Espíritos povoam o espaço; que Deus somente se comunica com os homens por intermédio dos Espíritos puros, encarregados de nos transmitir a Sua vontade; que os Espíritos se comunicam conosco durante a vigília e durante o sono. Substitua-se a palavra *demônio* por *Espírito* e tereis a Doutrina Espírita; coloque-se a palavra *anjo* e tereis a doutrina cristã.

VII. *A preocupação constante do filósofo (tal como a compreendiam Sócrates e Platão) é a de ter o maior cuidado com a alma em relação à eternidade nem tanto a esta vida, que é apenas um instante. Se a alma é imortal, não é mais sábio viver com vistas à eternidade?*

O Cristianismo e o Espiritismo ensinam a mesma coisa

VIII. *Se a alma é imaterial, ela deve regressar, após esta vida, para um mundo igualmente invisível e imaterial, assim como o corpo que, ao se decompor, retorna à matéria. É importante distinguir alma pura, verdadeiramente imaterial, que se nutre, como Deus, da ciência e de pensamentos, da alma mais ou menos maculada de impurezas materiais, que a impedem de elevar-se ao divino, mantendo-a nos lugares de sua passagem pela Terra.*

Sócrates e Platão, como se vê, compreendiam perfeitamente os diferentes níveis de desmaterialização da alma. Eles insistiam sobre a diferença de situação que existe para ela, de sua maior ou menor pureza. O que eles diziam, por intuição, o Espiritismo o prova pelos numerosos exemplos que coloca diante de nossos olhos. (O Céu e o Inferno, 2ª parte.)

IX. *Se a morte fosse a dissolução completa do homem, seria uma grande vantagem para os maus, que, depois da morte, estariam livres de seus corpos, de suas almas e de seus vícios ao mesmo tempo. O que adornar a sua alma, não com enfeites estranhos, mas com os que lhe são próprios, somente poderá esperar com tranquilidade a hora de sua partida para o outro mundo.*

Em outros termos, é dizer que o materialismo, que proclama o nada após a morte, seria a anulação de toda responsabilidade moral ulterior e, consequentemente, um estímulo ao mal: que o indivíduo mau tem tudo a ganhar com o nada; que o homem desprovido de vícios e enriquecido de virtudes é o único que pode esperar tranquilamente o despertar numa outra vida. O Espiritismo mostra-nos, com exemplos que nos coloca frente aos olhos, como é penosa para o malvado a passagem de uma à outra vida, a entrada na vida futura. (O Céu e o Inferno, 2ª parte, cap. 1.)

X. *O corpo conserva os vestígios bem marcados dos cuidados que se teve com ele ou dos acidentes que sofreu. O mesmo ocorre com a alma. Quando ela está despojada do corpo, conserva traços evidentes de seu caráter, de seus sentimentos e das marcas que cada um dos atos de sua vida nela deixaram impressa. Assim, o grande mal que pode ocorrer ao homem é o de ir para o outro mundo com a alma carregada de culpas. Tu vês, Cálicles, que nem tu, nem Pólux, nem Górgias poderíeis provar que se deve seguir outra vida que nos seja mais útil, quando formos para lá. De tantas opiniões diversas, a única que permanece inabalável é a de que vale mais sofrer do que cometer uma injustiça, e que antes de tudo devemos aplicar-nos, não a parecer, mas a ser um homem de bem. (Diálogos de Sócrates com seus discípulos na prisão.)*

Aqui encontramos outro ponto capital, hoje confirmado pela experiência, segundo o qual a alma não purificada conserva as ideias, as tendências, o caráter e as paixões que tinha na Terra. Esta máxima: *Vale mais sofrer do que cometer uma injustiça,* não é totalmente cristã? É o mesmo pensamento que Jesus exprime pela metáfora: *"Se alguém lhe bater numa face, ofereça-lhe a outra"*. (Cap. XII, 7 e nº 8, Mateus V:38-42.)

XI. *De duas uma: ou a morte é uma destruição absoluta ou é passagem da alma para outro lugar. Se tudo deve extinguir-se, a morte será como uma destas raras noites que passamos sem sonhar e sem nenhuma consciência de* *nós mesmos. Mas, se a morte é apenas uma mudança, a passagem para um lugar no qual os mortos devem reunir-se, que felicidade reencontrar aqueles que conhecemos! Meu maior prazer seria examinar de perto os habitantes desse local e distinguir, como aqui, os que são sábios dos que acreditam sê-lo e não o são. Mas é tempo de nos deixarmos: eu, para morrer; vós, para viver.* (Sócrates a seus juízes.)

Segundo Sócrates, os homens que viveram na Terra encontram-se após a morte e se reconhecem. O Espiritismo no-los mostra continuando suas relações de tal forma, que a morte não é uma interrupção nem uma cessação da vida, mas uma transformação contínua, sem solução de continuidade.

Se Sócrates e Platão tivessem conhecido os ensinamentos que o Cristo daria cinco séculos mais tarde e os que o Espiritismo agora ministra, não teriam falado de forma menos semelhante. Nisso, não há nada de surpreendente, se considerarmos que as grandes verdades são eternas, e que os Espíritos mais adiantados devem tê-las conhecido antes de vir para a Terra, para onde as trouxeram. Se considerarmos ainda que Sócrates, Platão e os grandes filósofos de seu tempo podiam estar, mais tarde, entre aqueles que assessoraram o Cristo na Sua divina missão, e que foram escolhidos precisamente porque estavam mais aptos do que os outros a compreenderem os Seus sublimes ensinamentos. Eles podem, enfim, fazer parte, hoje, da plêiade[17] de Espíritos encarregados de ensinar aos homens as mesmas verdades.

XII. *Nunca retribuir a injustiça com a injustiça, nem fazer mal a ninguém, qualquer que seja a falta cometida contra nós. Poucas pessoas, entretanto, admitirão esse princípio, e as que não concordam com ele somente se desprezarão uns aos outros.*

Não é este o princípio da caridade que nos ensina a não retribuir o mal com o mal e de perdoar aos inimigos?

XIII. *É pelo fruto que se conhece a árvore. É preciso qualificar cada ação, segundo o que ela produz: Chamá-la má, quando a sua consequência é má, e boa, quando produz o bem.*

---

[17] **Plêiade** – Grupo de sábios ilustres. (*N. do E.*)

Esta máxima: *"É pelos frutos que se conhece a árvore"*, se encontra textualmente repetida, várias vezes, no Evangelho.

XIV. *A riqueza é um grande perigo. Todo homem que ama a riqueza não ama nem a si mesmo nem ao que possui, mas algo que para ele é mais estranho do que aquilo que lhe pertence.* (Ver capítulo XVI.)

XV. *As mais belas preces e os mais belos sacrifícios agradam menos à Divindade do que uma alma virtuosa que se esforça por assemelhar-se a ela. Seria grave que os deuses se interessassem mais por nossas oferendas do que por nossas almas. Dessa maneira, os maiores culpados poderiam conquistar os seus favores. Mas, não. Não há mais justos e sábios do que aqueles que, por suas palavras e por seus atos, resgatam o que devem aos deuses e aos homens.* (Ver cap. X, n°s 7 e 8.)

XVI. *Chamo homem vicioso ao amante vulgar, que ama mais ao corpo que à alma. O amor está por toda a Natureza, e nos convida a exercer a nossa inteligência; encontramo-lo até mesmo no movimento dos astros. É o amor que decora a Natureza com seus ricos tapetes; ele se enfeita e fixa a sua morada lá onde encontra flores e perfumes. É ainda o amor que dá a paz aos homens, a calma ao mar, o silêncio aos ventos e o descanso à dor.*

O amor, que deve unir os homens por um laço fraternal, é uma consequência dessa teoria de Platão sobre o amor universal, como lei da Natureza. Sócrates, tendo dito que "o amor não é nem um deus nem um mortal, mas um grande demônio", quis dizer um grande Espírito que preside ao amor universal; essa afirmação lhe foi, sobretudo, imputada como crime.

XVII. *A virtude não pode ser ensinada; ela vem por um dom de Deus àqueles que a possuem.*

É quase a doutrina cristã se referindo à graça. Mas, se a virtude é um dom de Deus, é um favor, e pode perguntar-se por que, por outro lado, ela não é concedida a todos; se é um dom, não há mérito da parte daquele que a possui. O Espiritismo é mais explícito. Ele ensina que aquele que a possui a adquiriu por seus esforços, em suas existências sucessivas, ao livrar-se pouco a pouco de suas imperfeições. A graça é a força que Deus concede a todo homem de boa vontade, para se despojar do mal e fazer o bem.

XVIII. *Há uma disposição natural, em cada um de nós, para nos apercebermos bem menos dos nossos defeitos do que dos defeitos alheios.*

O Evangelho diz: "Vês o argueiro[18] nos olhos de teu irmão e não vês a trave[19] que está no teu". (Cap. X, n.ºs 9 e 10; Mateus VII:3-5.)

XIX. *Se os médicos fracassam na maior parte das doenças, é porque tratam do corpo – sem a alma – e, porque não estando o todo em bom estado, é impossível que a parte esteja bem.*

O Espiritismo oferece a chave das relações que existem entre a alma e o corpo e prova que há uma incessante reação de um sobre o outro. Ele abre, assim, um novo caminho à Ciência: mostrando-lhe a verdadeira causa de certas doenças, dá-lhe os meios de combatê-las. Quando ela considerar a ação do elemento espiritual na economia orgânica, fracassará bem menos.

XX. *Todos os homens, desde a infância, fazem mais mal do que bem.*

Estas palavras de Sócrates tocam a grave questão da predominância do mal sobre a Terra, questão insolúvel sem o conhecimento da pluralidade dos mundos e do destino da Terra, onde habita apenas uma pequena fração da Humanidade. Só o Espiritismo lhe dá a solução, que estará sendo desenvolvida logo adiante, nos capítulos II, III e V.

XXI. *Há sabedoria em não acreditares saber aquilo que não sabes.*

Isto está endereçado às pessoas que criticam as coisas de que, frequentemente, nada sabem. Platão completa este pensamento de Sócrates, dizendo: *Tentemos primeiramente torná-los mais honestos com as palavras, se possível. Se não o conseguirmos, não nos ocupemos mais deles e busquemos apenas a verdade. Tratemos de nos instruir, mas não nos aborreçamos.* É assim que devem agir os espíritas, com relação aos seus contraditores de boa ou má-fé. Se Platão revivesse hoje, encontraria as coisas mais ou menos como em seu tempo, e poderia fazer uso da mesma linguagem. Sócrates também encontraria pessoas que zombassem de sua crença nos Espíritos e o considerassem louco, assim como ocorreu ao seu discípulo Platão.

---

[18] **Argueiro** – Cisco que entra nos olhos. (*N. do E.*)
[19] **Trave** – Viga de grandes dimensões usada na construção de edifícios. (*N. do E.*)

Foi por haver professado esses princípios que Sócrates foi primeiro ridicularizado, depois acusado de impiedade e condenado a beber cicuta. Tão é certo que as grandes verdades novas, levantando contra elas os interesses e os preconceitos que ferem, não podem se estabelecer sem lutas e sem mártires.

CAPÍTULO I

NÃO VIM DESTRUIR A LEI

As três revelações: Moisés, Cristo, o Espiritismo – Aliança da Ciência com a Religião – Instruções dos Espíritos: A nova era.

1. *"Jamais penseis que eu tenha vindo destruir a lei ou os profetas; não vim destruí-los, mas dar-lhes cumprimento, pois, em verdade vos digo que o Céu e a Terra não passarão, sem que tudo o que se está na lei seja perfeitamente cumprido, até o último iota e o último ponto."* (Mateus, V:17-18)

Moisés

2. Há duas partes distintas na lei mosaica: a lei de Deus, promulgada sobre o Monte Sinai, e a lei civil ou disciplinar, estabelecida por Moisés. Uma é invariável; a outra, apropriada aos costumes e ao caráter do povo, se modifica com o tempo.

A lei de Deus está formulada nos dez mandamentos seguintes:

I – *"Eu sou o Senhor, teu Deus, que te tirou do Egito, da casa de servidão. Não terás deuses estrangeiros diante de mim. Não farás para ti imagens de escultura, nem figura alguma de tudo o que estiver acima, no Céu, e embaixo na Terra, nem de tudo o que houver nas águas sob a terra. Não adorarás e não nem lhes renderás culto soberano".*

II – *"Não tomarás o nome do Senhor teu Deus em vão".*

III – *"Lembra-te de santificar o dia do sábado".*
IV – *"Honrarás teu pai e tua mãe, a fim de que vivas longo tempo sobre a terra que o Senhor teu Deus te dará".*
V – *"Não matarás".*
VI – *"Não cometerás adultério".*
VII – *"Não furtarás".*
VIII – *"Não prestarás falso testemunho contra o teu próximo".*
IX – *"Não desejarás a mulher do próximo".*
X – *"Não cobiçarás a casa do teu próximo, nem o seu servidor, nem a sua serva, nem seu boi, nem seu jumento, nem nenhuma das coisas que a ele pertencer".*

Esta lei é de todos os tempos e de todas as nações e tem, por isso mesmo, um caráter divino. Todas as outras são leis estabelecidas por Moisés, obrigado a manter, pelo temor, um povo naturalmente turbulento e indisciplinado, no qual tinha de combater abusos enraizados e preconceitos adquiridos durante a servidão do Egito. Para dar autoridade às suas leis, ele teve de lhes atribuir uma origem divina, assim como o fizeram todos os legisladores dos povos primitivos. A autoridade do homem devia apoiar-se sobre a autoridade de Deus. Mas a ideia de um Deus terrível poderia apenas impressionar os homens ignorantes, nos quais o senso moral e o sentimento de uma estranha justiça estavam pouco desenvolvidos. É evidente que aquele que havia colocado em seus mandamentos: *"Não matarás"* e *"Não farás mal ao teu próximo"*, não poderia contradizer-se, ao fazer do extermínio um dever. As leis mosaicas, propriamente ditas, tinham portanto, um caráter essencialmente transitório.

O Cristo

3. Jesus não veio destruir a lei, isto é, a lei de Deus; Ele veio cumpri-la, ou seja, desenvolvê-la, dar-lhe o verdadeiro sentido e apropriá-la ao grau de adiantamento dos homens. É por isso que se encontra nesta lei o princípio dos deveres em relação a Deus e ao próximo, o que constitui

a base de Sua doutrina. Quanto às leis de Moisés propriamente ditas, Jesus, ao contrário, modificou-as profundamente, no fundo e na forma. Ele sempre combateu o abuso das práticas exteriores e as falsas interpretações, e não poderia fazê-las sofrer uma reforma mais radical do que reduzindo-as a estas palavras: *"Amai a Deus acima de todas as coisas e ao próximo como a ti mesmo"*, e acrescentando: *"Aí está toda a lei e os profetas"*.

Por estas palavras: *"O Céu e a Terra não passarão, enquanto não se cumprir até o último iota"*, Jesus quis dizer que era necessário que a lei de Deus fosse cumprida, ou seja, que fosse praticada sobre toda a Terra inteira, em toda a sua pureza, com todos os seus desenvolvimentos e consequências, pois de que serviria ter estabelecido essa lei se fosse para privilegiar alguns homens ou mesmo um só povo? Todos os homens, sendo filhos de Deus, são, sem distinções, objetos do mesmo cuidado.

4. Mas o papel de Jesus não foi simplesmente o de um legislador moralista sem outra autoridade além de Sua palavra. Ele veio cumprir as profecias que haviam anunciando a Sua vinda. Sua autoridade vinha da natureza excepcional de Seu Espírito e de Sua missão divina. Ele veio ensinar aos homens que a verdadeira vida não está sobre a Terra, mas no Reino dos Céus; mostrar o caminho que os conduz até lá, os meios de se reconciliarem com Deus e os advertir sobre a marcha das coisas vindouras, para o cumprimento dos destinos humanos. Entretanto, Ele não disse tudo e, sobre muitos pontos, se limitou a lançar o germe de verdades que, segundo Ele mesmo declarou não poderem ser então entendidas. Jesus falou de tudo, mas em termos mais ou menos implícitos. Para encontrar o sentido oculto de certas palavras, seria necessário que novas ideias e novos conhecimentos viessem dar-nos a chave. Essas ideias não poderiam vir antes de um certo grau de maturidade do espírito humano.

A Ciência devia contribuir poderosamente para o aparecimento e o desenvolvimento dessas ideias. Era preciso, pois, dar à Ciência o tempo de progredir.

O Espiritismo

5. O Espiritismo é a nova Ciência que vem revelar aos homens, por meio de provas irrefutáveis, a existência e a natureza do mundo espiritual e suas relações com o mundo material. Ele nos mostra esse mundo, não mais como sobrenatural, mas, ao contrário, como uma das forças vivas e ininterruptamente atuantes da Natureza, como a fonte de uma inumerável quantidade de fenômenos incompreendidos até agora, e por essa mesma razão rejeitados para o domínio do fantástico e do maravilhoso. Foi a isto que o Cristo se referiu em muitas circunstâncias, e é por isso que muitas coisas que Ele disse permaneceram incompreendidas ou foram falsamente interpretadas. O Espiritismo é a chave com a ajuda da qual tudo se explica com facilidade.

6. A lei do Antigo Testamento está personificada em Moisés; a do Novo Testamento, no Cristo; o Espiritismo é a Terceira Revelação da lei de Deus, mas não está personificado em ninguém, pois é produto do ensinamento dado, não por um homem, mas pelos Espíritos, que são as *vozes do Céu*, em todos os pontos da Terra e para uma incontável multidão de intermediários. É de alguma forma um ser coletivo, compreendendo o conjunto de seres do mundo espiritual, cada qual trazendo aos homens o tributo de suas luzes para dar a conhecer a este mundo o destino que os aguarda.

7. Assim como o Cristo disse: *"Eu não vim destruir a lei, mas dar cumprimento"*, o Espiritismo enuncia, também, não ter vindo contrariar os ensinamentos do Cristo, mas desenvolvê-los, completar e explicar, em termos claros para todos, o que somente foi dito sob forma alegórica. Ele vem cumprir, nos tempos preditos, o que o Cristo anunciou e preparar o cumprimento das coisas futuras. Então, o Espiritismo é obra do Cristo, que o preside, assim como havia anunciado; a regeneração que se opera e que prepara o reino de Deus na Terra.

Aliança da Ciência e da Religião

8. A Ciência e a Religião são as duas alavancas da inteligência humana. Uma revela as leis do mundo material, a outra as leis do mundo moral. *Mas tanto uma quanto a outra, tendo o mesmo princípio que é Deus*, não podem contradizer-se. Se elas fossem a negação uma da outra, uma estaria necessariamente errada e a outra certa, pois Deus não pode querer destruir a Sua própria obra. A incompatibilidade que se acreditou existir entre estas duas ordens de ideias provém de uma falha de observação e do excesso de exclusivismo de uma e de outr parte. Daí o conflito que deu origem à incredulidade e à intolerância.

Chegou-se o tempo no qual os ensinamentos de Jesus Cristo devem receber o seu complemento; o véu colocado propositalmente sobre algumas partes deste ensinamento deve ser levantado; a Ciência, deixando de ser exclusivamente materialista, deve levar em conta o elemento espiritual; e finalmente a Religião, deixando de desconhecer as leis orgânicas e imutáveis da matéria, as duas forças, apoiando-se mutuamente e marchando no mesmo passo, servirão uma de apoio para a outra. Assim, a Religião, não mais desmentida pela Ciência, conquistará um poder inabalável, pois estará de acordo com a razão e não se lhe poderá opor à irresistível lógica dos fatos.

A Ciência e a Religião não puderam entender-se até hoje, porque cada uma entrevê as coisas por seu exclusivo ponto de vista, repelindo-se mutuamente. Era preciso algo para preencher o vazio que as separava, um traço de união que as aproximasse. Esse traço está no conhecimento das leis que regem o mundo espiritual e suas relações com o mundo material, leis tão imutáveis como as que regem o movimento dos astros e a existência dos seres. Essas relações, uma vez constatadas pela experiência, criam uma nova luz. Quando a fé se dirige à razão, esta nada encontra de ilógico na fé, e o materialismo é vencido. Mas nisso, como em todas as coisas, há pessoas que permanecem para trás, até que sejam arrastadas pelo movimento geral, que as esmagará se a ele resistirem, no lugar de a ele se juntarem. É toda uma revolução moral que se opera neste momento, e para a qual os Espíritos trabalham. Depois de ser elaborada, durante mais de dezoito séculos, ela chega ao seu cumprimento e marcará uma nova era para a Humanidade. As consequências desta revolução são fáceis prever. Ela deve produzir inevitáveis modificações para as relações sociais, contra o que ninguém tem o poder de se opor, pois estão nos desígnios de Deus e são o resultado da lei do progresso, que é uma lei de Deus.

Instruções dos Espíritos
A nova era
Um Espírito Israelita – Mulhouse, 1861

9. Deus é único e Moisés é o Espírito que Deus enviou em missão para que Ele fosse conhecido não só pelos hebreus, mas também pelos povos pagãos. O povo hebreu foi o instrumento do qual Deus e se serviu para fazer a Sua revelação, por Moisés e pelos Profetas, e as vicissitudes deste povo serviram para abrir os olhos dos homens e fazer cair o véu que lhes ocultava a divindade.

Os mandamentos de Deus, dados por Moisés, trazem o germe da mais ampla moral cristã. Os comentários da Bíblia reduziam-lhe o sentido, porque, colocados em ação em toda a sua pureza, não teriam sido então compreendidos. Mas os Dez Mandamentos de Deus nem por isso deixariam de ser o brilhante frontispício da obra, o farol que haveria de clarear a estrada que a Humanidade deveria percorrer.

A moral ensinada por Moisés era apropriada ao estado evolutivo em que se encontravam os povos chamados à regeneração, e esses povos, semisselvagens quanto ao aperfeiçoamento de suas almas, não teriam compreendido que se pode adorar a Deus sem holocaustos e sacrifícios nem que se pudesse perdoar a um inimigo. Sua inteligência, notável do ponto de vista da matéria, e mesmo em relação às artes e às ciências, estava muito atrasada em moralidade, e não se submeteriam ao domínio de uma religião inteiramente espiritual. Era preciso uma representação semimaterial, tal qual oferecia a religião hebraica, à época. Foi assim que os holocaustos falavam aos sentidos, enquanto as palavras de Deus lhes falavam ao espírito.

O Cristo foi o iniciador da mais pura moral, a mais sublime: a moral evangélica, cristã, que deve renovar o mundo, aproximar os homens e torná-los fraternos. Moral que deve fazer fulgurar em todos os corações humanos a caridade e o amor ao próximo e criar entre todos os homens uma solidariedade comum. Uma moral, enfim, que deve transformar a Terra e dela fazer morada de Espíritos superiores aos que hoje a habitam. É a lei do progresso, à qual a Natureza está sujeita, que se cumpre, e o Espiritismo é a alavanca de que Deus se serve para fazer avançar a Humanidade.

São chegados os tempos em que as ideias morais devem desenvolver-se, para cumprir o progresso que está na lei de Deus. Elas devem seguir a mesma estrada que as ideias de liberdade – suas precursoras – percorreram. Mas não se pode crer que esse desenvolvimento se fará sem lutas. Não, porque elas precisam, para chegar à maturidade, de agitações e discussões, a fim de que atraiam a atenção das massas. Uma vez despertada a atenção, a beleza e a santidade da moral tocarão os Espíritos, e eles se ligarão a uma ciência que lhes dará a chave da vida futura e lhes abrirá a porta da felicidade eterna. Foi Moisés quem abriu o caminho; Jesus continuou a obra; o Espiritismo a concluirá.

Fénelon – Poitiers, 1861

10. Um dia, Deus, em Sua caridade inesgotável, permitiu ao homem ver a verdade através das trevas. Esse dia foi o da vinda do Cristo. Depois da luz viva, porém, as trevas voltaram. O mundo, após alternativas de verdade e obscuridade, perdeu-se novamente. Então, como os profetas do Antigo Testamento, os Espíritos começaram a falar e a vos advertir: o mundo foi abalado em suas bases; o trovão ribombará; sedes firmes!

O Espiritismo é de ordem divina, pois repousa sobre as próprias leis da Natureza, e crede, tudo o que é de ordem divina tem um objetivo elevado e útil. Vosso mundo se perdia; a Ciência se desenvolvia com o sacrifício dos interesses de ordem moral, conduzindo-vos unicamente ao bem-estar material, revertendo-se em proveito do espírito das trevas. Vós o sabeis, cristãos: o coração e o amor devem caminhar unidos à Ciência. O Reino do Cristo, infelizmente, após dezoito séculos – e apesar do sangue de tantos mártires – ainda não chegou. Cristãos, voltai ao Mestre que vos quer salvar. Tudo é fácil para aquele que crê e que ama. O amor o preenche de alegria inefável. Sim, meus filhos, o mundo está abalado. Os bons Espíritos vo-lo dizem sempre. Curvai-vos diante do sopro precursor da tempestade, a fim de não serdes derrubados, ou seja, preparai-vos e não vos assemelheis às virgens loucas, que foram tomadas de surpresa à chegada do esposo.

A revolução que se apresenta é muito mais moral do que material; os grandes Espíritos, mensageiros divinos, inspiram a fé, para que vós todos, trabalhadores esclarecidos e ardorosos, possam fazer ouvir vossa voz humilde. Pois vós sois o grão de areia, mas sem os grãos de areia não haveria montanhas. Assim, portanto, que estas palavras: *Nós somos pequenos*, não tenham mais sentido para vós. A cada um a sua missão, a cada um o seu trabalho. A formiga não constrói o seu formigueiro e os animais insignificantes não formam continentes? A nova cruzada começou: apóstolos da paz universal, e não da guerra, São Bernardos modernos, olhai e marchai para a frente; a lei dos mundos é a lei do progresso.

Erasto, discípulo de São Paulo — Paris, 1863

11. Santo Agostinho é um dos maiores divulgadores do Espiritismo. Ele se manifesta por quase toda a parte, e a razão disso a encontramos na vida desse grande filósofo cristão. Pertence a essa grande falange dos Pais da Igreja, aos quais a Cristandade deve suas bases mais sólidas. Como muitos, ele foi arrancado ao paganismo, ou melhor, à mais profunda impiedade, pelo clarão da verdade. Quando, em meio aos seus desregramentos, sentiu em sua alma esta estranha vibração que o chamava para si mesmo e o fez compreender que a felicidade estava além dos prazeres exasperantes e fugidios; quando, enfim, em sua estrada de Damasco, também ouviu a santa voz a clamar: *"Saulo, Saulo, por que me persegues?"*, ele exclamou:

"Meu Deus! Meu Deus! Perdoe-me, eu creio, sou cristão!".

E desde então ele se tornou um dos mais sólidos pilares do Evangelho. Pode-se ler, nas extraordinárias confissões que nos deixou este notável Espírito, palavras características e proféticas, ao mesmo tempo, que pronunciou depois de haver perdido Santa Mônica: *Estou convencido de que minha mãe virá visitar-me e dar-me os seus conselhos, revelando o que nos aguarda na vida futura.* Que ensinamento nessas palavras e que previsão maravilhosa da futura Doutrina! É por isso que hoje, vendo chegar o momento da divulgação da verdade que ele já havia pressentido, fez-se o seu ardente divulgador, e se multiplica, por assim dizer, para responder a todos aqueles que o chamam.

Nota: Santo Agostinho vem, por acaso, modificar o que ele ensinou? Não, certamente. Mas como tantos outros, ele vê com os olhos do Espírito o que não podia ver como homem. Sua alma liberta percebe novas claridades e compreende o que antes não compreendia. Novas ideias revelaram-lhe o verdadeiro sentido de certas palavras. Na Terra, julgava as coisas segundo os conhecimentos que possuía; mas, quando uma nova luz se fez para ele, pôde julgá-las com mais clareza. É assim que ele deve revisar sua crença referente aos Espíritos íncubos e súcubos, bem como a reprovação que ele havia lançado contra a teoria dos antípodas. Agora que o Cristianismo lhe aparece em toda a pureza, ele pode, sobre certos pontos, pensar de maneira diversa de quando vivia na Terra, sem deixar de ser o apóstolo cristão. Pode, sem renegar a sua fé, fazer-se propagador do Espiritismo, pois nele vê a realização das coisas preditas. Proclamando-o, hoje, ele apenas nos faz voltar a uma interpretação mais justa e lógica dos textos. Assim também ocorre com outros Espíritos que se encontram numa posição análoga.

CAPÍTULO II

MEU REINO NÃO É DESTE MUNDO

A vida futura – A realeza de Jesus – O ponto de vista – Instruções dos Espíritos: Uma realeza terrena.

1. *"Voltando Pilatos ao pretório e tendo chamado Jesus, lhe disse: Tu és o rei dos judeus? – Jesus respondeu-lhe: Meu reino não é deste mundo. Se meu reino fosse deste mundo, os meus ministros haveriam de combater para impedir-me de cair nas mãos dos judeus; mas, por ora, o meu reino não é daqui'. Pilatos Lhe disse: Tu és, então, rei? Jesus respondeu: Tu o dizes, que sou rei. Eu não nasci nem vim a este mundo senão para testemunhar a verdade; todo aquele que é da verdade ouve a minha voz."* (João, XVIII, 33-37).

A vida futura

2. Por essas palavras, Jesus se refere claramente à vida futura, que ele apresenta, em todas as circunstâncias, como a meta na qual deve chegar a Humanidade, devendo ser o objeto das principais preocupações do homem sobre a Terra. Todas as suas máximas se voltam a esse grande princípio. Sem a vida futura, na verdade, a maior parte de seus preceitos de moral não teriam nenhuma razão de ser. É por isso que aqueles que não acreditam na vida futura, crendo que Ele apenas falava da vida presente, não os compreendem ou acham pueris.

Esse dogma pode ser considerado, então, como o ponto central do ensinamento do Cristo. É por isso que ele está colocado entre os primeiros, no início desta obra, pois deve ser o objetivo de todos os homens. Somente ele pode justificar as anomalias da vida terrestre e harmonizar-se com a justiça de Deus.

3. Os judeus tinham ideias muito imprecisas no tocante à vida futura. Acreditavam nos anjos, que consideravam como os seres privilegiados da criação, mas não sabiam que os homens, um dia, poderiam tornar-se anjos e participar da felicidade angélica. Segundo pensavam, a observação das leis de Deus era recompensada pelos bens da Terra, pela supremacia de sua nação no mundo, pelas vitórias sobre os seus inimigos. As calamidades públicas e as derrotas eram o castigo pela sua desobediência. Moisés não poderia dizer mais a um povo de pastores, ignorante, que precisava ser tocado antes de tudo pelas coisas deste mundo. Mais tarde, Jesus veio lhes revelar que há um outro mundo, no qual a justiça de Deus segue seu curso. É esse mundo que Ele promete àqueles que observam os mandamentos de Deus e no qual os bons encontrarão sua recompensa. Esse mundo é o Seu reino onde se encontra em toda a Sua glória, e para o qual voltará ao deixar a Terra.

Entretanto, apropriando o Seu ensinamento ao estado dos homens de Sua época, Jesus não julgou conveniente dar-lhes o esclarecimento completo, que os deslumbraria sem instruir, pois eles não o teriam compreendido. Ele se limitou a colocar, de alguma forma, a vida futura como um princípio, como uma lei natural, à qual ninguém pode escapar. Todo cristão crê forçosamente na vida futura, mas a ideia que se faz dela é vaga, incompleta, e por isso mesmo falsa em muitos pontos. Para um grande número, é apenas uma crença, sem nenhuma certeza decisiva. Daí as dúvidas e até mesmo a incredulidade.

O Espiritismo veio completar, nesse ponto, como em muitos outros, o ensinamento do Cristo, quando os homens se mostraram maduros para compreenderem a verdade. Com o Espiritismo, a vida futura não é mais um simples artigo de fé ou uma hipótese. É uma realidade material demonstrada pelos fatos. Porque são as testemunhas oculares que vêm descrevê-la em todas as suas fases e ocorrências, de tal maneira, que não apenas a dúvida já não é mais possível, como a inteligência mais comum pode fazer uma ideia dos mais variados aspectos, da mesma forma como se representa um país do qual se lê uma descrição detalhada. Ora, essa descrição da vida futura é de tal forma circunstanciada, são tão racionais as condições da existência feliz ou infeliz daqueles que nela se encontram, que se diz apesar de tudo que não pode ser diferente, e que lá está realmente bem representada a verdadeira justiça de Deus.

A realeza de Jesus

4. O reino de Jesus não é deste mundo; isso é o que todos entendem, mas sobre a Terra Ele não terá também uma realeza? O título de rei nem sempre implica o exercício do poder temporal. Ele é dado, por consenso unânime, aos que, segundo sua inteligência, se colocam em primeiro plano numa ordem de ideias que dominem o seu século e influenciem o progresso da Humanidade. É nesse sentido que se diz: o rei ou o príncipe dos filósofos, dos artistas, dos poetas, dos escritores etc. Essa realeza, nascida do mérito pessoal, consagrada pela posteridade, não tem, normalmente, uma preponderância bem maior do que a dos reis coroados? Ela é imperecível, enquanto a outra é joguete das vicissitudes. Ela é sempre abençoada pelas gerações futuras, enquanto a outra é, às vezes, amaldiçoada. A realeza terrena termina com a vida, mas a realeza moral continua a governar, principalmente, depois da morte. Nesse aspecto, Jesus não é um rei mais poderoso do que muitos potentados? Foi com razão, então, que Ele disse a Pilatos: *"Sou rei, mas o meu reino não é deste mundo."*

O ponto de vista

5. A ideia clara e precisa que se faz da vida futura propicia uma fé inabalável no futuro, e essa fé tem consequências imensas sobre a moralização dos homens, pois muda completamente *o ponto de vista sobre o qual eles veem a vida terrena*. Para aquele que se coloca, pelo pensamento, na vida espiritual, que é infinita, a vida material é apenas uma rápida passagem, uma curta estação num país ingrato. As vicissitudes e as tribulações da vida não passam de incidentes que ele enfrenta com paciência, pois sabe que são de curta duração e devem ser seguidos de uma situação mais feliz. A morte nada tem de assustadora, não é mais a porta do nada, mas a da libertação, que abre ao exilado a morada da felicidade e da paz. Sabendo que se está numa condição temporária e não definitiva, ele vê as preocupações da vida com mais indiferença do que resulta uma calma de espírito que lhe ameniza as amarguras.

Pela simples dúvida quanto à vida futura, o homem concentra todos os seus pensamentos para a vida terrena. Incerto quanto ao futuro, dedica-se inteiramente ao presente, deixando de ver os bens mais preciosos do que os que existem na Terra. É como a criança que nada vê além de seus brinquedos e tudo faz para os obter. A perda do menor de seus bens é motivo de grande tristeza. Uma desilusão, uma esperança perdida, uma ambição insatisfeita, uma injustiça da qual ele é vítima, o orgulho ou a vaidade feridos são também tormentos que fazem de sua vida uma angústia perpétua, pois se entrega *voluntariamente a uma verdadeira tortura de todos os instantes*. Sob o ponto de vista da vida terrena, ao centro do qual ele é colocado, tudo à sua volta toma enormes proporções. O mal que o atinge, assim como o bem que toca aos outros, tudo adquire aos seus olhos uma grande importância. O mesmo ocorre com alguém que está dentro de uma cidade, e a quem tudo parece grande: os homens mais importantes, como os monumentos; mas que, subindo ao alto de uma montanha, tudo lhe parece pequeno.

Assim é com aquele que vê a vida terrestre do ponto de vista da vida futura: a Humanidade, como as estrelas do firmamento, perde-se na imensidão. Ele percebe, então, que grandes e pequenos são confundidos como formigas sobre um monte de terra; que operários e poderosos têm a mesma estatura e ele lamenta essas efêmeras criaturas que se dão a tantos cuidados para conquistar um lugar que os eleve tão pouco e por tão pouco tempo. É assim que a importância atribuída aos bens terrenos está sempre na razão inversa da fé que se tem na vida futura.

6. Se todos pensarem assim, dir-se-á, se ninguém se ocupar das coisas da Terra, tudo correrá perigo. Mas não é assim. O homem busca instintivamente o seu bem-estar, e mesmo com a certeza de ficar pouco tempo em algum lugar, ainda quererá estar o melhor ou o menos mal possível. Não há ninguém que, encontrando um espinho sob a mão, não o queira retirar para não se ferir. Ora, a busca pelo bem-estar força o homem a melhorar todas as coisas, impulsionado que é pelo instinto do progresso e da conservação, que decorre das leis da Natureza. Ele trabalha, portanto, por necessidade, por gosto e por dever. E assim, cumpre os desígnios da Providência, que o colocou na Terra para esse fim. Só aquele que considera o futuro pode dar ao presente uma importância relativa, consolando-se facilmente de seus reveses, ao pensar no destino que o aguarda.

Deus não condena, portanto, os prazeres terrenos, mas o abuso desses prazeres, em detrimento dos interesses da alma. É contra este abuso que se previnem aqueles aos quais se aplicam as palavras de Jesus: *"Meu reino não é deste mundo".*

Aquele que se identifica com a vida futura se assemelha ao homem rico, que perde uma pequena soma sem se perturbar. Aquele que concentra todos os seus pensamentos na vida terrena é como o homem pobre que perde tudo o que possui e se desespera.

7. O Espiritismo alarga o pensamento e abre-lhe novos horizontes. No lugar dessa visão estreita e mesquinha, que o concentra na vida presente, fazendo do instante que se passa sobre a Terra o único e frágil esteio do futuro eterno, ele nos mostra que esta vida não passa de um simples elo no conjunto harmonioso e grandioso da obra do Criador. Ele revela a solidariedade que liga todas as existências de um mesmo ser, todos os seres de um mesmo mundo e os seres de todos os mundos. Oferece, assim, uma base e uma razão de ser à fraternidade universal, enquanto a doutrina da criação da alma, no momento do nascimento de cada corpo, faz todos os seres estranhos uns aos outros. Essa solidariedade das partes de um mesmo todo explica o que é inexplicável, se o considerarmos sob um ponto de vista apenas. É essa visão de conjunto que, na época do Cristo, os homens não puderam compreender, e por isso o seu conhecimento foi reservado para mais tarde.

Instruções dos Espíritos
Uma realeza terrena
Uma rainha da França – Havre, 1863

8. Quem melhor do que eu poderia entender a verdade destas palavras de Nosso Senhor: *"Meu reino não é deste mundo?"*. O orgulho me perdeu sobre a Terra. Quem, pois, compreenderia o nada dos reinos do mundo, senão eu? O que eu levei comigo, de minha realeza terrena? Nada, absolutamente nada; e como para tornar a lição mais terrível, ela não me acompanhou sequer até o túmulo! Rainha eu fui entre os homens, rainha eu esperava entrar o reino dos céus. Que desilusão! Que humilhação, quando, em vez de ser recebida como soberana, eu vi acima de mim, mas muito acima, homens que eu acreditava bem pequenos e que desprezava, pois não eram de sangue nobre! Oh! Agora eu compreendo a inutilidade das honras e das grandezas que se busca com tanta avidez sobre a Terra!

Para se preparar um lugar nesse reino é preciso abnegação, humildade, caridade em toda a sua plenitude, benevolência para com todos. Não se vos pergunta o que fostes, que posição ocupastes, mas o bem que fizestes, as lágrimas que enxugastes.

Oh! Jesus, Tu dissestes, que teu reino não era deste mundo, pois é preciso sofrer para chegar ao céu, e os degraus do trono não levam até lá; são os caminhos mais penosos da vida os que conduzem a ele. Procurai-os, então, na estrada de abrolhos e espinhos e não entre as flores!

Os homens correm atrás dos bens terrenos, como se os pudessem guardar para sempre. Mais uma ilusão. Logo percebem que apenas encontraram sombras, e negligenciaram os únicos bens sólidos e duráveis, os únicos que os levariam à morada celeste.

Tende piedade daqueles que não ganharam o reino dos céus. Ajudai-os com as vossas preces, pois a prece aproxima o homem do Altíssimo; é o traço de união entre o céu e a Terra. Não o esqueçais!

CAPÍTULO III

HÁ MUITAS MORADAS NA CASA DE MEU PAI

Diferentes estados da alma na erraticidade – Diversas categorias de mundos habitados – Destino da Terra e causas das misérias humanas – Instruções dos Espíritos: Mundos superiores e inferiores – Mundos de expiações e de provas – Mundos regeneradores – Progressão dos mundos.

1. *"Não se turbe o vosso coração. Crede em Deus, crede também em mim. Há muitas moradas na casa de meu Pai. Se assim não fosse, Eu vo-lo teria dito, pois vou preparar-vos o lugar. E depois que Eu me for, e vos aparelhar o lugar, virei outra vez e tomar-vos-ei para mim, para que lá onde estiver, estejais vós também."* (João, XIV:1-3)

Diferentes estados da alma na erraticidade

2. A casa do Pai é o Universo; as diferentes moradas são os mundos que circulam no espaço infinito e oferecem aos Espíritos desencarnados lugares apropriados à sua evolução.

Além da diversidade dos mundos, estas palavras podem também ser interpretadas quanto ao estado feliz ou infeliz do Espírito na erraticidade. De acordo com o estado de maior ou menor pureza e de desapego às atrações materiais, o meio onde se encontra, o aspecto das coisas, as sensações que experimenta, as percepções que possui, tudo isso varia ao infinito. Enquanto uns vivem presos à esfera na qual viveram, outros se elevam e percorrem o espaço e os mundos. Enquanto certos Espíritos culpados vagam nas trevas, os felizes usufruem de uma claridade resplandecente e do sublime espetáculo do infinito. Enfim, enquanto os maus, atormentados de remorsos e desgostos, quase sempre sós, sem consolação, separados dos objetos de sua afeição, gemem sob a opressão dos sofrimentos morais, o justo, reunido àqueles que ama, usufrui das doçuras de uma felicidade indescritível. Lá também há, portanto, várias moradas, embora não limitadas nem circunscritas.

Diversas categorias de mundos habitados

3. Dos ensinamentos dados pelos Espíritos, resulta que os diferentes mundos estão em condições muito diferentes uns dos outros, quanto ao grau de adiantamento ou de inferioridade de seus habitantes. Dentre eles, há os que são ainda inferiores à Terra, física e moralmente. Outros estão no mesmo grau, e outros, ainda, são mais ou menos superiores em todos os sentidos. Nos mundos inferiores, a existência é totalmente material, as paixões reinam soberanas, a vida moral é quase nula. À medida que esta se desenvolve, a influência da matéria diminui, de tal forma, que nos mundos mais elevados a vida é, por assim dizer, toda espiritual.

4. Nos mundos intermediários, há a mistura do bem e do mal, com predominância de um sobre o outro, segundo o grau de adiantamento em que se encontrarem. Mesmo não podendo fazer desses diversos mundos uma classificação absoluta, pode-se, ao menos, em razão de seu estado e de seu destino – e com base em seus aspectos mais destacados – dividi-los de uma maneira geral, a saber: mundos primitivos, destinados às primeiras encarnações da alma humana; mundos de provas e de expiações, onde o mal predomina; mundos regeneradores, onde as almas que ainda têm algo a expiar adquirem novas forças, repousando das fadigas da luta; mundos felizes, onde o bem supera o mal; mundos celestes ou divinos, morada dos Espíritos puros, onde o bem reina absoluto. A Terra pertence à categoria dos mundos de provas e expiações, e é por isso que o homem nela é alvo de tantas misérias.

5. Os Espíritos encarnados num determinado mundo não estão ligados a ele indefinidamente, e não cumprem nele todas as fases do progresso que devem percorrer para chegar à perfeição. Quando eles atingem o grau de evolução necessário, passam para outro mundo mais avançado, e assim sucessivamente, até chegarem ao estado de Espíritos puros. Os mundos são as estações nas quais eles encontram elementos de progresso proporcionais à sua evolução. É para eles uma recompensa passarem a um mundo de grau mais elevado, assim como é um castigo prolongarem sua permanência num mundo infeliz, ou serem relegados a um mundo ainda mais infeliz que aquele que são forçados a deixar, quando se obstinam no mal.

Destino da Terra e causas das misérias humanas

6. Admira-se de encontrar sobre a Terra tanta maldade e más paixões, tantas misérias e enfermidades de toda a sorte, concluindo-se quão deplorável é a espécie humana. Esse julgamento provém de um ponto de vista limitado, e que dá uma falsa ideia do conjunto. É preciso considerar que, na Terra, não se encontra toda a Humanidade, mas apenas uma pequena fração dela. Na verdade, a espécie humana compreende todos os seres dotados de razão que povoam os inumeráveis mundos do Universo. Ora, o que é a população da Terra diante da população total desses mundos? Bem menos que a de um vilarejo em relação à de um grande império. A condição material e moral da Humanidade terrena nada tem de espantosa, se pensarmos nos destinos da Terra e na natureza de sua população.

7. Faríamos uma ideia bem falsa dos habitantes de uma grande cidade, se a julgássemos pela população dos bairros mais pobres e sórdidos. Num hospital, só vemos doentes e estropiados. Numa prisão, vemos todas as torpezas, todos os vícios reunidos; nas regiões insalubres, a maior parte dos habitantes são pálidos, fracos e doentes. Do mesmo modo, se considerarmos a Terra como um arrabalde, um hospital, uma penitenciária, um pantanal – pois ela é, muitas vezes, tudo isso a um só tempo – compreenderemos porque as aflições sobrepujam os prazeres, pois não se enviam aos hospitais as pessoas sadias, nem às casas de correção aqueles que não cometeram crimes, porque nem os hospitais nem as casas de correção são lugares prazerosos. Assim como, numa cidade, toda a população não está nos hospitais ou nas prisões, assim toda a Humanidade não se encontra na Terra. Da mesma forma como saímos do hospital quando estamos curados, e da prisão quando a pena é cumprida, o homem deixa a Terra para mundos mais felizes, quando se cura de suas enfermidades morais.

Instruções dos Espíritos
Mundos superiores e inferiores
Resumo do ensinamento dos Espíritos superiores

8. A qualificação de mundos inferiores e de mundos superiores é antes relativa do que absoluta, pois um mundo é inferior ou superior com relação àqueles que estão abaixo ou acima dele, na escala do progresso.

Tomando a Terra por comparação, pode fazer-se uma ideia do estado de um mundo inferior, supondo os seus habitantes no grau evolutivo dos povos selvagens e das nações bárbaras que se encontram ainda em nosso planeta, como restos de seu estado primitivo. Nos mundos mais atrasados, os seres que os habitam são de certa forma rudimentares. Possuem a forma humana, mas sem nenhuma beleza. Nesses, os instintos não estão abrandados por nenhum sentimento de delicadeza ou de benevolência, nem pelas noções do justo ou do injusto. Apenas a força bruta é a lei. Sem indústrias, sem invenções, os habitantes dedicam suas vidas à conquista de alimentos. Entretanto, Deus não abandona nenhuma de Suas criaturas. No fundo obscuro dessas inteligências encontra-se, latente, a vaga intuição, de um Ser Supremo, mais ou menos desenvolvida. Esse instinto basta para que uns se tornem superiores aos outros, preparando-se para a eclosão de uma vida mais plena, pois não são seres degradados, mas crianças em crescimento.

Entre esses graus inferiores e os mais elevados, existem inumeráveis escalas, e entre os Espíritos puros, desmaterializados e resplandecentes de glória, mal se reconhece aqueles que animaram os seres primitivos, assim como no homem adulto mal se reconhece o antigo embrião.

9. Nos mundos que atingiram um grau superior, as condições da vida moral e material são diferentes das encontradas na Terra. A forma dos corpos é sempre, como por toda parte, a humana, entretanto, mais embelezada, aperfeiçoada e, sobretudo, purificada. O corpo nada tem da materialidade terrena, e não é, consequentemente, sujeito às necessidades, às doenças e às deteriorações decorrentes do predomínio da matéria. Os sentidos, mais sutis, têm percepções que a rudeza dos nossos órgãos sufoca. A leveza específica dos corpos torna a locomoção rápida e fácil. Em vez de se arrastarem penosamente sobre o solo, eles deslizam, por assim dizer, na superfície ou pelo ar, sem outro esforço além da própria vontade, à maneira das representações dos anjos ou como os manes[1] dos antigos nos Campos Elíseos[2]. Os homens conservam à vontade os traços de suas existências passadas e aparecem aos amigos tal qual estes os conheceram, mas iluminados por uma luz divina, transfigurados pelas impressões interiores, que são sempre elevadas. No lugar de rostos pálidos, devastados pelo sofrimento ou pelas paixões, a inteligência e a vida resplandecem, com esse brilho que os pintores traduziram pela auréola dos santos.

A pouca resistência, que a matéria oferece a estes Espíritos já bem avançados, facilita o desenvolvimento dos corpos e abrevia ou quase anula o período da infância. A vida, isenta de preocupações e de angústias, é proporcionalmente muito mais longa do que a da Terra. Em princípio, a longevidade é proporcional ao grau de evolução dos mundos. A morte não tem os horrores da decomposição e longe de ser motivo de pavor, ela é considerada uma transformação feliz, pois não existem dúvidas sobre o futuro. Durante a vida, não estando a alma encerrada numa matéria compacta, irradia e goza de uma lucidez que a coloca num estado quase permanente de emancipação, permitindo a livre transmissão do pensamento.

10. Nesses mundos felizes, as relações de povo a povo, sempre amigáveis, nunca são perturbadas pela ambição de dominação nem pelas guerras que lhes são consequentes. Não há mestres nem escravos, nem privilegiados pelo nascimento. Somente a superioridade moral e

---

[1] **Manes** – As almas dos mortos considerados como divindades, entre os romanos. (*N. do E.*)
[2] **Campos Elíseos** – Morada dos heróis e homens virtuosos, após a morte, na mitologia greco-latina. (*N. do E.*)

intelectual estabelece a diferença de condições e confere a supremacia. A autoridade é sempre respeitada, porque decorre apenas do mérito e se exerce sempre com justiça. *O homem não procura elevar-se acima do homem, mas sobre si mesmo, aperfeiçoando-se.* Seu objetivo é chegar ao nível dos Espíritos puros, e esse desejo incessante não é um tormento, mas uma nobre ambição, que o faz estudar com determinação para se igualar a eles. Todos os sentimentos ternos e elevados da natureza humana lá se encontram engrandecidos e purificados. Os ódios, os ciúmes mesquinhos, as baixas cobiças da inveja ali são desconhecidos. Um sentimento de amor e de fraternidade une a todos os homens; os mais fortes ajudam os mais fracos. Suas posses são correspondentes às possibilidades de inteligência de cada um, mas ninguém sofre pela falta do necessário, pois ninguém ali está por expiação. Em uma palavra, o mal não existe.

11. Em vosso mundo, tendes a necessidade do mal para sentir o bem, da noite para admirar a luz, da doença para apreciar a saúde. Lá, esses contrastes não são necessários. A eterna luz, a eterna bondade, a paz eterna da alma proporcionam uma perene alegria, que não é perturbada nem pelas angústias da vida material, nem pelo contato dos maus, que ali não têm acesso. Aí está o que o Espírito humano só dificilmente compreende. Ele foi engenhoso ao pintar os tormentos do inferno, mas nunca representou as alegrias do céu. E isso por quê? Porque, sendo inferior, ele apenas conheceu dores e misérias, e não pode entrever as luzes celestes. Ele não pode falar daquilo que não conhece; mas, à medida que ele se eleva e se depura, o seu horizonte se amplia e ele compreende o bem que está diante dele, assim como compreendeu o mal que ficou para trás.

12. Entretanto, esses mundos afortunados não são mundos privilegiados, pois Deus é imparcial com todos os Seus filhos. Ele dá a todos os mesmos direitos e as mesmas facilidades para chegarem até lá. Fez que todos partissem do mesmo ponto e não dota a uns mais do que a outros; os primeiros lugares são acessíveis a todos: cabe-lhes atingi-los o mais rápido possível ou se abandonarem durante séculos e séculos nos baixos níveis da Humanidade.

Capítulo III

Mundos de expiações e de provas
Santo Agostinho – Paris, 1862

13. O que vos direi destes mundos de expiações que vós já não conheçais, pois basta considerar a Terra que habitais? A superioridade da inteligência, para um grande número de seus habitantes, indica que ela não é mais um mundo primitivo, destinado à encarnação de Espíritos ainda mal saídos das mãos do Criador. As suas qualidades inatas são a prova de que já viveram e que realizaram um certo progresso. Mas os vícios também numerosos aos quais se inclinam são o indício de uma grande imperfeição moral. É por isso que Deus os colocou num mundo ingrato, para expiarem suas faltas por meio de um trabalho penoso e das misérias da vida, até que se façam merecedores de passar para um mundo mais feliz.

14. Entretanto, nem todos os Espíritos encarnados sobre a Terra se encontram em expiação. As raças que chamais selvagens são Espíritos apenas saídos da infância e que aí estão, por assim dizer, educando-se e desenvolvendo-se ao contato de Espíritos mais avançados. Vêm, em seguida, as semicivilizadas, formadas por esses mesmos Espíritos em evolução. São, podemos dizer, as raças indígenas da Terra, que se desenvolveram pouco a pouco, depois de longos períodos seculares, conseguindo algumas atingir a evolução intelectual dos povos mais esclarecidos. Os Espíritos em expiação aí estão, se podemos assim nos exprimir, como estrangeiros; já viveram em outros mundos, dos quais foram excluídos por causa de sua obstinação no mal, que os tornava motivo de perturbação para os bons. Eles foram relegados, por um tempo, entre os Espíritos mais atrasados, tendo por missão fazê-los avançar, pois levaram consigo uma inteligência desenvolvida e o germe dos conhecimentos adquiridos. É por essa razão que os Espíritos punidos se encontram entre as etnias mais inteligentes, visto que são estas também as que sofrem mais penosamente as misérias da vida, por possuírem mais sensibilidade e serem mais atingidas pelos atritos do que as raças primitivas, nas quais o senso moral é mais obtuso.

15. A Terra apresenta-se, assim, como um dos tipos de mundos expiatórios, nos quais as variedades são infinitas, mas que têm como característica comum servir de local de exílio aos Espíritos rebeldes à lei de Deus. Neles, os exilados precisam lutar, ao mesmo tempo, contra a perversidade dos homens e a inclemência da Natureza. Trabalho duplamente penoso, que desenvolve ao mesmo tempo as qualidades do coração e as da inteligência. É assim que Deus, em Sua bondade, transforma o castigo em proveito e evolução para o Espírito.

Mundos regeneradores
Santo Agostinho – Paris, 1862

16. Entre as estrelas que cintilam na abóbada azulada, quantos mundos, como o vosso, designados pelo Senhor para as provas e as expiações! Mas há, também, entre elas, mundos mais infelizes e melhores, como há planetas de transição, que podemos chamar de regeneradores. Cada turbilhão planetário, girando no espaço em torno de um centro comum, arrasta consigo mundos primitivos, de exílio, de provas, de regeneração e de felicidade. Já ouvistes falar desses mundos onde a alma nascente é colocada, ainda ignorante do bem e do mal, para que possa caminhar para Deus, senhora de si mesma, de posse de seu livre-arbítrio. Já ouvistes falar das amplas faculdades de que a alma foi dotada, para praticar o bem. Mas, que pena! Existem as que fracassam! E Deus, não querendo destruí-las, permite-lhes ir a esses mundos onde, de encarnação em encarnação, elas se depuram, se regeneram e voltarão dignas da glória a que foram destinadas.

17. Os mundos regeneradores servem de transição entre os mundos de expiação e os mundos felizes. A alma que se arrepende encontra nesse lugar a paz e o repouso, terminando por se purificar.

Sem dúvida, mesmo nesses mundos, o homem ainda está sujeito às leis que regem a matéria; a Humanidade prova as vossas sensações e os vossos desejos, mas está liberta das paixões desordenadas que vos escravizam. Lá não há mais o orgulho que cala o coração, a inveja que o tortura, o ódio que o asfixia. A palavra amor está escrita em todas as frontes; uma perfeita equidade regula as relações sociais. Todos manifestam a Deus e buscam chegar a Ele, seguindo as Suas leis.

Entretanto, ainda não existe nesses mundos a perfeita felicidade, mas a aurora da felicidade. O homem ainda é carnal e, por isso mesmo, sujeito às vicissitudes das quais somente estão isentos os seres completamente desmaterializados. Ainda há provas a suportar, mas não se revestem das lancinantes angústias da expiação. Comparados à Terra, eles são mais felizes, e muitos dentre vós gostariam de habitá-los, pois representam a calma após a tempestade, a convalescença após uma doença grave. O homem, menos absorvido pelas coisas materiais, entrevê melhor o futuro do que vós; compreende que são outras as alegrias que o Senhor prometeu àqueles que se tornam dignos, quando a morte novamente ceifar os seus corpos, para lhes dar a verdadeira vida. É então que a alma liberta planará sobre todos os horizontes; não mais os sentidos materiais e grosseiros, mas os de um perispírito puro e celeste, aspirando às emanações de Deus, por meio dos perfumes do amor e da caridade, que se expandem de Seu seio.

18. Mas, ah! Nesses mundos o homem ainda é falível, e o espírito do mal não perdeu completamente o seu domínio sobre ele. Não avançar é recuar, e se o homem não está determinado no caminho do bem, ele pode cair nos mundos de expiação, onde o aguardam novas e mais terríveis provas.

Contemplai, pois, essa abóbada azulada, durante a noite, na hora do repouso e da prece, e entre as inúmeras esferas que brilham sobre as vossas cabeças, procurai quais levam a Deus e pedi que um mundo regenerador vos abra as suas portas, depois da expiação na Terra.

Progressão dos mundos
Santo Agostinho – Paris, 1862

19. O progresso é uma das leis da Natureza. Todos os seres da Criação, animados e inanimados, a ela estão submetidos, pela Bondade de Deus, que quer que tudo se engrandeça e prospere. A própria destruição, que parece, para os homens, o fim das coisas, é apenas um meio de levá-las, pela transformação, a um estado mais evoluído, pois tudo morre para renascer, e nada volta para o nada.

Ao mesmo tempo em que os seres vivos evoluem moralmente, os mundos em que eles habitam progridem materialmente. Quem pudesse seguir um mundo em suas diversas fases, desde o instante em que se aglomeraram os primeiros átomos que serviram para a sua constituição, poderia vê-lo percorrer uma escala incessantemente progressiva, por meio de níveis imperceptíveis a cada geração, e oferecer aos seus habitantes um lugar mais agradável, à medida que eles também avançam no caminho do progresso. Assim seguem, paralelamente, o progresso do homem, o dos animais – seus auxiliares –, o dos vegetais e o das formas de habitação, pois nada fica estacionário na Criação.

Como esta ideia é grande e digna da majestade do Criador! E como, ao contrário, é pequena e indigna de seu poder a ideia que concentra a sua solicitude e a sua providência no imperceptível grão de areia da Terra, e restringe a Humanidade a algumas criaturas que o habitam!

A Terra, seguindo essa lei, esteve material e moralmente num estado inferior ao de hoje e atingirá, nesse duplo aspecto, um grau mais avançado. Ela chegou a um de seus períodos de transformação e vai passar de mundo de provas e expiações a mundo de regeneração. Então os homens serão felizes, pois a lei de Deus nele reinará.

CAPÍTULO IV

NINGUÉM PODE VER O REINO DE DEUS SE NÃO NASCER DE NOVO

Ressurreição e reencarnação – Laços de família fortalecidos pela reencarnação e rompidos pela unicidade da existência – Instruções dos Espíritos: Limites da encarnação – Necessidade da encarnação.

1. *"Estando Jesus perto de Cesareia de Filipe, interrogou Seus discípulos e lhes disse: que dizem os homens sobre o Filho do Homem? – Eles Lhe responderam: Alguns dizem que vós sois João Batista; outros, Elias; outros ainda, Jeremias ou algum dos profetas. – Jesus lhes disse: E vós? Quem dizeis vós que Eu sou? – Simão Pedro, tomando a palavra, disse: Vós sois o Cristo, o Filho do Deus vivo. – Jesus lhe respondeu: Bem-aventurado és, Simão, filho de Jonas, porque não é o sangue nem a carne que te revelaram isto, mas, sim, meu Pai que está nos céus."* (Mateus, XVI:13-17; Marcos, VIII:27-30)

2. *"Entretanto, Herodes, o Tetrarca, ouviu falar de tudo o que Jesus fazia, e seu Espírito estava em dúvida, pois uns diziam que João tinha ressuscitado dentre os mortos, outros que Elias tinha aparecido e outros ainda que um*

dos antigos profetas havia ressuscitado. – Então Herodes disse: Eu mandei degolar a João, mas quem é este de quem se ouve dizer tão grandes coisas? E ele buscava ocasião de vê-Lo." (Marcos, VI:14-15; Lucas, IX:7-9)

3. (Após a transfiguração) *"Seus discípulos O interrogaram, dizendo: Por que os escribas dizem que é preciso que Elias volte primeiro? – Mas Jesus lhes respondeu: É verdade que Elias há de vir e restabelecer as coisas, mas Eu vos declaro que Elias já veio e eles não o conheceram, antes fizeram dele quanto quiseram. É assim que farão sofrer o Filho do Homem – Então Seus discípulos compreenderam que era de João Batista que Ele lhes havia falado."* (Mateus, XVII:10-13; Marcos, IX:11-13)

Ressurreição e reencarnação

4. A reencarnação fazia parte dos dogmas judeus sob o nome de ressurreição. Somente os saduceus, acreditando que tudo terminava com a morte, não acreditavam nela. As ideias dos judeus sobre esse ponto, como sobre muitos outros, não estavam claramente definidas, porque só tinham vagas noções sobre a alma e a sua união com o corpo. Eles acreditavam que um homem poderia reviver, sem terem uma noção exata de como isto poderia acontecer. Designavam pela palavra ressurreição o que o Espiritismo chama, mais justamente, de reencarnação. Na verdade, a ressurreição supõe o retorno à vida do próprio cadáver, o que a Ciência comprova ser materialmente impossível, sobretudo quando os elementos desse corpo foram há muito tempo dispersos e absorvidos. A reencarnação é o retorno da alma ou do Espírito à vida material, mas em outro corpo novamente constituído e que nada tem em comum com o antigo. A palavra ressurreição poderia, assim, aplicar-se a Lázaro, mas não a Elias nem aos demais profetas. Se, então, segundo sua crença, João Batista era Elias, o corpo de João não poderia ser o de Elias, pois João tinha sido visto criança, e seus pais eram conhecidos. João poderia ser Elias reencarnado, mas não ressuscitado.

5. Havia um homem entre os fariseus, chamado Nicodemos, senador dos judeus, que veio uma noite encontrar Jesus e Lhe disse: *"Rabi, sabemos que vós sois mestre, vindo da parte de Deus, porque ninguém saberia fazer os milagres que Tu fazes, se Deus não estiver com ele. Jesus lhe*

respondeu, dizendo: Em verdade, em verdade Eu te digo: Ninguém pode ver o reino de Deus se não nascer de novo. Nicodemos Lhe disse: Como pode nascer de novo um homem que já está velho? Porventura pode entrar no ventre de sua mãe e nascer outra vez? Jesus lhe respondeu: Em verdade, em verdade Eu te digo: Se um homem não nascer da água e do Espírito, não pode entrar no reino de Deus. – O que nasce da carne é carne e o que nasce do Espírito é Espírito. – Não te maravilhes de Eu te dizer que é preciso nascer de novo. – O Espírito sopra onde quer, e vós escutais a sua voz, mas não sabes de onde vem ou para onde vai. Assim é com todo homem que nasce do Espírito. Nicodemos Lhe respondeu: Como isto pode acontecer? – Jesus lhe disse: Tu és mestre em Israel e ignoras estas coisas? Em verdade, em verdade te digo, que nós só falamos daquilo que sabemos e somente damos testemunho do que vimos e, entretanto, tu não recebes o nosso testemunho. Mas se tu não me acreditas quando Eu falo das coisas terrenas, como crerias se Eu te falasse das coisas celestiais?" (João, III:1-12)

6. A ideia de que João Batista fosse Elias e que os profetas pudessem reviver sobre a Terra encontra-se em muitas passagens dos Evangelhos, notadamente nestes relatados anteriormente (nos 1, 2, 3). Se essa crença fosse um erro, Jesus a teria combatido, como fez com tantas outras. Ao contrário, Ele a confirmou com toda a Sua autoridade e a transformou num princípio, fazendo-a condição necessária, quando disse: *"Ninguém pode ver o Reino dos Céus, se não nascer de novo"* – e insistiu, acrescentando: *"Não te maravilhes de Eu ter dito que é preciso nascer de novo"*.

7. Essas palavras: *"Se não renascer da água e do Espírito"*, foram interpretadas no sentido da regeneração pela água do batismo. Mas o texto primitivo trazia simplesmente: *"Não renascer da água e do Espírito"*, enquanto que, em algumas traduções, a expressão do *Espírito* foi substituída por do *Espírito Santo*, o que não corresponde ao mesmo pensamento. Esse ponto capital provém dos primeiros comentários feitos sobre o Evangelho, assim como um dia será constatado sem equívoco possível[1].

---

[1] A tradução de Osterwald está em conformidade com o texto primitivo e traz: *não renascer da água e do Espírito*. A de Sacy diz: *do Santo Espírito*, e a de Lamennais traz: *do Espírito Santo*. (Nota de Allan Kardec.)

8. Para compreender o sentido verdadeiro dessas palavras, é preciso igualmente se reportar à significação da palavra *água* que não foi empregada no seu sentido próprio.

Os conhecimentos dos antigos sobre as ciências físicas eram muito imperfeitos; acreditavam que a Terra havia saído das águas. Por isso consideravam a água como o elemento gerador absoluto. É assim que está escrito na Gênese: *"O Espírito de Deus era levado sobre as águas", "flutuava na superfície das águas"; "que o firmamento seja feito em meio às águas"; "que as águas que estão sob o céu se reúnam num só lugar e que o elemento árido apareça"; "que as águas produzam animais viventes, que nadem nas águas, e pássaros que voem sobre a terra e sob o firmamento"*.

Conforme essa crença, a água havia se transformado no símbolo da natureza material, como o Espírito o era da natureza inteligente. Estas palavras: *"Se o homem não renascer da água e do Espírito"* ou *"na água e no Espírito"*, significam, então: *"Se o homem não renascer com o corpo e a alma"*. É nesse sentido que elas foram compreendidas no princípio.

Esta interpretação se justifica, aliás, por estas outras palavras: *"O que é nascido da carne é carne, e o que é nascido do Espírito é Espírito"*. Jesus faz aqui uma distinção positiva entre o Espírito e o corpo. *"O que é nascido da carne é carne"* indica claramente que somente o corpo provém do corpo e que o Espírito é independente dele.

9. *"O Espírito sopra onde quer, e ouves a sua voz, mas não sabes de onde vem nem para onde vai"*, pode-se entender como o Espírito de Deus que dá a vida a quem quer, ou pela alma do homem. Nesta última acepção, *"mas não sabes de onde vem ou para onde vai"*, significa que não se sabe o que foi nem o que será o Espírito. Se, pelo contrário, o Espírito, ou alma, fosse criado com o corpo, poder-se-ia saber de onde ele vem, já que se saberia o seu começo. Em todo caso, esta passagem é a consagração do princípio da preexistência da alma e, por conseguinte, da pluralidade das existências.

10. Desde os tempos de João Batista até hoje, o Reino dos Céus é tomado pela violência, e são os violentos que o arrebatam. Até a época de João, a lei e todos os profetas profetizaram. *"E se vós quereis compreender o que vos digo, ele mesmo é o Elias que há de vir. Quem tiver ouvidos para ouvir, ouça."* (Mateus, XI:12-15)

11. Se o princípio da reencarnação, expresso em João pudesse, a rigor, ser interpretado num sentido puramente místico, já não aconteceria o mesmo nesta passagem de Mateus, na qual não há equívoco possível: *"Ele mesmo é o Elias que há de vir"*. Não há aqui figura nem alegoria, é uma afirmação positiva. – *"Desde o tempo de João Batista até agora, o Reino dos Céus é tomado pela violência."* O que significam essas palavras, já que João Batista ainda vivia naquele momento? Jesus as explica, dizendo: *"Se vós quereis compreender o que digo, é ele mesmo o Elias que há de vir"*. Ora, João, não sendo outro que Elias, Jesus se referia ao tempo em que João vivia com o nome de Elias. *"Até hoje o Reino dos Céus se toma pela violência"* é uma outra alusão à violência da lei mosaica, que ordenava o extermínio dos infiéis, para ganhar a Terra Prometida, paraíso dos hebreus, enquanto, segundo a nova lei, o céu se ganha com a caridade e a doçura. E, então, Ele acrescenta: *"Aquele que tenha ouvidos de ouvir, ouça"*. Essas palavras, tão frequentemente repetidas por Jesus, dizem claramente que nem todos estavam em condições de compreender certas verdades.

12. *"Os teus mortos viverão. Os meus, a quem tiraram a vida, ressuscitarão. Levantai e cantai louvores a Deus, vós, que habitais no pó, pois o orvalho que cai sobre vós é orvalho de luz, e arruinareis a terra e o reino dos gigantes."* (Isaías, XXVI:19)

13. Essa passagem de Isaías é bem explícita: *"Os teus mortos viverão"*. Se o profeta tivesse querido falar da vida espiritual, se tivesse querido dizer que os mortos não estavam mortos em Espírito, teria dito: *"ainda vivem"*, e não *"viverão"*. No sentido espiritual, essas palavras seriam um contrassenso, pois implicariam uma interrupção na vida da alma. No sentido de regeneração moral, seriam a negação das penas eternas, já que estabelecem o princípio de que todos os que morreram reviverão.

14. *"Quando o homem morre uma vez, e seu corpo, separado do Espírito, é consumido, em que se torna ele? – Tendo o homem morrido uma vez, poderia ele viver novamente? Nesta guerra em que me encontro, todos os dias da minha vida, espero que chegue a minha mutação."* (Jó, XIV:10-14. Tradução do Mestre de Sacy)

"Quando o homem morre, ele perde toda a sua força e expira, e, então, onde está ele? – Se o homem morre, ele reviverá? Esperarei eu todos os dias de meu combate, até que chegue a minha transformação?" (Idem. Tradução protestante de Osterwald.)

"Quando o homem morre, vive sempre; terminando os dias de minha existência terrena, esperarei, pois a ela voltarei novamente." (Idem. Versão da Igreja Grega.)

15. O princípio da pluralidade das existências está claramente expresso nessas três versões. Não se pode supor que Jó tenha querido falar da regeneração por meio da água do batismo, que ele certamente não conhecia. *"Tendo o homem morrido uma vez poderia ele viver novamente?"* A ideia de morrer uma vez e reviver implica a de morrer e reviver várias vezes. A versão da Igreja Grega é ainda mais explícita, se possível: *"Terminando os dias de minha existência terrena, esperarei, pois a ela voltarei novamente"*. Ou seja, eu voltarei à existência terrena. Esta é tão clara como se alguém dissesse: *"Eu saio de minha casa, mas a ela voltarei"*.

"Nesta guerra em que me encontro, todos os dias de minha vida, espero que chegue a minha mutação." Jó quer, evidentemente, falar da luta que sustenta contra as misérias da vida. Ele aguarda a sua mutação, ou seja, ele se resigna. Na versão grega, *eu esperarei*, parece antes se aplicar à nova existência: *"Quando minha existência terrena terminar, eu esperarei, pois para cá voltarei"*. Jó parece colocar-se, depois da morte, no intervalo que separa uma existência de outra, e dizer, então, que ali esperará o seu retorno.

16. Não é, portanto, duvidoso, que sob o nome de ressurreição, o princípio da reencarnação fosse uma das crenças fundamentais dos judeus e que fosse confirmado por Jesus e os profetas, de uma maneira formal. De onde se segue que negar a reencarnação é renegar as palavras do Cristo. Suas palavras terão, um dia, autoridade quanto a esse aspecto e quanto a muitos outros, quando forem meditadas sem ideias preconcebidas.

17. Mas a essa autoridade, de natureza religiosa, vem juntar-se, no plano filosófico, a das provas que resultam da observação dos fatos. Quando dos efeitos se quer remontar às causas, a reencarnação aparece como uma necessidade absoluta, como uma condição inerente à Humanidade, em uma palavra, como uma lei da Natureza. Ela se revela, pelos seus resultados, de uma maneira por assim dizer material, como o motor oculto se revela pelo movimento que produz. Somente ela pode dizer ao homem de onde ele vem, para onde vai, por que está na Terra, e justificar todas as anomalias e todas as injustiças aparentes que a vida apresenta.

Sem o princípio da preexistência da alma e da pluralidade das existências, a maior parte das máximas do Evangelho ficam sem sentido. É por isso que elas deram motivo a interpretações tão contraditórias. Esse princípio é a chave que deve restituir-lhes verdadeiro sentido[2].

Laços de família fortalecidos pela reencarnação e rompidos pela unicidade da existência

18. Os laços de família não são destruídos pela reencarnação, como pensam algumas pessoas. Ao contrário, são fortalecidos e estreitados. É o princípio oposto que os destrói.

Os Espíritos formam, no espaço, grupos ou famílias, unidos pela afeição, pela simpatia e pela semelhança das inclinações. Estes Espíritos, felizes de estarem juntos, se buscam. A encarnação somente os separa momentaneamente, pois que, uma vez retornando à erraticidade, eles se reencontram, como amigos que voltam de uma viagem. Frequentemente, eles seguem juntos durante a encarnação, reunindo-se numa mesma família ou num mesmo círculo, trabalhando juntos para a evolução mútua. Se uns estão encarnados e os outros não, continuarão unidos pelo pensamento. Os que estão livres velam pelos que estão cativos, os mais evoluídos procuram ajudar no progresso dos retardatários. Depois de cada existência, terão dado mais um passo no caminho da perfeição. Cada vez menos apegados à matéria, seu afeto é mais vivo, por isso mesmo mais puro e não é mais perturbado pelo egoísmo nem

---

[2] Para o desenvolvimento do tema "Reencarnação", ver Kardec, Allan, *O Livro dos Espíritos*, Livro Segundo, capítulo IV e notas (Mundo Maior Editora, 5ª ed.) *(N. do E.)*

obscurecido pelas sombras da paixão. Eles podem, então, percorrer um número ilimitado de existências corporais, sem que nenhum prejuízo perturbe a sua mútua afeição.

Entenda-se bem que se trata da afeição real de alma para alma, a única que sobrevive à destruição do corpo, pois os seres que se unem na Terra apenas pela atração física não têm nenhum motivo de se procurar no mundo dos Espíritos. Apenas as afeições espirituais são duráveis. As afeições carnais extinguem-se com a causa que as originou. Ora, essa causa não existe no mundo dos Espíritos, enquanto que a alma existe sempre. Quanto às pessoas unidas apenas pelos interesses, nada significam umas às outras; a morte as separa na Terra e no Céu.

19. A união e a afeição existente entre parentes são o indício da simpatia anterior que os aproximou. Por isso, diz-se de uma pessoa cujo caráter, gostos e inclinações não têm nenhuma semelhança com as de seus familiares, que ela não pertence à família. Dizendo isso, anuncia-se uma grande verdade na qual não se acredita: Deus permite essas encarnações de Espíritos antipáticos ou estranhos nas famílias, com o duplo objetivo de servir de provas para uns e de meio de evolução para outros. Os maus se aperfeiçoam pouco a pouco, em contato com os bons e com os cuidados que deles recebem. Seu caráter se abranda, seus costumes se apuram, as antipatias desaparecem. É assim que se estabelece a fusão entre as diferentes categorias de Espíritos, como se faz na Terra entre as raças[1] e os povos.

20. O receio do aumento indefinido da parentela, em consequência da reencarnação, é uma crença egoísta, provando que não se possui uma capacidade de amor tão ampla, para abranger um grande número de pessoas. Um pai que tem muitos filhos os amaria menos do que se tivesse apenas um? Mas que os egoístas se tranquilizem, pois esse medo não tem fundamento. Mesmo que um homem tenha tido dez encarnações, não significa que ele encontrará no mundo dos Espíritos dez mães, dez pais, dez esposas e um número proporcional de filhos e de novos parentes. Ele sempre encontrará os mesmos objetos de sua

---

[1] Ver Nota Explicativa no fim deste volume, página 391

Capítulo IV

afeição, que lhe estiveram ligados na Terra por diversas maneiras e talvez pelas mesmas maneiras.

21. Vejamos agora as consequências da doutrina antirreencarnacionista. Essa doutrina anula, necessariamente, a preexistência da alma. Se as almas tivessem sido criadas ao mesmo tempo que os corpos, não existiria entre elas nenhum laço anterior. Seriam, pois, completamente estranhas umas às outras. O pai seria estranho ao seu filho, e a união das famílias ficaria assim reduzida unicamente à filiação corporal, sem nenhum lastro espiritual. Não há nenhum motivo, portanto, para se glorificar de ter tido por ancestrais tais ou tais personagens ilustres. Com a reencarnação, ancestrais e descendentes podem ser conhecidos, ter vivido juntos, podem-se ter amado, e mais tarde podem reunir-se de novo para estreitarem os seus laços de simpatia.

22. Isto quanto ao passado. Quanto ao futuro, segundo os dogmas fundamentais que resultam do princípio antirreencarnacionista, o destino dessas almas está irrevogavelmente fixado depois de uma única existência. A fixação definitiva do destino implica a negação de todo o progresso, pois se há algum progresso, não há destino definitivo. Segundo tenham elas bem ou mal-vivido, vão imediatamente para a morada dos bem-aventurados ou para o inferno eterno. *Desta forma, ficam imediatamente separadas para sempre, e sem esperanças de reaproximação*, de tal maneira que pais, mães e filhos, maridos e esposas, irmãos e amigos não têm nunca a certeza de se reencontrarem: é a mais absoluta ruptura dos laços de família.

Com a reencarnação e o progresso que lhe é consequente, todos os que se amaram se reencontram na Terra e no espaço, e juntos rumam para Deus. Se há os que fracassam no caminho, retardam a sua evolução e a sua felicidade, mas nem toda a esperança está perdida. Ajudados, encorajados e sustentados por aqueles que os amam, sairão, um dia, do atoleiro em que caíram. Com a reencarnação, enfim, há perpétua solidariedade entre os encarnados e os desencarnados, do que resulta o estreitamento dos laços de afeição.

23. Em suma, quatro alternativas se apresentam ao homem para o seu futuro de além-túmulo: 1º) o nada, segundo a doutrina materialista; 2º) a absorção no todo universal, segundo a doutrina panteísta; 3º) a conservação da individualidade, com destino fixado, segundo a doutrina da Igreja; 4º) a conservação da individualidade, com progresso infinito, segundo a Doutrina Espírita. Segundo as duas primeiras, os laços de família são rompidos pela morte, e não há nenhuma esperança de se reencontrarem; com a terceira, há possibilidade de se reverem, contanto que estejam no mesmo meio, e esse meio pode ser tanto o inferno quanto o paraíso. Com a pluralidade das existências, que é inseparável da evolução gradual, há a certeza da continuidade das relações entre os que se amam e é isso que constitui a verdadeira família.

Instruções dos Espíritos
Limites da encarnação

24. *Quais são os limites da encarnação?*

São Luiz – Paris, 1859

A encarnação não tem, propriamente falando, limites nitidamente traçados, se por isto se entende o envoltório que constitui o corpo do Espírito, visto que a materialidade desse envoltório diminui à medida que o Espírito se purifica. Em certos mundos, mais avançados que a Terra, ele é menos compacto, menos pesado e menos grosseiro e, consequentemente, menos sujeito a vicissitudes. Num grau mais elevado, ele é diáfano e quase fluídico. Passo a passo, ele se desmaterializa e termina por se confundir com o perispírito. Segundo o mundo ao qual o Espírito é chamado a viver, ele se reveste do envoltório apropriado à natureza desse mundo.

O próprio perispírito sofre transformações sucessivas; eteriza-se mais e mais, até a purificação completa, que constitui a índole dos Espíritos puros. Se os mundos especiais estão destinados, como estações, aos Espíritos mais avançados, estes não estão sujeitos a eles, como nos mundos inferiores. O estado de desprendimento no qual se encontram lhes permite viajar por toda a parte, onde são chamados pelas missões que lhes são confiadas.

Se considerarmos a encarnação do ponto de vista material, tal qual a vemos na Terra, pode-se dizer que ela está limitada aos mundos inferiores. Depende do Espírito, por conseguinte, libertar-se mais ou menos prontamente, trabalhando pela sua purificação.

É preciso considerar também que, no estado errante, ou seja, no intervalo das existências corporais, a situação do Espírito tem relação com a natureza do mundo a que o liga o seu grau de evolução. Assim, na erraticidade, ele é mais ou menos feliz, livre e esclarecido, conforme for mais ou menos desmaterializado.

Necessidade da encarnação

25. *A encarnação é uma punição, e somente os Espíritos culpados é que lhe estão sujeitos?*

São Luiz – Paris, 1859

A passagem dos Espíritos pela vida corporal é necessária, para que eles possam realizar, com a ajuda de uma ação material, os desígnios cuja execução Deus lhes confiou. Ela é necessária por eles mesmos, pois a atividade que são obrigados a desempenhar ajuda-os no desenvolvimento da inteligência. Deus, sendo soberanamente justo, deve dotar de forma equitativa a todos os Seus filhos. É por isso que Ele concede a todos o mesmo ponto de partida, a mesma aptidão, *as mesmas obrigações a cumprir e a mesma liberdade de ação*. Todo privilégio seria uma preferência, e toda preferência uma injustiça. Mas a encarnação, para todos os Espíritos, é apenas um estado transitório. É uma empreitada que Deus lhes impõem, no início da existência, como primeira prova do uso que farão de seu livre-arbítrio. Aqueles que realizam essa tarefa com zelo percorrem rapidamente, e de maneira menos penosa, estes primeiros degraus da iniciação e usufruem mais cedo do fruto de seu trabalho. Aqueles que, ao contrário, fazem mau uso da liberdade que Deus lhes concede retardam a sua evolução. E é assim que, por sua obstinação, podem prolongar indefinidamente a necessidade de reencarnar. E é assim que a reencarnação se torna um castigo.

26. Observação – Uma comparação comum dará uma melhor compreensão dessa diferença. O estudante somente chega aos níveis superiores após ter percorrido a série de classes que o levam até lá. Essas classes, por mais trabalho que exijam, são um meio de se chegar ao objetivo, e não uma punição. O estudante dedicado abrevia o caminho e nele encontra menos dificuldades. É diferente para aquele em que a negligência e preguiça obrigam a repetir algumas séries. Não é o estudo a punição, mas a obrigação de recomeçar o mesmo trabalho.

Assim é com o homem na Terra. Para o Espírito selvagem, que está no início da vida espiritual, a encarnação é um meio de desenvolver a inteligência. Mas, para o homem esclarecido, no qual o senso moral está largamente desenvolvido, e que se vê obrigado a repetir as etapas da vida material cheia de angústias – enquanto poderia já ter alcançado o objetivo – é um castigo, pela necessidade em que se acha de prolongar a sua permanência nos mundos inferiores e infelizes. Aquele que, ao contrário, trabalha ativamente para o seu progresso moral pode não somente abreviar a duração de sua encarnação material como transpor de uma só vez os degraus intermediários que o separam dos mundos superiores.

Os Espíritos não poderiam encarnar apenas uma vez sobre o mesmo globo e passar suas diferentes existências em esferas diversas? Esta opinião somente seria admissível, se os homens estivessem, na Terra, exatamente no mesmo nível intelectual e moral. As diferenças que existem entre eles, desde o selvagem até o homem civilizado, revelam os níveis que têm a percorrer. Além disso, a encarnação deve ter uma finalidade útil. Ora, qual seria a finalidade das encarnações efêmeras, das crianças que morrem em tenra idade? Teriam sofrido sem qualquer proveito, nem para elas nem para os outros?! Deus, cujas leis são soberanamente sábias, nada faz de inútil. Com as reencarnações no mesmo globo, quis que os mesmos Espíritos – encontrando-se de novo frente a frente – tivessem a ocasião de reparar as suas falhas recíprocas provenientes de suas relações anteriores. Ele quis, também, estabelecer os laços de família sobre uma base espiritual, apoiando numa lei natural os princípios de solidariedade, fraternidade e igualdade.

CAPÍTULO V

BEM-AVENTURADOS OS AFLITOS

Justiça das aflições – Causas atuais das aflições – Causas anteriores das aflições – Esquecimento do passado – Motivos de resignação – O suicídio e a loucura – Instruções dos Espíritos: Bem e mal sofrer – O mal e o remédio – A felicidade não é deste mundo – Perda de entes queridos. Mortes prematuras – Se fosse um homem de bem teria morrido – Os tormentos voluntários – A verdadeira desgraça – A melancolia – Provas voluntárias. O verdadeiro cilício – Deve-se pôr fim às provas do próximo? – É permitido abreviar a vida de um doente que sofre sem esperança de recuperação? – Sacrifício da própria vida – Proveito dos sofrimentos em função dos outros.

1. *"Bem-aventurados os que choram, pois eles serão consolados. Bem-aventurados os famintos e sedentos pela justiça, pois serão saciados. Bem-aventurados os que sofrem perseguição por causa da justiça, porque deles é o Reino dos Céus."* (Mateus, V:5, 6-10)

2. *"Bem-aventurados vós, os pobres, pois o Reino dos Céus vos pertence. Bem-aventurados vós, que tendes fome, pois sereis fartos. Bem-aventurados vós, que chorais agora, pois rireis."* (Lucas, VI:20-21)

"Mas ai de vós, ricos! Pois que vós tendes a vossa consolação no mundo. Ai de vós, que estais saciados, pois tereis fome; ai de vós que agora rides, pois que gemereis e chorareis." (Lucas, VI: 24-25)

Justiça das aflições

3. As compensações que Jesus promete aos aflitos da Terra somente poderão realizar-se na vida futura. Sem a certeza do porvir, essas máximas não teriam sentido, ou mais do que isso, seria um artifício. Até mesmo com essa certeza, compreende-se dificilmente a utilidade de sofrer para ser feliz. Diz-se que é para haver mais mérito. Mas, então, se pergunta: por que uns sofrem mais do que outros; por que uns nascem na miséria e outros na opulência, sem nada terem feito para justificar essa posição; por que para uns nada dá certo, enquanto para outros tudo parece sorrir? Mas o que ainda menos se compreende é ver os bens e os males tão desigualmente distribuídos entre o vício e a virtude; ver os homens virtuosos sofrerem ao lado dos maus que prosperam. A fé no futuro pode consolar e proporcionar paciência, mas não explica essas anomalias, que parecem desmentir a justiça de Deus.

Entretanto, desde que admitamos a existência de Deus, não podemos concebê-Lo sem Suas perfeições infinitas. Ele possui todo o poder, toda a justiça, toda a bondade, pois sem isso não seria Deus. E se Deus é soberanamente bom e justo, não pode agir por capricho ou com parcialidade. *As vicissitudes da vida têm, então, uma causa e como Deus é justo, essa causa deve ser justa.* Eis o que cada um deve compenetrar-se. Deus colocou os homens na compreensão dessa causa pelos ensinamentos de Jesus, e hoje, julgando-os suficientemente maduros para compreendê-la, revela-a totalmente por intermédio do Espiritismo, ou seja, pela voz dos Espíritos.

Causas atuais das aflições

4. As vicissitudes da vida são de duas espécies, ou, se preferirmos, têm duas fontes bem diversas, que é importante distinguir: umas têm sua causa na vida presente; outras, além desta vida.

Remontando à fonte dos males terrenos, reconhecer-se-á que muitos são consequência natural do caráter e da conduta daqueles que os suportam.

Quantos homens caem por sua própria falta! Quantos são vítimas de sua imprevidência, de seu orgulho e de sua ambição!

Capítulo V

Quantas pessoas arruinadas por falta de ordem, de perseverança, por má conduta ou por não terem limitado os seus desejos!

Quantas uniões infelizes, porque resultaram dos cálculos do interesse ou da vaidade, e com as quais nada tem a ver o coração!

Quantos desentendimentos, quantas disputas funestas e inúteis ter-se-ia podido evitar com mais moderação e menos suscetibilidade!

Quantas doenças e enfermidades são a consequência da intemperança e dos excessos de todo gênero!

Quantos pais são infelizes com seus filhos, por não terem combatido as suas más tendências desde o princípio! Por fraqueza ou indiferença, deixaram que se desenvolvessem neles os germes do orgulho, do egoísmo e da tola vaidade, que ressecam o coração e mais tarde, colhendo o que semearam, admiram-se e se afligem com a sua falta de respeito e a sua ingratidão.

Que todos os que têm o coração ferido pelas vicissitudes e decepções da vida interroguem friamente a sua consciência. Remontem pouco a pouco à fonte dos males que os afligem, e verão se, na maioria das vezes não podem dizer: "Se eu tivesse feito ou não tivesse feito tal coisa, eu não estaria nesta situação".

A quem se deve, então, todas essas aflições senão a si mesmos? O homem é, dessa maneira, num grande número de casos, o artífice de seus próprios infortúnios. Mas, em vez de reconhecê-lo, ele acha mais simples, e menos humilhante para a sua vaidade, acusar o destino, a Providência, a sorte desfavorável, enquanto que sua má estrela, na verdade, é a sua própria negligência.

Os males dessa natureza formam, certamente, um número considerável das vicissitudes da vida. O homem os evitará, quando trabalhar para o seu aperfeiçoamento moral e intelectual.

5. A lei humana alcança certas faltas e as pune. O condenado pode, então, dizer que sofreu a consequência do que fez. No entanto, a lei não alcança e não pode alcançar todas as faltas. Ela alcança, mais especialmente, aqueles que trazem perigo à sociedade, e não as faltas que prejudicam os que as cometem. Mas Deus quer o progresso de todas as Suas criaturas; é por isso que Ele não deixa impune nenhum desvio do caminho certo. Não existe uma só falta, por mais leve que seja, nenhuma infração à Sua lei, que não tenha consequências forçosas e inevitáveis, mais ou menos desagradáveis. Isso significa que, tanto nas coisas pequenas como nas grandes, o homem é sempre punido naquilo em que pecou. Os sofrimentos consequentes são uma advertência de que ele andou mal. Dão-lhe a experiência e o fazem sentir a diferença do bem e do mal, e a necessidade de melhorar para evitar no futuro o que foi uma fonte de desgostos. Sem isso, ele não teria nenhum motivo para se corrigir. Confiante na impunidade, retardaria sua evolução e, consequentemente, a sua felicidade futura.

Mas a experiência, algumas vezes, chega um pouco tarde, quando a vida já foi desperdiçada e desorganizada, quando as forças já estão consumidas, e o mal é irremediável. Então, o homem se põe a dizer: "Se no início da vida eu soubesse o que sei hoje, quantos passos em falso eu teria evitado! Se tivesse de recomeçar, eu faria tudo diferente, mas não há mais tempo!". Assim como o trabalhador preguiçoso que diz: "Eu perdi o meu dia", ele também lamenta: "Eu perdi a minha vida". Mas assim como para o trabalhador o sol se levanta no dia seguinte, e uma nova jornada começa permitindo-lhe reparar o tempo perdido, também para eles, após a noite do túmulo, brilhará o sol de uma nova vida, na qual ele poderá aproveitar a experiência do passado e pôr em execução suas boas resoluções para o futuro.

Causas anteriores das aflições

6. Mas se há males, nesta vida, para os quais o homem é a própria causa, há outros para os quais ele é, pelo menos à primeira vista, completamente estranho e que parecem golpeá-lo como por fatalidade. Tal é, por exemplo, a perda de entes queridos e daqueles que sustentam a família. Tais são ainda os acidentes que nenhuma providência poderia impedir. Os reveses da fortuna, que frustram todas as medidas de prudência, os flagelos naturais; as enfermidades de nascença – principalmente aquelas que impedem os infelizes de ganhar a vida por meio do trabalho – as deformidades, a idiotia etc.

Capítulo V

Aqueles que nascem em semelhantes condições certamente nada fizeram, nesta vida, para merecer uma sorte tão triste, sem possibilidade de compensação e que não puderam evitar. Estão na impossibilidade de modificá-las por si mesmos, o que os coloca à mercê da comiseração pública. Por que esses seres tão desditosos, enquanto que, ao lado, sob o mesmo teto, na mesma família, outros são favorecidos em todos os sentidos?

O que dizer, enfim, dessas crianças que morrem em tenra idade e só conheceram da vida os sofrimentos? Problemas que nenhuma filosofia resolveu, anomalias que nenhuma religião pôde justificar, e que seriam a negação da bondade, da justiça e da providência de Deus, segundo a hipótese da alma ter sido criada ao mesmo tempo que o corpo, e da fixação irrevogável de seu destino após permanecer alguns instantes na Terra. Que fizeram elas, essas almas que acabaram de sair das mãos do Criador, para sofrerem tantas misérias no mundo, e receberem, no futuro, uma recompensa ou uma punição qualquer, se não puderem seguir o bem nem o mal?

Entretanto, em virtude do axioma *todo efeito tem uma causa*, essas misérias são efeitos que devem ter a sua causa, e desde que se admita a existência de um Deus justo, essa causa deve ser justa. Ora, a causa sempre precedendo ao efeito, e desde que não se encontre na vida atual, deve pertencer a uma existência precedente. Por outro lado, não podendo Deus recompensar pelo bem que se fez, nem pelo mal que não se haja feito, se somos punidos, é que fizemos mal; e se nós não fizemos o mal nesta vida, é que o fizemos em outra. É uma alternativa à qual é impossível escapar, e na qual a lógica nos diz de que lado está a justiça de Deus.

Por conseguinte, o homem nem sempre é punido, ou completamente punido na sua existência presente, mas jamais escapa às consequências de suas faltas. A prosperidade do mau é apenas momentânea, e, se ele não expia hoje, expiará amanhã, pois aquele que sofre submete-se à expiação de seu próprio passado. O sofrimento que, à primeira vista parece injusto, tem a sua razão de ser, e aquele que sofre pode sempre dizer: "Perdoai-me, Senhor, porque eu pequei".

7. Os sofrimentos produzidos por causas anteriores, assim como os decorrentes das faltas atuais – são sempre a consequência natural da falta cometida, ou seja, em virtude de uma rigorosa justiça distributiva, o homem sofre aquilo que fez sofrer aos outros. Se foi duro e desumano, poderá ser tratado duramente e com desumanidade; se foi orgulhoso, poderá nascer numa condição humilhante; se foi avaro, egoísta ou se fez mau uso de sua fortuna, poderá ver-se privado do necessário; se foi mau filho, poderá sofrer com seus próprios filhos, e assim por diante.

Assim se explicam, pela pluralidade das existências e pelo destino da Terra, como mundo expiatório, as anomalias apresentadas pela distribuição da felicidade e dos infortúnios entre os bons e os maus. Essas anomalias são apenas aparentes, quando as tomamos do ponto de vista da vida presente, mas se nos elevarmos, pelo pensamento, de maneira a englobar uma série de existências, veremos que é dado a cada um a parte a que faz jus – sem prejuízo do que lhe cabe no mundo dos Espíritos – e que a justiça de Deus nunca falha.

O homem não deve jamais esquecer que ele está num mundo inferior, onde permanece pelas suas imperfeições. A cada vicissitude, deve lembrar que, se pertencesse a um mundo mais avançado, isto não aconteceria, e dele depende não mais voltar a este mundo, desde que trabalhe para o seu aperfeiçoamento.

8. As tribulações da vida podem ser impostas aos Espíritos endurecidos, ou demasiado ignorantes para fazerem uma escolha consciente, mas são livremente escolhidas e aceitas pelos Espíritos *arrependidos*, que querem reparar o mal que fizeram e tentar fazer melhor. Assim é aquele que, tendo cumprido mal a sua tarefa, pede para recomeçá-la, para não perder as vantagens de seu trabalho. Essas tribulações são, às vezes, expiações do passado que corrigem, e provas para o futuro, que preparam. Rendamos graças a Deus que, em Sua bondade, concede ao homem a oportunidade da reparação, e não o condena, irrevogavelmente, pela primeira falta.

9. Não se deve crer, entretanto, que todo sofrimento pelo qual se passa na Terra seja necessariamente o indício de uma determinada falta. São, geralmente, simples provas escolhidas pelo Espírito, para concluir a sua evolução e acelerar o seu progresso. Assim, a expiação sempre serve de prova, mas a prova nem sempre é uma expiação. Mesmo assim,

provas e expiações são sempre sinais de uma inferioridade relativa, pois aquele que é perfeito não tem necessidade de ser testado. Um Espírito pode, portanto, ter adquirido um certo grau de evolução, mas, querendo avançar mais, solicita uma missão, uma tarefa a cumprir, pela qual será tanto mais recompensado – se for vitorioso – quanto mais penosa tiver sido a luta. Exemplo disso são essas pessoas de tendência naturalmente boa, de alma elevada, de sentimentos nobres inatos, que parecem nada trazer de mau de sua precedente existência e que sofrem com uma resignação cristã as maiores dores, pedindo forças a Deus para suportá-las sem reclamar. Podem-se, ao contrário, considerar como expiações as aflições que causam reclamações e levam o homem à revolta contra Deus.

O sofrimento que não provoca lamentações pode, sem dúvida, ser uma expiação, mas é um indício de que foi antes escolhido voluntariamente do que imposto; é a prova de uma forte resolução, o que é sinal de progresso.

10. Os Espíritos só podem aspirar a uma perfeita felicidade, quando estiverem puros. Qualquer imperfeição os impedem de entrar nos mundos felizes. São como os passageiros de um navio tomado pela peste, cuja entrada no porto é impedida, até que estejam purificados. É nas diversas existências corpóreas que os Espíritos se despojam, pouco a pouco, de suas imperfeições. As provas da vida fazem progredir, quando bem suportadas. Como expiação, apagam as faltas e purificam. É o remédio que limpa a chaga e cura o doente; quanto mais grave o mal, mais enérgico deverá ser o remédio. Pode-se dizer que, aquele que muito sofre, tinha muito a expiar e deve-se alegrar por ser logo curado. Depende dele, por sua resignação, tornar esse sofrimento proveitoso e não perder os resultados com suas reclamações, sem o que teria de recomeçar.

Esquecimento do passado

11. É em vão que se assimila o esquecimento do passado como um impedimento ao aproveitamento da experiência das existências anteriores. Se Deus julgou conveniente lançar um véu sobre o passado, é porque isso deve ser útil. Com efeito, essa lembrança do passado traria inconvenientes muito graves. Poderia, em alguns casos, humilhar-nos singularmente, ou então exaltar o nosso orgulho, e por isso mesmo dificultar o exercício do nosso livre-arbítrio. De qualquer forma, traria perturbações inevitáveis às relações sociais.

O Espírito renasce, muitas vezes, no mesmo meio em que viveu e se encontra em relação com as mesmas pessoas, a fim de reparar o mal que haja feito. Se nelas reconhecesse aqueles a quem odiou, esse ódio talvez reaparecesse. Assim, ele se sentiria humilhado perante aqueles a quem tivesse ofendido.

Deus nos deu, para que melhorássemos, justamente o que nos é necessário e suficiente: a voz da consciência e nossas tendências instintivas; e nos retirou o que poderia prejudicar-nos. O homem traz, ao nascer, aquilo que adquiriu. Ele nasce exatamente como se fez. Cada existência é para ele um novo ponto de partida; pouco lhe importa saber quem foi: se está sendo punido, é porque praticou o mal e suas más tendências atuais são o indício do que lhe resta corrigir em si mesmo. É sobre isso que deve concentrar toda a sua atenção, pois daquilo que foi completamente corrigido já não restam sinais. As boas resoluções que tomou são a voz da consciência, que o adverte do bem e do mal e lhe dá a força de resistir às más tentações.

De resto, esse esquecimento somente existe durante a vida material. Retornando à vida espiritual, o Espírito recobra a lembrança do seu passado. Trata-se, portanto, de uma breve interrupção, como a que temos na própria vida terrena, durante o sono, e que não nos impede de lembrar, no dia seguinte, o que fizemos na véspera e nos dias anteriores. Da mesma maneira, não é somente após a morte que o Espírito recobra a lembrança do passado. Pode-se dizer que ele nunca a perde, pois a experiência prova que, na reencarnação, durante o sono do corpo, ele desfruta de uma certa liberdade e tem consciência de seus atos anteriores. Dessa forma, ele sabe por que sofre, e que sofre justamente. A lembrança somente se apaga durante a vida exterior de relação. Mas na falta de uma lembrança precisa, que poderia ser-lhe penosa e prejudicial às suas relações sociais, ele haure novas forças nesses instantes de emancipação da alma, se souber dar-lhes o devido valor.

Capítulo V

Motivos de resignação

12. Pelas palavras: *"Bem-aventurados os aflitos, pois eles serão consolados"*, Jesus indica, ao mesmo tempo, a compensação que aguarda aqueles que sofrem e a resignação que nos faz bendizer o sofrimento, como o prelúdio da cura.

Essas palavras podem ainda ser traduzidas assim: deveis considerar-vos felizes por sofrer, pois as vossas dores terrenas são a dívida de vossas faltas passadas, e essas dores, suportadas pacientemente na Terra, vos poupam séculos de sofrimentos na vida futura. Deveis, portanto, estar felizes por Deus ter reduzido vossas dívidas, permitindo-vos quitá-las no presente, o que vos assegura a tranquilidade para o futuro.

O homem que sofre se assemelha a um devedor que deve grande soma, a quem o credor dissesse: *"Se me pagares hoje mesmo a centésima parte, darei quitação de todo o resto e ficarás livre; se não o fizerdes, vou perseguir-te até que tenhais pagado o último centavo"*. O devedor não estaria mais feliz de suportar todo o tipo de privação para se libertar da dívida, pagando apenas a centésima parte dela? Em vez de lamentar-se do seu credor, não lhe agradeceria?

Este é o sentido das palavras: *"Bem-aventurados os aflitos, pois eles serão consolados"*. Eles são felizes, porque pagam suas dívidas e porque, depois da quitação, estarão livres. Mas se, ao procurar quitá-las de um lado, de outro se endividarem, nunca se tornarão livres. Ora, cada nova falta aumenta a dívida, pois não há uma só falta – qualquer que seja – que não traga consigo a punição necessária e inevitável. Se não for hoje, será amanhã, se não for nesta vida, será na outra. Entre essas faltas, é preciso colocar, em primeiro lugar, a ausência de submissão à vontade de Deus. Então, se lamentamos nas aflições, se não as aceitamos com resignação, e como algo que merecemos; se acusamos a Deus de injusto, contraímos uma nova dívida, que nos fará perder os benefícios do sofrimento. Eis por que será necessário recomeçar, como se pagássemos as contas a um credor que nos atormenta, ao mesmo tempo que pedimos novos empréstimos.

Com a sua entrada no mundo dos Espíritos, o homem é semelhante ao trabalhador que se apresenta para o dia do pagamento. A uns o empregador dirá: *"Aqui está a paga por vossa jornada de trabalho"*; a outros, os felizes da Terra, àqueles que terão vivido na ociosidade, que puseram a sua felicidade na satisfação do amor-próprio e nas alegrias mundanas, ele dirá: *"Para vós nada será pago, pois haveis recebido o vosso salário na Terra. Ide e recomeçai a vossa tarefa"*.

13. O homem pode amenizar ou aumentar a amargura de suas provas, pela maneira de encarar a vida terrena. Mais ele sofre quanto maior a duração do sofrimento lhe parece. Ora, aquele que se coloca do ponto de vista da vida espiritual abrange na sua visão a vida corpórea, como um ponto no infinito, compreendendo a sua brevidade, sabendo que este momento penoso passa bem rapidamente. A certeza de um futuro próximo e mais feliz o sustenta e encoraja e, em vez de lastimar-se, ele agradece ao céu as dores que o fazem avançar. Para aquele que, ao contrário, vê apenas a vida material, esta lhe parece interminável, e a dor pesa sobre ele com todo o seu peso. O resultado da maneira espiritual de encarar a vida é a diminuição da importância das coisas mundanas, a moderação dos seus desejos humanos, fazendo o homem contentar-se com a sua posição, sem invejar a dos outros, de atenuar a impressão moral dos reveses e das desilusões pelas quais atravessa. Ele adquire, assim, a calma e a resignação, tão úteis à saúde do corpo quanto à da alma, enquanto que, com a inveja, o ciúme e a ambição, se entrega voluntariamente à tortura avolumando, desta forma, as misérias e as angústias de sua curta existência.

O suicídio e a loucura

14. A calma e a resignação adquiridas na maneira de encarar a vida terrena e a fé no futuro dão ao Espírito uma serenidade que é a melhor defesa contra a loucura e o suicídio. Na verdade, atribui-se a maior parte dos casos de loucura à comoção produzida pelas vicissitudes que o homem não tem forças para suportar. Se, pela maneira como o Espiritismo o faz encarar as coisas deste mundo, ele recebe com indiferença, e até mesmo com alegria, os reveses e as decepções que o levariam ao desespero em outras circunstâncias; é evidente que essa força, que o eleva acima dos acontecimentos, preserva a sua razão dos choques que o teriam abalado de outra forma.

15. O mesmo se dá com o suicídio. Se excetuarmos aqueles que ocorrem por força da embriaguez e da loucura – e que podemos chamar de inconscientes – é certo que, quaisquer que sejam os motivos particulares, há sempre por causa o descontentamento. Ora, aquele que está certo de ser infeliz somente um dia, e de estar melhor nos dias seguintes, facilmente adquire paciência. Ele somente se desespera se não vê o termo de seus sofrimentos. O que é a vida humana em relação à eternidade senão bem menos que um dia? Mas para aquele que não acredita na eternidade, que pensa que tudo termina com a vida, que se deixa abater pelo desgosto e pelo infortúnio, a solução está na morte. Nada esperando, ele acha natural, até mesmo lógico, abreviar suas misérias pelo suicídio.

16. A incredulidade, a simples dúvida sobre o futuro, enfim, as ideias materialistas, em uma palavra, são os maiores incentivadores do suicídio: elas produzem a *fraqueza moral*. E quando vemos homens de ciência, que se apoiam na autoridade de seu saber, para tentar provar aos seus ouvintes ou leitores que eles nada têm a esperar depois da morte, não os vemos tentando convencê-los de que, se estão infelizes, não há nada melhor a fazer do que se matarem? O que eles poderiam dizer para mudar-lhes a ideia? Que compensação poderiam oferecer-lhes? Que esperança poderiam propor-lhes? Nada, além do nada! Do que se pode concluir que, se o nada é o único remédio heroico, a única perspectiva possível, mais vale nele atirar-se logo do que deixar para mais tarde, aumentando assim o sofrimento.

A propagação das ideias materialistas é, portanto, como o veneno que inocula em muitos o pensamento do suicídio, e aqueles que dela se fazem apóstolos assumem uma terrível responsabilidade. Com o Espiritismo, não sendo mais permitida a dúvida, muda-se a visão da vida. O crente sabe que a vida se prolonga indefinidamente para além do túmulo, mas em outras condições, inteiramente novas. Daí a paciência e a resignação, que afastam, naturalmente, a ideia de suicídio. É, em suma, a coragem moral.

17. O Espiritismo tem, ainda, a esse respeito, um outro resultado analogamente positivo e talvez mais determinante. Ele nos mostra os próprios suicidas revelando a sua posição infeliz e prova que ninguém viola impunemente a lei de Deus, lei que proíbe ao homem abreviar a sua vida. Entre os suicidas, mesmo o sofrimento temporário, em lugar do eterno, não é, por isso, menos terrível, e sua natureza faz pensar a quem quer que seja tentado a partir deste mundo antes da ordem de Deus. O espírita tem, então, por contrapeso ao pensamento do suicídio, muitos motivos: a certeza de uma vida futura, na qual ele sabe que será mais feliz quanto mais desditoso e resignado houver sido na Terra; a certeza de que, abreviando a sua vida, ele chega a um resultado totalmente contrário àquele que esperava; que foge de um mal para cair noutro ainda pior, mais longo e mais terrível; que se engana ao acreditar que, matando a si próprio, chegará mais rapidamente ao Céu; que o suicídio é um obstáculo à reunião, no outro mundo, com as pessoas de sua afeição, que espera lá reencontrar. Disso resulta que o suicídio somente lhe trará decepções, pois é contrário aos seus próprios interesses. Por isso, o número de suicídios que o Espiritismo impede é considerável, e pode-se concluir que, quando todos forem espíritas, não haverá mais suicídios conscientes. Comparando, pois, os resultados das doutrinas materialista e espírita, pela ótica do suicídio, percebe-se que a lógica de uma conduz a ele, enquanto que a lógica de outra o evita, o que está confirmado pela experiência.

Instruções dos Espíritos
Bem e mal sofrer
Lacordaire – Havre, 1863

18. Quando o Cristo disse: *"Bem-aventurados os aflitos, pois o Reino dos Céus lhes pertence"*, não se referia aos que sofrem de maneira geral, pois todos que estão na Terra sofrem, quer estejam num trono ou na mais extrema miséria. Mas, infelizmente, poucos sofrem bem, poucos compreendem que são as provas bem suportadas as únicas que podem conduzi-los ao Reino de Deus. O desânimo é uma falta; Deus vos nega consolações, se não tiverdes coragem. A prece é um sustentáculo para a alma, mas ela por si só não é suficiente: é preciso que esteja apoiada sobre uma fé ardente na bondade de Deus. Tendes muitas vezes ouvido que Ele não põe um fardo pesado em ombros fracos. O fardo é proporcional às forças, como a recompensa será proporcional à resignação e à coragem.

A recompensa será tanto mais magnífica quanto mais penosa houver sido a aflição. Mas é preciso merecer essa recompensa, e é por isso que a vida está cheia de tribulações.

O militar que não é mandado à frente de batalha não está satisfeito, pois o repouso do acampamento não lhe proporciona nenhuma promoção. Sede, então, como o militar, e não aspireis a um repouso no qual vosso corpo se enfraqueceria e entorpeceria a vossa alma. Estejais satisfeitos quando Deus vos envia à luta. Essa luta não é o fogo das batalhas, mas as amarguras da vida, para as quais, muitas vezes, é preciso mais coragem que num combate sangrento, pois aquele que enfrenta firmemente o inimigo se curvará ante o impacto de um padecimento moral. O homem não recebe nenhuma recompensa por este tipo de coragem, mas Deus lhe reserva o seu galardão e um lugar glorioso. Quando um sofrimento ou contrariedade vos atingir, tratai de elevar-vos acima das circunstâncias. E quando conseguirdes dominar os ímpetos da impaciência, da cólera ou do desespero, dizei, com justa satisfação: "Eu fui o mais forte!".

Bem-aventurados os aflitos pode, por conseguinte, ser traduzido assim: Felizes aqueles que têm a oportunidade de provar a sua fé, a sua determinação, a sua perseverança e a sua submissão à vontade de Deus, pois terão centuplicadas as alegrias que lhes faltam na Terra, e depois do trabalho virá o repouso.

O mal e o remédio
Santo Agostinho – Paris, 1863

19. Vossa Terra é por acaso um lugar de alegria, um paraíso de delícias? A voz do profeta não ressoa ainda aos vossos ouvidos? Não bradou que haveria choro e ranger de dentes para os que nascessem neste vale de dores? Vós que viestes aqui viver, esperai, portanto, lágrimas ardentes e penas amargas, e quanto mais agudas e profundas forem as vossas dores, olhai para o céu e bendizei ao Senhor, por vos ter querido provar! Oh, homens! Não reconheceis então o poder de vosso Senhor, senão quando Ele curar as chagas de vosso corpo e coroar vossos dias de satisfação e de alegria? Não reconhecereis Seu amor senão quando Ele adornar vosso corpo com todas as glórias e lhe der o Seu brilho e alvura? Imitai aquele que vos foi dado como exemplo e que chegado ao último grau da abjeção e da miséria, estendido sobre um monturo, disse a Deus: "Senhor, eu conheci todas as alegrias da opulência e vós me reduzistes à miséria mais profunda. Obrigado, obrigado, meu Deus, por terdes querido testar o seu servidor!". Até quando vossos olhares só alcançarão os horizontes marcados pela morte? Quando, enfim, vossas almas desejarão lançar-se além dos limites do túmulo? Mas ainda que tivésseis que chorar e sofrer toda uma vida, o que significaria isto em comparação à eternidade de glória reservada àquele que terá vencido a prova com fé, amor e resignação? Procurai, pois, a consolação para os vossos males no futuro que Deus vos prepara, e vós, que mais sofreis, considerai-vos como os bem-aventurados da Terra.

No estado de desencarnados, quando vagueáveis pelo espaço, escolhestes a vossa prova, certos de serdes bastante fortes para suportá-la. Por que lamentar agora? Vós que haveis pedido a riqueza e a glória, o fizestes para sustentar a luta com a tentação e vencê-la. Vós, que haveis pedido para lutar de corpo e alma contra os males moral e físico, sabeis que quanto mais forte fosse a prova, mais gloriosa seria a vitória, e que se saísseis triunfantes, mesmo que vossa carne fosse lançada sobre um monturo, por ocasião da morte, ela libertaria uma alma resplandecente de alvura e purificada pelo batismo da expiação e do sofrimento.

Que remédio então oferecer àqueles que estão sofrendo de cruéis obsessões e de males pungentes? Apenas um é infalível: a fé, voltar os olhos para o Céu. Se, no ápice de vossos mais cruéis sofrimentos, vossa voz cantar em louvor ao Senhor, o anjo de vossa guarda vos mostrará o símbolo da salvação e o lugar que devereis ocupar um dia. A fé é o remédio certo para o sofrimento. Ela mostra sempre os horizontes do infinito, ante os quais se apagam os dias sombrios do presente. Não mais nos pergunteis, portanto, qual é o remédio necessário para a cura de tal úlcera ou de tal dor, esta tentação ou aquela prova. Lembrai-vos de que aquele que crê se fortalece com o remédio da fé, e que aquele que duvida um segundo da sua eficácia é punido, na mesma hora, pois percebe de imediato as lancinantes angústias da aflição.

O Senhor marcou todos aqueles que Nele creem. O Cristo vos disse que com a fé se transporta montanhas. Eu vos digo que aquele que sofre e que tiver a fé por sustentáculo será colocado sob a Sua proteção e não sofrerá mais. Os momentos mais dolorosos serão para ele como as primeiras notas de alegria da eternidade. Sua alma se desprenderá de tal forma do corpo que, enquanto este estiver em convulsões, ela planará nas regiões celestes, cantando com os anjos os hinos de reconhecimento e de glória ao Senhor.

Felizes os que sofrem e choram! Que suas almas estejam alegres, pois serão atendidas por Deus.

A felicidade não é deste mundo
François-Nicolas-Madeleine, Cardeal Morlot – Paris, 1863

20. "Eu não sou feliz! A felicidade não foi feita para mim!", exclama geralmente o homem, em todas as posições sociais. Isto prova, meus caros filhos, melhor que todos os argumentos possíveis, a verdade desta máxima do Eclesiastes: *"A felicidade não é deste mundo"*. Na verdade, nem a riqueza, nem o poder, nem mesmo a juventude são condições essenciais da felicidade. Digo mais: nem mesmo a reunião dessas três condições tão desejadas, já que se ouve, constantemente, em meio às classes mais privilegiadas, pessoas de todas as idades lamentarem a sua condição de existência.

Diante disso, é inaceitável que as classes trabalhadoras invejem com tanta cobiça a posição daqueles que a riqueza parece ter favorecido. Aqui na Terra, seja quem for, cada qual tem a sua parte de trabalho e de miséria, sua cota de sofrimento e de decepção. Logo, é fácil chegar à conclusão de que a Terra é um lugar de provas e expiações.

Assim, pois, aqueles que pregam que a Terra é a única morada para o homem e que é somente nela, e numa única existência, que lhe é permitido alcançar o mais alto grau de felicidade que a sua natureza comporta, iludem-se e enganam aqueles que os ouvem. Basta lembrar que está demonstrado, por uma experiência multissecular, que apenas este planeta reúne, só excepcionalmente, as condições necessárias à felicidade completa do indivíduo.

Em tese geral, pode-se afirmar que a felicidade é uma utopia, em busca da qual as gerações se lançam, sucessivamente, sem poder jamais alcançá-la, pois se o homem sábio na Terra é uma raridade, o homem absolutamente feliz não se encontra com maior facilidade.

Aquilo em que consiste a felicidade na Terra é de tal forma efêmera, para quem não se guiar pela sabedoria, que por um ano, um mês, uma semana de completa satisfação, todo o resto se transforma numa sequência de amarguras e decepções. E notai, meus caros filhos, que eu falo aqui dos felizes da Terra, daqueles que são invejados pela multidão.

Consequentemente, se a morada terrena é destinada às provas e às expiações, é preciso admitir que existem, além, moradas mais favoráveis, onde o Espírito do homem, ainda aprisionado na carne, possui em sua plenitude, as alegrias inerentes à vida humana. É por isso que Deus semeou, em vosso turbilhão, esses belos planetas superiores, para os quais vossos esforços e as vossas tendências vos farão gravitar, um dia, quando estiverdes suficientemente purificados e evoluídos.

No entanto, não deduzais das minhas palavras que a Terra esteja para sempre destinada a servir de penitenciária. Não, certamente, pois com o progresso já obtido, podeis facilmente concluir o que será o progresso futuro, e das melhorias sociais conquistadas, as novas e mais fecundas melhorias que virão. Tal é a tarefa imensa que deve ser realizada pela nova Doutrina que os Espíritos vos revelaram.

Assim, meus caros filhos, que uma santa emulação vos anime e que cada um de vós se despoje energicamente do homem velho. Entregai-vos à divulgação desse Espiritismo que já começou a vossa própria regeneração. É um dever fazer vossos irmãos participarem dos raios dessa luz sagrada. Mãos à obra, meus caros filhos! Que nesta reunião solene, todos os vossos corações aspirem a este alvo grandioso, de preparar para as futuras gerações um mundo onde a felicidade não será mais uma palavra vã.

Perda de entes queridos.
Mortes prematuras
Sanson, antigo membro da Sociedade Espírita de Paris, 1863

21. Quando a morte vem ceifar em vossas famílias, levando sem consideração os jovens antes dos velhos, dizeis frequentemente: "Deus não é justo, pois sacrifica o que é forte e tem a vida pela frente, para conservar aqueles que já viveram longos anos repletos de decepções; leva os que são úteis e deixa os que não servem para nada mais; fere o coração de uma mãe, privando-o da inocente criatura que era toda a sua alegria".

Criaturas humanas, é nisto que tendes necessidade de vos elevar, para compreender que o bem está normalmente onde credes ver o mal; a sábia previdência onde credes ver a cega fatalidade do destino. Por que medir a justiça divina pela medida da vossa? Podeis pensar que o Senhor dos mundos queira, por um simples capricho, afligir-vos com penas cruéis? Nada se faz sem uma finalidade inteligente, e o que acontece tem a sua razão de ser. Se examinardes melhor todas as dores que vos atingem, nela encontraríeis sempre a razão divina, razão regeneradora, e vossos miseráveis interesses representariam uma consideração secundária, que relegaríeis ao último plano.

Acreditai-me, a morte é preferível, mesmo para alguém de 20 anos, a estes desregramentos vergonhosos que desolam as famílias honradas, ferem o coração de uma mãe e fazem, antes do tempo, branquear os cabelos dos pais. A morte prematura é frequentemente uma grande bênção que Deus concede àqueles que partem e que se encontram, assim, preservados das misérias da vida, ou das seduções que poderiam acarretar a sua perda. Aquele que morre na flor da idade não é vítima da fatalidade, pois Deus julga que não lhe será útil permanecer maior tempo na Terra.

É uma terrível desgraça – dizeis – que uma vida tão plena de esperanças seja tão cedo cortada. Mas de quais esperanças quereis falar? Das esperanças da Terra, onde aquele que se foi poderia brilhar, fazer sua carreira e riqueza? Sempre essa visão estreita, que não consegue se elevar acima da matéria. Sabeis qual teria sido o destino dessa vida tão cheia de esperanças segundo a sua ótica? Quem vos garante que ela não teria sido plena de amarguras? Menosprezais as esperanças da vida futura, preferindo as da vida efêmera que arrastais pela Terra? Pensais, então, que mais vale um lugar entre os homens que entre os Espíritos bem-aventurados?

Alegrai-vos ao invés de vos lamentar, quando apraz a Deus retirar um de Seus filhos deste vale de misérias. Não há egoísmo em desejar que ele fique, para sofrer convosco? Ah! Compreende-se essa dor entre aqueles que não têm fé e que veem na morte a separação eterna. Mas vós, espíritas, sabeis que a alma vive melhor quando desembaraçada de seu envoltório material. Mães, sabeis que vossos filhos bem-amados estão perto de vós; sim, eles estão bem perto; seus corpos fluídicos vos envolvem, seus pensamentos vos protegem, vossas lembranças embriagam-lhes de alegria; contudo, também vossas dores insensatas os afligem, pois denotam uma falta de fé e são uma revolta contra a vontade de Deus.

Vós que compreendeis a vida espiritual escutai as pulsações de vossos corações, chamando esses entes queridos; e se orardes a Deus para os abençoar, vós mesmos sentireis as consolações grandiosas que secam as lágrimas, e essas aspirações encantadoras, que vos mostrarão o futuro prometido pelo Soberano Senhor.

Se fosse um homem de bem, teria morrido
Fénelon – Sens, 1861

22. Dizeis, muitas vezes, ao falar de uma criatura cruel que escapa a um perigo: "Se fosse um homem de bem, teria morrido". Pois bem, estais certos ao dizer isso, pois, efetivamente, Deus concede, frequentemente, a um Espírito ainda jovem nos caminhos do progresso uma prova mais longa que a um bom, que receberá, por recompensa ao seu mérito, a favor de ter uma prova tão curta quanto possível. Deste modo, quando empregais este axioma, não duvideis de que estais cometendo uma blasfêmia.

Se morre um homem de bem, e do lado da sua casa está um homem malvado, logo dizeis: "Seria melhor se tivesse morrido aquele". Estais enormemente enganados, pois aquele que parte terminou a sua tarefa, e o que ficou talvez nem a tenha começado. Por que, então, quereis que o mau não tenha tempo de terminá-la e que o outro continue preso à gleba terrena? Que diríeis de um prisioneiro que, tendo cumprido o seu tempo, continuasse na prisão, enquanto se desse a liberdade àquele que não tinha esse direito? Ficai sabendo, portanto, que a verdadeira liberdade está no desprendimento dos laços corporais e que, enquanto estais sobre a Terra, estais cativos.

Habituai-vos a não censurar aquilo que não entendeis e crede que Deus é justo em todas as coisas. Frequentemente, o que vos parece um mal é um bem. Mas vossas faculdades são tão limitadas, que o conjunto do grande todo escapa aos vossos sentidos obtusos. Esforçai-vos por superar, pelo pensamento, a vossa estreita esfera, e à medida que vos elevardes, a importância da vida material diminuirá aos vossos olhos, pois ela vos aparecerá apenas como um incidente, na infinita duração de vossa existência espiritual, a única verdadeira existência.

Os tormentos voluntários
Fénelon – Lyon, 1860

23. O homem está incessantemente em busca da felicidade, que lhe escapa a todo instante, porque a felicidade sem mescla não existe na Terra. Entretanto, apesar das vicissitudes que formam o cortejo inevitável desta vida, ele poderia ao menos desfrutar de uma felicidade relativa. Contrariamente, busca-a nas coisas perecíveis e sujeitas às mesmas vicissitudes, ou seja, nas alegrias materiais, em vez de procurá-la nas alegrias da alma, que são uma antecipação das imperecíveis alegrias celestes. Antes de procurar a paz do coração, única felicidade real neste mundo, ele está ávido de tudo o que pode agitá-lo e perturbá-lo e, curiosamente, parece criar de propósito os tormentos, que somente cabia a ele mesmo evitar.

Haverá maiores tormentos que aqueles causados pela inveja e pelo ciúme? Para o invejoso e o ciumento, não existe repouso, pois ambos sofrem de um tormento constante. As posses alheias lhes causam insônia; o sucesso dos rivais causa-lhes vertigem; seu único interesse é o de eclipsar os outros; toda a sua alegria reduz-se em provocar, nos insensatos como eles, a cólera do ciúme. Pobres insensatos, na verdade, não imaginam que, talvez amanhã, seja necessário deixar todas essas futilidades, cuja cobiça lhes envenena a vida! Não é a eles que se aplicam estas palavras: *"Bem-aventurados os aflitos, pois eles serão consolados"*, pois os seus cuidados não têm compensação no Céu.

Por outro lado, quantos tormentos pouparia aquele que sabe contentar-se com o que possui, que vê sem inveja aquilo que não lhe pertence, que não procura parecer mais do que é. Ele é sempre rico, pois, se olhar para baixo, em vez de olhar para cima de si mesmo, verá sempre pessoas que possuem ainda menos do que ele. Está sempre calmo, porque não cria necessidades ilusórias. E a calma em meio às tempestades da vida não será uma felicidade?

A verdadeira desgraça
Delphine de Girardin – Paris, 1861

24. Todos falam do infortúnio, todos o experimentam e julgam conhecer o seu caráter múltiplo. Venho dizer-vos, porém, que quase todos se enganam, pois a verdadeira desgraça não é, de maneira alguma, o que os homens – quer dizer, os desditosos – supõem. Eles a veem na miséria, na lareira sem fogo, nos credores impacientes, no berço vazio do anjo que sorria, nas lágrimas, no féretro que se acompanha de cabeça descoberta e coração partido, na angústia da traição, na privação do orgulhoso que desejava vestir-se de púrpura e que mal esconde a sua nudez sob os farrapos da vaidade. Tudo isso, e muitas outras coisas ainda, chama-se desgraça, na linguagem humana. Sim, é o infortúnio para aqueles que veem apenas o presente, não obstante, o verdadeiro mal está nas consequências de uma coisa, muito mais do que na própria coisa.

Dizei-me se o mais feliz acontecimento do momento, que traz consequências funestas, não é, na realidade, mais infeliz que aquele inicialmente contrariado, mas que acaba por produzir o bem? Dizei-me se a tempestade, que lacera árvores, mas purifica a atmosfera, dissipando os miasmas que poderiam causar a morte, não é antes uma felicidade do que um infortúnio?

Para julgar uma coisa, é preciso nela observar as consequências. Para apreciar o que é realmente felicidade ou infortúnio para o homem, é preciso transportar-se além desta vida, porque é lá que as consequências se manifestam. Ora, tudo o que chamamos de infortúnio, segundo a visão restrita, cessa com a vida material e encontra sua compensação na vida futura.

Vou revelar-vos o infortúnio sob uma nova forma, sob a forma bela e florida que acolheis e desejais com todas as forças de vossas almas iludidas. O infortúnio é a alegria, o prazer, a fama, a vã inquietação, é a louca satisfação da vaidade, que asfixiam a consciência, constrangem a ação do pensamento, confundem o homem quanto ao seu futuro. O infortúnio, enfim, é o ópio do esquecimento que buscais com o mais veemente desejo.

Tende esperança, vós que chorais! Tremei, vós que rides, pois que os vossos corpos estão satisfeitos! Não se engana a Deus; ninguém se esquiva ao destino. As provas, credoras mais impiedosas que a malta que nos aflige na miséria, espreitam o vosso repouso ilusório, para vos mergulhar, de súbito, na agonia do verdadeiro infortúnio, daquele que surpreende a alma enfraquecida pela indiferença e pelo egoísmo.

Que o Espiritismo vos esclareça, portanto, e restabeleça a verdadeira luz sobre a verdade e o erro, tão estranhamente desfigurados pela vossa cegueira! E, então, agireis como bravos soldados que, longe de fugirem ao perigo, preferem as lutas dos combates arriscados à paz que não oferece nem a glória nem progresso. Que importa ao soldado perder na luta suas armas, seu equipamento e suas vestes, visto que sai dela vencedor e coberto de glória? Que importa àquele que tem fé no futuro deixar sobre o campo de batalha da vida, a sua fortuna e o seu envoltório carnal, contanto que sua alma possa entrar, radiosa, no reino celeste?

A melancolia
François de Genève, Bordeaux

25. Sabeis por que uma vaga tristeza invade, por vezes, os vossos corações, e vos faz sentir a vida tão amarga? É o vosso Espírito que aspira à felicidade e à liberdade e que, ligado ao corpo que lhe serve de prisão, se fadiga em vãos esforços para dele escapar. Mas, vendo que esses esforços são inúteis, cai em prostração e o corpo, sofrendo sua influência, é invadido por um abatimento e uma espécie de apatia, tornando-vos infelizes.

Crede no que vos digo e resisti com energia a essas impressões que enfraquecem a vossa vontade. Essas aspirações por uma vida melhor são inatas ao Espírito de todos os homens, mas não as busqueis aqui na Terra. Agora, que Deus vos envia os Seus Espíritos para vos instruírem sobre a felicidade que vos está reservada, esperai pacientemente pelo anjo da libertação, que deve vos ajudar a romper os laços que mantêm o vosso Espírito cativo. Imaginai que tendes a cumprir, durante vossa prova sobre a Terra, uma missão da qual não deveis duvidar, seja devotando-vos à família, seja realizando os diversos deveres que Deus vos confiou.

E, se no curso dessa prova e no cumprimento de vossa tarefa, virdes tombarem sobre vós as preocupações, as inquietações, as tristezas, sede fortes e corajosos para suportá-las. Enfrentai-as decisivamente, pois são de curta duração e devem conduzir-vos para perto dos amigos que chorais, que se sentirão felizes com a vossa chegada e vos estenderão os braços para vos conduzirem a um lugar onde os males da Terra não têm acesso.

Provas voluntárias. O verdadeiro cilício[1]
Um Anjo Guardião – Paris, 1863

26. Perguntais se é permitido amenizar as vossas provas. Esta questão remete a outras: É permitido àquele que se afoga procurar salvar-se? Ao que tem um espinho cravado, de retirá-lo? Ao que está doente, chamar

---

[1] **Cilício** – Martírio, mortificação voluntária. (*N. do E.*)

um médico? As provas têm por objetivo exercitar a inteligência, tanto quanto a paciência e a resignação. Um homem pode nascer numa posição penosa e difícil, exatamente para obrigá-lo a buscar meios de vencer as dificuldades. O mérito consiste em suportar sem lamentações as consequências dos males que não se podem evitar, em perseverar na luta, em não se desesperar quando não se é bem-sucedido, sem nunca, porém, agir com displicência, que seria antes preguiça que virtude.

Essa questão traz à tona uma outra, já que Jesus afirmou: *"Bem-aventurados os aflitos"*, haveria mérito em buscar as aflições, agravando as provas por meio de sofrimentos voluntários? A isso responderei claramente: Sim, há um grande mérito, quando os sofrimentos e as privações têm por objetivo o bem do próximo, pois é a caridade pelo sacrifício; mas não quando elas são o próprio objetivo, pois se trata de egoísmo pelo fanatismo.

Há uma grande distinção a ser feita: para vós, pessoalmente: contentai-vos com as provas que Deus vos envia e não aumenteis a carga já por vezes tão pesada. Aceitai-as sem lamentações e com fé; é tudo que Ele vos pede. Não enfraqueçais vosso corpo com privações inúteis e mortificações sem sentido, pois tendes a necessidade de todas as vossas forças, para realizar vossa missão de trabalho na Terra. Torturar voluntariamente, martirizar o vosso corpo, é transgredir a lei de Deus, que vos dá os meios de sustentá-lo e de fortificá-lo; enfraquecê-lo sem necessidade é um verdadeiro suicídio. Usar, mas não abusar: tal é a lei. O abuso das melhores coisas traz a sua punição, pelas consequências inevitáveis.

Outra é a questão dos sofrimentos que uma pessoa se impõe para o socorro ao próximo. Se suportardes o frio e a fome para aquecer e alimentar aquele que necessita, e vosso corpo sofrer com isso, eis um sacrifício abençoado por Deus. Vós, que deixais vossos aposentos perfumados para levar a consolação aos casebres infectos; vós que sujais vossas mãos delicadas tratando chagas; vós que vos privais do sono para velar à cabeceira de um doente que é vosso irmão em Deus; vós, enfim, que consagrais a vossa saúde à prática das boas obras, tendes nisso o vosso cilício, verdadeiro cilício de bênçãos, pois as alegrias do mundo não ressecaram o vosso coração. Vós não adormecestes no seio dos prazeres ilusórios da riqueza, mas vos transformastes em anjos consoladores dos pobres deserdados.

Mas vós que vos retirastes do mundo para evitar suas seduções e viver no isolamento, que utilidade tendes sobre a Terra? Onde está a vossa coragem nas provas, visto que fugis das lutas e desertais do combate? Se quiserdes um cilício, aplicai-o à vossa alma e não ao vosso corpo; mortificai o vosso Espírito e não a vossa carne; fustigai o vosso orgulho; recebei as humilhações sem lágrimas; martirizai vosso amor-próprio, insensibilizai-vos para a dor da injúria e da calúnia, mais lancinante que a dor corporal. Eis aí o verdadeiro cilício, cujas feridas atestarão a vossa coragem e a vossa submissão à vontade de Deus.

Deve-se pôr um fim às provas do próximo?
Bernardin, Espírito protetor – Bordeaux, 1863

27. *Deve-se colocar um fim às provas do próximo, quando se pode, ou se deve, por respeito aos desígnios de Deus, deixá-las seguir o seu curso?*

Nós vos dissemos e repetimos, muitas vezes, que estais na Terra de expiação para concluir as vossas provas, e tudo o que vos acontece é consequência de vossas existências anteriores, a parcela da dívida que tendes a saldar. Mas este pensamento provoca em algumas pessoas reflexões que devem ser afastadas, pois podem ter graves consequências.

Alguns pensam que, a partir do momento em que estamos na Terra para expiar, é preciso que as provas sigam o seu curso. Há os que acreditam que não somente é necessário evitar atenuá-las, mas que também é preciso contribuir para torná-las mais aproveitáveis, agravando-as. É um grande erro. Sim, vossas provas devem seguir o curso que Deus lhes traçou, mas conheceis esse curso? Sabeis até que ponto elas devem ir, e se vosso Pai misericordioso não disse ao sofrimento deste ou daquele vosso irmão: "Tu não irás além disso." Sabeis se a Providência não vos escolheu, não como um instrumento de suplício, para agravar os sofrimentos do culpado, mas como o bálsamo de consolação, que deve cicatrizar as chagas que a sua justiça tinha aberto?

Portanto, não digais, ao verdes um de vossos irmãos feridos: É a justiça de Deus, é preciso que ela seja cumprida. Dizei, ao contrário: Vejamos quais os meios que nosso Pai misericordioso colocou em meu poder, para amenizar o sofrimento de meu irmão. Vejamos se o meu conforto moral, meu amparo material e meus conselhos poderão ajudá-lo a transpor esta prova com mais força, paciência e resignação. Vejamos mesmo se Deus não me colocou nas mãos o meio de fazer cessar este sofrimento; se não me deu, também como prova – ou expiação, talvez – o poder de pôr fim ao mal e restabelecer a paz.

Ajudai-vos sempre nas respectivas provas e não vos encareis jamais como instrumento de tortura. Esse pensamento deve revoltar todo homem de bom coração, sobretudo os espíritas. Porque o espírita, mais que qualquer outro, deve compreender a extensão infinita da bondade de Deus. O espírita deve pensar que a sua vida inteira tem de ser um ato de amor e de abnegação, e que, por mais que faça para contrariar as decisões do Senhor, Sua justiça será cumprida. Ele pode, pois, sem medo, fazer todos os esforços para amenizar a amargura da expiação, mas é Deus somente que poderá cessá-la ou prolongá-la, segundo o que julgar a respeito.

Não seria excessivo orgulho, da parte do homem, acreditar-se no direito de revolver, por assim dizer, a arma na chaga? De aumentar a dose de veneno para aquele que sofre, sob o pretexto de que essa é a sua expiação? Oh! Considerai-vos sempre como o instrumento escolhido para dar-lhe termo. Resumamos desta forma: estais todos na Terra para expiar, mas todos, sem exceção, devem fazer inumeráveis esforços para amenizar a expiação de vossos irmãos, segundo a lei de amor e de caridade.

É permitido abreviar a vida de um doente que sofre sem esperança de cura?
São Luís – Paris, 1860

28. *Um homem está agonizando, vítima de cruéis sofrimentos. Sabe-se que para o seu estado não há esperanças. É permitido poupar-lhe alguns instantes de sofrimento abreviando-lhe o fim?*

Quem vos dará o direito de prejulgar os desígnios de Deus? Não pode Ele conduzir um homem à beira da sepultura, para dela retirá-lo em seguida, a fim de fazê-lo examinar a si mesmo e modificar-lhe os pensamentos? Independente da situação extrema em que esteja um moribundo, ninguém pode dizer com certeza que sua hora tenha soado. A ciência sempre esteve correta em suas previsões?

Bem sei que há casos que se podem considerar, certamente, como desesperadores, mas se não há nenhuma esperança possível de um retorno definitivo à vida e à saúde, não há inumeráveis exemplos de que, no momento de exalar o último suspiro, o doente se reanima e recobra as suas faculdades por alguns instantes? Pois bem, esta hora de graça que lhe é concedida pode ser para ele de grande importância, pois ignorais as reflexões que o seu Espírito poderia ter feito nas convulsões da agonia, e que tormentos podem ser poupados num súbito clarão de arrependimento.

O materialista, que somente vê o corpo, não levando em conta a existência da alma, não pode compreender essas coisas. Mas o espírita, que sabe o que se passa além-túmulo, conhece o valor do último pensamento. Aliviai os últimos sofrimentos o quanto puderdes, mas guardai-vos de abreviar a vida, mesmo que em um minuto apenas, pois este minuto pode poupar muitas lágrimas no futuro.

Sacrifício da própria vida
São Luís – Paris, 1860

29. *Aquele que está desgostoso da vida, mas não quer abreviá-la, é culpado por buscar a morte num campo de batalha, com o pensamento de torná-la útil?*

Que o homem se mate ou que se faça matar, o objetivo é sempre o de abreviar a vida, e, consequentemente, há o suicídio intencional, embora não ocorra de fato. O pensamento de que a sua morte servirá para alguma coisa é ilusão. É apenas um pretexto, para encobrir a sua atitude criminosa e desculpá-lo aos seus próprios olhos. Se ele tivesse realmente o desejo de servir o seu país, ele procuraria viver para defendê-lo, e não morrer, pois uma vez morto já não serve para nada.

Capítulo V

A verdadeira abnegação consiste em não temer a morte quando se trata de ser útil, em enfrentar o perigo, de oferecer, antecipadamente e sem pesar, o sacrifício de sua própria vida, se for necessário. Mas a intenção premeditada de buscar a morte, expondo-se a um perigo, mesmo para prestar um serviço, anula o mérito da ação.

São Luís – Paris, 1860

30. *Um homem se expõe a um perigo iminente para salvar a vida de seu semelhante, sabendo de antemão que ele mesmo sucumbirá. Isto pode ser considerado como um suicídio?*

A partir do momento que a intenção de se matar não existe, não há suicídio, mas devotamento e abnegação, mesmo com a certeza de morrer. Mas quem pode ter essa certeza? Quem diz que a Providência não reserva um meio inesperado de salvação, no momento mais crítico? Não pode ela salvar aquele que está à frente de uma arma? Muitas vezes ela pode querer estimular a prova da resignação até o último limite e, então, uma circunstância inesperada desvia o golpe fatal.

Proveito do sofrimento
São Luís – Paris, 1860

31. *Aqueles que aceitam os sofrimentos com resignação, por submissão à vontade de Deus e em vista de sua felicidade futura, não trabalham apenas para eles mesmos? Eles podem tornar seus sofrimentos proveitosos aos outros?*

Esses sofrimentos podem ser proveitosos aos outros, material e moralmente. Materialmente, se, pelo trabalho, as privações e os sacrifícios que se impõem contribuem ao bem-estar material do próximo; moralmente, pelo exemplo que dão de sua submissão à vontade de Deus. Esse exemplo do poder da fé espírita pode incitar os infelizes à resignação, salvá-los do desespero e de suas funestas consequências para o futuro.

CAPÍTULO VI

O CRISTO CONSOLADOR

O jugo leve – O Consolador prometido – Instruções dos Espíritos: Advento do Espírito da Verdade.

O jugo leve

1. *"Vinde a mim, vós todos que estais aflitos e sobrecarregados, e Eu vos aliviarei. Tomai sobre vós o meu jugo, e aprendei de mim, que sou manso e humilde de coração, e encontrareis o repouso de vossas almas, pois o meu jugo é suave e o meu fardo é leve."* (Mateus, XI:28-30)

2. Todos os sofrimentos: misérias, decepções, dores físicas, perdas de entes queridos, encontram sua consolação na fé do futuro e na confiança na justiça de Deus, que o Cristo veio ensinar aos homens. Para aquele que, ao contrário, nada espera depois desta vida, ou que simplesmente duvida, as aflições pesam com toda a sua intensidade, e nenhuma esperança vem amenizar sua amargura. Foi isto o que Jesus disse: *"Vinde a mim todos vós que estais fatigados, e Eu vos aliviarei"*.

Entretanto, Jesus põe uma condição para a Sua ajuda e para a felicidade que promete aos aflitos. Essa condição está na própria lei que Ele ensina, Seu jugo é a observação dessa lei. Mas esse jugo é leve e essa lei é suave, pois impõe como dever o amor e a caridade.

O Consolador prometido

3. *"Se me amais, guardai meus ensinamentos – e Eu pedirei ao meu Pai e Ele vos enviará um outro consolador, a fim de que permaneça eternamente convosco: o Espírito da Verdade, que o mundo não pode receber, porque não o vê, nem o conhece. Mas vós o conhecereis, pois ele permanecerá convosco e estará em vós. – Mas o consolador, que é o Espírito Santo, a quem meu Pai enviará em meu nome, vos ensinará todas as coisas e vos fará relembrar de tudo o que Eu vos disse."* (João, XIV:15-17 e 26)

4. Jesus promete outro Consolador: é o Espírito da Verdade – que o mundo ainda não conhece, pois não estava maduro para compreendê-lo – e que o Pai enviará para ensinar todas as coisas e lembrar aquilo que o Cristo disse. Se, então, o Espírito da Verdade deve vir mais tarde, para ensinar todas as coisas, é que o Cristo não disse tudo. Se ele fará lembrar o que o Cristo disse, é que o seu ensino foi esquecido ou malcompreendido.

O Espiritismo vem, no tempo certo, cumprir a promessa do Cristo: o Espírito da Verdade preside ao seu estabelecimento. Ele chama os homens à observância da lei; ensina todas as coisas, fazendo compreender o que o Cristo apenas disse em parábolas. O Cristo disse: *"Que ouçam aqueles que têm ouvidos para ouvir"*. O Espiritismo vem abrir os olhos e os ouvidos, pois fala sem floreios nem alegorias. Levanta o véu propositadamente lançado sobre certos mistérios, vem, enfim, trazer uma suprema consolação aos deserdados da Terra e a todos os que sofrem, dando uma causa justa e um objetivo útil a todas as dores.

O Cristo disse: *"Bem-aventurados os aflitos, pois eles serão consolados"*. Mas como se pode ser feliz por sofrer se não se sabe por que se sofre? O Espiritismo mostra que a causa está nas existências anteriores e na própria destinação da Terra, onde o homem expia o seu passado. Revela também o objetivo, dizendo que os sofrimentos são como as crises salutares que levam à cura, são a purificação que assegura a felicidade nas existências futuras. O homem compreende que mereceu sofrer e percebe que o sofrimento é justo. Ele sabe que esse sofrimento ajuda a sua evolução e o aceita sem lamentações, como o trabalhador aceita o trabalho que lhe assegura o salário. O Espiritismo lhe dá uma fé inabalável no futuro, e a dúvida pungente não tem mais lugar na sua alma. Fazendo-o ver as coisas do alto, a importância das vicissitudes terrenas se perde no vasto e esplêndido horizonte que ele abarca, e a perspectiva da felicidade que o espera dá a ele paciência, resignação e coragem para ir até o fim do caminho.

Assim, o Espiritismo cumpre o que Jesus disse do Consolador Prometido: dá o conhecimento das coisas, que faz o homem saber de onde vem, para onde vai e por que está na Terra, lembrança dos verdadeiros princípios da lei de Deus e consolação pela fé e pela esperança.

Instruções dos Espíritos
Advento do Espírito da Verdade
O Espírito da Verdade – Paris, 1860

5. Eu venho, como outrora, entre os filhos desgarrados de Israel, trazer a verdade e dissipar as trevas. Escutai-me. O Espiritismo, como outrora a minha palavra, deve lembrar aos incrédulos que acima deles reina a imutável verdade: o Deus bom, o Deus grande, que faz germinar as plantas e levantar as ondas. Eu revelei a doutrina divina; e, como um segador, liguei em feixes o bem esparso na Humanidade e disse: *"Vinde a mim, todos vós que sofreis!"*.

Mas os homens ingratos se desviaram do caminho reto e largo que conduz ao Reino de meu Pai, perdendo-se nas ásperas veredas da impiedade. Meu Pai não quer destruir a raça humana. Ele quer que, ajudando-vos uns aos outros, mortos e vivos – ou seja, mortos em vista da carne, pois a morte não existe – sejais socorridos, e que, não mais a voz dos profetas e dos apóstolos, mas a voz daqueles que se foram, faça-se ouvir para vos chamar a atenção. Crede e orai! Porque a morte é a ressurreição, e a vida é a prova escolhida, durante a qual vossas virtudes cultivadas devem crescer e desenvolver-se como o cedro.

Homens fracos – que vos limitais às trevas de vossas inteligências – não afasteis a tocha que a clemência divina vos coloca nas mãos, para iluminar vossa estrada e vos reconduzir, filhos perdidos, ao regaço de vosso Pai.

Estou sensibilizado pelas vossas misérias, por vossa imensa fraqueza, para não estender a mão em socorro aos infelizes extraviados que, vendo o céu, caem no abismo do erro. Crede, amai, meditai nas coisas que vos são reveladas. Não junteis o joio ao bom grão, as utopias às verdades.

Espíritas! Amai-vos, esse é o primeiro ensinamento; instruí-vos, esse é o segundo. Todas as verdades se encontram no Cristianismo. Os erros que nele se enraizaram são de origem humana; e eis que além do túmulo que julgastes vazio, vozes vos clamam: Irmãos! nada perece, Jesus Cristo é o vencedor do mal, sede os vencedores da impiedade.

O Espírito da Verdade – Paris, 1861

6. Venho ensinar e consolar os pobres deserdados. Venho dizer-lhes que elevem sua resignação ao nível de suas provas; que chorem, pois a dor foi consagrada no Jardim das Oliveiras, mas que esperem, pois os anjos consoladores virão secar as suas lágrimas.

Trabalhadores, traçai o vosso caminho; recomeçai no amanhã a rude viagem da véspera. O trabalho de vossas mãos fornece o pão terreno aos vossos corpos, mas vossas almas não estão esquecidas. E eu, o divino jardineiro, as cultivo no silêncio de vossos pensamentos. Quando a hora do repouso tiver chegado, quando a trama escapar de vossas mãos, e vossos olhos se fecharem à luz, sentireis germinar e crescer em vós a minha preciosa semente. Nada está perdido no reino de meu Pai e vossos suores, vossas misérias formam o tesouro que deve tornar-vos ricos nas esferas superiores, onde a luz substitui as trevas e onde o mais desnudo dentre vós será talvez o mais resplandecente.

Em verdade vos digo: aqueles que carregam seus fardos e auxiliam os seus irmãos são, meus bem-amados. Instruí-vos na preciosa doutrina que dissipa o erro das revoltas e que vos ensina o objetivo sublime da prova humana. Como o vento dissipa a poeira, que o sopro dos Espíritos dissipe a vossa inveja dos ricos do mundo, que são, muitas vezes, os mais miseráveis, pois suas provas são mais perigosas que as vossas. Estou convosco, e meus apóstolos vos ensinam. Bebei na fonte viva do amor e preparai-vos, cativos da vida, para vos lançardes, um dia, livres e alegres no seio Daquele que vos criou fracos para vos tornar perfeitos e deseja que modeleis vós mesmos a vossa dócil argila, a fim de serdes os artesãos de vossa imortalidade.

O Espírito da Verdade – Bordeaux, 1861

7. Eu sou o grande médico das almas e venho trazer-vos o remédio que vos deve curar; os fracos, os sofredores e os enfermos são os meus filhos prediletos, e Eu venho salvá-los. Vinde a mim todos vós que sofreis e que estais sobrecarregados e sereis aliviados e consolados. Não procureis em outra parte a força e a consolação, pois o mundo é inapto para dá-las. Deus vos faz um apelo supremo ao coração, por meio do Espiritismo: escutai-o! Que a impiedade, a mentira, o erro, a incredulidade sejam extirpados de vossas almas doloridas. São monstros que sujam o mais puro do vosso sangue e que lhes causam chagas quase sempre mortais. Que, no futuro, humildes e submissos ao Criador, pratiqueis Sua lei divina. Amai e orai, sede dóceis aos Espíritos do Senhor, invocai-o do fundo do coração e Ele vos enviará o Seu Filho bem-amado, para vos instruir e vos dizer estas boas palavras: Aqui estou, venho até vós porque me chamastes!

O Espírito da Verdade – Havre, 1863

8. Deus consola os humildes e dá força aos aflitos que a suplicam. Seu poder cobre a Terra e, em toda a parte, ao lado de uma lágrima colocou o bálsamo que consola. O devotamento e a abnegação são uma prece contínua e encerram um ensinamento profundo: a sabedoria humana reside nessas duas palavras. Possam todos os Espíritos sofredores compreender estas verdades, em vez de reclamarem contra as dores e os sofrimentos morais, que são o vosso quinhão aqui na Terra. Tomai, então, por divisa, essas duas palavras: devotamento e abnegação, e sereis fortes, pois elas resumem todos os deveres que a caridade e a humildade vos impõem. O sentimento do dever cumprido vos dará a tranquilidade de espírito e a resignação. O coração bate melhor, a alma se acalma, e o corpo não sente mais desfalecimento, pois quanto mais abalado o Espírito, mais sofre o corpo.

CAPÍTULO VII

BEM-AVENTURADOS OS POBRES DE ESPÍRITO

O que se deve entender por pobre de espírito – Aquele que se elevar será rebaixado – Mistérios ocultos aos sábios e prudentes – Instruções dos Espíritos: O orgulho e a humildade – Missão do homem inteligente na Terra.

O que se deve entender por pobre de espírito

1. *"Bem-aventurados os pobres de espírito, porque deles é o Reino dos Céus."* (Mateus, V:3)

2. A incredulidade se diverte com esta máxima: *"Bem-aventurados os pobres de espírito"*, como com muitas outras coisas que não compreende. Entretanto, Jesus não se refere, aos pobres de espírito, como a homens desprovidos de inteligência, mas aos humildes. Ele diz que o Reino dos Céus é destes e não dos orgulhosos.

Os cientistas e intelectuais, segundo o mundo, têm geralmente tão elevada opinião de si mesmos e de sua superioridade, que consideram as coisas divinas como indignas de sua atenção. Concentrados sobre eles mesmos, não podem elevar-se até Deus. Essa tendência de se acreditarem superiores a tudo leva-os, muitas vezes, a negar aquele que, sendo-lhes superior, pudesse rebaixá-los. Negam até mesmo a divindade ou, se consentem em admiti-la, contestam um de seus mais belos atributos: a ação providencial sobre as coisas deste mundo, persuadidos de que são suficientes para bem governá-lo. Tomando sua inteligência por medida da inteligência universal e julgando-se aptos a tudo compreender, não podem crer na possibilidade daquilo que não compreendem. Quando se pronunciam sobre alguma coisa, seu julgamento é para eles inapelável.

Se não admitem o mundo invisível e um poder extra-humano, não é porque isso esteja acima de sua capacidade, mas porque o seu orgulho se revolta ante a ideia de uma coisa a que não possam sobrepor-se e que os faria descer de seu pedestal. Eis por que só têm sorrisos de desdém por tudo o que não seja deste mundo visível e tangível. Atribuem-se muita inteligência e conhecimento para crer em coisas que, segundo eles, são boas para os *simples,* considerando como *pobres de espírito* os que as levam a sério.

Entretanto, digam o que quiserem a esse respeito, terão de entrar, como os outros, neste mundo invisível que tanto ironizam. É assim que seus olhos serão abertos e reconhecerão o erro. Mas Deus, sendo justo, não pode receber da mesma maneira aquele que desconheceu o seu poder e aquele que se submeteu humildemente às Suas leis, nem tratá-los por igual.

Ao dizer que o Reino dos Céus pertence aos simples, Jesus ensina que ninguém é admitido sem a *simplicidade de coração e a humildade de espírito*; que o ignorante que possui essas qualidades será preferido ao sábio que crê mais em si mesmo do que em Deus. Em qualquer circunstância, coloca a humildade entre as virtudes que nos aproximam de Deus e o orgulho entre os vícios que dele nos afastam. Isso por uma razão muito natural: a humildade é um ato de submissão a Deus, enquanto o orgulho é a revolta contra Ele. Mais vale, então, para a felicidade futura do homem, *ser pobre de espírito*, em relação ao mundo, e rico em qualidades morais.

Capítulo VII

Aquele que se elevar será rebaixado

3. *"Naquela mesma hora, os discípulos se aproximaram de Jesus e Lhe disseram: Quem é o maior no Reino dos Céus? – Jesus, chamando um menino, o colocou no meio deles e lhes disse: Eu vos digo, na verdade, se não vos converterdes e se não vos tornardes como meninos, não entrareis no Reino dos Céus. – Aquele, pois, que se humilhar e se fizer pequeno como este menino será o maior no Reino dos Céus. E aquele que receber em meu nome uma criança como esta é a mim mesmo que receberá."* (Mateus, XVIII:1-5)

4. *"Então, se aproximou Dele a mãe dos filhos de Zebedeu, com seus filhos, e O adorou, pedindo-Lhe alguma coisa. – Ele lhe disse: O que quereis? – Dize a estes meus dois filhos que se assentem em vosso reino, um à vossa direita e outro à vossa esquerda. – Mas Jesus lhe respondeu: Não sabeis o que me pedis; podeis vós beber do cálice que eu hei de beber? – Eles Lhe disseram: Nós podemos. – Ele lhes respondeu: É verdade que haveis de beber o meu cálice; mas pelo que toca a terdes assento à minha esquerda ou à minha direita, não cabe a mim conceder-vos e sim para aqueles a quem meu Pai preparou. Os outros dez apóstolos, tendo entendido isso, indignaram-se contra os dois irmãos. – E Jesus os chamou a si e lhes disse: Vós sabeis que os príncipes das nações dominam os seus vassalos, e que os maiores os têm sob o seu poder. Não deve ser assim entre vós; mas aquele que quiser ser o maior, esse seja o vosso servidor; e aquele que quiser ser o primeiro, seja o vosso escravo; assim como o Filho do Homem, que não veio para ser servido, mas para servir e dar a sua vida pela redenção de muitos."* (Mateus, XX:20-28)

5. *"Jesus entrou, num sábado, na casa de um dos principais fariseus, para lá fazer a sua refeição, e os que estavam lá O observavam. – Então, considerando que os convidados escolhiam os primeiros lugares, ele lhes propôs esta parábola: Quando fores convidado a um casamento, não pegues o primeiro lugar, para não acontecer de haver entre os convidados alguém mais importante do que tu, e que aquele que te tenha convidado não venha te dizer: Dá teu lugar a esta pessoa e, então, tu, envergonhado, vá buscar o último lugar. Mas, quando fores convidado, vai sentar no último lugar, para que, quando vier o que te convidou, possa chegar e te dizer: Meu amigo, venha para mais perto. E, então, esse será um momento de glória*

na presença dos que estiverem à mesa contigo, pois aquele que se elevar será humilhado e aquele que se humilhar será elevado." (Lucas, XIV:1 e 7-11)

6. Estas máximas são consequência do princípio de humildade, que Jesus sempre coloca como condição essencial da felicidade prometida aos eleitos do Senhor, e que ele formulou por essas palavras: *"Bem-aventurados os pobres de espírito, porque é deles o reino dos céus"*. Ele toma um menino como exemplo de simplicidade de coração e diz: *"Será o maior no Reino dos Céus aquele que se humilhar e se fizer pequeno como este menino"* – ou seja – aquele que não tiver pretensões à superioridade ou à infalibilidade.

O mesmo pensamento fundamental encontra-se nesta outra máxima: *"Que aquele que quiser se tornar o maior, seja aquele que vos sirva"*, e ainda nesta: *"Aquele que se humilhar, será elevado; e aquele que se elevar, será humilhado"*.

O Espiritismo vem confirmar a teoria pelo exemplo, mostrando-nos que os grandes no reino dos Espíritos são os que foram pequenos na Terra, e que, frequentemente, são bem pequenos os que foram grandes e poderosos. É que os primeiros levaram consigo, ao morrer, apenas aquilo que unicamente constitui a verdadeira grandeza no céu, e que não se perde: as virtudes; enquanto que os outros precisaram deixar aquilo que fazia a sua grandeza na Terra, e que não se pode levar: a riqueza, os títulos, a glória, o nome. Não tendo nada além disso, chegam ao outro mundo desprovidos de tudo, como náufragos que tudo perderam, até mesmo as roupas. Apenas conservaram o orgulho, que torna a sua nova posição ainda mais humilhante, pois veem acima deles, e resplandecentes de glória, aqueles que espezinharam na Terra.

O Espiritismo mostra-nos uma outra aplicação desse princípio nas encarnações sucessivas, nas quais aqueles que mais se elevaram em uma existência são humilhados até o último lugar na existência seguinte, se forem dominados pelo orgulho e pela ambição. Não procureis, pois, o primeiro lugar na Terra, nem vos coloqueis acima dos outros, se não quiserdes ser obrigados a descer. Procurai, ao contrário, o lugar mais humilde e modesto, pois Deus saberá dar-vos um mais elevado no céu, se o merecerdes.

Mistérios ocultos aos sábios e prudentes

7. *"Naquele tempo, respondendo, disse Jesus: Graças vos dou, meu Pai, Senhor do Céu e da Terra, por teres escondido estas coisas aos sábios e aos prudentes, e por tê-las revelado aos simples e aos pequenos."* (Mateus, XI:25)

8. Pode parecer estranho que Jesus dê graças a Deus por ter revelado estas coisas *"aos simples e aos pequenos"*, que são os pobres de espírito, e ocultando-as *"aos sábios e aos prudentes"*, mais aptos, aparentemente, a compreendê-las. É preciso entender por primeiros, os *humildes* que se curvam diante de Deus e não se consideram superiores aos outros, e pelos segundos, *os orgulhosos*, envaidecidos com o seu saber mundano, que se acreditam prudentes, pois negam a Deus, tratando-O de igual para igual, quando não O rejeitam. Isto porque, na antiguidade, sábio era sinônimo de douto; assim, Deus lhes deixa a busca pelos segredos da Terra e revela os do Céu aos simples e aos humildes, que se curvam diante Dele.

9. Assim ocorre, hoje, com as grandes verdades reveladas pelo Espiritismo. Certos incrédulos se admiram de que os Espíritos se esforcem tão pouco para convencê-los. É que esses últimos se ocupam dos que buscam a luz com boa-fé e humildade, e não os que acreditam possuir toda a luz e parecem pensar que Deus deveria estar contente de os conduzir a Ele, provando-lhes a Sua existência.

O poder de Deus se revela tanto nas pequenas como nas grandes coisas. Ele não coloca a luz sob o alqueire, mas a derrama por toda a parte. Só cegos não a veem. *Deus não quer abrir-lhes os olhos à força, já que lhes apraz mantê-los fechados.* O seu momento chegará, mas é preciso, antes de tudo, que sintam as angústias das trevas, e *reconheçam Deus – e não o acaso – na mão que lhes fere o orgulho*. Ele emprega os meios que Lhe convêm, segundo os indivíduos, para vencer a incredulidade. Não cabe ao incrédulo prescrever-Lhe o que fazer ou dizer: se quereis me convencer é preciso que faças isto ou aquilo, naquele momento e não em outro, pois esse momento me convêm.

Que os incrédulos não se espantem, pois, se Deus e os Espíritos, que são os agentes de Sua vontade, não se submetem às Suas exigências. Perguntem o que diriam, se o último de seus empregados lhes quisessem fazer imposições. Deus impõe condições, não se submete a elas. Ouve com bondade aqueles que se dirigem a Ele com humildade, e não aqueles que se julgam mais do que Ele.

10. Deus – dir-se-á – não poderia tocá-los pessoalmente por meio de sinais evidentes, em presença dos quais o incrédulo mais obstinado teria de curvar-se? Sem dúvida que o poderia, mas, nesse caso, onde estaria o seu mérito? E depois, de que serviria isso? Não se vê todos os dias recusar a evidência, e dizem até: "Se eu visse, não acreditaria, pois sei que é impossível?". Se eles se recusam a reconhecer a verdade, é que o seu Espírito ainda não está maduro para compreendê-la, nem o seu coração para senti-la. *O orgulho é a venda que lhes tapa a visão.* De que adianta mostrar a luz a um cego? É preciso antes curar a causa do mal. Eis por que sendo hábil médico, Ele castiga primeiramente o orgulho. Não abandona Seus filhos perdidos, pois sabe que, cedo ou tarde, seus olhos se abrirão. Mas quer que o façam por sua própria vontade e, então, vencidos pelos tormentos da incredulidade, atirar-se-ão por si mesmos em Seus braços, e como o filho pródigo, Lhe pedirão graças!

Instruções dos Espíritos
O orgulho e a humildade
Lacordaire – Constantina, 1863

11. Que a paz do Senhor esteja convosco, meus caros amigos! Venho até vós para encorajar-vos a seguir o bom caminho.

Aos pobres Espíritos que, antigamente, habitavam a Terra, Deus dá a missão de vir esclarecer-vos. Bendita seja a graça que Ele nos concede, de podermos ajudar o vosso aperfeiçoamento. Que o Espírito Santo me ilumine, torne minhas palavras compreensíveis e que me conceda a graça de colocá-las ao alcance de todos! Todos vós, encarnados, que estais sob o jugo da dor e buscais a luz, que a vontade de Deus me favoreça para fazê-la resplandecer aos vossos olhos!

A humildade é uma virtude bem esquecida, entre vós. Os grandes exemplos que vos foram dados são bem pouco seguidos. E, entretanto, sem humildade, podeis ser caridosos para com o vosso próximo? Ah, não, pois este sentimento nivela os homens, mostra-lhes que são irmãos, que devem ajudar-se mutuamente e os leva ao bem. Sem a humildade, enfeitai-vos de virtudes que não tendes, como se estivésseis usando uma vestimenta para esconder as deformidades do corpo. Lembrai-vos Daquele que nos salva; lembrai-vos da Sua humildade, que O fez tão grande e O elevou acima de todos os profetas.

O orgulho é o terrível adversário da humildade. Se o Cristo prometeu o Reino dos Céus aos mais pobres, é porque os grandes da Terra imaginam que os títulos e as riquezas eram as recompensas de seus méritos, e que a sua essência era mais pura que a do pobre. Acreditavam que essas coisas lhes eram devidas. E é por isso que, quando Deus as retira, acusam-No de injustiça. Ah! irrisão e cegueira! Deus vos distingue pelo corpo? O corpo do pobre não é o mesmo que o do rico? O Criador fez duas espécies de homens? Tudo quanto Deus fez é grande e sábio. Não Lhe atribuais as ideias concebidas por vossos cérebros orgulhosos.

Rico! Enquanto dormes em teus aposentos faustosos, ao abrigo do frio, não sabes quantos milhares de irmãos, iguais a ti, jazem na miséria? O infeliz que sofre com a fome não é teu igual? A estas palavras o teu orgulho se revolta, bem sei. Tu consentirás em lhe dar a esmola, mas em apertar-lhe fraternalmente a mão, jamais! Quê? – dizes tu – Eu, nascido de sangue nobre, importante na Terra, serei igual a esse miserável que anda em trapos?! Vã utopia desses pretensos filósofos! Se fôssemos iguais, por que Deus o colocaria tão baixo e a mim, tão alto? É verdade que vossas roupas não são nada iguais, mas, se vos despirdes a ambos, que diferença haveria entre vós? A nobreza do sangue – dirás. Mas a química nada encontrou de diferente entre o sangue do nobre e o do plebeu, entre o do senhor e o do escravo. Quem te disse que tu também não foste miserável e infeliz como ele? Que também não pediste esmolas? Que não a pedirás um dia a esse mesmo que desprezas hoje? As riquezas são por acaso eternas? Elas não acabam com o corpo, envoltório perecível do Espírito? Ah! Lança um olhar de humildade sobre ti mesmo! Lança, enfim, teus olhos sobre a realidade das coisas desse mundo, sobre o que constitui a grandeza e a humilhação no outro. Pensa que a morte não te poupará mais do que aos outros, que teus títulos não te preservarão dela, que te pode ferir amanhã, hoje, dentro de uma hora; e se ainda te sepultas em teu orgulho, ah! então, eu te lamento, pois serás digno de piedade!

Orgulhosos! O que fostes antes de serdes nobres e poderosos? Talvez estivésseis em situação mais modesta que o último de vossos servos. Curvai, pois, vossas frontes altivas. Deus as pode rebaixar no momento em que mais as elevardes. Todos os homens são iguais na balança divina; somente as virtudes os distinguem aos olhos de Deus. Todos os Espíritos são de uma mesma essência, e todos os corpos foram formados de uma mesma massa. Vossos títulos e vossos nomes não os modificam – ao contrário, ficam no túmulo; não são eles que dão a felicidade prometida aos eleitos; a caridade e a humildade são os seus títulos de nobreza.

Pobre criatura! Tu és mãe, teus filhos sofrem, têm frio, têm fome. Vais, curvada ao peso de tua cruz, humilhar-te para conseguir um pedaço de pão. Oh! Eu me inclino diante de ti! Como és nobremente santa e grande aos meus olhos! Espera e ora, a felicidade ainda não é deste mundo. Aos pobres oprimidos e confiantes Nele, Deus concede o Reino dos Céus.

E tu, que és moça, pobre filha devotada ao trabalho, entregue às privações, por que estes tristes pensamentos? Por que chorar? Que seu olhar se eleve, piedoso e sereno, até Deus. Às pequenas aves Ele dá o alimento, tenha confiança Nele, que não te abandonará. O ruído das festas, dos prazeres mundanos faz bater o teu coração. Tu gostarias também de enfeitar a cabeça com flores e misturar-te aos felizes da Terra. Dizes que poderias, como estas mulheres que vês passar, estouvadas e sorridentes, ser rica também. Ah! Cala-te, filha! Se soubesses quantas lágrimas e dores sem conta estão ocultas sob estas roupas bordadas; quantos soluços sufocados sob o ruído dessa orquestra feliz, preferirias teu humilde recanto e a tua pobreza. Permaneça pura aos olhos de Deus, se não quiseres que teu anjo guardião volte para Ele, ocultando o rosto sob as asas brancas, e te deixe com o remorso, sem guia, sem apoio, neste mundo onde estarias perdida, esperando para ser punida no outro.

E todos vós que sofreis as injustiças dos homens, sede indulgentes para com as faltas de vossos irmãos, lembrando que também não estais

Capítulo VII

sem máculas. Isso é caridade, mas é também humildade. Se sofrerdes com calúnias, curvai a fronte sob esta prova. Que vos importa as calúnias do mundo? Se vossa conduta é pura, Deus não pode vos compensar? Suportar com coragem as humilhações dos homens é ser humilde e reconhecer que só Deus é grande e poderoso.

Ah! Meu Deus! Será preciso que o Cristo venha uma segunda vez à Terra, para ensinar aos homens as Tuas leis, por eles esquecidas? Deverá Ele expulsar ainda os vendilhões do templo, que maculam a Tua casa, esse recinto de orações? E, quem sabe? Homens! se Deus vos concedesse essa graça, talvez O renegásseis como outrora. Vós O chamaríeis de blasfemo, por vir abater o orgulho dos fariseus modernos; talvez, ainda, o faríeis recomeçar o caminho do Gólgota.

Quando Moisés recebeu os mandamentos da Lei de Deus no Monte Sinai, o povo de Israel, entregue a si mesmo, abandonou o verdadeiro Deus. Homens e mulheres entregaram o seu ouro e suas joias, para a fabricação de um ídolo que eles adoraram. Homens civilizados, fazeis, no entanto, como eles. O Cristo vos deixou a Sua Doutrina; vos deu o exemplo de todas as virtudes, mas abandonastes exemplos e preceitos. Cada um de vós, carregando as suas paixões, fabricou um deus de acordo com a sua vontade: para uns, terrível e sanguinário; para outros, indiferente com os interesses do mundo. O deus que fizestes é ainda o bezerro de ouro, que cada um apropria ao seu gosto e às suas ideias.

Despertai, meus irmãos, meus amigos! Que a voz dos Espíritos vos toque o coração. Sede generosos e caridosos, sem ostentação, ou seja, fazei o bem com humildade. Que cada um vá demolindo pouco a pouco os altares erguidos ao orgulho. Numa palavra, sede verdadeiros cristãos e atingireis o reino da verdade. Não duvideis mais da bondade de Deus, já que Ele vos envia tantas provas. Vimos preparar os caminhos para a realização das profecias. Quando o Senhor vos der uma manifestação mais contundente de Sua clemência, que o Enviado Celeste vos encontre reunidos numa grande família; que os vossos corações, doces e humildes, sejam dignos de ouvir a palavra divina que Ele virá vos trazer; que o eleito encontre somente palmas colocadas em sua estrada pelo vosso retorno ao bem, à caridade, à fraternidade e, então, vosso mundo se tornará o paraíso terreno. Mas, se permanecerdes insensíveis à voz dos Espíritos, encaminhados para purificar e renovar a vossa sociedade civilizada e rica em ciência e, não obstante, tão pobre em bons sentimentos, ah! nada nos restará senão chorar e lamentar pela vossa sorte. Mas, não, assim não será. Voltai-vos a Deus, vosso Pai, e então todos nós que trabalhamos para a realização de Sua vontade, entoaremos o cântico de agradecimento ao Senhor, por Sua inesgotável bondade, e para glorificá-Lo por todos os séculos. Assim seja.

Adolfo, Bispo de Alger – Marmande, 1862

12. Homens, por que lamentais as calamidades que vós mesmos acumulastes sobre vossas cabeças? Desprezastes a santa e divina moral do Cristo: não fiqueis, pois, admirados, de que a taça da iniquidade tenha transbordado por toda a parte.

O mal-estar se torna geral. A quem responsabilizar, senão a vós mesmos, que procurais sem cessar destruir-vos uns aos outros? Não podeis ser felizes, sem mútua benevolência. E como a benevolência pode coexistir com o orgulho? O orgulho! Está aí a fonte de todos os vossos males. Concentrai-vos, pois, à tarefa de destruí-lo, se não quiserdes perpetuar as suas funestas consequências. Um só meio se oferece a vós para isso, mas este meio é infalível; o de tomar por regra invariável de vossa conduta a lei do Cristo, lei que haveis repelido ou falseado em sua interpretação.

Por que tendes em tão grande estima o que brilha e encanta os olhos em detrimento do que toca o coração? Por que o vício que se desenvolve na opulência é o objeto de vossa reverência, enquanto só tendes um olhar de desdém para o verdadeiro mérito, que se oculta na obscuridade? Quando um rico libertino, perdido de corpo e alma, se apresenta em qualquer lugar, todas as portas lhe são abertas, todas as atenções são focadas nele, enquanto que, com muita dificuldade, se concede um gesto de proteção ao homem de bem que vive de seu trabalho. Quando a consideração que se concede às pessoas é medida pelo peso do ouro que elas possuem, ou pelo nome que trazem, que interesse podem ter essas pessoas em se corrigirem de seus defeitos?

Seria totalmente diferente, se o vício dourado fosse fustigado pela opinião pública, como o é o vício andrajoso; mas o orgulho é indulgente com tudo o que favorece. Século de cupidez e dinheiro – dizeis. Sem dúvida! Mas por que deixastes as necessidades materiais sobrepujar o bom senso e a razão? Por que cada um quer elevar-se sobre o seu irmão? Hoje, a sociedade sofre as consequências.

Não esqueçais que um tal estado de coisas é sempre um sinal de decadência moral. Quando o orgulho chega aos últimos limites, é indício de queda próxima, pois Deus pune sempre os orgulhosos. Se os deixa subir, algumas vezes, é para lhes dar tempo para refletir e de emendar-se, sob os golpes que, de tempos em tempos, desfere em seu orgulho como advertência. Mas, em vez de se curvarem, eles se revoltam. Então, quando a medida está cheia, Ele a vira completamente, e sua queda é ainda mais terrível, quanto mais alto tenham se elevado.

Pobre raça humana, cujo egoísmo corrompeu todos os caminhos, reanimai-vos, entretanto! Em Sua misericórdia infinita, Deus envia um poderoso remédio aos teus males, um socorro inesperado para a tua angústia. Abra os olhos à luz: aqui estão as almas daqueles que vêm te lembrar os verdadeiros deveres. Elas te dirão, com a autoridade da experiência, como a vaidade e as honrarias de tua passageira existência representam pouca coisa em relação à eternidade. Eles te dirão que, nesta, será maior o que foi o menor entre os pequenos da Terra; que aquele que mais amou os seus irmãos será o mais amado no Céu; que os poderosos da Terra, se abusaram de sua autoridade, serão obrigados a obedecer aos seus empregados; que a caridade e a humildade enfim, essas duas irmãs que se dão as mãos, são os títulos mais eficazes para obter graça diante do Eterno.

Missão do homem inteligente na Terra
Ferdinando, Espírito Protetor – Bordeaux, 1862

13. Não vos orgulheis daquilo que sabeis, pois o saber tem limites bem estreitos, no mundo que habitais. Mas supondo que sois uma dessas sumidades inteligentes deste planeta, não tendes direito algum de vangloriar-vos disto. Se Deus, em Seus desígnios, vos fez nascer num

meio no qual pudestes desenvolver vossa inteligência, foi por querer que façais uso dela em benefício de todos – pois é uma missão que vos dá – colocando em vossas mãos o instrumento com a ajuda do qual podeis desenvolver, por sua vez, as inteligências retardatárias ao vosso redor e reconduzi-las a Deus. A natureza do instrumento não indica o uso que dele se deve fazer? A enxada que o jardineiro coloca nas mãos de seu servente não lhe mostra que ele deve cavar? E o que diríeis se este servente, em vez de trabalhar, erguesse a sua enxada para golpear o seu mestre? Diríeis que isto é horrível e que ele merece ser expulso. Pois bem, não acontece o mesmo com aquele que se serve de sua inteligência para destruir a ideia de Deus e da Providência entre os seus irmãos? Não ergueu ele contra o seu Senhor a enxada que lhe foi dada para cultivar o terreno? Tem ele direito ao salário prometido, ou merece, ao contrário, ser expulso do jardim? Ele será – não duvideis – e suportará existências miseráveis e cheias de humilhações, até que se curve ante Aquele a quem tudo deve.

    A inteligência é rica em méritos para o futuro, mas com a condição de ser bem-empregada. Se todos os homens bem-dotados dela se servissem segundo a vontade de Deus, a tarefa dos Espíritos seria mais fácil, para fazer avançar a Humanidade. Infelizmente, muitos fazem dela instrumento de orgulho e de perdição para si mesmos. O homem abusa de sua inteligência, bem como de todas as suas faculdades e, não obstante, não lhe faltam lições para adverti-lo que uma poderosa mão pode tirar-lhe o que ela mesma lhe deu.

CAPÍTULO VIII

BEM-AVENTURADOS OS PUROS DE CORAÇÃO

Deixai vir a mim os pequeninos – Pecar por pensamento. Adultério – Verdadeira pureza e mãos não lavadas – Escândalos: se vossa mão é motivo de escândalo, cortai-a – Instruções dos Espíritos: Deixai vir a mim os pequeninos – Bem-aventurados os que têm os olhos fechados.

Deixai vir a mim os pequeninos

1. *"Bem-aventurados os puros de coração, porque eles verão a Deus."* (Mateus, V:8)

2. *"Então Lhe apresentaram umas crianças para que as tocasse e, como Seus discípulos repelissem com palavras rudes aqueles que apresentavam-nas, Jesus, vendo-os, aborreceu-se e disse-lhes: Deixai vir a mim os pequeninos, e não os impeçais, pois o Reino dos Céus é para aqueles que se assemelham. Eu vos digo, em verdade, que quem não receber o Reino de Deus como uma criança, nele não entrará. E abraçando-as, Ele as abençoou, impondo-lhes as mãos."* (Marcos, X:13-16)

3. A pureza do coração é inseparável da simplicidade e da humildade. Exclui todo pensamento de egoísmo e de orgulho. Eis por que Jesus toma a infância como símbolo dessa pureza, como Ele a tomou também por símbolo de humildade.

Esta comparação poderia não parecer justa, se considerarmos que o Espírito da criança pode ser muito antigo, e trazer, ao renascer para a vida material, imperfeições das quais não se despojou em suas existências precedentes. Somente o Espírito que chegou à perfeição poderia dar-nos o exemplo da verdadeira pureza. Não obstante, ela é exata do ponto de vista da vida presente, pois a criança, não tendo ainda podido manifestar nenhuma tendência perversa, oferece-nos a imagem de inocência e de candura. Assim, Jesus não diz de maneira absoluta que o Reino de Deus é *para elas,* mas para *aqueles que a elas se assemelham.*

4. No entanto, se o Espírito da criança já viveu, por que não se apresenta, desde o nascimento, como realmente é? Tudo é sábio nas obras de Deus. A criança tem necessidade de cuidados que apenas o carinho materno pode lhe proporcionar, e este carinho aumenta, diante da fragilidade e da ingenuidade da criança. Para a mãe, seu filho é sempre um anjo, e é preciso que assim seja, para cativar-lhe a solicitude. Ela não teria podido ter para com ele o mesmo cuidado se, em vez da graciosa ingenuidade, tivesse encontrado na criança, sob os traços infantis, um caráter maduro e as ideias de um adulto. E ainda menos, se conhecesse o seu passado.

Foi preciso, além disso, que a atividade do princípio inteligente fosse proporcional à fragilidade do corpo, que não resistiria a uma atividade excessiva do Espírito, como podemos observar em crianças precoces. É por isto que, se aproximando a encarnação, o Espírito, entrando em estado de perturbação, perde pouco a pouco a consciência de si mesmo. Ele permanece, durante um certo período, numa espécie de sono, durante o qual todas as suas faculdades permanecem em estado latente. Esse estado transitório é necessário para dar ao Espírito um novo ponto de partida e lhe fazer esquecer, em sua nova existência terrena, as coisas que poderiam confundi-lo. Seu passado, entretanto, reage sobre ele, que renasce para uma vida maior, moral e intelectualmente mais forte, sustentado e secundado pela intuição que conserva da experiência adquirida.

CAPÍTULO VIII

A partir do nascimento, suas ideias retomam gradualmente o seu desenvolvimento, juntamente com o crescimento do corpo. Assim, pode-se dizer que, durante os primeiros anos, o Espírito é verdadeiramente criança, pois as ideias que formam a base de seu caráter estão ainda adormecidas. Durante o tempo em que os seus instintos permanecem latentes, ela é mais dócil e, exatamente por isso, mais acessível às impressões que podem modificar a sua natureza e fazê-la progredir, o que torna mais fácil a tarefa imposta aos pais.

O Espírito reveste, portanto, por algum tempo, a roupagem da inocência. E Jesus está certo quando, apesar da anterioridade da alma, toma a criança por imagem de pureza e simplicidade.

Pecar por pensamento. Adultério

5. *"Aprendestes o que foi dito aos antigos: Não cometereis adultério. Mas Eu, porém, vos digo que qualquer um que tiver olhado uma mulher, cobiçando-a, já cometeu adultério com ela em seu coração."* (Mateus, V:27-28)

6. A palavra adultério não deve ser entendida, nesse caso, exclusivamente no seu sentido próprio, mas num sentido mais amplo. Jesus a empregou frequentemente para designar o mal, o pecado, e todo mau pensamento, como, por exemplo, na passagem: *"Porque qualquer um que se envergonhar de mim e de minhas palavras – nesta geração adúltera e pecadora – o Filho do Homem dele também se envergonhará, quando vier acompanhado dos santos anjos na glória de Seu Pai."* (Marcos, VIII:38)

A verdadeira pureza não está apenas nas atitudes, está também no pensamento, pois aquele que tem o coração puro não pensa no mal. Foi isso que Jesus quis dizer, quando condena o pecado, mesmo em pensamento, pois é um sinal de imperfeição.

7. Esse princípio traz, naturalmente, esta questão: *Sofreremos as consequências de um mau pensamento não posto em prática?*

Há uma grande distinção a ser feita aqui. À medida que a alma, comprometida no mau caminho, avança na vida espiritual, vai se esclarecendo e se despoja pouco a pouco de suas imperfeições, segundo a maior ou menor boa vontade que emprega, em virtude de seu livre-arbítrio. Todo mau pensamento é, por consequência, o resultado da imperfeição da alma. Mas, segundo o desejo que ela tiver em se purificar, esse mau pensamento se torna para ela um motivo de progresso, pois o repele com determinação. É o indício de uma mancha que ela se esforça por apagar. Ela não cederá à tentação de satisfazer um mau desejo – se a ocasião se apresentar – e, após haver resistido, se sentirá mais forte e feliz pela sua vitória.

A alma que, ao contrário, não tomou boas resoluções busca a ocasião de praticar o mau ato, e se não fizer, não será por sua vontade, mas pela falta de oportunidade, portanto, é tão culpada como se o tivesse cometido.

Em suma: para a pessoa que nem ao menos concebe a ideia do mal, o progresso já está realizado; para aquele que ainda tem esse pensamento, mas o repele, está em vias de realizá-lo; para aquele, enfim, que tem esse pensamento e nele se satisfaz, o mal ainda mostra toda a sua soberania. Num, o trabalho está feito; no outro, está por fazer. Deus, que é justo, leva em consideração todas essas variações, na responsabilidade dos atos e dos pensamentos do homem.

Verdadeira pureza e mãos não lavadas

8. *"Então, os escribas e fariseus que tinham vindo de Jerusalém se aproximaram de Jesus, dizendo: Por que vossos discípulos violam a tradição dos antigos? Eles não lavam as mãos ao se alimentar.*

Mas Jesus lhes respondeu: Por que vós mesmos transgredis o mandamento de Deus, pela vossa tradição? Porque Deus disse: Honrai a teu pai e a tua mãe, e esse outro: Que aquele que disser palavras ultrajantes a seu pai ou a sua mãe seja punido com a morte. Mas vós dizeis: Qualquer um que disser a seu pai ou a sua mãe: Toda a oferta que faço a Deus te aproveitará a ti, terá satisfeito a lei, pois é certo que ele não honrará a seu pai ou a sua mãe. Desta maneira, tornastes inútil o mandamento de Deus, pela vossa tradição. Hipócritas! Profetizou bem Isaías, quando diz: Esse povo honra-me com os lábios, mas seu coração está longe de mim. É em vão que eles me honram, ensinando as doutrinas e as leis que vêm dos homens.

Depois, tendo chamado o povo, lhes disse: Não é o que entra pela boca o que torna imundo o homem, mas o que sai da boca do homem.

Então, Seus discípulos se aproximaram Dele e Lhe disseram: Sabes que

Capítulo VIII

os fariseus, tendo ouvido o que acabas de falar, ficaram escandalizados? Mas Ele respondeu: Toda planta que o meu Pai não plantou será arrancada pela raiz. Deixai-os; são cegos conduzindo cegos. Se um cego conduz outro, caem ambos no barranco. E Pedro, tomando a palavra, disse-Lhe: Explica-nos essa parábola. Jesus, porém, disse: Até vós estais ainda sem entender? Ainda não compreendeis que tudo o que entra pela boca desce para o ventre e é lançado fora? Mas o que sai do coração, isso contamina o homem. O que sai da boca parte do coração, e é isso o que torna o homem imundo: é do coração que partem os maus pensamentos, os homicídios, os adultérios, as fornicações, os furtos, os falsos testemunhos, as blasfêmias e as calúnias. São essas as coisas que tornam o homem imundo, e não o comer sem lavar as mãos." (Mateus, XV:20)

9. *"Enquanto Ele falava, um fariseu o convidou para jantar em sua casa e Jesus, tendo ido até lá, sentou-se à mesa. O fariseu começou a pensar: Por que Ele não lavou as mãos antes do jantar? Mas o Senhor lhe disse: Fariseu, vós tendes enorme cuidado em limpar o que está por fora do copo e do prato, mas o interior de vosso coração está cheio de rapina e maldade. Insensatos! Aquele que fez o que está de fora não fez também o que está por dentro?"* (Lucas, XI:37-40)

10. Os judeus haviam negligenciado os verdadeiros mandamentos de Deus, ligando-se à prática das leis estabelecidas pelos homens, e que os rígidos observadores faziam casos de consciência. O fundo, tão simples, tinha desaparecido sob a complicação da forma. Como estavam mais preocupados em observar os atos exteriores do que em que modificar moralmente, *em lavar as mãos mais do que em limpar seu coração*, os homens enganaram-se a si mesmos, acreditando-se quites com a justiça de Deus, por se conformarem com suas práticas, e continuavam como eram, sem se modificar, pois lhes ensinavam que Deus nada lhes cobraria. Eis por que o profeta dizia: *"É em vão que esse povo me honra com os lábios, ensinando máximas e mandamentos dos homens"*.

Assim foi com a doutrina moral do Cristo, que acabou sendo colocada em segundo plano, o que fez assim que muitos cristãos – a exemplo dos antigos judeus – acreditassem que sua salvação estaria mais assegurada pelas práticas exteriores do que pelas da moral. É a esses acréscimos, que os homens fizeram na lei de Deus, que Jesus se refere, quando disse: *"Toda a planta que o meu Pai não plantou será arrancada pela raiz"*.

A finalidade da religião é conduzir o homem a Deus. Mas o homem não chegará a Deus, enquanto não se fizer perfeito, portanto, toda religião que não torna o homem melhor não atende a esta finalidade. A religião na qual se crê poder apoiar-se para fazer o mal, ou é falsa ou foi falseada em seu princípio. Esse é o resultado a que chegam todas aquelas em que a forma supera o fundo. A crença na eficácia dos símbolos exteriores é nula, se ela não impede assassinatos, adultérios, espoliações, calúnias, e prejudica o seu próximo. Ela cria supersticiosos, hipócritas e fanáticos, mas não homens de bem.

Portanto, não basta ter as aparências da pureza. É preciso, antes de tudo, ter pureza de coração.

Escândalos: se vossa mão é motivo de escândalo, cortai-a

11. *"Se alguém escandalizar um destes pequeninos, que creem em mim, melhor lhe fora que se lhe pendurasse ao pescoço uma mó de atafona[1], e o lançasse ao fundo do mar.*

Ai do mundo por causa dos escândalos, pois é preciso que eles aconteçam, mais ai do homem que o ocasionar.

Se a tua mão ou o teu pé é motivo de escândalo, cortai-os e lançai-os bem longe de ti. É melhor que entreis na vida tendo apenas um dos membros do que tendo ambos e serdes lançado no fogo eterno. E se o teu olho é motivo de escândalo, tirai-o e lançai-o longe de ti; é melhor que entres na vida sem um olho do que, tendo dois, serdes lançado ao fogo do inferno.

Tende cuidado para não desprezar nenhum desses pequeninos. Eu vos declaro que, no Céu, Seus anjos veem a face de meu Pai, pois o Filho do Homem veio salvar aquele que estava perdido." (Mateus, XVIII:6-11; V:29-30)

---

[1] **Mó** – Pedra de moinho que tritura e mói grãos de cereais. **Atafona** – Moinho de fazer farinha. (*N. do E.*)

Capítulo VIII

12. No sentido comum, *escândalo* significa toda ação que choca a moral ou os bons costumes, de maneira ostensiva. O escândalo não está exatamente na ação, mas nas repercussões que ela pode ocasionar. A palavra escândalo implica sempre a ideia de um certo tumulto. Muitas pessoas evitam o escândalo porque o seu orgulho sofreria com isso, e a sua consideração em meio aos homens diminuiria. Contanto que suas torpezas sejam ignoradas, isso lhes basta e suas consciências ficam tranquilas. Essas são, segundo as palavras de Jesus, *"sepulcros brancos por fora, mas cheios de podridão por dentro; vasos limpos por fora, mas imundos por dentro"*.

No sentido evangélico, o conceito da palavra escândalo – tão frequentemente empregada – é muito mais amplo. Seria por isso que nós não o compreendemos em alguns casos? Escândalo não é somente o que choca a consciência alheia, mas tudo o que resulta dos vícios e das imperfeições humanas, toda má ação de indivíduo para indivíduo, com ou sem repercussões. O escândalo, nesse caso, é o *resultado efetivo do mal moral*.

13. *"É preciso que haja escândalo no mundo"*, disse Jesus, porque os homens, imperfeitos na Terra, têm inclinações para o mal, e porque as árvores ruins dão maus frutos. É preciso entender por essas palavras, que o mal é consequência da imperfeição humana, e não que eles tenham a obrigação de praticá-lo.

14. *"É necessário que o escândalo aconteça"*, porque os homens, estando em expiação na Terra, punem a si mesmos pelo contato com os seus próprios vícios – dos quais são as primeiras vítimas – e cujos inconvenientes acabam por compreender. Quando estiverem fartos de sofrer com o mal, procurarão o remédio no bem. A reação desses vícios serve, algumas vezes, de castigo para uns e de provas para outros. É dessa maneira que Deus tira o bem do próprio mal, e que os homens aproveitam as coisas más ou desagradáveis.

15. Sendo assim, dir-se-á que o mal é necessário e durará sempre, pois, se viesse a desaparecer, Deus estaria privado de um poderoso meio de castigar os culpados: portanto, é inútil procurar melhorar os homens. Mas, se não houvesse culpados, não haveria necessidade de castigos. Suponhamos a Humanidade transformada numa comunidade de homens de bem. Ninguém procuraria fazer mal ao próximo, e todos seriam felizes, porque seriam bons. Esse é o estado dos mundos avançados – de onde o mal foi excluído – e será o da Terra, quando houver progredido suficientemente. Mas, enquanto alguns mundos avançam, outros se formam, povoados por Espíritos primitivos, e que servem ainda de morada, de exílio e de local de expiação para os Espíritos imperfeitos, rebeldes, obstinados no mal, rejeitados pelos mundos que se tornaram felizes.

16. *"Mas ai daquele que ocasionar o escândalo"*: quer dizer que o mal sendo sempre o mal, os homens que tiveram seus maus instintos, embora sem o saber, utilizados por Deus como instrumento para a justiça divina, nem por isso deixaram de fazer o mal e devem ser punidos. É assim, por exemplo, que um filho ingrato é uma punição ou uma prova para o pai que o suporta, pois esse pai talvez tenha sido, por sua vez, um mau filho – e sofre agora a pena de talião. Mas isso não desculpa o filho e ele deverá ser castigado, por sua vez, por seus próprios filhos ou de uma outra maneira.

17. *"Se a tua mão é motivo de escândalo, corta-a"*: é uma metáfora enérgica, que seria absurdo levar ao pé da letra, e que significa simplesmente que é preciso destruirmos em nós todas as causas do escândalo, ou seja, do mal. É necessário arrancar do coração todo sentimento impuro e toda tendência viciosa. Quer dizer ainda que seria melhor ao homem ter a mão cortada do que ser ela o instrumento de uma má ação; melhor ser privado da visão do que ter os olhos servindo para maus pensamentos. Jesus nada disse de absurdo, para aquele que percebe o sentido alegórico e profundo de Suas palavras; mas muitas coisas não podem ser compreendidas, sem a chave oferecida pelo Espiritismo.

Instruções dos Espíritos
Deixai vir a mim os pequeninos
João, o Evangelista – Paris, 1863

18. Disse o Cristo: *"Deixai vir a mim as criancinhas"*. Essas palavras, tão profundas em sua simplicidade, não apelam apenas às crianças, mas àqueles que gravitam nos círculos inferiores onde a desgraça ignora a esperança. Jesus chamava a si a infância espiritual da criatura formada: os fracos, os escravos, os viciosos. Ele nada podia ensinar à infância física, presa à matéria, submissa ao jugo dos instintos e ainda não integrada à ordem superior da razão e da vontade, exercida em torno dela e em seu benefício.

Jesus queria que os homens viessem a Ele com a confiança desses pequenos seres de passos vacilantes, cujo apelo conquistaria o coração das mulheres, que são todas mães. Ele submetia assim as almas à Sua doce e misteriosa autoridade. Ele foi a flama que clareou as trevas, o clarim matinal que tocou a alvorada. Ele foi o iniciador do Espiritismo que deve, por sua vez, chamar a si – não as criancinhas –, mas os homens de boa vontade. A ação viril está iniciada: não se trata de acreditar instintivamente e de obedecer automaticamente. É preciso que o homem siga a lei inteligente, que lhe revela a sua universalidade.

Meus bem-amados, chegou o tempo no qual os erros explicados se transformarão em verdades. Nós vos ensinaremos o sentido exato das parábolas e mostraremos a forte correlação que liga o que foi ao que é. Em verdade, Eu vos digo: a manifestação espírita se eleva no horizonte e aqui está o seu enviado, que vai resplandecer como o sol sobre o cume dos montes.

Um Espírito Protetor – Bordeaux, 1863

19. Deixai vir a mim os pequeninos, pois tenho o alimento que fortalece os fracos. Deixai vir a mim aqueles que, tímidos e débeis, têm necessidade de amparo e consolo. Deixai vir a mim os ignorantes, para que Eu os esclareça; deixai vir a mim todos aqueles que sofrem, a multidão dos aflitos e dos infelizes, e Eu lhes darei o grande remédio para amenizar os males da vida, revelando-lhes o segredo da cura de suas feridas! Qual é, meus amigos, esse bálsamo soberano, possuidor da virtude por excelência, esse bálsamo que se aplica sobre todas as chagas do coração e as cura? É o amor, é a caridade! Se tiverdes esse fogo divino, o que temereis? Direis em todos os instantes de vossas vidas: Meu Pai, que a Tua vontade seja feita e não a minha; se quiseres testar-me pela dor e pelas tribulações, bendito sejas, pois é para o meu bem – eu o sei – que a tua mão pesa sobre mim. Se te convires, Senhor, apiedar-te de tua frágil criatura, de dar-lhe alegrias ao coração, bendito sejas também! Mas faze que o amor divino não se amorteça na sua alma e que incessantemente suba aos Teus pés a sua prece de reconhecimento.

Se tiverdes amor, tendes tudo o que podeis desejar na Terra. Tendes a pérola sublime, que nem mesmo as mais diversas circunstâncias, nem a maldade daqueles que vos odeiam e perseguem, poderão vos arrebatar. Se tiverdes amor, tereis colocado o vosso tesouro onde nem as traças nem a ferrugem o devoram e vereis desaparecer de vossas almas tudo o que lhe possa manchar a pureza. Sentireis o fardo da matéria diminuir, dia a dia, e como pássaro que plana nos ares e não se lembra da terra, subireis incessantemente, subireis sempre, até que a vossa alma, inebriada, possa se impregnar de seu elemento vital, no seio do Senhor.

Bem-aventurados os que têm os olhos fechados
Vianney, Cura d'Ars – Paris, 1863[2]

20. Meus bons amigos, por que me chamastes? Para que eu imponha as mãos sobre a pobre sofredora que aqui está e curá-la? Que sofrimento, bom Deus! Perdeu a vista e as trevas se fizeram para ela. Pobre filha! Que ore e espere, eu não sei fazer milagres sem a vontade de Deus. Todas as curas que eu pude obter, e que conheceis, não as atribuais senão Àquele que é o Pai de todos nós. Em vossas aflições, olhai sempre para o céu e dizei, do fundo de vossos corações: *Meu Pai, curai-me, mas fazei que minha alma enferma seja curada antes das moléstias de meu corpo; que a minha carne seja castigada, se preciso for, para que a minha alma se eleve até vós com a brancura que possuía quando a criastes*. Depois dessa oração, meus bons amigos, que o bom Deus sempre ouvirá, a força e a coragem vos serão dadas, e talvez também a cura que temerosamente pedistes, como recompensa por vossa abnegação.

---

[2] Esta comunicação foi dada a respeito de uma pessoa cega, para a qual havia sido evocado o Espírito de J. B. Vianney, Cura d'Ars. (*Nota de Allan Kardec*.)

Capítulo VIII

Mas desde que eu aqui me encontro, numa reunião que trata, sobretudo, de estudos, eu vos direi que aqueles que estão privados da visão deveriam considerar-se como os bem-aventurados da expiação. Lembrai-vos que o Cristo disse que seria necessário arrancar o vosso olho, se ele fosse mau, e que melhor seria se ele fosse lançado ao fogo do que ser a causa da vossa perdição. Infelizmente, quantos existem na Terra que maldirão um dia, nas trevas, por terem visto a luz! Ah, sim! Pois são felizes os que, na expiação, estão sem visão! Seus olhos não serão motivo de escândalo e de queda, e eles podem viver inteiramente a vida espiritual, podem ver mais do que vós que tendes boa visão. Quando Deus me permite abrir as pálpebras de algum desses pobres sofredores e devolver-lhes à luz, eu digo a mim mesmo: Alma querida, por que não conheces todas as delícias do Espírito, que vive de contemplação e de amor? Tu não pedirias para ver essas imagens menos puras e menos suaves, que aquelas que podes entrever em tua cegueira.

Ah, sim, bem-aventurado o cego que quer viver com Deus! Mais feliz do que vós que estais aqui, ele sente a felicidade, ele a toca, vê as almas e pode lançar-se com elas nas esferas espirituais, que nem mesmo os predestinados da vossa Terra conseguem ver. O olho aberto está sempre pronto a fazer sucumbir a alma; o olho fechado, ao contrário, está sempre pronto a fazê-la subir até Deus. Crede-me, meus bons e caros amigos, a cegueira dos olhos é, muitas vezes, a verdadeira luz do coração, enquanto que a visão é, frequentemente, o anjo tenebroso que conduz à morte.

E agora, algumas palavras para ti, minha pobre sofredora: espera e tem coragem! Se eu te dissesse: Minha filha, teus olhos vão abrir-se, como ficarias alegre! Mas quem sabe se essa alegria não te faria perder? Tem confiança no bom Deus que fez a felicidade e permite a tristeza! Farei tudo o que for permitido para ti, mas, por tua vez, ora e, principalmente, reflita no que acabo de te dizer.

Antes que eu me afaste, todos vós que estais aqui, recebei a minha bênção.

21. Nota: Quando uma aflição não é consequência dos atos da vida presente, é preciso buscar a sua causa numa vida anterior. O que chamamos de caprichos do destino não é outra coisa que os efeitos da justiça de Deus. O Pai não inflige punições arbitrárias, pois quer que entre a falta e a pena haja correlação. Se, em Sua bondade, lança um véu sobre os nossos atos passados, nos mostra também o caminho, dizendo: *"Quem matou pela espada morrerá pela espada"*. Palavras que podem ser traduzidas assim: *"Nós somos sempre punidos pelo que fizemos de errado"*. Se, então, alguém é afligido com a perda da visão, é porque a visão para ele foi causa de queda. Talvez tenha ele também causado a perda da visão de um outro; talvez alguém tenha ficado cego por excesso de trabalho que lhe foi imposto, ou em consequência de maus-tratos, por falta de cuidados etc., e, então, ele sofre agora a pena de talião. Ele mesmo, no seu arrependimento, pode ter escolhido essa expiação, aplicando a si próprio estas palavras de Jesus: *"Se o teu olho for motivo de escândalo, arrancai-o[3]"*.

---

[3] (*Nota de Allan Kardec.*)

CAPÍTULO IX

BEM-AVENTURADOS OS MANSOS E PACÍFICOS

Injúrias e violências – Instruções dos Espíritos: A afabilidade e a doçura – A paciência – Obediência e resignação – A cólera.

Injúrias e violências

1. *"Bem-aventurados os mansos, pois eles possuirão a Terra."* (Mateus, V:5).

2. *"Bem-aventurados os pacíficos, pois serão chamados filhos de Deus."* (Mateus, V:9)

3. *"Aprendestes o que foi dito aos antigos: Não matarás, e aquele que matar merecerá ser réu no juízo final. Mas Eu vos digo que qualquer um que se encolerizar contra seu irmão merecerá ser réu no juízo; que aquele que disser ao seu irmão: Raca, merecerá ser réu no conselho; e aquele que disser: és louco, merecerá ser condenado ao fogo do inferno."* (Mateus, V:21-22)

4. Por essas máximas, Jesus estabeleceu como lei a doçura, a moderação, a afabilidade e a paciência. Condena, em razão disso, a violência, a cólera, e mesmo toda expressão descortês com relação aos seus semelhantes. Raca era uma expressão de desprezo entre os hebreus, que significava *homem insignificante* e se pronunciava cuspindo-se de lado. Ele vai mais longe, pois ameaça com o fogo do inferno aquele que disser ao seu irmão: *és louco*.

É evidente, tanto aqui como em qualquer circunstância, que a intenção agrava ou atenua a falta. Mas por que uma simples palavra pode ter tamanha gravidade, para merecer uma reprovação tão severa? É que toda palavra ofensiva é a expressão de um sentimento contrário à lei de amor e de caridade, que deve regular as relações humanas, mantendo a concórdia e a união. É um atentado à benevolência recíproca e à fraternidade, entretendo o ódio e a animosidade. Enfim, depois da humildade perante Deus, a caridade para com o próximo é a primeira lei de todo cristão.

5. Mas o que quer dizer Jesus com estas palavras: *"Bem-aventurados os mansos, pois eles possuirão a Terra?"*. Não ensinou Ele a renúncia aos bens deste mundo, prometendo os do Céu?

Esperando pelos bens do céu, o homem necessita dos bens da Terra para viver. O que Ele recomenda, simplesmente, é não dar a estes últimos mais importância do que aos primeiros.

Por essas palavras, Jesus quer dizer que, até agora, os bens terrenos foram subtraídos pelos violentos, em detrimento dos mansos e pacíficos; que para estes falta, muitas vezes, até o necessário, enquanto que os outros dispõem do supérfluo. Ele promete que justiça lhes será feita, *"assim na Terra como no Céu"*, porque eles serão chamados filhos de Deus. Quando a lei de amor e de caridade for a lei da Humanidade, não haverá mais egoísmo; o fraco e o pacífico não serão mais explorados nem espezinhados pelo forte e o violento. Tal será o estado da Terra, quando, segundo a lei de progresso e a promessa de Jesus, ela se tornar um mundo feliz pela expulsão dos maus.

Instruções dos Espíritos
A afabilidade e a doçura
Lázaro – Paris, 1861

6. A benevolência para com os semelhantes, fruto do amor ao próximo, produz a afabilidade e a doçura, que são a sua manifestação. Entretanto, é preciso não confiar sempre nas aparências, pois a educação

e o traquejo do mundo podem dar o verniz dessas qualidades. Quantos há, cuja fingida simplicidade não passa de uma máscara exterior, uma roupa cujo corte bem calculado dissimula as deformidades ocultas! O mundo está cheio dessas pessoas que têm o sorriso nos lábios e o veneno no coração; *que são doces, contanto que ninguém as moleste, mas que mordem à menor contrariedade*, cuja língua, dourada quando falam cara a cara, se transforma em dardos envenenados, quando falam por trás.

A essa classe pertencem ainda os homens que são bondosos na aparência, mas tiranos domésticos, que fazem sofrer a família e os subordinados com o peso do seu orgulho e do seu despotismo, como para compensar o constrangimento que lhe é imposto fora de casa. Não ousando se impor perante os estranhos, que os colocariam em seu lugar, querem ao menos ser temidos por aqueles que não podem resistir-lhes. Envaidecem-se de poderem dizer: "Aqui eu mando e sou obedecido", sem imaginar que poderiam acrescentar, mais seguramente: "E sou detestado".

Não basta que dos lábios destilem leite e mel, pois, se o coração nada tem com isso, trata-se apenas de hipocrisia. Aquele cuja afabilidade e doçura não são fingidas jamais se contradiz. É o mesmo diante do mundo ou na intimidade, e sabe que, além disso, se pode enganar os homens pelas aparências, não pode enganar a Deus.

A paciência
Um Espírito amigo – Le Havre, 1862

7. A dor é uma bênção que Deus envia aos Seus eleitos. Não vos aflijais, portanto, quando sofrerdes, mas bendizei, ao contrário, a Deus todo-poderoso, que vos marcou pela dor aqui na Terra, para a glória no Céu.

Sede pacientes, pois a paciência também é uma caridade, e deveis praticar a lei de caridade, ensinada pelo Cristo, enviado de Deus. A caridade que consiste na esmola dada aos pobres é a mais fácil de todas, mas há uma bem mais penosa e, consequentemente, bem mais meritória: a de *perdoar àqueles que Deus colocou em nosso caminho, para serem os instrumentos de nossos sofrimentos e colocar nossa paciência à prova.*

A vida é difícil, bem o sei, ela se compõe de mil insignificâncias – que são como alfinetadas que acabam por nos ferir. Mas é preciso olhar para os deveres que nos são impostos, às consolações e às compensações que obtemos e, então, veremos que as bênçãos são mais numerosas que as dores. O fardo parece mais pesado quando, em vez de olharmos para o alto, curvamos a fronte para a terra.

Coragem, amigos, o Cristo é o vosso modelo. Ele sofreu muito mais do que qualquer um de vós, e nada tinha de que se acusar, enquanto vós tendes a expiar o vosso passado e de fortalecer-vos para o futuro. Sede, então, pacientes, sede cristãos: esta palavra resume tudo.

Obediência e resignação
Lázaro – Paris, 1863

8. A doutrina de Jesus ensina sempre a obediência e a resignação, duas virtudes companheiras da doçura, muito ativas, embora os homens as confundam erroneamente com a negação do sentimento e da vontade. *A obediência é o consentimento da razão; a resignação é o consentimento do coração*. Ambas são forças ativas, pois trazem o fardo das provas que a revolta insensata deixa cair. O pusilânime não pode ser resignado, assim como o orgulhoso e o egoísta não podem ser obedientes. Jesus foi a encarnação dessas virtudes desprezadas pela antiguidade materialista. Ele veio no momento em que a sociedade romana perecia nas fraquezas da corrupção; veio fazer brilhar, no seio da Humanidade abatida, os triunfos do sacrifício e da renúncia à sensualidade.

Cada época é assim marcada pelo cunho da virtude ou do vício que devem salvá-la ou perdê-la. A virtude de vossa geração é a atividade intelectual, seu vício é a indiferença moral. Digo apenas atividade, porque o gênio se eleva de súbito e descobre, momentaneamente, os horizontes que a multidão só verá depois dele, enquanto que a atividade é a reunião dos esforços de todos, para atingir um objetivo menos brilhante, mas que atesta a elevação intelectual de uma época. Submetei-vos ao impulso que vimos dar aos vossos Espíritos e obedecei à grande lei de progresso, que é a palavra da vossa geração. Infeliz do Espírito preguiçoso, daquele que fecha o seu entendimento! Infeliz, porque nós, que somos os guias da Humanidade em marcha, o chicotearemos e forçaremos a sua vontade rebelde, com o duplo esforço do freio e da espora. Toda resistência orgulhosa deverá ceder, cedo ou tarde. Mas bem-aventurados os que são mansos, porque darão ouvidos, docilmente, aos ensinamentos.

A cólera
Um Espírito Protetor – Bordeaux, 1863

9. O orgulho vos leva a vos julgardes mais do que sois, a não aceitar uma comparação que possa vos rebaixar, e a considerar-vos, ao contrário, tão acima de vossos irmãos – seja na sutileza de espírito, seja quanto à posição social, ou mesmo no tocante às vantagens pessoais, que a menor comparação vos irrita e vos fere. E o que acontece? Entregai-vos à cólera.

Procurai a origem desses acessos de demência passageira, que vos assemelham aos brutos, fazendo-vos perder o sangue-frio e a razão; procurai-a e encontrareis quase sempre por base o orgulho ferido. Não é acaso orgulho ferido por uma contrariedade que vos faz rejeitar as observações justas e repelir, encolerizados, os mais sábios conselhos? A impaciência, causada pelas contrariedades normalmente fúteis, decorre da importância atribuída à personalidade, diante da qual se crê que todos devem curvar-se.

Em seu frenesi, o homem encolerizado se volta contra tudo, à própria natureza bruta, aos objetos inanimados, que despedaça por não lhe obedecerem. Ah! Se nesses momentos ele pudesse ver-se a sangue-frio, teria aversão a si mesmo ou se reconheceria ridículo! Que julgue por isso a impressão que deve causar nos outros. Quando não for por respeito a si mesmo, deveria se esforçar para vencer um pendor que o faz objeto de piedade.

Se ele percebesse que a cólera não leva a nada, que lhe altera a saúde, compromete a sua própria vida, veria que é ele mesmo a sua primeira vítima. Mas ainda há outra consideração que o deveria deter: é o pensamento de que torna infelizes todos aqueles que o cercam. Se tem coração, não sentirá remorsos por fazer sofrer os seres que mais ama? E que mágoa mortal não sentiria se, num impulso, cometesse um ato do qual se arrependeria por toda a vida!

Enfim, a cólera não exclui certas qualidades do coração, mas impede que se faça o bem, podendo levar à prática do mal. Isto deve bastar para que haja esforços em dominá-la. O espírita, além disso, é solicitado por um outro motivo: a cólera é contrária à caridade e à humildade cristãs.

Hahnemann – Paris, 1863

10. Segundo a ideia muito falsa de que não se pode modificar a própria natureza, o homem se julga dispensado de fazer esforços para se corrigir dos defeitos nos quais se compraz voluntariamente, ou que para isso exigiriam muita perseverança. É assim, por exemplo, que o homem inclinado à cólera se desculpa quase sempre com o seu temperamento. Em vez de se julgar culpado, atribui a falta à sua natureza, acusando assim a Deus por seus próprios defeitos. É ainda uma consequência do orgulho, que se encontra mesclado a todas as suas imperfeições.

Sem dúvida, há temperamentos que se prestam mais do que outros aos atos violentos, como há músculos mais flexíveis, que se prestam melhor aos exercícios físicos. Mas não acrediteis que seja essa a causa fundamental da cólera, e sim que um Espírito pacífico, mesmo num corpo bilioso, será sempre pacífico, enquanto um Espírito violento, num corpo débil, não seria mais dócil. Nesse caso, simplesmente a violência tomaria um outro caráter. Não tendo um organismo apropriado para manifestar a sua violência, a cólera estaria concentrada, enquanto no outro caso, ela seria expansiva.

O corpo não dá impulsos de cólera àquele que não os possui, assim como não dá outros vícios. Todas as virtudes e vícios são inerentes ao Espírito. Sem isso, onde estariam o mérito e a responsabilidade? O homem que é deformado não pode tornar-se direito, porque o Espírito nada tem com isso, mas pode modificar o que se relaciona com o Espírito, quando está determinado a isso. A experiência não vos prova, espíritas, até onde pode ir o poder da vontade pelas transformações verdadeiramente miraculosas que se operam aos vossos olhos? Dizei, então, que *o homem somente permanece vicioso porque o quer*, mas que aquele que deseja corrigir-se, sempre o pode fazer, pois se assim não fosse, a lei de progresso não existiria para ele.

CAPÍTULO X

BEM-AVENTURADOS OS MISERICORDIOSOS

Perdoai para que Deus vos perdoe – Reconciliar-se com os adversários – O sacrifício mais agradável a Deus – O argueiro e a trave no olho – Não julgueis para não serdes julgados. Aquele que estiver sem pecado atire a primeira pedra – Instruções dos Espíritos: Perdão das ofensas – A indulgência – É permitido repreender os outros? Observar as suas imperfeições e divulgar o mal alheio?

Perdoai para que Deus vos perdoe

1. *"Bem-aventurados os misericordiosos, pois eles terão misericórdia."* (Mateus, V:7)

2. *"Se perdoardes aos homens as ofensas contra vós, vosso Pai celestial também vos perdoará os vossos pecados. Mas se vós não perdoardes aos homens, tampouco vosso Pai vos perdoará os vossos pecados."* (Mateus, VI:14-15)

3. *"Se vosso irmão pecou contra vós, ide e corrige-lhe a falta, particularmente, entre vós e ele. Se ele vos ouvir, tereis conquistado o vosso irmão. Então, Pedro se aproximando Lhe disse: Senhor, quantas vezes perdoarei meu irmão quando ele tiver pecado contra mim? Será até sete vezes? – Jesus lhe respondeu: Eu não vos digo até sete vezes, mas que até setenta vezes sete vezes."* (Mateus, XVIII:15, 21 e 22)

4. A misericórdia é o complemento da mansuetude, pois os que não são misericordiosos também não são mansos e pacíficos. Ela consiste no esquecimento e no perdão das ofensas. O ódio e o rancor denotam uma alma sem elevação e sem grandeza. O esquecimento das ofensas é próprio das almas elevadas, que estão acima do mal que lhe quiseram fazer. Uma está sempre ansiosa, de uma sensibilidade sombria e amargurada; a outra é calma, cheia de mansuetude e caridade.

Infeliz daquele que diz: "Eu não perdoarei nunca!". Pois, se ele não for condenado pelos homens, o será certamente por Deus. Que direito tem aquele que pede o perdão pelas suas próprias faltas, se ele mesmo não perdoa aos outros? Jesus nos ensina que a misericórdia não deve ter limites, quando diz para perdoar seu irmão não sete vezes, mas setenta vezes sete vezes.

Mas há duas maneiras bem diferentes de perdoar. Uma é grande, nobre, realmente generosa, sem segunda intenção, tratando com delicadeza o amor-próprio e a suscetibilidade do adversário, mesmo quando a culpa foi totalmente dele; a segunda, é quando o ofendido, ou aquele que assim se julga, impõe ao outro condições humilhantes, fazendo-o sentir o peso do perdão que irrita, em vez de acalmar. Se estende a mão, não é por benevolência, mas por ostentação, a fim de poder dizer a todos: "Vejam como eu sou generoso!". Em tais circunstâncias, é impossível que a reconciliação seja sincera, de ambas as partes. Não, isso não é generosidade, mas uma maneira de satisfazer o orgulho.

Em todas as contendas, aquele que se revela mais conciliador, que mostra maior desinteresse, caridade e verdadeira grandeza de alma, conquistará sempre a simpatia das pessoas imparciais.

Reconciliar-se com os adversários

5. *"Reconcilia-te o mais cedo possível com o teu adversário, enquanto estás junto dele, para que ele não te entregue ao juiz, e este não te entregue ao seu ministro, para seres preso. Eu te digo, em verdade, que de lá não sairás enquanto não pagares até o último ceitil."* (Mateus, V:25-26)

6. Há, nas práticas do perdão e do bem, em geral, mais do que um efeito moral, há também um efeito material. A morte, já sabemos, não nos livra dos nossos inimigos. Os Espíritos vingativos perseguem frequentemente com o seu ódio, além do túmulo, aqueles contra quem conservaram algum rancor. É por isso que o provérbio: *Morto o cão, acaba a raiva*, é falso, quando aplicado ao homem. O Espírito mau espera que aquele a quem quer mal esteja encarnado, para atormentá-lo mais facilmente, atingindo-o em seus interesses ou em seus afetos mais caros. É preciso ver nesse fato a causa da maior parte dos casos de obsessão, daqueles principalmente que apresentam uma certa gravidade, como a subjugação e a possessão. O obsidiado e o obsessor são, quase sempre, vítimas de uma vingança anterior, a que deram motivo por sua conduta. Deus permite a situação atual, para os punir do mal que fizeram por si mesmos – ou, se não o fizeram, por haverem faltado com a indulgência e a caridade, deixando de perdoar. O que importa, então, do ponto de vista da sua tranquilidade futura, é reparar, o mais cedo possível, os erros que cometemos contra o nosso próximo, e perdoar aos nossos inimigos, a fim de suprimir, antes da morte, os motivos de desavença, toda causa proveniente de animosidade posterior; desta maneira, de um inimigo encarnado neste mundo, pode-se fazer um amigo no outro. De qualquer forma, coloca-se o bem acima de tudo e Deus não deixa aquele que perdoou ao sabor da vingança. Quando Jesus recomenda que se reconcilie o mais cedo possível com o adversário, não é simplesmente para evitar as discórdias na existência atual, mas para evitar também que elas se perpetuem nas existências futuras. Vós não saireis de lá, diz ele, até que tenhais pago até o último ceitil, ou seja, cumprido completamente a justiça de Deus.

O sacrifício mais agradável a Deus

7. *"Então, se no momento de apresentar a tua oferta diante do altar, lembrares que o teu irmão tem algo contra ti, deixa o teu presente ao pé do altar, e vai antes te reconciliar com o teu irmão, para depois voltares e fazer a tua oferta."* (Mateus, V:23-24)

8. Quando Jesus disse: *"Vai reconciliar-te com teu irmão antes de apresentar a tua oferta ao altar"*, Ele ensina que o sacrifício mais agradável ao Senhor é o de seu próprio ressentimento; que antes de se

apresentar a Ele para ser perdoado, é preciso que se perdoe aos outros. E se cometemos um erro contra um de nossos irmãos, é preciso tê-lo reparado. Só assim a oferta será aceita, pois virá de um coração puro de qualquer mau pensamento. Ele materializa esse preceito, porque os judeus ofereciam sacrifícios materiais, e era preciso conciliar as Suas palavras aos costumes do povo. O cristão não oferece presentes materiais, pois que espiritualizou o sacrifício, mas nem por isso o preceito tem menos força para ele. Ele oferece sua alma a Deus e essa alma deve estar purificada. *Ao entrar no templo do Senhor, deve deixar lá fora todo sentimento de ódio e de animosidade, e todo mau pensamento contra seu irmão*. Somente assim a sua prece será levada pelos anjos aos pés do Eterno. É isso o que ensinam as palavras de Jesus: *"Deixai a tua oferta aos pés do altar e vai primeiro te reconciliar com teu irmão"*, se queres ser agradável ao Senhor.

O argueiro e a trave no olho

9. *"Por que vês um argueiro no olho de teu irmão, e não vês a trave no teu? Como dizes ao teu irmão: Deixa-me tirar um argueiro de teu olho, se tens uma trave no teu? Hipócrita! Tirai primeiramente a trave de teu olho, e então verás como hás de tirar o argueiro do olho de teu irmão."* (Mateus, VII:3-5)

10. Um dos caprichos da Humanidade é ver o mal alheio antes de ver aquele que está em nós. Para julgar-se a si mesmo, será preciso mirar-se num espelho, transportar-se de alguma forma para dentro de si mesmo, e considerar-se como outra pessoa, perguntando: O que pensaria eu se visse alguém fazendo o que faço? É o orgulho, incontestavelmente, o que leva o homem a dissimular as suas próprias faltas, tanto morais como físicas. Esse capricho é essencialmente contrário à caridade, pois a verdadeira caridade é modesta, simples e indulgente. A caridade orgulhosa não tem sentido, já que esses dois sentimentos se neutralizam mutuamente. De fato, como um homem, tão fútil para acreditar na importância de sua personalidade e na supremacia de suas qualidades, poderia ter, ao mesmo tempo, tanta abnegação para fazer ressaltar nos outros o bem que poderia eclipsá-lo, em vez do mal que poderia

colocá-lo em destaque? Se o orgulho é a fonte de muitos vícios, é também a negação de muitas virtudes; nós o encontramos no fundo, e como móvel de quase todas as ações. Foi por isso que Jesus se empenhou em combatê-lo, como o principal obstáculo ao progresso.

Não julgueis para não serdes julgados. Aquele que estiver sem pecado atire a primeira pedra

11. *"Não julgueis para não serdes julgados, pois sereis julgados da mesma maneira como julgardes os outros; e se usará para convosco, da mesma medida com que medirdes a eles."* (Mateus, VII:1-2)

12. *"Então, os escribas e os fariseus Lhe levaram uma mulher que havia sido apanhada em adultério, e puseram-na no meio do povo, dizendo a Jesus: Mestre, esta mulher foi surpreendida em adultério. Moisés nos ordena, na Lei, que apedrejemos as adúlteras. O que achas disso? Eles disseram isso para tentá-Lo, para O poderem acusar. Mas Jesus, abaixando-se, pôs-se a escrever com o dedo na terra. Como eles continuassem a interrogá-Lo, Ele se levantou e lhes disse: Aquele dentre vós que estiver sem pecado atire-lhe a primeira pedra. Depois, abaixando-se de novo, Ele continuou a escrever na terra. Mas os homens, ouvindo-O, foram se retirando um após o outro – sendo os mais velhos os primeiros – e, assim, ficaram apenas Jesus e a mulher, em pé no meio da praça. Jesus, então, levantando-se, lhe disse: Mulher, onde estão os teus acusadores? Ninguém te condenou? Respondeu ela: Não, senhor. Jesus lhe disse: Eu também não te condenarei. Vá e não peques mais."* (João, VIII:3-11)

13. *"Aquele que estiver sem pecado atire-lhe a primeira pedra"*, disse Jesus. Essa máxima faz da indulgência um dever, pois não há quem dela não precise para si mesmo. Ela nos ensina que não devemos julgar os outros mais severamente do que julgaríamos a nós mesmos, nem condenar nos outros o que nos desculpamos em nós. Antes de recriminar uma falta de alguém, vejamos se a mesma reprovação nos caberia.

A censura lançada sobre a conduta alheia pode ter dois motivos: reprimir o mal, ou desacreditar a pessoa cujos atos criticamos. Este último motivo jamais tem desculpa, pois decorre da maledicência e da maldade. O primeiro pode ser louvável, e torna-se mesmo um dever em certos casos, já que dele deve resultar um bem, e porque sem ele, o mal nunca seria reprimido na sociedade. O homem, além disso, não deve ajudar no progresso de seu semelhante? É preciso, entretanto, não tomar esse princípio no sentido absoluto: *"Não julgueis para não serdes julgados"*, pois *"a letra mata, e o Espírito vivifica"*.

Jesus não podia proibir a censura do mal, já que Ele mesmo nos deu exemplo disso, e o fez em termos enérgicos. Mas quis dizer que a autoridade da censura está na razão da autoridade moral daquele que a pronuncia. Tornar-se culpável daquilo que condenamos nos outros é abdicar dessa autoridade. É, além disso, arrogar-se, arbitrariamente, o direito de repressão. A consciência íntima, além do mais, refuta qualquer respeito e toda submissão voluntária àquele que, estando investido de um poder qualquer, viola as leis e os princípios que está encarregado de aplicar. *A única autoridade legítima aos olhos de Deus é a que se apoia no bom exemplo*. É o que sobressai igualmente das palavras de Jesus.

Instruções dos Espíritos
Perdão das ofensas
Simeão – Bordeaux, 1862

14. Quantas vezes perdoarei ao meu irmão? *"Perdoareis não apenas sete vezes, mas setenta vezes sete."* Essas são algumas das palavras de Jesus que mais devem tocar a vossa inteligência e falar mais alto ao vosso coração. Comparai essas palavras misericordiosas com a prece tão simples, tão resumida e ao mesmo tempo tão grande nas suas aspirações – e que Jesus ensinou aos Seus discípulos, – e encontrareis sempre o mesmo pensamento. Jesus, o justo por excelência, responde a Pedro: Tu perdoarás, mas sem limites; perdoarás cada ofensa, tantas vezes quantas ela te for feita; ensinarás aos teus irmãos esse esquecimento de si mesmos, que nos torna invulneráveis às agressões, aos maus-tratos e às injúrias; serás doce e humilde de coração, não medindo jamais a tua mansuetude; e farás, enfim, para os outros, o que desejares que o Pai celestial faça por ti. Ele não te perdoou tantas vezes? Contastes o número de vezes que o seu perdão veio apagar as tuas faltas?

Escutai, então, essa resposta de Jesus e, como Pedro, aplicai-a a vós mesmos. Perdoai, usai de indulgência, sede caridosos, generosos, pródigos no vosso amor. Dai, pois, e o Senhor vos recompensará; perdoai, pois o Senhor vos perdoará, curvai-vos, e o Senhor vos elevará, humilhai-vos, e o Senhor vos fará sentar à Sua direita.

Ide, meus bem-amados, estudai e comentai essas palavras que eu vos dirijo, da parte Daquele que, do alto dos esplendores celestiais vos vê sempre, e continua com amor o trabalho ingrato que começou há dezoito séculos. Perdoai, pois, aos vossos irmãos, como tendes necessidade de perdão. Se os atos deles vos prejudicaram pessoalmente, é um motivo a mais para serdes indulgentes, pois o mérito do perdão é proporcional à gravidade do mal. Não haveria porque não esquecer os erros de vossos irmãos se eles vos incomodassem apenas levemente.

Espíritas, não esqueçais jamais que, tanto em palavras como em ações, o perdão das injúrias não deve ser uma palavra vã. Se vos dizeis espíritas, sede-o, de fato. Esqueçais o mal que vos tenham feito e pensai apenas numa coisa: no bem que puderdes fazer. Aquele que entrou nesse caminho não deve dele se afastar, mesmo que em pensamento, pois sois responsáveis pelos vossos pensamentos, que Deus conhece. Fazei, pois, que eles sejam desprovidos de todo sentimento de rancor. Deus sabe o que existe no fundo do coração de cada um. *Feliz daquele que pode dizer cada noite ao dormir: nada tenho contra o meu próximo.*

Paulo, apóstolo – Lyon, 1861

15. Perdoar aos inimigos é pedir perdão para si mesmo; perdoar aos amigos é dar-lhes prova de amizade; perdoar aos inimigos é mostrar que nos tornamos melhores. Perdoai, então, meus amigos, a fim de que Deus vos perdoe, pois se fordes duros, exigentes, inflexíveis, se fordes rigorosos até mesmo com uma pequena ofensa, como quereis que Deus esqueça que todos os dias tendes grande necessidade de indulgência? Ah! Infeliz daquele que diz: "Eu não perdoarei nunca", porque pronuncia a sua própria condenação. Quem sabe se, mergulhando em vós mesmos, não descobrireis que fostes o agressor? Quem sabe se, nessa luta que começa com um simples aborrecimento e termina numa ruptura, não

destes o primeiro golpe? Se não vos escapou uma palavra ferina? Se usastes de toda a moderação necessária? Sem dúvida, o vosso adversário está errado ao se mostrar tão suscetível, mas esse é ainda um motivo para serdes indulgentes, e para não merecer ele a vossa reprovação. Admitamos que haveis sido realmente o ofendido, numa dada circunstância. Quem diz que não haveis envenenado o caso com represálias e que não haveis feito se transformar em questão mais séria o que facilmente poderia ter caído no esquecimento? Se dependia de vós impedir as consequências e nada fizestes, sois realmente culpado. Admitamos, enfim, que não tenhais nenhuma reprovação quanto à vossa conduta. Tereis, então, maior mérito se vos mostrardes clementes.

Mas há duas maneiras bem diferentes de perdoar: há o perdão dos lábios e o perdão do coração. Muitas pessoas dizem do seu adversário: "Eu lhe perdoo", enquanto, interiormente, guardam um secreto prazer pelo mal que lhe acontece, dizendo para si mesmas que foi bem-merecido. Quantos dizem: "Eu perdoo" e acrescentam "mas jamais me reconciliarei; não quero vê-lo pelo resto de minha vida!". É esse o perdão segundo o Evangelho? Não.

O verdadeiro perdão, o perdão cristão, é aquele que coloca um véu sobre o passado, é o único que terá importância, pois Deus não se contenta com as aparências: Ele sonda o fundo do coração e os mais secretos pensamentos e não se satisfaz com palavras e simples fingimentos. O esquecimento completo e absoluto das ofensas é próprio das grandes almas; o rancor é sempre um sinal de baixeza e de inferioridade. Não esqueçais que o verdadeiro perdão se reconhece muito mais pelos atos do que pelas palavras.

A indulgência
José, Espírito Protetor – Bordeaux, 1863

16. Espíritas, queremos vos falar hoje da indulgência, esse sentimento tão doce, tão fraternal, que todo homem deve ter para com os seus irmãos, mas que bem poucos dele fazem uso.

A indulgência não vê as faltas alheias, ou se as vê, evita comentá-las e divulgá-las. Pelo contrário, evita que se propaguem, e se a maldade os descobre, tem sempre uma desculpa para amenizá-las, ou melhor, uma desculpa plausível, séria, e não daquelas que, parecendo querer atenuar a falta, fazem-na sobressair com pérfida astúcia.

A indulgência nunca se ocupa com os maus atos alheios, a menos que seja para prestar um serviço, mas ainda assim com a cautela necessária para os atenuar o máximo possível. Não faz observações chocantes, não traz reprovações nos lábios, mas somente conselhos, normalmente velados. Quando criticais, que dedução deveis tirar de vossas palavras? A de que vós, que censurais, não praticastes o que reprovais, e que valeis mais do que o culpado? Ah, homens! Quando julgareis os vossos próprios corações, os vossos próprios pensamentos e atos sem vos preocupardes do que fazem os vossos irmãos? Quando abrireis os vossos olhos severos somente para vós mesmos?

Sede, pois, severos convosco, indulgentes para com os outros. Pensai Naquele que julga em última instância, que vê os pensamentos secretos de cada coração e, consequentemente, desculpa muitas vezes as faltas que condenais, ou condena as que desculpais, porque conhece o móvel de todas as ações, e vós, que chamais tão alto: "Anátema!", talvez tenhais cometido faltas mais graves.

Sede indulgentes, meus amigos, pois a indulgência atrai, acalma, corrige, enquanto o rigor desencoraja, afasta e irrita.

João, Bispo de Bordeaux, 1862

17. Sede indulgentes com as faltas alheias, quaisquer que sejam. Julgueis com severidade somente as vossas próprias ações, e o Senhor usará de indulgência para convosco, como usastes para com os outros.

Sustentai os fortes: encorajai-os à perseverança; fortificai os fracos, mostrando-lhes a bondade de Deus, que leva em consideração o menor arrependimento. Mostrai a todos o anjo da contrição, estendendo suas brancas asas sobre as faltas dos homens, e assim ocultando-as aos olhos daqueles que não podem ver o que é impuro. Compreendei a misericórdia infinita de vosso Pai, e não esqueçais nunca de Lhe dizer em pensamento e, principalmente, pelas vossas ações: *"Perdoai as nossas ofensas, assim como perdoamos a quem nos têm ofendido"*. Compreendei bem o valor destas sublimes palavras; a letra sozinha não é admirável, e sim o ensinamento que ela carrega.

Que solicitais ao Senhor ao Lhe pedir perdão? Apenas o esquecimento de vossas faltas? Esquecimento que em nada resultaria, pois, se Deus se contentasse em esquecer as vossas faltas, não vos puniria, *mas também não vos recompensaria*. A recompensa não pode ser o prêmio pelo bem que não se fez, e menos ainda pelo mal que se tenha feito, mesmo que esse mal fosse esquecido. Pedindo perdão para as vossas transgressões, pedis o favor de sua graça, para não cairdes de novo, e a força necessária para entrardes num caminho novo, caminho de submissão e de amor, no qual podereis acrescentar a reparação ao arrependimento.

Quando perdoardes aos vossos irmãos, não vos contenteis em estender o véu do esquecimento sobre as suas faltas. Esse véu é, muitas vezes, transparente aos vossos olhos. Acrescentai o amor ao vosso perdão. Fazei por eles o que pedi ao vosso Pai celestial que faça por vós. Substituí a cólera que mancha pelo amor que purifica. Pregai-a, pelo exemplo, essa caridade ativa e infatigável que Jesus vos ensinou. Pregai-a como Ele mesmo o fez por todo o tempo em que viveu na Terra, visível aos olhos do corpo, e como ainda prega, sem cessar, depois que se fez visível somente aos olhos do Espírito. Segui esse divino modelo, caminhai sobre as Suas pegadas e elas vos conduzirão ao lugar de refúgio onde encontrareis o repouso após a luta. Como Ele, tomai a vossa cruz e subi penosamente, mas com coragem, o vosso calvário: ao final estará a glorificação.

Dufêtre, Bispo de Nevers – Bordeaux

18. Caros amigos, sede severos convosco mesmos e indulgentes com a fraqueza dos outros; essa é também uma forma de praticar a caridade, que bem poucas pessoas observam. Todos vós tendes más tendências a vencer, defeitos a corrigir, hábitos a modificar. Todos vós tendes um fardo mais ou menos pesado que aliviar, para subir ao cume da montanha do progresso. Por que, então, ser tão clarividentes quando se trata do próximo e tão cegos para convosco? Quando deixareis de observar, no olho de vosso irmão, o argueiro que o fere, sem perceber a trave que vos cega e vos faz caminhar de queda em queda? Crede em vossos irmãos, os Espíritos. Todo homem, suficientemente orgulhoso para se acreditar superior, em virtudes e em méritos, aos seus irmãos encarnados, é insensato e culpado, e Deus o castigará, no dia de Sua justiça. O verdadeiro caráter da caridade é a modéstia e a humildade, que consiste em ver apenas superficialmente os defeitos alheios, para procurar valorizar o que nele há de bom e virtuoso, pois se o coração humano é um abismo de corrupção, sempre há oculto, o germe de alguns bons sentimentos, centelhas vivas da essência espiritual.

Espiritismo, doutrina consoladora e bendita, felizes os que te conhecem e que colocam em prática os salutares ensinamentos dos Espíritos do Senhor! Para eles, o caminho é claro, e ao longo da estrada podem ler estas palavras, que lhes indicam o meio de se chegar ao objetivo: caridade prática, caridade de coração, caridade para com o próximo e para consigo mesmo. Em suma, caridade para com todos e amor a Deus acima de todas as coisas, pois o amor a Deus resume todos os deveres, e porque é impossível amá-Lo sem praticar a caridade, da qual o Pai faz uma lei para todas as Suas criaturas.

É permitido repreender os outros? Observar as suas imperfeições e divulgar o mal alheio?

19. *Não havendo quem seja perfeito, segue-se que ninguém tem o direito de repreender o seu próximo?*

São Luís – Paris, 1860

Certamente, pois cada um de vós deve trabalhar para o progresso de todos e, principalmente, daqueles cuja tutela vos foi confiada, mas é preciso fazê-lo com moderação, com um objetivo útil e não como fazes a maior parte do tempo, pelo prazer de denegrir. Neste último caso, a censura é uma maldade; no primeiro, é um dever que a caridade manda cumprir com todas as cautelas possíveis. A censura que se lança sobre os outros deve, ao mesmo tempo, ser endereçada também a nós mesmos, para sabermos se não a merecemos.

São Luís – Paris, 1860
20. *É repreensível observar as imperfeições dos outros, quando disso não resultar proveito algum para eles, e mesmo que não as divulguemos?*

Tudo depende da intenção. Certamente que não é proibido ver o mal, quando o mal existe. Seria mesmo inconveniente ver por toda a parte o bem: essa ilusão prejudicaria o progresso. O erro está em fazer essa observação em detrimento do próximo, desacreditando-o, sem necessidade, diante da opinião pública. Seria também repreensível fazê-lo para comprazer-se com sentimentos maldosos e de satisfação por encontrar os defeitos alheios. É bem diferente quando, lançando um véu sobre o mal, para ocultá-lo do público, nos limitamos a observá-lo para dele obter proveito pessoal, ou seja, para estudá-lo e evitar o que censuramos nos outros. Essa observação, além disso, não é útil ao moralista? Como descreveria ele as extravagâncias da Humanidade se não estudasse os seus exemplos?

São Luís – Paris, 1860
21. *Há casos nos quais seja útil mostrar o mal alheio?*

Essa questão é muito delicada, e é aqui que devemos apelar para a caridade bem-compreendida. Se as imperfeições de uma pessoa prejudicam apenas a ela mesma, não há jamais utilidade em divulgá-las. Mas se elas podem prejudicar a outros, é preciso preferir o interesse da maioria ao de uma só pessoa. Segundo as circunstâncias, desmascarar a hipocrisia e a falsidade pode ser um dever, pois é melhor que um só homem caia do que muitos serem enganados e se tornarem suas vítimas. Em caso semelhante, é preciso balancear as vantagens e os inconvenientes.

CAPÍTULO XI

AMAR AO PRÓXIMO COMO A SI MESMO

O maior mandamento. Fazer aos outros o que gostaríamos que os outros nos fizessem. Parábola dos credores e dos devedores – Dai a César o que é de César – Instruções dos Espíritos: a Lei de amor – O egoísmo – A fé e a caridade – Caridade com os criminosos – Deve-se expor a vida por um malfeitor?

O maior mandamento

1. *"Os fariseus, tendo sabido que Ele tinha feito calar aos saduceus, juntaram-se em conselho. E um deles, que era doutor da lei, veio perguntar-Lhe, para tentá-Lo: Mestre, qual é o maior mandamento da lei? Jesus lhe respondeu: Amarás ao Senhor teu Deus de todo o teu coração, de toda a tua alma e de todo o teu entendimento. Este é o maior e o primeiro mandamento. E aqui está o segundo, semelhante ao primeiro: Amarás ao teu próximo como a ti mesmo. Toda a lei e os profetas estão encerrados nesses dois mandamentos."* (Mateus, XXII:34-40)

2. *"Fazei aos homens tudo o que quereis que eles vos façam, pois esta é a lei e os profetas."* (Mateus, VII:12)

"Tratai todos os homens, como quereríeis que eles vos tratassem." (Lucas, VI:31)

3. *"O Reino dos Céus é comparado a um rei que queria tomar contas aos seus servidores, e começando a fazê-lo, apresentou-se-lhe um que lhe devia dez mil talentos. Mas como ele não tivesse meios de pagá-los, seu senhor ordenou que sua mulher, seus filhos e tudo o que ele tivesse, fosse vendido para saldar a dívida. O servidor, lançando-se-lhe aos pés, implorava, dizendo: Senhor, tem um pouco de paciência e eu lhe pagarei tudo. Então o senhor, tocado de compaixão, deixou-o ir livre e perdoou-lhe a dívida. Mas esse mesmo servidor, mal tendo saído, encontrou um de seus companheiros, que lhe devia cem dinheiros. Tomou-o pela garganta e, quase o sufocando, disse: Paga-me o que deves. E o seu companheiro, lançando-se-lhe aos pés, rogava, dizendo: Tem um pouco de paciência e eu lhe devolverei tudo. Mas ele não quis escutá-lo e, retirando-se, mandou prendê-lo até que a dívida fosse saldada.*

Os outros servidores, seus companheiros, vendo o que se passava, ficaram extremamente tocados e advertiram o seu senhor de tudo o que tinha acontecido. Então, o fez vir o seu senhor, e lhe disse: Servo mau, eu te perdoei a dívida toda, pois vieste me implorar. Não devias tu também ter piedade de teu companheiro, como eu tive de ti? E seu senhor, encolerizado, o deixou nas mãos dos carrascos até que pagasse tudo o que lhe devia.

É assim que meu Pai celestial vos tratará se cada um de vós não perdoar, do fundo do coração, as faltas que o vosso irmão tiver cometido contra vós." (Mateus, XVIII:23-35)

4. *"Amar ao próximo como a si mesmo, fazer pelos outros o que queremos que os outros façam por nós"*, é a expressão mais completa da caridade, pois ela resume todos os deveres para com o próximo. Não se pode ter guia mais seguro, neste caso, do que tomando por medida aquilo que desejamos para nós mesmos. Com que direito exigiríamos de nossos semelhantes bons procedimentos, indulgência, benevolência e devotamento se nós mesmos não os temos com eles? A prática dessas máximas leva à destruição do egoísmo. Quando os homens as tomarem por regra de conduta e por base de suas instituições, compreenderão a verdadeira fraternidade e farão reinar entre si a paz e a justiça. Não haverá mais nem ódios nem dissensões, apenas união, concórdia e benevolência mútua.

Dai a César o que é de César

5. *"Tendo os fariseus se retirado, resolveram comprometê-Lo no que falasse. E enviaram-lhe os seus discípulos, com os herodianos, para Lhe dizer: Mestre, sabemos que és verdadeiro e ensinas o caminho de Deus segundo a verdade, sem fazer distinção a quem quer que seja, pois não consideras a aparência dos homens. Diga-nos a Tua opinião sobre isso: É lícito ou não pagar o tributo a César?*

Mas Jesus, conhecendo-lhes a malícia, disse: Hipócritas! Por que me tentais? Mostrai-me a moeda que se dá para o pagamento. E, tendo eles Lhe apresentado um dinheiro, Jesus lhes disse: De quem é essa imagem e inscrição? – De César, disseram. Então, Jesus lhes respondeu: Dai, então, a César o que é de César e a Deus o que é de Deus.

E eles, ouvindo isto, admiraram-se da resposta e, deixando-o, se retiraram." (Mateus, XXII:15-22; Marcos, XII:13-17)

6. A questão proposta a Jesus era motivada pelo fato de haverem os judeus transformado em motivo de horror o pagamento do tributo exigido pelos romanos, elevando-o a um problema de ordem religiosa. Um partido numeroso foi formado para rejeitar o imposto. O pagamento do tributo era, para eles, uma questão de irritante atualidade, sem o que, a pergunta feita a Jesus: *"É lícito ou não pagar o tributo a César?"* não teria nenhum sentido. Essa questão era uma cilada, pois, segundo a resposta, eles esperavam levantar contra Ele as autoridades romanas, ou os judeus dissidentes. Mas *"Jesus, conhecendo-lhes a malícia"*, escapa à dificuldade dando-lhes uma lição de justiça, ao dizer que dessem a cada um o que lhes era devido. (Ver na Introdução, o artigo intitulado *Publicanos*.)

7. Esta máxima: *"Dai a César o que é de César"* não deve ser entendida de uma maneira restritiva e absoluta. Como todos os ensinamentos de Jesus, é um princípio geral, resumido sob uma forma prática e usual, e deduzido de uma circunstância particular. Esse princípio é uma consequência daquele que nos manda agir com os outros como gostaríamos que os outros agissem conosco. Condena todo prejuízo material e moral causado aos outros, toda violação de seus interesses; prescreve o respeito aos direitos de cada um, como cada um deseja que se respeite os seus.

Estende-se ao cumprimento dos deveres contraídos tanto para com a família e a sociedade quanto para com os indivíduos.

Instruções dos Espíritos
A lei de amor
Lázaro – Paris, 1862

8. O amor resume toda a Doutrina de Jesus, pois é o sentimento por excelência, e os sentimentos são os instintos elevados à altura do progresso adquirido. Em seu ponto de partida, o homem tem apenas instintos; mais avançado e corrompido, tem apenas sensações; mais instruído e purificado, tem sentimentos; e o ponto alto do sentimento é o amor. Não o amor no sentido vulgar da palavra, mas esse sol interior, que condensa e reúne em seu foco ardente todas as aspirações e todas as revelações sobre-humanas. A lei de amor substitui a personalidade pela fusão dos seres e extingue as misérias sociais. Feliz aquele que, sobrelevando-se à Humanidade, ama com imenso amor os seus irmãos sofredores! Feliz aquele que ama, pois não conhece as angústias da alma, nem as do corpo! Seus pés são leves e ele vive como que transportado fora de si mesmo. Quando Jesus pronunciou essa palavra divina – *amor* – fez estremecerem os povos, e os mártires, ébrios de esperança, desceram ao circo.

O Espiritismo, por sua vez, vem pronunciar a segunda palavra do alfabeto divino. Ficai atentos, pois essa palavra levanta a pedra dos túmulos vazios: e a reencarnação, triunfando sobre a morte, revela ao homem deslumbrado o seu patrimônio intelectual. No entanto, não é mais aos suplícios que ela conduz, mas à conquista do seu ser, elevado e transfigurado. O sangue resgatou o Espírito, e o Espírito deve, hoje, resgatar o homem da matéria.

Eu disse que, em sua origem, o homem tem apenas instintos. Aquele, pois, no qual os instintos dominam, está mais próximo do ponto de partida que do alvo. Para avançar em sua direção, é preciso vencer os instintos em prol dos sentimentos, ou seja, aperfeiçoar estes, sufocando os germes latentes da matéria. Os instintos são a germinação e os embriões dos sentimentos. Eles carregam consigo o progresso, como a bolota oculta o carvalho. Os seres menos avançados são aqueles que, despojando-se lentamente de sua crisálida, permanecem subjugados aos próprios instintos.

O Espírito deve ser cultivado como um campo. Toda a riqueza futura depende do trabalho presente e, mais do que os bens terrestres, ele vos levará à gloriosa elevação. É então que, compreendendo a lei de amor que une todos os seres, procurareis as suaves alegrias da alma, prelúdio das alegrias celestes.

Fénelon – Bordeaux, 1861

9. O amor é de essência divina. Desde o mais elevado até o mais humilde, possuís, no fundo de vossos corações, a centelha desse fogo sagrado. É um fato que tendes podido constatar muitas vezes: o homem mais abjeto, o mais vil, o mais criminoso, tem por um ser ou um objeto qualquer uma afeição viva e ardente, à prova de todas as vicissitudes, e que atinge, muitas vezes, proporções sublimes.

Eu disse por um ser ou objeto qualquer, porque existem, entre vós, indivíduos que dispensam tesouros de amor, que lhes vertem dos corações, aos animais, às plantas, e até mesmo aos objetos materiais. Espécies de misantropos a se lamentarem da Humanidade, resistem à tendência natural da alma, que busca ao seu redor, afeição e simpatia. Rebaixam a lei de amor ao estado instintivo. Mas o que quer que façam, não podem sufocar o germe vivaz que Deus depositou em seus corações, no ato da criação. Esse germe se desenvolve e cresce com a moralidade e a inteligência, e embora amiúde pressionado pelo egoísmo, é a fonte das santas e doces virtudes que fazem as afeições sinceras e duradouras, e que os ajudam a transpor a estrada escarpada e árida da existência humana.

Há certas pessoas a quem repugna as provas da reencarnação, no sentido de que outros participarão das simpatias afetivas de que são ciosas. Pobres irmãos! É o vosso afeto que vos torna egoístas; vosso amor está restrito a um círculo íntimo de parentes ou de amigos, e todos os demais vos são indiferentes. Muito bem! Para praticar a lei de amor, tal como Deus a estabelece, é preciso que cheguies a amar, pouco a pouco, todos os vossos irmãos indistintamente. A tarefa é longa e difícil, mas ela se realizará. Deus o quer, e a lei de amor é o primeiro e o mais importante preceito de vossa nova Doutrina, porque é ela que deve, um dia, matar o egoísmo sob qualquer aspecto em que se apresente, pois além de egoísmo pessoal, há ainda o egoísmo familiar, de casta, de nacionalidade. Jesus disse: *"Amai ao próximo como a ti mesmo"*; ora, qual é o limite do próximo? Será a família, a seita, a nação? Não: é toda a Humanidade! Nos mundos superiores, é o amor mútuo que harmoniza e dirige os Espíritos avançados que neles habitam. E o vosso planeta, destinado a um progresso próximo, para sua transformação social, verá ser praticada por seus habitantes essa sublime lei, reflexo da própria Divindade.

Os efeitos da lei de amor são o aperfeiçoamento moral da raça humana e a felicidade durante a vida terrena. Os mais rebeldes e os mais viciosos deverão reformar-se, quando presenciarem os benefícios produzidos pela prática do preceito: *"Não façais aos outros o que não quereis que os outros vos façam, ao contrário, fazei todo o bem que puderdes."*

Não creiais na esterilidade e no endurecimento do coração humano, que cederá, mesmo de malgrado, à lei de amor. É um ímã ao qual ele não poderá resistir, e o contato desse amor vivifica e fecunda os germes latentes dessa virtude, que estão latentes em vossos corações. A Terra, lugar de provas e de exílio, será então, purificada por esse fogo sagrado e verá serem praticadas a caridade, a humildade, a paciência, o devotamento, a abnegação, a resignação, o sacrifício, todas as virtudes filhas do amor. Não deixeis, então, de ouvir as palavras de João, o Evangelista. Sabeis que, quando a enfermidade e a velhice interromperam o curso de suas pregações, Ele repetia essas doces palavras: *"Meus filhos, amai-vos uns aos outros!"*.

Caros e amados irmãos, utilizai como proveito essas lições. A sua prática é difícil, mas delas retiram a alma um imenso benefício. Crede-me, fazei o sublime esforço que vos peço: *"Amai-vos"*, e vereis que, muito em breve, a Terra se transformará e se tornará um novo paraíso, onde as almas dos justos virão usufruir o merecido repouso.

Sansão, antigo membro da Sociedade Espírita de Paris – 1863

10. Meus caros condiscípulos, os Espíritos aqui presentes vos dizem pela minha voz: Amai muito, para serdes amados! Esse pensamento é tão justo, que nele encontrareis tudo o que consola e acalma as dores de cada dia; ou melhor, praticando essa máxima, vos elevareis de tal forma acima da matéria, que vos espiritualizareis antes mesmo de despirdes a vossa roupagem terrena. Os estudos espíritas, tendo desenvolvido em vós a compreensão do futuro, vos dão uma certeza: o progresso em direção de Deus, com todas as promessas que correspondem às aspirações de vossas almas. Deveis também elevar-vos bem alto, para julgardes sem as restrições da matéria, e assim não condenardes o vosso próximo, antes de ter dirigido o vosso pensamento a Deus.

Amar, no sentido profundo da palavra, é ser leal, probo, consciencioso, para fazer aos outros o que se deseja para si mesmo. É buscar em torno de si o sentido íntimo de todas as dores que afligem o próximo, para dar-lhe alívio. É considerar a grande família humana como a sua própria, pois essa família reencontrareis, um dia, em mundos mais avançados, pois os Espíritos que a compõem são, como vós, filhos de Deus, marcados na fronte para se elevarem ao infinito. É por isso que não podeis recusar aos vossos irmãos o que Deus vos deu com liberdade, pois de vossa parte, gostaríeis que vossos irmãos vos dessem do que tendes necessidades. A todos os padecimentos, dispensai uma palavra de esperança e de apoio, para vos fazerdes todo amor e toda justiça.

Crede que estas sábias palavras: "Amai muito, para serdes amados", seguirão o seu curso. Elas são revolucionárias, e seguem uma rota firme e invariável. Mas vós já haveis progredido, vós que me escutais: sois infinitamente melhores do que há cem anos. De tal forma vos modificastes para melhor, que aceitais hoje sem contestar um sem-número de ideias novas sobre a liberdade e a fraternidade, que antigamente teríeis rejeitado. Ora, daqui a cem anos, aceitareis com a mesma facilidade aquelas que ainda não compreendeis.

Hoje, com o grande impulso do movimento espírita, vede com que rapidez as ideias de justiça e de renovação, contidas nas mensagens dos

Espíritos, são aceitas pela metade das pessoas inteligentes. É que essas ideias correspondem a tudo o que há de divino em vós, porquanto estais preparados para uma semeadura fecunda: a do último século, que implantou na sociedade as grandes ideias do progresso. E, como tudo se encadeia sob as ordens do Altíssimo, todas as lições recebidas e assimiladas resultarão nessa mudança universal do amor ao próximo. Graças a elas, os Espíritos encarnados, melhor julgando e melhor sentindo, dar-se-ão as mãos até os confins de vosso planeta. Todos se reunirão, para se entenderem e se amarem, destruindo todas as injustiças, todas as causas de desentendimento entre os povos.

Grande pensamento de renovação pelo Espiritismo, tão bem descrito em *O Livro dos Espíritos*, produzirá o grande milagre do século vindouro, o da reunião de todos os interesses materiais e espirituais dos homens, pela aplicação desta máxima bem-compreendida: Amai muito, a fim de serdes amados!

O egoísmo
Emmanuel – Paris, 1861

11. O egoísmo, esta chaga da Humanidade, deve desaparecer da Terra, porque entrava o seu progresso moral. Está reservado ao Espiritismo a tarefa de fazê-la elevar-se na hierarquia dos mundos. O egoísmo é, notadamente, o alvo para o qual os verdadeiros crentes devem dirigir suas armas, suas forças, sua coragem. Eu digo coragem, porque esta é a qualidade mais necessária para cada um vencer-se a si mesmo do que para vencer aos outros. Que cada qual coloque todas as suas forças para combatê-lo em si mesmo, pois esse monstro devorador de todas as inteligências, esse filho do orgulho, é a fonte de todas as misérias da Terra. Ele é a negação da caridade e, consequentemente, o maior obstáculo à felicidade dos homens.

Jesus vos deu o exemplo da caridade, e Pôncio Pilatos o do egoísmo. Porque, quando o Justo vai percorrer as santas estações de Seu martírio, Pilatos lava as mãos, dizendo: "Que me importa?!". Disse mesmo aos judeus: "Este homem é inocente, por que o quereis crucificar?". E, no entanto, ele deixa que O conduzam ao suplício.

É a esse antagonismo entre a caridade e o egoísmo, à invasão dessa lepra do coração humano, que o Cristianismo deve ainda não ter cumprido toda a sua missão. E é a vós, novos apóstolos da fé, que os Espíritos superiores esclarecem, a quem incumbem a tarefa e o dever de extirpar esse mal, para dar ao Cristianismo toda a sua força e limpar a estrada dos obstáculos que entravam a sua marcha. Expulsai o egoísmo da Terra, para que ela possa elevar-se na escala dos mundos, pois é tempo de a Humanidade vestir a sua toga viril, e para tanto é preciso, primeiramente, banir o egoísmo de vossos corações.

Pascal – Sens, 1862

12. Se os homens se amassem reciprocamente, a caridade seria mais bem praticada. Mas, para isso, seria preciso que vos esforçásseis a fim de desembaraçar o vosso coração dessa couraça, a fim de serdes mais sensíveis ao sofrimento do próximo. A rigidez mata os bons sentimentos: o Cristo nunca se esquivava; aqueles que O procuravam nunca eram repelidos. A mulher adúltera e o criminoso eram socorridos por Ele, que jamais temeu prejudicar a Sua própria reputação. Quando O tomareis por modelo de todas as vossas ações? *Se a caridade reinasse na Terra, o mal não teria lugar, mas, se ocultaria envergonhado, pois se sentiria deslocado em qualquer lugar.* É assim que o mal desapareceria, convencei-vos bem disso.

Começai por dar o exemplo vós mesmos. Sede caridosos para com todos, indistintamente. Esforçai-vos para não vos importar com aqueles que vos observam com desdém e deixai que Deus se encarregue de toda a justiça, pois, a cada dia, em Seu Reino, Ele separa o joio do trigo.

O egoísmo é a negação da caridade. Ora, sem a caridade, não há tranquilidade na sociedade, e digo mais, não há segurança. Com o egoísmo e o orgulho, que andam de mãos dadas, essa vida será sempre uma corrida favorável ao mais esperto, uma luta de interesses, na qual são calcadas aos pés as mais santas afeições, em que nem mesmo os laços sagrados da família são respeitados.

A fé e a caridade
Espírito Protetor – Cracóvia, 1861

13. Eu vos disse anteriormente, meus caros filhos, que a caridade sem a fé não bastaria para manter entre os homens uma ordem social capaz de torná-los felizes. Deveria ter dito que a caridade é impossível sem a fé. Podeis encontrar, na verdade, impulsos generosos até mesmo junto a pessoas privadas de religião. Mas essa caridade austera, que apenas se exerce pela abnegação, pelo sacrifício constante de qualquer interesse egoísta, apenas a fé pode inspirar, pois apenas ela nos faz carregar com coragem e perseverança a cruz desta vida.

Sim, meus filhos, é em vão que o homem, ávido de prazeres, ilude-se sobre o seu destino aqui na Terra, argumentando que lhe é permitido ocupar-se apenas da sua felicidade. Certamente, Deus nos criou para sermos felizes na eternidade, entretanto, a vida terrestre deve apenas servir ao nosso aperfeiçoamento moral, o qual se adquire mais facilmente com a ajuda dos órgãos físicos e do mundo material. Sem contar as vicissitudes comuns da vida, a diversidade dos vossos gostos, de vossas tendências e necessidades, é também um meio de vos aperfeiçoardes, exercitando-vos na caridade. Pois é apenas à força de concessões e de sacrifícios mútuos, que podereis manter a harmonia entre elementos tão diversos.

Tendes razão, entretanto, em afirmar que a felicidade está destinada ao homem, aqui na Terra, se a procurardes, não nas alegrias materiais, mas na prática do bem. A história da cristandade nos fala de mártires que foram para o suplício com alegria. Hoje, e em vossa sociedade, para serdes cristãos, não é preciso o holocausto do mártir, nem o sacrifício da vida, mas, única e simplesmente, o sacrifício do egoísmo, do orgulho e da vaidade. Triunfareis, se a caridade vos inspirar e a fé vos sustentar.

Caridade com os criminosos
Elisabeth da França – Le Havre, 1862

14. A verdadeira caridade é um dos mais sublimes ensinamentos de Deus ao mundo. Deve existir sempre, entre os verdadeiros discípulos de Sua doutrina, uma fraternidade perfeita. Deveis amar os

infelizes, os criminosos, como criaturas de Deus, às quais o perdão e a misericórdia serão concedidos, desde que se arrependam, da mesma forma que para vós mesmos, pelas faltas que cometeis contra a Sua lei. Pensai que sois mais repreensíveis, mais culpados que aqueles aos quais recusais o perdão e a comiseração, pois geralmente eles não conhecem a Deus, como O conheceis, e lhes será menos exigido do que a vós.

Não julgueis! Não julgueis, meus caros amigos, pois o julgamento que fizerdes vos será aplicado mais severamente ainda, e tendes necessidade de indulgência para os pecados que cometeis sem cessar. Não sabeis que há muitas atitudes que são crimes aos olhos do Deus de pureza e que o mundo considera apenas como faltas leves?

A verdadeira caridade não consiste apenas na esmola que dais, nem mesmo nas palavras de consideração que lhes acrescentais. Não, não é apenas isso o que Deus exige de vós! A caridade sublime, ensinada por Jesus, consiste também na benevolência constante – e em todas as coisas – para com o vosso próximo. Podeis ainda exercer essa sublime virtude com pessoas que não precisam de esmolas, mas de palavras de amor, de consolação e de encorajamento que as conduzirão ao Senhor.

Os tempos estão próximos – eu continuo a dizer – nos quais a grande fraternidade reinará neste globo. A lei do Cristo regerá os homens: ela será o único freio e esperança, e conduzirá as almas às moradas bem-aventuradas. Amai-vos, pois, como filhos de um mesmo pai; não façais diferenças entre vós e os infelizes, pois Deus deseja que todos sejam iguais. Não desprezeis a ninguém; Deus permite que os grandes criminosos estejam entre vós, para vos servirem de ensinamento. Logo, quando os homens forem levados à prática das verdadeiras leis de Deus, não haverá mais necessidade desses ensinamentos *e todos os Espíritos impuros e revoltados serão dispersados para diferentes mundos inferiores, em harmonia com as suas tendências.* Deveis àqueles de quem vos falo o socorro de vossas preces. Esta é a verdadeira caridade. Não se pode dizer de um criminoso: "É um miserável! É preciso expurgá-lo da Terra; a morte que se lhe inflige é muito suave para um ser dessa espécie". Não, não é assim que deveis falar! Considerai o vosso modelo, Jesus.

O que diria Ele, se visse esse infeliz ao Seu lado? Haveria de lastimá-lo, considerá-lo como um doente bem necessitado e lhe estenderia a mão. Não podeis fazer o mesmo, na verdade, mas ao menos podeis orar por ele, assistir-lhe o Espírito durante os últimos momentos que passará na Terra. O arrependimento pode tocar o seu coração, se orardes com fé. Ele é o vosso próximo, como o melhor dentre os homens. Sua alma, perdida e revoltada, foi criada, como a vossa, para se aperfeiçoar. Ajudai-o a sair do lamaçal, portanto, e orai por ele!

Lamennais – Paris, 1862

15. Um homem está em perigo de morte. Para salvá-lo, é preciso arriscar a própria vida, mas sabe-se que este homem é um malfeitor e que, se escapar, poderá cometer novos crimes. Deve-se, apesar disso, arriscar-se para salvá-lo?

Esta é uma questão muito grave e que pode apresentar-se naturalmente ao Espírito. Responderei segundo a minha condição moral, já que estamos aqui para saber se devemos expor a vida, mesmo por um malfeitor. A abnegação é cega: socorre-se um inimigo, deve-se, então, socorrer um inimigo da sociedade, numa palavra, um malfeitor. Acreditais que seja apenas à morte que se vai arrebatar esse infeliz? Talvez seja a toda a sua vida passada, pois – pensai nisto – nesses rápidos instantes que lhe arrebatam os últimos minutos de vida, o homem perdido se volta à sua vida passada, ou melhor, ela se ergue diante dele. A morte, talvez, chegue muito cedo para ele. A reencarnação poderá ser terrível. Lançai-vos, então, homens! Vós, que a ciência espírita esclareceu, lançai-vos! Arrancai-o ao perigo e, então, esse homem que morreria insultando-vos, talvez se atire em vossos braços. De qualquer forma, não é preciso perguntar se ele o fará ou não, mas ir em seu socorro, pois, salvando-o, obedecereis a essa voz do coração que vos diz: Vós podeis salvá-lo, salvai-o!

CAPÍTULO XII

AMAI OS VOSSOS INIMIGOS

Pagar o mal com o bem – Os inimigos desencarnados – Se alguém vos bater na face direita, apresentai-lhe também a outra – Instruções dos Espíritos: A vingança – O ódio – O duelo.

Pagar o mal com o bem

1. *"Ouvistes o que foi dito: Amarás ao teu próximo e odiarás aos teus inimigos. Eu, porém, vos digo: Amai aos vossos inimigos, fazei o bem àqueles que vos odeiam e orai por aqueles que vos perseguem e caluniam, para serdes filhos de vosso Pai, que está nos Céus, o qual faz nascer o sol sobre os bons e maus, e vir a chuva sobre os justos e os injustos – pois se amardes apenas aqueles que vos amam, que recompensa tereis? Os publicanos também não fazem assim? E se saudardes apenas os vossos irmãos, que fazeis nisso de especial? Os pagãos também não o fazem? Eu vos digo que, se a vossa justiça não for maior e mais perfeita do que a dos escribas e fariseus, não entrareis no Reino dos Céus."* (Mateus, V:20 e 43-47)

2. *"Se amardes somente os que vos amam, que mérito tereis, já que os maus também amam aqueles que os amam? E se fizerdes o bem somente para aqueles que vos fazem bem, que merecimento tereis, já que os pecadores fazem a mesma coisa? E se emprestardes apenas para aqueles de quem esperais receber, que mérito tereis, já que os maus se ajudam mutuamente para receber as mesmas vantagens? Mas para vós, amai os vossos inimigos,*

fazei o bem a todos e emprestai sem nada esperar e, então, vossa recompensa será muito grande e sereis os filhos do Altíssimo, pois Ele é bom até mesmo com os ingratos e os maus. Sede, pois, cheios de misericórdia, como vosso Pai também o é." (Lucas, VI:32-36)

3. Se o amor ao próximo é o princípio da caridade, amar aos inimigos é a sua aplicação sublime, pois essa virtude é uma das maiores vitórias conquistadas sobre o egoísmo e o orgulho.

Entretanto, geralmente nos equivocamos quanto ao sentido do verbo *amar*, nessa circunstância. Jesus não quis dizer que se deve ter por um inimigo a mesma ternura que se tem por um irmão ou um amigo. A ternura pressupõe confiança. Ora, não podemos confiar naquele que se sabe que nos quer mal. Não se pode ter para com ele demonstrações de amizade, porque sabemos que é capaz de abusar delas. Entre pessoas que desconfiam umas das outras, não poderia existir os impulsos de simpatia existentes entre aqueles que comungam os mesmos pensamentos. Não se pode, enfim, ter a mesma satisfação ao encontrar um inimigo, que se tem com um amigo.

Esse sentimento resulta de uma lei física, a da atração e repulsão de fluidos. O pensamento malévolo emite uma corrente fluídica cuja impressão é penosa; o pensamento caridoso nos envolve com eflúvios agradáveis. Daí a diferença de sensações que experimentamos com a aproximação de um amigo ou de um inimigo. Amar aos inimigos não pode, assim, significar que não se deve fazer nenhuma diferença entre eles e os amigos. Este preceito parece difícil, até mesmo impossível de praticar, porque acreditamos erroneamente que ele manda dar o mesmo lugar a ambos no coração. Se a pobreza das línguas humanas nos obriga a usarmos da mesma palavra, para expressar diversas formas de sentimento, a razão deve fazer as diferenças necessárias, segundo a situação.

Amar aos inimigos não é ter por eles uma afeição que não é natural, pois o contato de um inimigo faz bater o coração de maneira totalmente contrária ao contato de um amigo. Mas é não ter contra eles nenhum rancor nem desejo de vingança. É perdoar *sem segundas intenções e incondicionalmente*, o mal que nos fazem. É não colocar nenhum obstáculo à reconciliação; é desejar-lhes o bem em lugar do mal; é alegrar-nos em vez de aborrecer-nos com o bem que lhes acontece; é socorrê-los em caso de necessidade; é abster-nos, por *palavras e atitudes*, de tudo o que possa prejudicá-los. É, enfim, pagar-lhes o bem pelo mal, *sem intenção de humilhá-los*. Quem assim fizer preenche as condições do mandamento: Amai aos vossos inimigos.

4. Amar aos inimigos é um absurdo para os incrédulos. Aquele para quem a vida presente é tudo, só vê em seu inimigo um ser pernicioso, a perturbar-lhe o sossego, e do qual apenas a morte pode libertar. Daí o desejo de vingança. Não há nenhum interesse em perdoar, a não ser para satisfazer o seu orgulho aos olhos do mundo. Perdoar realmente, em alguns casos, lhe parece uma fraqueza indigna de si. Se não se vingar, ainda conserva o rancor e um secreto desejo de fazer o mal.

Para aquele que crê, e principalmente para o espírita, a maneira de ver é bem outra, pois observa as coisas com o olhar no passado e no futuro, percebendo que a vida presente é apenas um momento. Pela própria destinação da Terra, sabe que nela encontrará homens maus e perversos; que a maldade à qual está exposto faz parte das provas pelas quais deve passar, e o ponto de vista elevado no qual se coloca torna-lhe as vicissitudes menos amargas, quer venham dos homens ou das coisas. *Se não lamenta as provas, não deve lamentar-se daqueles que delas são os instrumentos.* Se, em vez de lamentar, ele agradece a Deus por prová-lo, *deve agradecer a mão que lhe fornece a ocasião de demonstrar a sua paciência e a sua resignação.* Esse pensamento o dispõe naturalmente ao perdão. Ele sente, além disso, que quanto mais generoso for, mais crescerá aos seus próprios olhos e mais distante estará das investidas maldosas de seu inimigo.

O homem que ocupa uma posição de destaque no mundo não se ofende com os insultos daquele que é visto como seu inferior. Assim também com aquele que se eleva no mundo moral, acima da Humanidade material. Ele compreende que o ódio e o rancor o aviltariam e o rebaixariam. Ora, para ser superior ao seu adversário, é preciso que ele tenha a alma maior, mais nobre, mais generosa.

Os inimigos desencarnados

5. O espírita tem ainda outros motivos de indulgência em relação aos seus inimigos. Ele sabe, primeiramente, que a maldade não é o estado permanente dos homens, que ela representa uma imperfeição momentânea e que, assim como a criança se corrige dos seus defeitos, o homem mau reconhecerá, um dia, os seus erros e se tornará bom.

Ele sabe ainda que a morte apenas o liberta da presença material de seu inimigo, mas que este pode persegui-lo com o seu ódio, mesmo depois de haver deixado a Terra. Sabe que a vingança não atingirá o seu objetivo e, ao contrário, pode produzir uma irritação ainda maior, que se prolongará de uma existência para outra. Cabia ao Espiritismo provar, pela experiência e pela lei que regem as relações do mundo visível com o mundo invisível, que a expressão: *extinguir o ódio com o sangue* é completamente falsa, pois a verdade é que o sangue conserva o ódio no além-túmulo. Por conseguinte, o Espiritismo dá uma razão de ser efetiva e uma utilidade prática ao perdão, bem como à sublime máxima do Cristo: *"Amai os vossos inimigos"*. Não há coração, por mais perverso, que não seja tocado pelas boas ações, mesmo a contragosto. As boas ações, ao menos, não dão pretexto a represálias, e de um inimigo pode-se fazer um amigo, antes e depois da morte. Com os maus procedimentos nós o irritamos e *é então que ele serve de instrumento à justiça de Deus para punir aquele que não perdoou.*

6. Pode-se, pois, ter inimigos entre os encarnados e os desencarnados. Os inimigos do mundo invisível manifestam a sua maldade por meio das obsessões e subjugações, as quais tantas pessoas estão expostas, e que representam algumas das provas da vida. Essas provas, como as outras, ajudam no aperfeiçoamento e devem ser aceitas com resignação, e como consequência da natureza inferior do globo terrestre: se não existissem homens maus na Terra, não haveria Espíritos maus ao seu redor. Se, então, deve-se ter indulgência e benevolência com os inimigos encarnados, deve-se ter igualmente, com aqueles que estão desencarnados.

Antigamente, sacrificavam-se vítimas para acalmar os deuses infernais, que eram os Espíritos maus. A estes sucederam os demônios, que são a mesma coisa. O Espiritismo vem provar que esses demônios não são mais do que as almas dos homens perversos, que ainda não se despojaram dos instintos materiais; *que não se pode apaziguá-los senão pelo sacrifício do ódio de que são portadores*; ou seja, pela caridade. Que a caridade não tem por efeito apenas impedir que se faça o mal, mas encaminhá-los para o caminho do bem e contribuir para a sua salvação. É assim que a máxima: *"Amai os vossos inimigos"*, não está circunscrita ao círculo estreito da Terra e da vida presente, mas integra-se na grande lei de solidariedade e de fraternidade universais.

Se alguém te ferir na face direita, apresentai-lhe também a outra

7. *"Ouvistes o que foi dito: olho por olho, dente por dente. Eu, porém, vos digo para não resistirdes ao mal; mas se alguém vos ferir na face direita, dá-lhe também a outra. Ao que vos quer demandar em juízo, e vos tomar a túnica, dai-lhe também a capa; se alguém vos obrigar a caminhar mil passos com ele, caminhai ainda dois mil. Dai àquele que vos pede e nada negueis àquele que deseja que lhe empresteis."* (Mateus, V:38-42)

8. Os preconceitos do mundo, sobre o que convencionamos chamar de questão de honra, dão essa suscetibilidade sombria, nascida do orgulho e da exaltação da personalidade, a qual leva o homem a retribuir injúria por injúria, ofensa por ofensa; o que parece ser justo para aquele cujo senso moral não se eleva acima das paixões terrenas. Eis por que a lei mosaica dizia: olho por olho, dente por dente, lei em harmonia com o tempo em que vivia Moisés. No entanto, o Cristo veio dizer: *"Pagai o mal com o bem".* E disse mais: *"Não resistais ao mal que quiserem vos fazer; mas, se alguém vos ferir na face direita, oferecei-lhe também a outra".* Ao orgulhoso, essa máxima parece uma covardia, pois ele não compreende que há mais coragem em suportar um insulto que em se vingar; e isto, sempre, pela razão que o impede de ver além do presente. É preciso, então, tomar essa máxima ao pé da letra? Não, não mais do que aquela que diz para arrancar o olho, se ele for motivo de escândalo. Observada literalmente, seria condenar toda repressão, mesmo legal, e deixaria o campo livre aos maus, que nada teriam a temer; não se colocando um freio às agressões, logo todas as pessoas de bem seriam suas vítimas. O instinto de conservação, que é uma lei da Natureza, diz que não devemos entregar de boa vontade o pescoço ao assassino. Por essas palavras, Jesus não proibiu a defesa, mas *condenou a vingança*.

Ao aconselhar para oferecer uma face quando a outra for batida, Ele disse, de uma outra maneira, que não devemos retribuir o mal com o mal, que o homem deve aceitar com humildade tudo o que faz rebaixar o seu orgulho, que é mais glorioso para ele ser ferido que ferir, suportar pacientemente uma injustiça que cometê-la; que mais vale ser enganado que enganar, ser arruinado do que arruinar. É, ao mesmo tempo, a condenação do duelo, simples manifestação do orgulho. A fé na vida futura e na justiça de Deus – que não deixa jamais o mal impune – é a única que nos pode dar a força para suportar, pacientemente, os atentados aos nossos interesses e ao nosso amor-próprio. É por isso que vos dizemos sempre: Olhai para o futuro; quanto mais vos elevardes, pelo pensamento, acima da vida material, menos sereis feridos pelas coisas da Terra.

Instruções dos Espíritos
A vingança
Júlio Olivier – Paris, 1862

9. A vingança é um dos últimos vestígios dos costumes bárbaros, que tendem a desaparecer dentre os homens. Ela é, como o duelo, um dos últimos vestígios desses costumes selvagens em que se debatia a Humanidade, no começo da era cristã. Por isso, a vingança é um indício certo do estado atrasado dos homens que a ela se entregam e dos Espíritos que podem ainda inspirá-la. Então, meus amigos, esse sentimento nunca deve fazer vibrar o coração de qualquer um que se diga e se afirme espírita. Vingar-se é, para vós, tão contrário a essa prescrição do Cristo: *"Perdoai aos vossos inimigos"*, que aquele que se recusa a perdoar não somente não é espírita, como também não é cristão.

A vingança é um sentimento tão nocivo quanto a falsidade e a vileza são suas companheiras constantes. Na verdade, aquele que se abandona a essa fatal e cega paixão, quase nunca se vinga de forma clara. Quando é o mais forte, age como uma fera sobre aquele que considera seu inimigo, pois basta vê-lo para que se inflamem a sua paixão, a sua cólera e o seu ódio. Mas, na maioria das vezes, ele tem uma aparência hipócrita, dissimulando no mais profundo do seu coração os maus sentimentos que o animam. Ele toma caminhos tortuosos, seguindo seu inimigo na sombra, sem que este desconfie, e aguarda o momento propício para feri-lo sem perigo. Escondendo-se, vigia-o sem tréguas, prepara-lhe armadilhas odiosas e, na primeira oportunidade, derrama-lhe o veneno na taça. Se o seu ódio não chega a esses extremos, ataca-o na sua honra e nas suas afeições, não recuando diante da calúnia, e suas insinuações pérfidas, habilmente semeadas em todas as direções, vão crescendo pelo caminho. Assim, quando aquele que ele persegue se apresenta no meio onde o seu sopro envenenado passou, surpreende-se em encontrar semblantes frios onde antes encontrava faces amigas e benevolentes; fica surpreso quando as mãos que apertavam as suas se recusam a fazê-lo novamente. Enfim, sente-se aniquilado, quando os seus amigos mais caros e os parentes se desviam, dele se esquivando. Ah! O covarde que se vinga assim é cem vezes mais criminoso do que aquele que vai direto ao seu inimigo e o insulta face a face!

Basta com esses costumes selvagens! Basta com os hábitos de outros tempos! Todo espírita que pretendesse, hoje, ter ainda o direito de vingar-se, seria indigno de figurar mais tempo na falange que tomou por diretriz: *"Fora da caridade, não há salvação!"*. Mas não, não poderia deter-me em tal ideia, a de que um membro da grande família espírita pudesse, no futuro, ceder ao impulso da vingança, em vez de perdoar.

O ódio
Fénelon – Bordeaux, 1861

10. Amai-vos uns aos outros e sereis felizes. Procurai, principalmente, amar aqueles que vos inspiram a indiferença, o ódio e o desprezo. O Cristo, de quem deveis fazer o vosso modelo, deu-vos o exemplo dessa abnegação: missionário do amor, amou até dar o Seu sangue e a Sua vida. O sacrifício que vos obriga a amar aqueles que vos ultrajam e perseguem é penoso, mas é, precisamente, o que vos torna superiores a eles. Se os odiásseis como eles vos odeiam, não valeríeis mais do que eles. É essa a hóstia imaculada que ofertais a Deus, no altar de vossos

corações, hóstia de fragrância agradável, cujos perfumes sobem até Ele.

Apesar da lei do amor nos mandar amar indistintamente a todos os nossos irmãos, não endurece o coração contra as atitudes errôneas; é, ao contrário, a prova mais penosa. Eu o sei, já que durante a minha última existência terrestre eu provei essa tortura. Mas Deus existe e pune nesta vida e na outra, aqueles que falham na lei de amor. Não vos esqueçais, meus queridos filhos, de que o amor nos aproxima de Deus, e o ódio nos afasta Dele.

O duelo
Adolfo, Bispo de Argel – Marmande, 1861

11. Só é verdadeiramente grande aquele que, considerando a vida como uma viagem que deve conduzi-lo a um destino certo, não se importa com as asperezas do caminho; não se desvia um instante do caminho certo; com a mente sempre dirigida para o objetivo, pouco lhe importa de que as asperezas e os espinhos da senda o ameacem, pois eles apenas se aproximam sem atingi-lo, e não o impedem de avançar. Expor seus dias para vingar-se de uma injúria é recuar diante das provas da vida. É sempre um crime aos olhos de Deus; e se não estivésseis tão envolvidos com os vossos preconceitos, seria também uma suprema e ridícula loucura aos olhos dos homens.

Há crime no homicídio por duelo, já que a vossa própria legislação o reconhece. Ninguém tem o direito, em caso algum, de atentar contra a vida de seu semelhante. Isso é crime aos olhos de Deus, que vos traçou a linha de conduta. Nisto, mais que em qualquer outra coisa, sois juízes de vossa própria causa. Lembrai-vos de que vos será perdoado segundo o que tiverdes perdoado. Pelo perdão vos aproximais da Divindade, pois a clemência é irmã do poder. Enquanto uma gota de sangue humano correr na Terra pela mão dos homens, o verdadeiro reino de Deus, o reino de pacificação e de amor, que deve para sempre banir de vosso globo a animosidade, a discórdia e a guerra, não chegará. Então, a palavra "duelo" somente existirá em vossa língua como uma longínqua e vaga lembrança de um passado que não mais existe. Os homens não conhecerão entre eles outro antagonismo que o da nobre rivalidade do bem.

Santo Agostinho – Paris, 1862

12. O duelo pode, sem dúvida, em certos casos, ser uma prova de coragem física, de menosprezo pela vida, mas é, incontestavelmente, a prova de uma covardia moral, como o suicídio. O suicida não tem coragem para enfrentar as vicissitudes da vida; o duelista não tem coragem de enfrentar as ofensas. O Cristo não vos disse que há mais honra e coragem em oferecer a face esquerda a quem vos feriu a direita do que se vingar de uma injúria? Não disse a Pedro, no Jardim das Oliveiras: *"Embainha vossa espada, pois aquele que matar pela espada perecerá pela espada?"*. Por essas palavras, Jesus não condenou o duelo? Na verdade, meus filhos, o que é essa coragem nascida de um temperamento violento, sanguinário e colérico, que reage à primeira ofensa? Onde está a grandeza de alma daquele que, à menor injúria, quer lavá-la em sangue? Mas que ele trema! Pois sempre, no fundo de sua consciência, uma voz lhe gritará: *"Caim, Caim, que fizeste de teu irmão?"*. Ele responderá: *"Foi preciso sangue para salvar a minha honra!"*, mas ela lhe dirá: *"Tu quiseste salvá-la diante dos homens, por apenas alguns instantes que te restavam sobre a Terra e não pensaste em salvá-la diante de Deus!"*. Pobre louco! Quanto sangue lhe pediu o Cristo por todas as ofensas que Ele recebeu? Não apenas o feriste com os espinhos e a lança, mas ainda, em meio à Sua agonia, Ele ouviu as zombarias insultantes. Que reparação, depois de tantos ultrajes, Ele vos pediu? O último gemido do Cordeiro foi uma prece pelos Seus algozes. Ah! Como Ele, perdoai e orai por aqueles que vos ofendem!

Amigos, lembrai-vos deste preceito: *"Amai-vos uns aos outros"*, e então, ao golpe do ódio respondereis com um sorriso, e ao ultraje com o perdão. O mundo, sem dúvida, se erguerá furioso e vos tratará como covardes. Erguei a fronte bem alto e mostrai que vossa fronte não recearia também ser coroada de espinhos, a exemplo do Cristo, mas que a vossa mão não quer ser cúmplice de um assassinato autorizado, digamos assim, por uma falsa aparência de honra, que é, na verdade, o orgulho e o amor-próprio. Quando vos criastes, Deus vos deu o direito de vida e de morte, uns sobre os outros? Não, Ele deu esse direito apenas à Natureza, para se reformar e se refazer. Mas a vós, nem mesmo permitiu dispordes de vós mesmos. Como o suicida, o duelista será marcado com sangue, quando comparecer perante Deus, e, tanto para um quanto para outro, o Soberano juiz atuará pelo sofrimento. Se ameaçou com a Sua justiça aqueles que dizem raca[1] aos seus irmãos, quanto mais não será severa a pena para aquele que aparecer diante de Deus com as mãos maculadas pelo sangue de seu irmão!

Um Espírito Protetor – Bordeaux, 1861

13. O duelo, que antigamente se chamava de julgamento de Deus, é um desses costumes bárbaros que ainda regem a sociedade. Que diríeis, entretanto, se vísseis os dois antagonistas mergulharem em água fervente ou sujeitarem-se ao contato do ferro incandescente, para resolver suas diferenças e dar razão àquele que melhor se saísse da prova? Diríeis que são costumes insensatos. O duelo é ainda pior do que tudo isso. Para o duelista emérito, é um assassinato cometido a sangue-frio, com toda a premeditação desejada, pois ele está seguro do golpe que dará. Para o adversário, quase certo de sucumbir, em razão de sua fragilidade e de sua inabilidade, é um suicídio, cometido com a mais fria reflexão. Bem sei que, normalmente, procura-se evitar essa alternativa, igualmente criminosa, recorrendo-se ao azar. Mas não é, embora sob forma diferente, voltar ao julgamento daquele Deus da Idade Média? E ainda naquela época era-se infinitamente menos culpado. O próprio nome "julgamento de Deus" indica uma fé – ingênua, é verdade – mas, mesmo assim, uma fé na justiça de Deus, que não poderia deixar sucumbir um inocente, enquanto no duelo tudo se entrega à força bruta, de tal maneira que é, em geral, o ofendido que sucumbe.

Estúpido amor-próprio, tola vaidade e louco orgulho! Quando sereis substituídos pela caridade cristã, o amor ao próximo e a humildade que o Cristo exemplificou e ensinou? Somente então desaparecerão esses preconceitos monstruosos que ainda governam os homens, e que as leis são ineficazes para reprimir, pois não basta proibir o mal e prescrever o bem é preciso que o princípio do bem e o horror ao mal estejam no coração do homem.

---

[1] **Raca** – Termo injurioso siríaco, empregado na linguagem bíblica; pessoa sem juízo, néscio.

Capítulo XII

Francisco Xavier – Bordeaux, 1861

14. Que opinião teriam de mim, dizeis muitas vezes, se eu recusar à reparação que me é pedida ou se eu não a pedir àquele que me ofendeu? Os loucos, como vós, os homens atrasados, vos censurarão. Mas os que são esclarecidos pelas luzes do progresso intelectual e moral dirão que agis segundo a verdadeira sabedoria. Refleti um pouco: por uma palavra, dita sem intenção ou inteiramente inofensiva da parte de um de vossos irmãos, vosso orgulho se fere, respondeis de uma maneira áspera, e a provocação está feita. Antes de chegar o momento decisivo, perguntai se agis como um cristão. Que contas devereis prestar à sociedade se a privardes de um de seus membros? Pensai no remorso de haver tirado o marido à sua mulher, o filho à sua mãe, o pai aos seus filhos e com ele o seu sustento! Certamente, aquele que ofendeu deve se retratar, mas não é mais honroso para ele fazê-lo espontaneamente, reconhecendo os seus erros, do que expor a vida daquele que tem direito de queixar-se? Quanto ao ofendido, convenho que, algumas vezes, pode sentir-se gravemente atingido, seja pessoalmente, seja em relação aos que lhe são caros. O amor-próprio não é o que está em jogo; o coração está magoado, ele sofre; mas além de ser estúpido jogar a vida contra um miserável capaz de infâmias mesmo que mate a este, qualquer que seja a afronta, deixará ela de existir? O sangue derramado não provocará maior alarde sobre um fato que, se falso, deve desaparecer por si mesmo, e, se for verdadeiro, deve ocultar-se sob o silêncio? Resta apenas a satisfação da vingança praticada, infelizmente. Triste satisfação que geralmente deixa, desde essa vida, causticantes remorsos! E se for o ofendido quem sucumbe, onde está a reparação?

Quando a caridade for a regra de conduta dos homens, eles conformarão os seus atos e as suas palavras a esta máxima: *"Não faça aos outros o que não queres que os outros te façam"* e, então, desaparecerão todas as causas de discórdias e, com elas, as causas dos duelos e das guerras, que são duelos entre povos.

Agostinho – Bordeaux, 1861

15. O homem do mundo, o homem feliz, que, por uma palavra ofensiva, uma questão fútil, joga com a vida que recebeu de Deus e com a vida de seu semelhante, que somente a Deus pertence, é cem vezes mais culpado que o miserável que, levado pela cobiça, e às vezes pela necessidade, invade uma casa para lá roubar o que lhe convém e mata aqueles que se lhe opuseram ao seu desejo. Este é quase sempre um homem sem educação, tendo apenas noções imperfeitas do bem e do mal, enquanto o duelista pertence geralmente à classe mais esclarecida. Um mata brutalmente, o outro, com método e cortesia, o que faz a sociedade desculpá-lo. Eu acrescentaria que o duelista é infinitamente mais culpado que o infeliz que, cedendo a um sentimento de vingança, mata num momento de exasperação.

O duelista não tem por desculpa o arrastamento da paixão, pois entre o insulto e a reparação há sempre o tempo de refletir. Ele age, então, fria e premeditadamente. Tudo é calculado e estudado para matar o seu adversário da forma mais segura. É verdade que ele próprio também expõe a vida, e é isso o que reabilita o duelo aos olhos do mundo, porque nisto se vê um ato de coragem e de desapego à vida. Mas haverá verdadeira coragem quando se está seguro de si mesmo? O duelo é resíduo de um tempo de barbárie, no qual o direito do mais forte era a lei. Ele desaparecerá com uma maior apreciação do verdadeiro problema da honra, e à medida que o homem tiver uma fé mais viva na vida futura.

16. Nota: Os duelos se tornam cada vez mais raros, e se ainda vemos dolorosos exemplos, o número não é comparável ao que era anteriormente. Um homem não saía de casa sem prever um encontro, tomando sempre as precauções necessárias. Um sinal característico dos hábitos e dos costumes dos povos era o uso do porte habitual, ostensivo ou oculto, de armas ofensivas e defensivas. A abolição desse costume revela o abrandamento dos costumes, e é curioso seguir a sua graduação, desde a época na qual os cavaleiros nunca cavalgavam sem armaduras de ferro e lanças em punho, até o uso de uma simples espada, que depois tornou-se um ornamento, acessório de uniforme, e não mais uma arma agressiva. Outro sinal do abrandamento dos costumes é que, enquanto os combates pessoais aconteciam em plena rua, diante da multidão que se afastava para deixar o campo livre, hoje eles se ocultam. Atualmente, a morte de um homem é um acontecimento que comove, enquanto, antigamente, não era notado. O Espiritismo extinguirá esses últimos vestígios da barbárie, inculcando nos homens o espírito da caridade e da fraternidade.

CAPÍTULO XIII

QUE A MÃO ESQUERDA NÃO SAIBA O QUE FAZ A DIREITA

Fazer o bem sem ostentação – Os infortúnios ocultos – O óbolo da viúva – Convidar os pobres e estropiados. Ajudar sem esperar o retorno – Instruções dos Espíritos: A caridade material e a caridade moral – A beneficência – A piedade – Os órfãos – Boas ações pagas com a ingratidão – Beneficência exclusiva.

Fazer o bem sem ostentação

1. *"Evitai fazer vossas boas ações diante dos homens para não serdes vistos, de outra forma, não recebereis a recompensa de vosso Pai, que está nos Céus. Quando, pois, derdes esmola, não mandeis soar a trombeta diante de vós, como fazem os hipócritas nas sinagogas e nas ruas, para serem homenageados pelos homens. Eu vos digo, em verdade, que eles já receberam a sua recompensa. Mas, quando derdes esmola, que a vossa mão esquerda não saiba o que faz a vossa direita; para que a vossa esmola fique em segredo e vosso Pai, que vê o que se passa, vos dará a recompensa."* (Mateus, VI:1-4)

2. *"Tendo Jesus descido da montanha, uma multidão O seguiu e, juntamente com ela, um leproso veio até Ele e O adorou dizendo: Senhor, se* *quiseres, podes me curar. Jesus, estendendo a mão o tocou e disse: Eu quero, sê limpo. E nesse instante a lepra foi curada. Então, Jesus disse: Não digas isso a ninguém, mas vai, mostra-te aos sacerdotes e faze a oferta que ordenou Moisés, a fim de que isso lhes sirva de testemunho."* (Mateus, VIII:1-4)

3. Fazer o bem sem ostentação é um grande mérito; esconder a mão que dá é ainda mais meritório. É o sinal incontestável de uma grande superioridade moral, pois, para ver as coisas de uma forma mais elevada do que o comum, é preciso fazer abstração da vida presente e identificar-se com a vida futura. É preciso, numa palavra, colocar-se acima da Humanidade, para renunciar à satisfação do testemunho dos homens e esperar a aprovação de Deus. Aquele que preza a aprovação dos homens mais do que a de Deus prova que a vida presente vale mais para ele do que a vida futura ou, até mesmo, que ele não crê na vida futura. Se ele diz o contrário, age, no entanto, como se não acreditasse no que diz.

Quantos há que só fazem um benefício, se o beneficiado o divulgar de forma ampla; que dão uma grande soma à luz do dia, mas que não dariam uma moeda sequer de forma discreta! É por isso que Jesus disse: *"Os que fazem o bem com ostentação já receberam a sua recompensa"*. Na verdade, aquele que busca a sua glorificação sobre a Terra, pelo bem que faz, já se pagou a si mesmo. Deus não lhe deve nada; só lhe resta receber a punição pelo seu orgulho.

"Que a mão esquerda não saiba o que faz a direita" é uma metáfora que caracteriza admiravelmente a beneficência modesta, mas se existe a modéstia real, há também a falsa modéstia, a simulação da modéstia. Há pessoas que escondem a mão, tendo o cuidado de deixar perceber o que fazem. Indigna paródia das máximas do Cristo! Se os benfeitores orgulhosos são depreciados entre os homens, muito mais o serão em relação a Deus! Esses receberam sua recompensa na Terra. Foram vistos, estão satisfeitos de terem sido vistos – é tudo o que terão.

Qual será, então, a recompensa daquele que cobra do beneficiado os benefícios que a ele prestou, que lhe impõe testemunhos de reconhecimento, que lhe faz sentir a sua posição exaltando o preço dos sacrifícios que suportou por ele? Ah! Para esse não há nem mesmo as recompensas terrenas, pois não tem a grata satisfação de ouvir bendizerem o seu nome – um primeiro castigo para o seu orgulho. As lágrimas que seca, em benefício de sua vaidade, em vez de subirem aos Céus, recaem sobre o coração do aflito para feri-lo. O bem que faz não lhe traz proveito algum, já que o censura, pois toda boa ação reprovada é uma moeda alterada e sem valor.

A beneficência sem ostentação tem duplo mérito: além da caridade material, é igualmente caridade moral, pois contorna a suscetibilidade do beneficiado, fazendo-o aceitar a boa ação sem que o seu amor-próprio sofra com isso e salvaguardando a sua dignidade humana, pois este aceitará um serviço, que não aceitaria como esmola. Ora, converter o serviço em esmola, pela maneira como fazemos, é humilhar quem o recebe, e há sempre orgulho e maldade em humilhar a alguém. A verdadeira caridade, ao contrário, é delicada e habilidosa para ocultar a boa ação e evitar até as menores possibilidades de melindre, pois todo choque moral aumenta o sofrimento provocado pela necessidade. Ela sabe encontrar palavras doces e afáveis, que colocam o beneficiado à vontade em face do benfeitor, enquanto a caridade orgulhosa o humilha. O sublime da verdadeira generosidade está em saber o benfeitor inverter os papéis, encontrando um meio de parecer ele mesmo agradecido em relação àquele a quem presta o serviço. É isso o que querem dizer estas palavras: *"Que a mão esquerda não saiba o que faz a direita"*.

Os infortúnios ocultos

4. Nas grandes calamidades, a caridade se manifesta, e veem-se generosas demonstrações com o intuito de reparar os desastres; mas, ao lado desses desastres gerais, há milhares de desastres particulares, que passam despercebidos, de pessoas que jazem sobre um leito de dor, sem se lamentarem. São esses os infortúnios discretos e ocultos, que a verdadeira generosidade sabe descobrir, sem esperar que venham pedir assistência.

Quem é aquela senhora distinta, de trajes simples, acompanhada de uma jovem também vestida modestamente? Entra numa casa de mísera aparência, onde, sem dúvida, é conhecida, pois à porta é saudada com respeito. Onde vai ela? Sobe até um quarto humilde. Lá vive uma mãe de família, rodeada pelos filhos pequenos. À sua chegada, a alegria brilha nos rostos enfraquecidos. É que ela vem acalmar todas as suas dores. Ela traz o necessário, acompanhado de doces e consoladoras palavras, que fazem aceitar a ajuda sem constrangimento, pois esses infortunados não são profissionais da mendicância. O pai está no hospital e, durante esse tempo, a mãe não pode suprir as necessidades. Graças a ela, essas pobres crianças não passarão frio, nem fome. Irão à escola suficientemente agasalhadas e o seio da mãe não secará para os menores. Se há um enfermo entre eles, nenhum cuidado material lhe faltará. De lá ela se encaminha ao hospital, para levar ao pai algum consolo e tranquilizá-lo quanto à família. Na esquina, um veículo a espera, verdadeiro depósito de tudo o que vai levar aos seus protegidos, por ela visitados constantemente. Não lhes pergunta pela crença nem pelas opiniões, pois, para ela, todos os homens são irmãos e filhos de Deus. Quando termina a sua visita, ela diz a si mesma: "Comecei bem o meu dia". Qual é o seu nome? Onde mora? Ninguém o sabe. Para os infelizes, tem um nome que não revela a ninguém, mas é o anjo da consolação e, à noite, um cântico de bênçãos se eleva por ela ao Criador. Católicos, protestantes, judeus, todos a bendizem.

Por que se veste de maneira tão simples? É que ela não quer insultar a miséria com o seu luxo. Por que se faz acompanhar de sua jovem filha? É que ela quer lhe ensinar como se deve praticar a caridade. Sua filha também quer praticá-la, mas sua mãe lhe diz: "O que podes dar, minha filha, já que nada tens de teu? Se eu te der algo para repassar aos outros, que mérito terás? Na verdade, eu é que farei a caridade e tu receberás o mérito. Não é justo. Quando formos visitar os doentes, ajudar-me-ás a cuidar deles, pois dar-lhes cuidados é dar alguma coisa. Isso não te parece suficiente? Nada mais simples: aprende a fazer trabalhos úteis, e assim confeccionarás roupas para essas crianças, dessa maneira, tu darás algo de teu". É assim que essa mãe, verdadeiramente cristã, forma a sua filha na prática das virtudes ensinadas pelo Cristo. Ela é espírita? Pouco importa! Para o meio em que vive, é a mulher do mundo, pois sua posição o exige, mas se ignora o que ela faz, pois não lhe importa outra aprovação que a de Deus e de sua própria consciência. Entretanto, um dia, uma circunstância imprevista conduz a ela uma de suas beneficiadas, para lhe oferecer trabalhos manuais. Ela a reconhece e quer abençoar a sua benfeitora. "Psiu!" – ela diz – "não o digas a ninguém". Assim falava Jesus.

O óbolo da viúva

5. *"E, estando Jesus assentado à frente de um gazofilácio[1], observava de que maneira o povo nele jogava o dinheiro, e como os ricos lá colocavam muito. Vindo, porém, uma pobre viúva, lá colocou apenas duas pequenas moedas no valor de poucos centavos. Então, tendo Jesus chamado os Seus discípulos, disse-lhes: Eu vos digo, em verdade, que essa pobre viúva deu mais do que todos os outros que colocaram dinheiro no gazofilácio, pois todos deram de sua abundância, e ela deu de sua indigência, talvez tudo o que tinha, todo o seu sustento."* (Marcos, XII: 41-44; Lucas, XXI:1-4)

6. Muitas pessoas reclamam de não poder fazer todo o bem que gostariam, por falta de recursos financeiros, e quando desejam a fortuna, dizem, é para fazer dela um bom uso. A intenção é louvável, sem dúvida, e talvez muito sincera em alguns casos, mas o seria da parte de todos, assim completamente desinteressados? Não há quem, desejando beneficiar aos outros, se sentiria bem de começar a fazer por si mesmo, concedendo-se algumas satisfações a mais, um pouco do supérfluo que lhe falta, dando o restante aos pobres? Essa segunda intenção, dissimulada talvez, mas que encontrariam no fundo de seus corações, se o sondassem, anula o mérito da intenção, pois a verdadeira caridade pensa nos outros antes que em si mesmo. O sublime da caridade, nesse caso, seria buscar cada qual no seu próprio trabalho, pelo emprego de suas forças, de sua inteligência, de seu talento, os recursos que lhe faltam para realizar suas intenções generosas. Este seria o sacrifício mais agradável ao Senhor. Infelizmente, a maioria sonha com meios mais fáceis de enriquecer, rapidamente e sem sacrifícios, correndo atrás de ilusões, como descobertas de tesouros, uma chance aleatória favorável, o recebimento de heranças inesperadas etc. O que

---

[1] **Gazofilácio** – Lugar do templo em que se guardavam os vasos e se recolhiam as oferendas. As traduções para o português dos textos bíblicos, tanto do Velho quanto do Novo Testamento, trazem ora cofre das ofertas, ora arca do tesouro. (*N. do E.*)

dizer daqueles que esperam encontrar, para ajudá-lo nas buscas dessa natureza, auxiliares entre os Espíritos? Certamente eles não conhecem e nem compreendem o objetivo sagrado do Espiritismo, e ainda menos a missão dos Espíritos, a quem Deus permite comunicarem-se com os homens. Mas justamente por isso, são punidos pelas decepções. (*O Livro dos Médiuns*, nº 294, 295.)

Aqueles, cuja intenção é isenta de qualquer interesse pessoal, devem consolar-se com a impossibilidade de fazer todo o bem que gostariam, lembrando que o óbolo do pobre, que doa mesmo se privando, pesa mais na balança de Deus que o ouro do rico, que dá sem privar-se de nada. A satisfação seria grande, sem dúvida, de poder socorrer largamente a indigência; mas, se isso é impossível, é preciso submeter-se e fazer o que se pode. Além disso, não é somente com o ouro que se podem enxugar as lágrimas, e devemos ficar parados só porque não o possuímos? Aquele que deseja sinceramente tornar-se útil aos seus irmãos encontra mil oportunidades para tanto, bastando procurar para encontrá-las. Se não for de uma maneira, será de outra, pois não há ninguém que, estando em pleno gozo de suas faculdades, não possa prestar algum serviço, dar um consolo, amenizar um sofrimento físico ou moral, tomar uma providência útil. Na falta de dinheiro, cada um não tem o seu tempo, o seu repouso, dos quais pode oferecer um pouco? Isso também é a esmola do pobre, o óbolo da viúva.

Convidar os pobres e estropiados

7. *"E dizia também àquele que O convidou: Quando convidares alguém para o jantar ou a ceia, não convides nem teus amigos, nem teus irmãos, nem teus pais, nem teus vizinhos ricos, para que não suceda que também eles te convidem e que assim retribuam o que receberam de ti. Mas quando derdes um festim, convida os pobres, os aleijados, os coxos e os cegos; e serás bem-aventurado, pois eles não terão meios de te retribuir o convite; mas isso te será recompensado no Reino de Deus."* (Lucas, XIV:12-15)

8. *"Quando fizeres uma festa"*, diz Jesus, *"não convideis os vossos amigos, mas os pobres e os estropiados"*. Estas palavras, absurdas, se as tomarmos ao pé da letra, são sublimes se nelas procurarmos o sentido.

Jesus não pode ter querido dizer que, em lugar de seus amigos, é preciso reunir à mesa os mendigos da rua. Sua linguagem era quase sempre figurada, e aos homens incapazes de compreender as nuanças delicadas do pensamento, seria preciso imagens fortes, produzindo o efeito de cores berrantes. O sentido de Seu pensamento se revela nestas palavras: *"Serás feliz pois eles não terão meios de te retribuir"*; quer dizer que não se deve fazer o bem em vista de um retorno, mas pelo único prazer de fazê-lo. Para fazer uma comparação mais clara, Ele diz: Convida para a tua festa os pobres, pois sabes que aqueles nada poderão te retribuir. Por festa deve-se entender não a refeição propriamente dita, mas a participação na abundância que usufruis.

Estas palavras podem, entretanto, também receber sua aplicação num sentido mais literal. Quantas pessoas não convidam para a mesa somente aqueles que lhes podem, como dizem, honrar ou convidá-los, por sua vez! Outros, ao contrário, encontram satisfação em receber os seus pais ou amigos que são menos felizes. Ora, quem não os tem entre os seus? É, algumas vezes, prestar-lhes um enorme serviço de forma discreta. Aqueles, sem recrutar os cegos e os estropiados, praticam a máxima de Jesus, se o fazem por benevolência, sem ostentação, e se sabem disfarçar a boa ação por uma sincera cordialidade.

Instruções dos Espíritos
A caridade material e a caridade moral
Irmã Rosália – Paris, 1860

9. *"Amemo-nos uns aos outros e façamos aos outros o que quereríamos que nos fizessem."* Toda a religião, toda a moral, se encerram nestes dois preceitos. Se eles fossem seguidos na Terra, seríeis todos perfeitos. Não haveria ódios, ressentimentos – eu diria mais – não haveria pobreza, pois, do supérfluo da mesa de cada rico, muitos pobres se alimentariam e vós não veríeis mais, nos sombrios bairros em que morei durante a minha última encarnação, pobres mulheres levando consigo miseráveis filhos carentes de tudo.

Ricos! Pensai um pouco nisso, ajudai o melhor possível os infelizes, dai, para que Deus vos retribua um dia o bem que houverdes feito; para que encontreis, ao sair de vosso envoltório terreno, um cortejo de Espíritos reconhecidos, que vos receberão no limiar de um mundo mais feliz.

Se pudésseis saber a alegria que experimentei, reencontrando no além aqueles a quem pude beneficiar em minha última existência!

Amai, pois, ao vosso próximo, amai-o como a vós mesmos, pois sabeis, agora, esse infeliz que repelis é, talvez, um irmão, um pai, um amigo que afastais para longe. E, então, qual não será o vosso desespero, ao reconhecê-lo no mundo dos Espíritos!

Quero que compreendais bem o que pode ser a *caridade moral*, essa que todos podem praticar, que materialmente nada custa e, entretanto, é a mais difícil de se colocar em prática.

A caridade moral consiste em vos suportardes uns aos outros, e é o que menos fazeis nesse mundo inferior, em que estais momentaneamente encarnados. Há um grande mérito, acreditai-me, em saber calar para deixar falar um mais tolo do que vós, e é também um gênero de caridade. Saber ser surdo quando uma palavra irônica escapar de uma boca habituada a escarnecer; não ver o sorriso desdenhoso com que vos recebem as pessoas que, muitas vezes, erradamente, se julgam superiores a vós, enquanto que, na vida espiritual – *a única verdadeira* – elas estão, muitas vezes, bem longe disso. Aí está um mérito, não de humildade, mas de caridade, pois não se incomodar com a faltas alheias é caridade moral.

Não obstante, essa caridade não deve impedir que se pratique a outra; mas pensai sobretudo em não desprezar o vosso semelhante. Lembrai-vos de tudo o que já vos disse: é preciso sempre recordar que no pobre repelido pode estar, talvez, um Espírito que vos foi caro, e que se encontra, momentaneamente, numa posição inferior à vossa. Eu revi um dos pobres de vossa Terra a quem pude, felizmente, beneficiar algumas vezes, e a quem me cabe *agora implorar*, por minha vez.

Lembrai-vos de que Jesus disse que somos todos irmãos e pensai sempre nisso, antes de repelir o leproso ou o mendigo. Adeus, pensai naqueles que sofrem e orai.

CAPÍTULO XIII

Um Espírito Protetor – Lyon, 1860

10. Meus amigos, tenho ouvido muitos dentre vós dizerem: Como posso fazer a caridade? Normalmente, não tenho nem o necessário! A caridade, meus amigos, se faz de muitas formas. Podeis fazer a caridade em pensamentos, palavras e ações. Em pensamentos, orando pelos pobres abandonados, que morreram sem sequer terem visto a luz; uma prece do coração os alivia. Em palavras, dirigindo aos vossos companheiros de todos os dias alguns bons conselhos. Dizei aos homens amargurados pelo desespero, pelas privações, e que blasfemam contra o nome do Altíssimo: "Eu era como vós; sofria, era infeliz, mas acreditei no Espiritismo e vede, eu sou feliz agora". Aos idosos que vos disserem: "É inútil, estou no fim da vida, morrerei como vivi", respondei que a justiça de Deus é igual para todos, *"lembrai-vos dos trabalhadores da última hora"*. Aos pequenos que, já viciados pelas más companhias, perdem-se pelos caminhos do mundo, prestes a sucumbir às más tentações, dizei-lhes: "Deus vos vê, meus queridos filhos", e não temei repetir, frequentemente, essas doces palavras, que acabarão por germinar nas suas inteligências jovens e, em lugar de pequenos vagabundos, tereis feito homens. Isso também é uma caridade.

Muitos dentre vós dizem assim: "Nós somos muitos na Terra, Deus não nos pode ver a todos". Escutai bem isto, meus amigos: quando estais sobre o cume de uma montanha, o vosso olhar não abarca milhares de grãos de areia que a cobrem? Muito bem! Deus vos observa da mesma maneira. Ele vos deixa o livre-arbítrio, como também deixais esses grãos de areia ao sabor do vento que os dispersa. Mas Deus, em Sua misericórdia infinita, colocou no fundo de vossos corações uma sentinela vigilante, que se chama *consciência*. Escutai-a, ela somente vos dará bons conselhos. Algumas vezes conseguis entorpecê-la, opondo-lhe o espírito do mal e, então, ela se cala; mas estai certos de que a pobre relegada se fará ouvir assim que a deixardes notar a sombra do remorso. Escutai-a, interrogai-a, e frequentemente, encontrareis o consolo através dos seus conselhos.

Meus amigos, a cada novo regimento, o general envia uma bandeira. Eu vos dou esta máxima do Cristo: *"Amai-vos uns aos outros"*. Praticai esta máxima: reuni-vos ao redor desse estandarte e dele recebereis a felicidade e a consolação.

A beneficência
Adolfo, Bispo de Argel – Bordeaux, 1861

11. A beneficência, meus amigos, vos dará neste mundo a mais pura e a mais doce das alegrias: as alegrias do coração, que não são perturbadas nem pelos remorsos, nem pela indiferença. Ah! pudésseis compreender tudo o que encerra de grande e de agradável a generosidade das belas almas, esse sentimento que faz que se olhe aos outros com o mesmo olhar com que se vê a si mesmo, e que se despoja com alegria para cobrir o seu irmão. Pudésseis, meus amigos, não terdes uma mais doce ocupação que a de fazer aos outros felizes! Quantas são as festas do mundo que poderíeis comparar a essas festas alegres, quando, representantes da Divindade, levais alegria a essas pobres famílias, que conhecem da vida apenas as vicissitudes e amarguras, ou quando olhardes para esses rostos descorados, mas radiantes de esperança – pois não tinham pão, esses infelizes e seus filhos, – ignorando que viver é sofrer, gritavam, choravam e repetiam estas palavras que, como finos punhais, penetravam o coração materno: "Tenho fome!". Ah! Compreendei o quanto são deliciosas as impressões daquele que vê renascer a alegria onde, instantes atrás, apenas havia desespero! Compreendei quais são as vossas obrigações diante de vossos irmãos! Ide, ide ao encontro do infortúnio, ide em socorro das misérias ocultas, principalmente, pois são as mais dolorosas. Ide, meus bem-amados e lembrai-vos destas palavras do Salvador: *"Quando vestirdes um desses pequeninos, pensai que é a mim que o fazeis!"*.

Caridade! Palavra sublime que resume todas as virtudes, és tu que deves conduzir os povos à felicidade. Praticando-te, eles estarão semeando alegrias celestes para o próprio futuro, e, durante o seu exílio na Terra, serás para eles a consolação, a antecipação das alegrias que experimentarão mais tarde, quando se abraçarem, todos unidos, no seio do Deus de amor. Foste tu apenas, virtude divina, que me proporcionaste os momentos de felicidade que experimentei na Terra. Possam os meus irmãos encarnados acreditar na voz do amigo que lhes fala e lhes diz: É na caridade que deveis buscar a paz do coração, o contentamento da alma, o remédio para as aflições da vida. Ah! Quando estiveres a ponto de acusar a Deus, lançai um olhar para baixo e vereis quantas misérias a aliviar, quantas crianças pobres sem família, quantos velhos sem uma só mão amiga para os socorrer e fechar-lhes os olhos quando a morte os reclamar! Quanto bem a fazer! Ah! Não reclameis, ao contrário, agradecei a Deus e prodigalizai fartamente a vossa simpatia, o vosso amor, o vosso dinheiro a todos os que, deserdados dos bens deste mundo, definham no sofrimento e no isolamento. Colhereis aqui na Terra alegrias bem suaves, e mais tarde... só Deus o sabe!

São Vicente de Paulo – Paris, 1858
12. Sede bons e caridosos: eis a chave dos Céus, que tendes nas mãos. Toda a felicidade eterna está encerrada nesta máxima: *"Amai-vos uns aos outros"*. A alma não pode elevar-se às regiões espirituais senão pelo devotamento ao próximo; somente encontra a felicidade e a consolação nos impulsos da caridade. Sede bons, amparai os vossos irmãos, deixai de lado a terrível chaga do egoísmo. Cumprindo esse dever, o caminho da felicidade eterna deve abrir-se para vós. De resto, quem dentre vós não sentiu o coração pulsar, sua alegria interior dilatar-se, ao relato de um belo sacrifício, de uma obra verdadeiramente caridosa? Se buscásseis apenas o prazer de uma boa ação, ficaríeis sempre no caminho do progresso espiritual. Os exemplos não vos faltam; a boa vontade é que é rara. Vede a multidão de homens de bem, de que a vossa história piedosamente relembra.

O Cristo não vos disse tudo o que se refere a essas virtudes de caridade e de amor? Por que se deixa de lado esses divinos ensinamentos? Por que fechar os ouvidos às Suas divinas palavras, e o coração às Suas doces máximas? Eu desejaria que se desse mais importância, mais fé às leituras evangélicas. Mas abandona-se esse livro, como uma palavra vazia, uma mensagem cifrada, deixa-se esse código admirável no esquecimento. Vossos males provêm simplesmente do abandono voluntário desse resumo das leis divinas. Lede, pois, essas páginas ardentes sobre a abnegação de Jesus e meditai-as.

Homens fortes, armai-vos; homens fracos, fazei da vossa doçura, da vossa fé, as vossas armas. Tende mais persuasão, mais constância na propagação de vossa nova doutrina. Esse é apenas um encorajamento que viemos vos dar, e é para estimular-vos no zelo e nas virtudes, que Deus permite a nossa manifestação. Mas, se quisésseis, bastaria a ajuda de Deus e da vossa própria vontade, pois as manifestações espíritas se produzem somente para os que têm os olhos fechados e os corações indóceis.

A caridade é a virtude fundamental que deve sustentar o edifício das virtudes terrenas; sem ela, as outras não existiriam. Sem a caridade, não há esperança num destino melhor, não há interesse moral que nos guie; sem a caridade, não há fé, pois a fé é apenas um raio de luz, que faz brilhar uma alma caridosa.

A caridade é a âncora eterna de salvação, para todos os mundos: é a mais pura emanação do próprio Criador; é a Sua própria virtude, que Ele transmite à Sua criatura. Como se poderia desprezar essa suprema bondade? Qual seria o coração suficientemente perverso para, assim pensando, sufocar e depois expulsar esse sentimento inteiramente divino? Que filho seria tão mau para revoltar-se contra esse doce carinho, a caridade?

Eu não ouso falar do que fiz, pois os Espíritos também têm o pudor de suas obras, mas considero a que eu comecei como uma das que mais devem contribuir para o alívio de vossos semelhantes. Vejo, frequentemente, os Espíritos pedirem por missão continuar a minha tarefa. Eu as vejo, minhas queridas irmãs, em seu piedoso e divino ministério. Eu as vejo praticar a virtude que vos recomendo, com toda a alegria que proporciona essa existência de abnegação e sacrifícios. É uma grande felicidade, para mim, ver o quanto se enobrece o seu caráter, quanto à sua missão é amada e docemente protegida. Homens de bem, de boa e forte vontade, uni-vos para continuar a obra de propagação da caridade. Encontrareis a recompensa dessa virtude no seu próprio exercício. Não há alegria espiritual que ela não proporcione desde a vida presente. Permanecei unidos, *"Amai-vos uns aos outros"*, segundo os preceitos do Cristo. Assim seja.

Capítulo XIII

Cárita, martirizada em Roma – Lyon, 1861

13. Chamo-me Caridade, e sou o caminho principal que conduz a Deus. Segui-me, pois eu sou o objetivo que deveis alcançar.

Fiz esta manhã o meu passeio habitual e, com o coração angustiado, eu venho dizer-vos: Ah! Meus amigos, quanta miséria, quantas lágrimas e quanto tendes a fazer para secá-las todas! Em vão, tentei consolar as pobres mães, dizendo-lhes ao ouvido: "Coragem! Há bons corações que velam por vós, que não vos abandonarão; paciência! Deus existe, e vós sois as Suas amadas, as Suas eleitas". Elas pareciam ouvir-me, e voltavam para mim os seus grandes olhos ansiosos. Eu lia em seus pobres semblantes que o corpo, esse tirano do Espírito, tinha fome, e que, se as minhas palavras tranquilizavam um pouco os seus corações, não lhes saciavam o estômago. Eu repetia: "Coragem, Coragem!". Então, uma pobre mãe, bem jovem, que amamentava uma criancinha, tomou-a nos braços e ergueu-a no espaço vazio, como para pedir-me que protegesse aquele pobre e pequeno ser que tomava, num seio estéril, apenas um alimento insuficiente.

Mais adiante, meus amigos, eu vi pobres velhos sem trabalho e sem abrigo, sofrendo todo o tipo de necessidades. Envergonhados de sua miséria, não ousavam – eles que nunca mendigaram – implorar a piedade dos transeuntes. Com o coração repleto de compaixão, eu, que nada tenho, me fiz mendiga por eles e vou por todos os lados estimular a beneficência, inspirar bons pensamentos aos corações generosos e compassivos. Eis por que venho até vós, meus amigos, e vos digo: lá adiante há infelizes, cuja cesta está sem pão, a lareira sem fogo e o leito sem cobertas. Não vos digo o que deveis fazer, mas deixo a iniciativa aos vossos bondosos corações. Se vos ditasse a linha de conduta, não teríeis o mérito de vossas boas ações. Eu vos digo somente: Sou a caridade e vos estendo a mão pelos vossos irmãos sofredores.

Mas se peço, dou também, e muito; convido-vos a um grande festim, e vos forneço a árvore em que vós todos podereis saciar-vos! Vede como é bela, como está carregada de flores e frutos! Ide, ide, colhei, tomai todos os frutos dessa bela árvore que se chama beneficência. No lugar dos ramos que lhe arrancardes, colocarei todas as vossas boas ações e levarei essa árvore a Deus para que a carregue de novo, pois a beneficência é inesgotável. Segui-me, meus amigos, para que eu vos possa contar entre aqueles que se alistam sob a minha bandeira. Sede corajosos e vos conduzirei ao caminho da salvação, pois eu sou a Caridade!

Cárita – Lyon, 1861

14. Há várias maneiras de se fazer a caridade, e que muitos de vós confundem com a esmola. Há, entretanto, uma grande diferença entre elas. A esmola, meus amigos, é algumas vezes útil, pois ela alivia os pobres; não obstante, é quase sempre humilhante, tanto para aquele que a dá quanto para quem a recebe. A caridade, ao contrário, liga o benfeitor e o beneficiário e, além disso, ela se disfarça de muitas maneiras! Pode-se praticar a caridade mesmo entre familiares e amigos, sendo indulgentes uns para com os outros, perdoando-se as fraquezas mútuas, tendo o cuidado para não ferir o amor-próprio de ninguém. Para vós, espíritas, na vossa maneira de agir em relação àqueles que não pensam como vós, levando os menos esclarecidos a crer, sem os chocar, sem afrontar as suas convicções, mas levando-os amigavelmente às reuniões, nas quais poderão ouvir-nos e onde saberemos encontrar a brecha que nos permitirá penetrar nos seus corações. Esta é uma forma de caridade.

Escutai agora o que é a caridade para com os pobres, esses deserdados da Terra, mas recompensados por Deus, se souberem aceitar as suas misérias sem se lamentar, o que depende de vós. Vou-me fazer compreender com um exemplo:

Vejo, muitas vezes, na semana, uma reunião de senhoras, de todas as idades. Para nós, como o sabeis, são todas irmãs. Que fazem elas? Elas trabalham rápido, os dedos são ágeis. Vede também os rostos, radiantes. E como os seus corações batem em uníssono! Mas qual é o seu objetivo? Elas veem chegar o inverno que será rude para as famílias pobres. As formigas não puderam acumular, durante o verão, os grãos necessários à provisão e a maior parte dos utensílios está empenhada. As pobres mães se inquietam e choram, pensando nos pequeninos que, nesse inverno, sofrerão frio e fome! Mas, paciência, pobres mulheres!

Deus inspirou a outras, mais afortunadas do que vós. Elas se reuniram e vos confeccionam pequenas roupas. Assim, quando a neve cobrir a Terra e murmurardes, dizendo: "Deus não é justo!" – pois esta é uma expressão comum nos vossos períodos de sofrimento – vereis aparecer um dos mensageiros dessas bondosas trabalhadoras, que se constituíram em operárias dos pobres. Sim, é para vós que elas trabalham assim, e vossa lamentação se transformará em bênçãos, pois nos corações dos infelizes, o amor segue de bem perto o ódio.

Como todas essas trabalhadoras necessitam de estímulo, vejo as comunicações dos Bons Espíritos lhes chegar de todas as partes. Os homens que participam desta sociedade trarão também o seu concurso, fazendo uma dessas leituras que agradam tanto; e nós, para recompensar o zelo de todos e de cada um em particular, prometemos a essas trabalhadoras laboriosas uma boa clientela, que lhes pagará em moeda sonante de bênçãos, a única moeda que circula no Céu, assegurando-lhes, além disso, e sem medo de nos enganarmos, que ela não lhes faltará.

Um Espírito Protetor – Lyon, 1861

15. Meus caros amigos, todos os dias ouço alguns de vós dizerem: "Eu sou pobre, não posso fazer caridade". E todos os dias vos vejo faltar com a indulgência para com os vossos semelhantes. Não lhes perdoais coisa alguma e vos transformais, muitas vezes, em juízes bem severos, sem vos perguntar se estaríeis satisfeitos que fizessem o mesmo convosco. A indulgência também não é caridade? Se somente podeis fazer a caridade indulgente, fazei-a ao menos, mas fazei-a com grandeza. Para os que fazem a caridade material, eu contarei uma história do outro mundo.

Dois homens acabavam de morrer. Deus dissera: enquanto esses dois homens viverem, colocaremos em um saco cada uma de suas boas ações e, quando morrerem, pesaremos esses sacos. Quando chegou a última hora desses homens, Deus mandou que lhe levassem os dois sacos. Um estava pesado, grande, estufado, ressonando o metal dentro dele. O outro era muito pequeno, e tão fino, que se viam através do pano as raras moedas que continha. E cada um dos homens reconheceu o que era seu. Aqui está o meu, disse o primeiro – eu o conheço; fui rico e distribuí bastante. Eis o meu, disse o outro, eu sempre fui pobre; infelizmente, não tinha quase nada para distribuir. Mas, que surpresa! Quando os dois sacos foram colocados na balança, o maior tornou-se leve, e o menor cresceu tanto, que elevou em muito o outro lado da balança. Então, Deus disse ao rico: Deste muito, é verdade, mas deste por ostentação e para ver teu nome figurando em todos os templos do orgulho, e, além disso, ao dar, não te privaste de nada; vai à esquerda e fica satisfeito, por te ser contada a esmola como alguma coisa. Em seguida, disse ao pobre: deste bem pouco, meu amigo, mas cada uma dessas moedas que estão na balança representa uma privação para ti. Se não distribuíste a esmola, fizeste a caridade e, melhor ainda, fizeste a caridade naturalmente, sem te preocupares de que a levassem à tua conta. Foste indulgente; não julgaste o teu semelhante, ao contrário, desculpastes todas as suas ações. Passa à direita, e vai receber a tua recompensa.

João – Bordeaux, 1861

16. A mulher rica, feliz, que não precisa empregar o seu tempo no serviço da casa, não pode consagrar algumas horas a trabalhos úteis aos seus semelhantes? Que, com o supérfluo de seus gastos felizes, ela compre agasalhos para cobrir os infelizes que tremem de frio. Que ela faça, com as suas mãos delicadas, roupas grosseiras, mas quentes, que ajude uma mãe pobre a vestir o filho que vai nascer. Se o seu filho ficar com alguns tecidos a menos, o da pobre mãe terá mais calor. Trabalhar para os pobres é trabalhar na vinha do Senhor.

E tu, pobre trabalhadora, que não dispões do supérfluo, mas que desejas, no amor por teus irmãos, dar também um pouco do que possuis, oferece algumas horas do teu dia, do teu tempo – teu único tesouro – e faça esses trabalhos elegantes que atraem os felizes, vende o produto de teus serões, e poderás também proporcionar a teus irmãos a tua parte de alívio. Terás, talvez, algumas fitas a menos, mas darás sapatos àqueles que tem os pés descalços.

E vós, mulheres devotadas a Deus, trabalhai também para as vossas obras piedosas, mas que os vossos trabalhos delicados e custosos não sejam feitos apenas para ornar as vossas capelas, ou para atrair a atenção sobre a vossa habilidade e paciência. Trabalhai, minhas filhas, e que o resultado de vosso trabalho seja consagrado ao alívio de vossos irmãos em Deus. Os pobres são os Seus filhos bem-amados: trabalhar para eles é glorificá-Lo. Sede os instrumentos da Providência, que diz: *"Às aves do céu, Deus dá o alimento"*. Que ouro e prata, tecidos pelas vossas mãos, se transformem em roupas e alimentos para aqueles que não os têm. Fazei isso, e o vosso trabalho será abençoado.

E vós, que podeis produzir, dai a vossa inteligência, daí as vossas inspirações, dai o vosso coração, e Deus vos abençoará. Poetas, literatos, que sois lidos apenas pela gente de sociedade, satisfazei os vossos sonhos, mas que o produto de algumas das vossas obras seja consagrado ao alívio dos infelizes. Pintores, escultores, artistas de todos os gêneros, que a vossa inteligência venha também como ajuda aos vossos irmãos. Não tereis por isso menos glória, e haverá sofrimentos a menos.

Todos vós podeis dar, qualquer que seja a vossa condição, tereis sempre algo que possa ser dividido. De tudo o que Deus vos tenha dado, deveis uma parte disso aos que não têm o necessário pois, em seu lugar, ficaríeis muito contentes, se um outro dividisse convosco. Vossos tesouros terrenos serão menores, mas os do Céu serão mais abundantes; colhereis cem vezes o que semeardes em benefícios aqui na Terra.

A piedade
Miguel – Bordeaux, 1862

17. A piedade é a virtude que mais vos aproxima dos anjos; é a irmã da caridade que vos conduz até Deus. Ah! Deixai vosso coração enternecer-se diante das misérias e dos sofrimentos de vossos semelhantes; vossas lágrimas são um bálsamo que verteis sobre suas feridas. E quando, tocados por uma doce simpatia, conseguis restituir-lhes a esperança e a resignação, que ventura experimentais! Essa ventura tem, é verdade, uma certa amargura, pois nasce ao lado da adversidade, mas, se ele não apresenta o forte sabor das alegrias mundanas, também não traz as pungentes decepções do vazio deixado por estes. Pelo contrário, há uma suavidade penetrante, que encanta a alma. A piedade bem sentida é o amor; o amor é devotamento; o devotamento é o esquecimento de si mesmo; e esse esquecimento, essa abnegação em favor dos infelizes, é a virtude por excelência, aquela que o divino Mestre praticou em toda a Sua vida e ensinou em Sua doutrina tão santa e sublime. Quando essa doutrina for devolvida à sua pureza primitiva, quando for admitida por todos os povos, ela trará felicidade à Terra, fazendo reinar na sua face a concórdia, a paz e o amor.

O sentimento mais apropriado para vos fazer progredir, domando vosso egoísmo e vosso orgulho, aquele que dispõe vossa alma à humildade, à beneficência e ao amor ao próximo – é a piedade! Essa piedade que vos comove até as entranhas, diante do sofrimento de vossos irmãos, que vos leva a estender-lhes a mão segura e vos arranca lágrimas de simpatia. Não sufoqueis jamais, em vossos corações, essa emoção celeste, nem façais como os egoístas endurecidos que se afastam dos aflitos, porque a visão de sua miséria perturbaria, por um momento, a sua feliz existência. Temei ficar indiferente quando puderdes ser útil. A tranquilidade comprada ao preço de uma indiferença culposa é a tranquilidade do Mar Morto, que esconde no fundo de suas águas a lama fétida e a corrupção.

A piedade, entretanto, está longe de causar transtorno e aborrecimento temidos pelo egoísta! Sem dúvida a alma experimenta, ao contato da infelicidade alheia, confrangendo-se, um estremecimento natural e profundo, que faz vibrar todo o vosso ser e vos afeta penosamente. Mas a compensação é grande, quando conseguis devolver a coragem e a esperança a um irmão infeliz, que se comove ao aperto da mão amiga, e cujo olhar, orvalhado muitas vezes de emoção e reconhecimento, se volta com doçura para vós, antes de se elevar ao Céu, agradecendo por lhe haver mandado um consolador, um amparo. A piedade é a melancólica, mas celeste precursora da caridade, a primeira das virtudes da qual é irmã, e cujos benefícios prepara e enobrece as boas ações.

Os órfãos
Um Espírito Protetor – Paris, 1860

18. Meus irmãos, amai os órfãos! Se soubésseis o quanto é triste ser só e abandonado, principalmente em tenra idade! Deus permite que existam órfãos, para nos animar a lhes servirmos de pais. Que divina caridade, a de ajudar uma criaturinha abandonada, de impedi-la de passar fome e frio, de orientar a sua alma para que ela não se entregue ao vício! Quem estende a mão à criança abandonada agrada a Deus, pois compreende e pratica a Sua lei. Pensai também que, frequentemente, a criança socorrida vos foi cara em outra encarnação e, se pudésseis vos lembrar, o que fazeis já não seria caridade, mas dever. Sendo assim, meus amigos, todo ser sofredor é vosso irmão e tem direito à vossa caridade. Não a essa caridade que magoa o coração, não a essa esmola que queima a mão que a recebe, pois as vossas esmolas são, muitas vezes, bem amargas! Quantas vezes elas seriam recusadas se, no casebre, a doença e a privação não os esperassem! Dai delicadamente, acrescentai à boa ação o bem mais precioso de todos: uma boa palavra, um carinho, um sorriso amigo; evitai esse tom de proteção, que revolve a lâmina no coração que sangra, e pensai que, fazendo o bem, trabalhais para o bem alheio e o vosso.

Benefícios pagos com a ingratidão
Guia Protetor – Sens, 1862

19. *O que pensar das pessoas que, tendo sido pagas com a ingratidão pelo bem que fizeram, não mais o fazem com medo de encontrar outros ingratos?*

Essas pessoas têm mais egoísmo do que caridade, pois fazer o bem apenas para receber provas de reconhecimento, não é fazê-lo com desinteresse. O benefício desinteressado é o único que agrada a Deus. É também orgulho, pois elas se comprazem na submissão do beneficiado, que deve rojar-se aos seus pés para agradecer-lhes. Aquele que busca na Terra a recompensa do bem que faz não a receberá no Céu, mas Deus recompensará aquele que assim não procede.

É preciso sempre ajudar aos fracos, mesmo sabendo de antemão que aqueles a quem fazemos o bem não saberão agradecer. Sabei que, se aquele a quem ajudais esquecer o benefício, Deus o considerará muito mais do que se fôsseis recompensado pela sua gratidão. *Deus permite que sejais muitas vezes pagos com a ingratidão, para provar a vossa perseverança em fazer o bem.*

Além disso, como sabeis se esse benefício, momentaneamente esquecido, não trará bons frutos mais tarde? Ficai certos, ao contrário, que essa é uma semente que germinará com o tempo. Infelizmente, vedes apenas o presente; trabalhais para vós mesmos, e não em benefício dos semelhantes. A benemerência acaba por abrandar os corações mais endurecidos; pode ser ignorada aqui na Terra, mas quando o Espírito tiver se separado da matéria, ele se lembrará, e essa lembrança será o seu próprio castigo; então, ele lamentará a sua ingratidão, desejará reparar a sua falta, pagar essa dívida em outra existência, muitas vezes, aceitando uma vida de devotamento ao seu benfeitor. É assim que, sem suspeitardes, tereis contribuído para o seu progresso moral e reconhecereis mais tarde toda a verdade desta máxima: um benefício nunca é perdido. Mas tereis trabalhado em proveito próprio também, pois tereis o mérito de haver feito o bem com desinteresse, e sem vos deixar desencorajar pelas decepções.

Ah! meus amigos, se conhecêsseis todos os elos que, na vida presente, vos ligam às existências anteriores: se pudésseis abarcar a multiplicidade de relações que aproximam os seres uns dos outros, para seu progresso mútuo, admiraríeis bem mais a sabedoria e a bondade do Criador, que vos permite reviver para a Ele chegardes.

Beneficência exclusiva
São Luís – Paris, 1860

20. *A beneficência é bem-compreendida, quando se limita às pessoas de uma mesma opinião, da mesma crença ou de um mesmo partido?*

Não, é principalmente o espírito de seita e de partido que é preciso abolir, pois todos os homens são irmãos. O verdadeiro cristão vê irmãos em todos os seus semelhantes e, antes de socorrer o necessitado, não consulta a sua crença, nem a sua opinião, seja qual for. Seguiria ele o preceito de Jesus – que manda amar até mesmo os inimigos – se repelisse um infeliz, por ter uma crença diferente da sua? Que o socorra, pois, sem lhe questionar a consciência, mesmo porque, se for um inimigo da religião, será este um meio de fazer que ele a ame. Repelindo-o, faria que a odiasse.

CAPÍTULO XIV

HONRA A TEU PAI E A TUA MÃE

Piedade filial – Quem é minha mãe e quem são meus irmãos? – Parentescos corporal e espiritual – Instruções dos Espíritos: A ingratidão dos filhos e os laços de família.

1. *"Sabes os mandamentos: não cometerás adultério; não matarás; não furtarás; não prestarás falso testemunho; não cometerás fraudes; honrarás a teu pai e a tua mãe."* (Marcos, X:19; Lucas, XVIII:20; Mateus, XIX:18-19)

2. *"Honrarás a teu pai e a tua mãe, para que se prolonguem os teus dias na terra que o Senhor teu Deus te dará."* (Decálogo, Êxodo, XX:12)

Piedade filial

3. O mandamento: *"Honra a teu pai e a tua mãe"*, é uma consequência da lei geral da caridade e do amor ao próximo, pois não se pode amar ao próximo sem amar aos pais; mas o imperativo *honra* encerra um dever a mais em relação a eles, que é o da piedade filial. Deus quis mostrar com isso, que é preciso acrescentar ao amor, o respeito, a estima, a submissão e a condescendência, o que implica na obrigação de cumprir para com eles, de uma maneira mais rigorosa ainda, tudo o que a caridade determina em relação ao próximo. Esse dever se estende, naturalmente, às pessoas que se encontram no lugar dos pais, e que terão maior mérito, quanto menos obrigatório for o seu devotamento. Deus sempre pune de uma maneira rigorosa toda violação a este mandamento.

Honrar pai e mãe não é simplesmente respeitá-los, é também cuidar das suas necessidades, proporcionar-lhes o repouso na velhice, rodeá-los de solicitude como fizeram por nós em nossa infância.

Principalmente com os pais sem recursos é que se demonstra a verdadeira piedade filial. Satisfarão a esse mandamento aqueles que acreditam fazer um grande esforço dando-lhes o estritamente necessário, para não morrerem de fome, enquanto eles mesmos de nada se privam? Relegando-os aos piores cômodos da casa, apenas para não deixá-los na rua, enquanto para eles são reservados os melhores aposentos, os mais confortáveis? Isto quando não o fazem de má vontade, sendo os pais obrigados a pagar o que lhes resta da vida com a carga cansativa dos serviços domésticos! É justo que pais velhos e fracos sejam servos dos filhos jovens e fortes? A mãe lhes teria cobrado pelo leite, quando ainda estavam no berço? Acaso teria contado suas vigílias quando eles estavam doentes ou seus passos para proporcionar-lhes o cuidado necessário? Não, não é apenas o estritamente necessário que os filhos devem aos seus pais pobres, mas, também, o máximo que puderem, as pequenas alegrias do supérfluo, as amabilidades, os cuidados carinhosos, que são apenas os juros pelo que receberam, o pagamento de uma dívida sagrada. Essa é a única piedade filial aceita por Deus.

Infeliz, portanto, daquele que esquece a dívida para com aqueles que o sustentaram em sua fragilidade infantil, que, além da vida material, lhe deram também a vida moral, e que frequentemente se impuseram duras privações, para lhe assegurar o seu bem-estar! Ai do ingrato, pois ele será punido com a ingratidão e o abandono; será ferido em suas mais caras afeições, *algumas vezes desde a vida presente*, mas, certamente, em uma outra existência, na qual sofrerá o que tiver feito os outros sofrerem!

Alguns pais, é verdade, descuidaram dos seus deveres, e não são para os seus filhos o que deveriam ser, mas cabe a Deus puni-los e não aos filhos. Não cabe a estes reprová-los, porque talvez eles mesmos mereceram que assim fosse. Se a caridade estabeleceu como lei que devemos pagar o mal com o bem, ser indulgente para com as imperfeições alheias, não maldizer o próximo, esquecer e perdoar as ofensas, e amar até mesmo os inimigos, quão maior não é essa obrigação com relação aos pais! Os filhos, então, devem tomar por regra de sua conduta para com os pais, todos os preceitos de Jesus referentes ao próximo, e lembrar que todo procedimento condenável em relação a estranhos, mais condenável se torna quanto aos pais. O que poderia ser apenas uma falta no primeiro caso pode tornar-se um crime no segundo, porque, neste, à falta de caridade junta-se a ingratidão.

4. Deus disse: *"Honrarás a teu pai e a tua mãe, a fim de que vivas largo tempo sobre a terra que o Senhor teu Deus te dará"*. No entanto, por que promete como recompensa a vida na Terra e não a vida celestial? A explicação se encontra nestas palavras: *"Que Deus vos dará"*, suprimidas na fórmula moderna do decálogo, o que descaracteriza o seu sentido. Para compreendermos essas palavras, é preciso reportar-se à situação e às ideias dos hebreus, na época em que elas foram pronunciadas. Eles não compreendiam ainda a vida futura. Sua visão não se estendia além dos limites da vida material. Eles deviam ser, assim, fortemente tocados pelas coisas que viam, e não pelas invisíveis. É por isso que Deus lhes fala numa linguagem à sua altura, e, como às crianças, lhes dá como perspectiva aquilo que poderia satisfazê-los. Eles estavam então no deserto. A terra que Deus lhes dará é a Terra Prometida, objeto de suas aspirações. Nada mais desejavam além disso, e Deus lhes diz que eles viverão nela por muito tempo, ou seja, que eles a possuirão por longo tempo, se observarem os mandamentos.

Mas com o advento de Jesus, suas ideias estavam mais desenvolvidas. Havia chegado o momento de lhes ser dada uma alimentação menos grosseira. Ele os inicia na vida espiritual, ao dizer: *"Meu reino não é deste mundo. É lá, e não na Terra, que recebereis a recompensa por vossas boas obras"*. Com estas palavras, a Terra Prometida material se transforma numa pátria celeste. E quando lhes recorda o cumprimento do mandamento: *"Honra a teu pai e a tua mãe"*, já não é mais a Terra que lhes promete, e, sim, o Céu (Caps. II e III).

Quem é minha mãe e quem são meus irmãos?

5. *"E tendo vindo para uma casa, afluiu uma multidão tão grande, que não se podia nem mesmo fazer a refeição. E quando os Seus ouviram isto, saíram para prendê-Lo, pois diziam que Ele estava fora de si.*

Entretanto, tendo chegado a Sua mãe e Seus irmãos, e permanecendo na parte de fora, vieram chamá-Lo. Ora, o povo estava sentado à Sua volta e disseram: Vossa mãe e vossos irmãos estão lá fora, chamando-Te. Mas Ele respondeu: Quem é minha mãe e quem são meus irmãos? – e olhando aqueles que estavam sentados à roda de si, disse: Aqui estão a minha mãe e os meus irmãos, pois quem quer que faça a vontade de Deus, esse é o meu irmão, minha irmã e minha mãe." (Marcos, III: 20-21 e 31-35; Mateus, XII: 46-50)

6. Algumas palavras parecem estranhas na boca de Jesus, contrastando com a Sua bondade e a Sua inalterável benevolência para com todos. Os incrédulos não deixaram de se aproveitar disso, dizendo que Ele se contradizia a si mesmo. Um fato irrecusável, porém, é que a Sua Doutrina tem por base essencial, por pedra angular, a lei de amor e de caridade. Ele não poderia, pois, destruir de um lado o que construía de outro, de onde é preciso tirar esta consequência rigorosa: se certas máximas estão em contradição com aquele princípio, é que as palavras empregadas foram malreproduzidas, malcompreendidas ou que não Lhe pertencem.

7. Admira-se, com razão, quando se vê, nesta circunstância, Jesus mostrar tanta indiferença pelos Seus familiares e, da mesma forma, renegar a Sua mãe.

Quanto aos Seus irmãos, sabe-se que nunca tiveram simpatia por Ele – Espíritos pouco avançados, não compreenderam a missão do irmão. Sua conduta, aos olhos deles, era estranha, e os Seus ensinamentos não os haviam tocado, já que Jesus não teve nenhum discípulo entre eles. Parecia mesmo que eles compartilhavam, até certo ponto, das prevenções de Seus inimigos. É certo, de resto, que eles O acolhiam muito mais como a um estranho do que como um irmão, quando se apresentava em família. João diz, seguramente, que *"eles não acreditavam Nele"*. (Ver Cap. VII, nº 5.)

Quanto à Sua mãe, ninguém lhe poderia contestar a ternura pelo filho, mas é preciso convir, também, que ela não parecia ter feito uma ideia muito precisa de Sua missão, pois nunca se soube que seguisse os Seus ensinamentos, nem que desse testemunho Dele, como o fez João Batista. A solicitude maternal era o seu sentimento dominante. Quanto a Jesus, supô-Lo capaz de renegar a mãe, seria desconhecer-Lhe o caráter; um tal pensamento não poderia vir de alguém que disse: *"Honra a teu pai e a tua mãe"*. É preciso, então, buscar um outro sentido para as Suas palavras, quase sempre ocultas sob a forma alegórica.

Jesus não perdia nenhuma ocasião para ensinar. Serviu-se, portanto, da que Lhe oferecia a chegada de Sua família para estabelecer a diferença existente entre o parentesco corporal e o espiritual.

Parentescos corporal e espiritual

8. Os laços de sangue não estabelecem necessariamente os laços espirituais. O corpo procede do corpo, mas o Espírito não procede do Espírito, porque este existia antes da formação do corpo. O pai não gera o Espírito de seu filho – ele apenas fornece-lhe o invólucro carnal – mas deve ajudar o seu desenvolvimento intelectual e moral, para fazê-lo progredir.

Os Espíritos que encarnam numa mesma família, sobretudo entre parentes próximos, são frequentemente Espíritos afins, unidos por relações anteriores, que se traduzem por sua afeição durante a vida terrena, mas pode ocorrer também que esses Espíritos sejam completamente estranhos uns aos outros, divididos por antipatias igualmente anteriores, que se traduzem pelo antagonismo na Terra, para lhes servirem de prova. Os verdadeiros laços de família não são, portanto, os consanguíneos, mas os da simpatia e da comunhão de pensamentos, que unem os Espíritos *antes, durante e após* a sua encarnação. Segue-se a isso que dois seres provenientes de pais diferentes podem ser mais irmãos em Espírito do que se o fossem pelo sangue. Eles podem, pois, atrair-se, buscar-se, tornar-se amigos, enquanto dois irmãos consanguíneos podem repelir-se, como vemos todos os dias. Problema moral, que somente o Espiritismo poderia resolver com a pluralidade das existências. (Cap. IV, nº 13.)

Há, então, dois tipos de famílias: *as famílias pelos laços espirituais e as famílias pelos laços corporais*. As primeiras, duráveis, fortificam-se com a evolução e se perpetuam no mundo dos Espíritos pelas diversas migrações da alma; as segundas, frágeis como a matéria, extinguem-se com o tempo e, frequentemente, se dissolvem moralmente desde a vida atual. É isso que Jesus quis dizer aos Seus discípulos com as palavras: *"Aqui estão a minha mãe e os meus irmãos"* – ou seja – a minha família espiritual, pois *"qualquer um que faça a vontade de meu Pai que está nos Céus, é meu irmão, minha irmã e minha mãe"*.

A hostilidade de Seus irmãos é claramente expressa no relato de Marcos, já que, segundo este, eles se propunham a apoderar-se dele sob o pretexto de que havia perdido o juízo. Quando do anúncio de Sua chegada, e conhecendo seus sentimentos em relação a Ele, foi natural que Jesus dissesse, falando de Seus discípulos, sob o ponto de vista da vida espiritual: *"Aqui estão os meus verdadeiros irmãos"*. Sua mãe os acompanhava, e Jesus generaliza a lição, o que não implica absolutamente que Ele tenha pretendido dizer que a Sua mãe, segundo o sangue, nada Lhe significava como Espírito, e que Ele lhe fosse indiferente. A Sua conduta, em outras circunstâncias, provou suficientemente o contrário.

Instruções dos Espíritos
A ingratidão dos filhos e os laços de família
Santo Agostinho – Paris, 1862

9. A ingratidão é um dos frutos mais imediatos do egoísmo, e sempre revolta os corações virtuosos. Mas a ingratidão dos filhos com relação aos pais tem um caráter ainda mais odioso. É especialmente sob este ponto de vista que iremos analisá-lo, para verificar-lhes as causas e os efeitos. Aqui, como em toda a parte, o Espiritismo vem lançar a luz sobre um dos problemas do coração humano.

Quando o Espírito deixa a Terra, leva consigo as paixões ou as virtudes inerentes à sua natureza, e vai, no espaço, aperfeiçoar-se ou permanece estacionário, até que queira esclarecer-se. Alguns partem, então, levando ódios intensos e desejos de vingança. Mas a alguns desses, mais avançados do que outros, é permitido entrever uma parte da verdade. Eles reconhecem os funestos efeitos de suas paixões e, então, mudam de atitude. Compreendem que, para chegar até Deus, há apenas uma senha: *caridade*. Ora, não há caridade sem o esquecimento dos ultrajes e das injúrias; não há caridade com ódio no coração e sem perdão.

Então, por um esforço inaudito, voltam o seu olhar para aqueles que detestaram na Terra e, nessa visão, sua animosidade desperta, revoltam-se com a ideia de perdoar, e ainda mais a de renunciarem, a si mesmos, mas, sobretudo, a amar aqueles que lhes destruíram, talvez, a fortuna, a honra, a família. Entretanto, o coração desses infelizes está abalado. Eles hesitam, vacilam, agitados por sentimentos contrários. Se a boa resolução triunfa, eles oram a Deus, imploram aos Bons Espíritos que lhes deem forças no momento mais decisivo da prova.

Enfim, depois de alguns anos de meditação e de preces, o Espírito se aproveita de um corpo que se prepara, na família daquele que detestou, e pede, aos Espíritos encarregados de transmitir as ordens supremas, permissão para realizar na Terra os destinos desse corpo que acaba de se formar. Qual será, então, a sua conduta nessa família? Ela dependerá de maior ou menor perseverança nas suas boas resoluções. O contato incessante dos seres que ele odiou é uma prova terrível, da qual muitas vezes sucumbe, se a sua vontade não for bem forte. Assim, segundo a boa ou a má resolução que tomar, ele será o amigo ou o inimigo daqueles em meio dos quais foi chamado a viver. Desta forma se explicam esses ódios, essas repulsas instintivas, que se notam em certas crianças, e que nenhum fato anterior parece justificar. Nada, na verdade, nesta existência, poderia provocar essa antipatia. Para encontrar-lhe a causa, é preciso lançar o olhar para o passado.

Ó espíritas! Compreendei neste momento o grande papel da Humanidade! Compreendei que, quando gerais um corpo, a alma que se encarna vem do espaço para progredir. Tomai conhecimento dos vossos deveres e ponde todo o vosso amor em aproximar essa alma de Deus: é essa a missão que vos está confiada e da qual recebereis a recompensa, se a cumprirdes fielmente. Vossos cuidados, a educação que lhe derdes, ajudarão em seu aperfeiçoamento e bem-estar futuros. Lembrai-vos de que a cada pai e a cada mãe, Deus perguntará: *"O que fizestes do filho confiado à vossa guarda?"*. Se permaneceu atrasado por vossa causa, vosso castigo será o de vê-lo entre os Espíritos sofredores, enquanto dependia de vós que fosse feliz. E, então, carregados de remorsos, pedireis para reparar a vossa falta; solicitareis uma nova encarnação, para vós e para ele, na qual o envolvereis de atentos cuidados, e ele, cheio de reconhecimento, vos envolverá com amor.

Não recuseis, portanto, o filho que no berço repele a sua mãe, nem aquele que vos paga com a ingratidão: não foi o acaso que o fez assim e que vo-lo enviou. Uma vaga intuição do passado se revela, e, assim, podeis deduzir que um ou outro já odiou muito ou foi muito ofendido, que um ou outro veio para perdoar ou para expiar. Mães! Abraçai os filhos que vos causam desgosto, e dizei para vós mesmas: "Um de nós dois foi o culpado". Merecei as alegrias divinas que Deus concedeu à maternidade, ensinando a essa criança que ela está na Terra para se aperfeiçoar, amar e abençoar. Mas, infelizmente, muitas dentre vós, em vez de extirpar pela educação as más tendências inatas, provenientes das existências anteriores, entretêm e desenvolvem esses princípios, por uma culposa fraqueza ou por descuido e, mais tarde, com o coração ulcerado pela ingratidão de vossos filhos, será para vós, desde a atual existência, o início da vossa expiação.

A tarefa não é tão difícil quanto acreditais; ela não exige o saber do mundo. Tanto o ignorante quanto o sábio podem realizá-la, e o Espiritismo vem facilitá-la, mostrando a causa das imperfeições do coração humano.

Desde o berço, a criança manifesta os instintos bons ou maus que traz de sua existência anterior. É preciso aplicar-se em estudá-los. Todos os males têm o seu princípio no egoísmo e no orgulho. Espreitai, pois, os menores sinais que revelam o germe desses vícios e esforçai-vos por combatê-los, sem esperar que eles lancem raízes profundas. Fazei como o bom jardineiro, que arranca os brotos daninhos à medida que os vê aparecerem na árvore. Se deixardes desenvolver o egoísmo e o orgulho, não vos espanteis de serem, mais tarde, pagos com a ingratidão. Quando os pais fizerem tudo o que deveriam para o aperfeiçoamento moral de seus filhos e não foram bem-sucedidos, não têm do que lamentar e sua consciência pode estar tranquila. Quanto à amargura natural que experimentam, pelo insucesso de seus esforços, Deus reserva-lhes uma grande, uma imensa consolação, com a certeza de que é apenas um atraso momentâneo, e que lhes será autorizado terminar, em uma outra existência, a obra então começada. E, um dia, o filho ingrato os recompensará com o seu amor. (Ver Cap. XIII, nº 19.)

Deus não dá as provas acima das forças daquele que as pede; permite apenas as que podem ser cumpridas. Se não se consegue, não é por falta de possibilidades, mas de vontade. Pois quantos existem, que, em vez de resistirem aos maus arrastamentos, neles se comprazem. A esses estão reservados o choro e as lamentações, em existências posteriores. Admirai a bondade de Deus, que jamais fecha a porta ao arrependimento. Chega o dia em que o culpado está cansado de sofrer, em que seu orgulho foi, enfim, dominado. É, então, que Deus abre os braços paternais para o filho pródigo, que se lança aos Seus pés. *As grandes provas, entendei bem, são quase sempre o indício do fim de um sofrimento e do aperfeiçoamento do Espírito, desde que aceitas por amor a Deus.* É um momento supremo, e é nele, especialmente, que importa não falir, lamentando-se, se não quisermos perder a oportunidade e ter de recomeçar. Em vez de vos queixardes, agradecei a Deus, que vos oferece a ocasião de vencer, para vos dar o prêmio da vitória. Então, quando saído do turbilhão do mundo terrestre, entrardes no mundo dos Espíritos, sereis ali aclamado, como o soldado que saiu vitorioso do centro da batalha.

De todas as provas, as mais penosas são as que afetam o coração. Aquele que suporta com coragem a miséria e as privações materiais sucumbe sob o peso das amarguras domésticas, esmagado pela ingratidão dos seus. Oh! É uma pungente angústia essa! Mas o que pode, nessas circunstâncias, reerguer a coragem moral, senão o conhecimento das causas do mal, e a certeza de que, se há longos sofrimentos, não há desesperos eternos, pois Deus não pode querer que a Sua criatura sofra para sempre? O que há de mais consolador, de mais encorajador, do que esse pensamento de que depende de si, de seus próprios esforços, abreviar o sofrimento, destruindo em si as causas do mal? Mas, para isso, é preciso deixar de olhar para a Terra e não ver apenas uma única existência. É preciso elevar-se, pairar ao infinito do passado e do futuro e, então, a grande justiça de Deus se revelará aos seus olhos. Espere com paciência, porque explicável se lhe torna o que lhe parecia monstruosidades da Terra. As ofensas que recebeu não lhe parecem mais do que simples arranhões. Nesse golpe de vista lançado sobre o conjunto, os laços de família aparecem no seu verdadeiro sentido. Não são mais os laços frágeis da matéria que ligam os seus membros, mas os laços duráveis do Espírito, que se perpetuam, e se consolidam, aperfeiçoando-se, em vez de se quebrarem com a reencarnação.

Os Espíritos, cuja semelhança de gostos, identidade do progresso moral e afeição, levam a reunir-se, formam famílias. Esses mesmos Espíritos, em suas migrações terrestres, buscam-se para agrupar-se, como faziam no espaço. Daí nascem as famílias unidas e homogêneas; e se, em suas peregrinações, ficam momentaneamente separados, se reencontram mais tarde, felizes com seu novo progresso. Mas como não devem trabalhar apenas para si mesmos, Deus permite que Espíritos menos avançados venham encarnar-se entre eles, para haurirem bons conselhos e bons exemplos, no interesse de sua própria evolução. Eles causam, muitas vezes, perturbações no meio, mas aí está a prova, essa é a tarefa. Acolhei-os pois, como irmãos, vinde em sua ajuda e, mais tarde, no mundo dos Espíritos, a família se felicitará por haver salvo do naufrágio os que, por sua vez, poderão salvar outros.

CAPÍTULO XV

FORA DA CARIDADE NÃO HÁ SALVAÇÃO

O que é preciso para ser salvo. Parábola do bom samaritano – O maior mandamento – Necessidade da caridade segundo São Paulo – Fora da igreja não há salvação. Fora da verdade não há salvação – Instruções dos Espíritos: Fora da caridade não há salvação.

O que é preciso para ser salvo. Parábola do bom samaritano

1. *"Ora, quando o Filho do Homem vier em Sua majestade, acompanhado de todos os anjos, sentar-se-á no trono da Sua glória, com todas as nações reunidas diante Dele, e separará uns dos outros, como um pastor separa os cabritos e as ovelhas e colocará as ovelhas à direita, e os cabritos à esquerda.*

E o Rei dirá àqueles que estiverem à Sua direita: – Vinde, vós que haveis sido abençoados pelo meu Pai, possuí o reino que vos foi preparado desde a origem do mundo, pois Eu tive fome e me destes de comer; tive sede e me destes de beber; era hóspede e me abrigastes; estive nu e me vestistes; estive doente e me visitastes; estive na prisão e me fostes ver.

E os justos Lhe responderão: – Senhor, quando Te vimos com fome e Te demos de comer? ou sedento e Te demos de beber? Quando foi que Te vimos desabrigado e Te hospedamos? Ou nu e Te vestimos? E quando Te vimos doente ou na prisão, e fomos visitar-Te? E o Rei lhes responderá: – Em verdade Eu vos digo, todas as vezes que haveis feito tal coisa em relação a um destes meus pequenos irmãos, foi a mim mesmo que o fizestes.

Ele dirá, em seguida, àqueles que estarão à esquerda: – Afastai-vos de mim, malditos, para o fogo eterno, que está aparelhado para o diabo e os seus anjos, pois tive fome e não me destes de comer; tive sede e não me destes de beber; era hóspede e não me abrigastes; estava nu e não me vestistes; estive doente e na prisão e não me visitastes.

Então, eles Lhe responderão também: – Senhor, quando é que Te vimos com fome, sede ou desabrigado, nu, doente ou na prisão, e deixamos de Te assistir? Mas Ele lhes responderá: – Eu vos digo, em verdade, que todas as vezes que não destes assistência a um destes mais pequeninos, a mim o deixastes de fazer.

E, então, irão para o suplício eterno, e os justos terão a vida eterna."
(Mateus, XXV:31-46)

2. *"Tendo um doutor da lei se levantado, disse para tentá-Lo: – Mestre, o que eu preciso fazer para conseguir a vida eterna? Jesus lhe respondeu: – O que está escrito na lei? O que nela lês? Ele respondeu: – Amarás o Senhor teu Deus de todo o coração, de toda a tua alma, com todas as tuas forças e de todo o teu entendimento, e ao teu próximo como a ti mesmo. E Jesus lhe disse: – Respondeste bem, faze isso e viverás. Mas esse homem, querendo justificar-se a si mesmo, disse a Jesus: – E quem é o meu próximo? – E Jesus, tomando a palavra, lhe disse: Um homem que descia de Jerusalém a Jericó, caiu nas mãos de ladrões que o despiram, e depois de o terem maltratado com muitas feridas, se foram, deixando-o quase morto. Em seguida, um sacerdote desceu pelo mesmo caminho e tendo-o visto, não parou. Um levita, que vinha também por ali, chegando junto daquele lugar, também foi embora. Mas um samaritano, que viajava, que ia a seu caminho e tendo-o visto, foi tocado de compaixão; se aproximou dele, derramou azeite e vinho em suas feridas, e lhe fez curativos. E tendo-o colocado sobre o seu cavalo, levou-o a uma estalagem, e cuidou dele. Noutro dia, tirou dois denários e os entregou ao estalajadeiro, dizendo: – Cuida bem deste homem e tudo o que gastardes a mais eu vos pagarei quando voltar.*

"Qual destes três vos parece ter sido o próximo daquele que caiu nas mãos

dos ladrões? O doutor respondeu: Aquele que usou de misericórdia com ele. – Vai, então, disse-lhe Jesus, e faze tu o mesmo." (Lucas, X: 25-37)

3. Toda a moral de Jesus se resume na caridade e na humildade, ou seja, nas duas virtudes contrárias ao egoísmo e ao orgulho. Em todos os Seus ensinamentos, Ele mostra essas virtudes como o caminho da eterna felicidade. *"Bem-aventurados"*, diz Ele, *"os pobres de espírito"*, ou seja, os humildes, *"porque o Reino dos Céus lhes pertence; Bem-aventurados os que têm o coração puro, Bem-aventurados os que são mansos e pacíficos, Bem-aventurados os que são misericordiosos. Amai o vosso próximo como a vós mesmos, fazei aos outros o que gostaríeis que vos fizessem; amai os vossos inimigos, perdoai as ofensas, se quiserdes ser perdoados; fazei o bem sem ostentação; julgai-vos a vós mesmos, antes de julgardes os outros"*. Humildade e caridade é o que Jesus não cessa de recomendar, e de que Ele mesmo dá o exemplo. Orgulho e egoísmo é o que não cessa de combater. Mas Ele faz mais do que recomendar a caridade, Ele a coloca nitidamente, e em termos explícitos, como condição absoluta da felicidade futura.

No quadro que Jesus apresenta, do juízo final, como em muitas outras coisas, é preciso diferenciar a figura da alegoria. A homens como aos que falava, ainda incapazes de compreender as coisas puramente espirituais, Ele precisava apresentar imagens materiais, surpreendentes e capazes de impressionar. Para que fossem mais bem aceitas, não deveria afastar-se das ideias em voga, quanto à forma, reservando sempre para o futuro a verdadeira interpretação das Suas palavras e dos pontos sobre os quais não podia explicar claramente. Mas, ao lado da parte acessória ou figurada do quadro, há a ideia predominante: a da felicidade que aguarda o justo e a da infelicidade reservada ao mau.

Nesse julgamento supremo, quais são os considerandos da sentença? Sobre o que se baseia a inquirição? O juiz pergunta se foram atendidas estas ou aquelas formalidades, observadas mais ou menos estas ou aquelas práticas exteriores? Não, Ele apenas pergunta por uma coisa: a prática da caridade. E se pronuncia dizendo: *"Vós que socorrestes os vossos irmãos, passai à direita; os que foram duros para com eles, passai à esquerda"*. Ele interroga sobre a ortodoxia da fé? Faz distinção entre aquele que crê de uma maneira e o que crê de outra? Não, pois Jesus coloca o samaritano, visto como herege – mas que tem amor ao próximo – acima do ortodoxo, a quem falta a caridade. Jesus não faz da caridade apenas uma das condições de salvação, mas a única condição. Se houvessem outras a preencher, Ele as mencionaria. Se Ele situa a caridade no primeiro patamar das virtudes, é porque ela encerra implicitamente todas as outras: a humildade, a mansidão, a benevolência, a indulgência, a justiça etc., e porque ela é a negação absoluta do orgulho e do egoísmo.

O maior mandamento

4. *"Os fariseus, tendo percebido que Ele tinha calado os saduceus, surpreenderam-se, e um deles, que era doutor da lei, veio Lhe fazer essa pergunta, tentando-o: – Mestre, qual é o maior mandamento da lei? Jesus lhe respondeu: – Amarás o Senhor teu Deus de todo o teu coração, de toda a tua alma e de todo o teu entendimento. Este é o maior e o primeiro mandamento. E aqui está o segundo, semelhante a este: Amarás ao teu próximo como a ti mesmo. Toda a lei e os profetas estão encerrados nesses dois mandamentos."* (Mateus, XXII:34-40)

5. Caridade e humildade, esta é a única via de salvação; egoísmo e orgulho, a da perdição. Esse princípio é formulado em termos precisos nestas palavras: *"Amarás a Deus de toda a tua alma, e ao próximo como a ti mesmo; toda a lei e os profetas estão contidos nestes dois mandamentos"*. E para que não haja equívocos sobre a interpretação do amor de Deus e do próximo, Ele acrescenta: *"E aqui está o segundo mandamento, semelhante ao primeiro"*, ou seja, que não se pode amar verdadeiramente a Deus sem amar ao próximo, nem amar ao próximo sem amar a Deus, assim, tudo o que fizermos contra o próximo, é também contra Deus que se faz. Não se podendo amar a Deus sem praticar a caridade para com o próximo, todos os deveres do homem se encontram resumidos nesta máxima: FORA DA CARIDADE NÃO HÁ SALVAÇÃO.

Necessidade da caridade segundo São Paulo

6. *"Se eu falar a língua dos homens e dos anjos, e não tiver a caridade, sou como o metal que soa, ou como o sino que tine. E se eu tiver o*

dom de profetizar, e conhecer todos os mistérios, e tiver a perfeita ciência de todas as coisas; se eu tiver ainda toda a fé possível, até ao ponto de transportar montanhas, se eu não tiver a caridade, eu nada serei. E se eu tiver distribuído meus bens para alimentar os pobres e deixado meu corpo para ser queimado, se, todavia, eu não tiver caridade, tudo isto de nada me aproveita.

"A caridade é paciente, é benigna; a caridade não é invejosa, não obra temerária e precipitadamente, ela não se envaidece, não é ambiciosa, não busca os seus próprios interesses, não se irrita, não suspeita mal, não se alegra com a injustiça, mas sim com a verdade. Tudo suporta, tudo crê, tudo espera e tudo sofre. A caridade nunca, jamais há de acabar, ou deixem de ter lugar as profecias, ou cessem as línguas, ou seja abolida a Ciência.

Agora, pois, permanecem estas três virtudes: a fé, a esperança e a caridade; mas entre elas, a maior é a caridade." (Paulo, I Coríntios, XIII:1-7 e 13)

7. São Paulo compreendeu tão profundamente esta grande verdade, que disse: *"Se eu falar a língua dos anjos, se tiver o dom da profecia, e conhecer todos os mistérios; se tiver toda a fé possível, para transportar montanhas, mas não tiver a caridade, nada serei. Entre estas três virtudes: a fé, a esperança e a caridade, a maior delas é a caridade"*. Coloca assim, sem equívoco, a caridade acima da própria fé. Porque a caridade está ao alcance de todos, do ignorante e do sábio, do rico e do pobre; e porque ela é independente de toda crença particular.

E faz mais: define a verdadeira caridade, mostra-a, não apenas na beneficência, mas no conjunto de todas as qualidades do coração, na bondade e na benevolência em relação ao próximo.

Fora da igreja não há salvação. Fora da verdade não há salvação

8. Enquanto a máxima: *"Fora da caridade não há salvação"*, apoia-se sobre um princípio universal, abrindo a todos os filhos de Deus o acesso à felicidade suprema, o dogma: *Fora da Igreja não há salvação*, apoia-se, não sobre a fé fundamental em Deus e na imortalidade da alma, fé comum a todas as religiões, mas *sobre a fé especial em dogmas particulares*. É, portanto, exclusivista e absoluto. Em vez de unir os filhos de Deus,

ela os divide, no lugar de levá-los ao amor fraterno, mantém e acaba por legitimar a animosidade entre os sectários de diferentes cultos, que se consideram reciprocamente malditos na eternidade, sejam parentes ou amigos neste mundo. Desconhecendo a grande lei de igualdade perante o túmulo, separa-os até no campo santo. A máxima *"Fora da caridade não há salvação"* é a consequência do princípio de igualdade diante de Deus e da liberdade de consciência. Com esta máxima por regra, todos os homens são irmãos, e qualquer que seja a maneira de adorar o Criador, eles se dão as mãos e oram uns pelos outros. Com o dogma "Fora da igreja não há salvação" anatematizam-se, perseguem-se e tornam-se inimigos mútuos. O pai não ora mais pelo filho, nem o filho pelo pai, nem o amigo pelo amigo, desde que se julguem, reciprocamente condenados, sem remissão. Esse dogma é, então, essencialmente contrário aos ensinamentos do Cristo e à lei evangélica.

9. *"Fora da verdade não há salvação"* seria o equivalente a *Fora da Igreja não há salvação* e também exclusivista, pois não há uma só seita que não pretenda ter o privilégio da verdade. Qual é o homem que pode se gabar de possuí-la inteiramente, já que o círculo dos conhecimentos cresce sem cessar, e a cada dia que passa as ideias são retificadas? A verdade absoluta só é conhecida pelos Espíritos mais elevados, e a Humanidade terrestre não pode pretendê-la, pois não lhe é dado saber tudo. Ela somente aspira a uma verdade relativa, e proporcional ao seu grau evolutivo. Se Deus tivesse feito, da posse da verdade absoluta, a condição expressa da felicidade futura, isso equivaleria a um decreto de proscrição geral, enquanto a caridade, mesmo em sua mais ampla acepção, pode ser praticada por todos. O Espiritismo, de acordo com o Evangelho, admitindo que a salvação independe da forma de crença, desde que sigamos a lei de Deus, não estabelece: "Fora do Espiritismo não há salvação", e como não pretende ensinar ainda toda a verdade, não diz também: "Fora da verdade não há salvação", máxima que dividiria em vez de unir, e que perpetuaria o antagonismo.

Instruções dos Espíritos
Fora da caridade não há salvação
Paulo, o Apóstolo – Paris, 1860

10. Meus filhos, na máxima: *"Fora da caridade não há salvação"*, estão contidos os destinos dos homens na Terra e no Céu; na Terra, porque à sombra desse estandarte, eles viverão em paz; no Céu, porque aqueles que a tiverem praticado encontrarão graça diante do Senhor. Esta divisa é a bandeira celeste, a coluna luminosa que guia o homem no deserto da vida, para conduzi-lo à Terra Prometida. Ele brilha no céu como uma auréola santa na fronte dos eleitos, e na Terra está gravada no coração daqueles a quem Jesus dirá: *"Passai à direita, benditos de meu Pai"*. Vós os reconhecereis pelo perfume de caridade que espargem ao seu redor. Nada exprime melhor o pensamento de Jesus, nada resume melhor os deveres do homem do que esta máxima de ordem divina. O Espiritismo não poderia provar melhor a sua origem do que tendo-a por regra, pois ela é o reflexo do mais puro Cristianismo. Com tal guia, o homem não se perderá nunca. Aplicai-vos, meus amigos, em compreender-lhe o sentido profundo e as consequências de sua aplicação, e a buscar, por vós mesmos, todas as maneiras de aplicá-la. Submetei todas as vossas ações ao controle da caridade, e a vossa consciência vos responderá. Ela não apenas evitará que façais o mal, como também vos fará que pratiqueis o bem, pois não basta uma virtude negativa, é necessária uma virtude ativa. Para fazer o bem, é preciso sempre a ação da vontade, mas para não fazer o mal, bastam frequentemente a inércia e a negligência.

Meus amigos, agradecei a Deus, a possibilidade de usufruirdes da luz do Espiritismo. Não porque somente os que a possuem serão salvos, mas porque ajudando-vos a melhor compreender os ensinamentos do Cristo, ela vos torna melhores cristãos. Fazei, então, que as pessoas, vos vendo, possam dizer que o verdadeiro espírita e o verdadeiro cristão são uma e a mesma coisa, pois todos os que praticam a caridade são discípulos de Jesus, independente do culto ao qual pertençam.

CAPÍTULO XVI

NÃO SE PODE SERVIR A DEUS E A MAMON

Salvação dos ricos – Guardai-vos da avareza – Jesus na casa de Zaqueu – Parábola do mau rico – Parábola dos talentos – Utilidade providencial da fortuna – Desigualdade das riquezas – Instruções dos Espíritos: A verdadeira propriedade – Emprego da fortuna – Desprendimento dos bens terrenos – Legados.

Salvação dos ricos

1. *"Nenhum servo pode servir a dois mestres, pois ou odiará um e amará o outro, ou se ligará a um e desprezará o outro. Não podeis servir ao mesmo tempo a Deus e a Mamon."* (Lucas, XVI:13)

2. *"Então, um jovem se aproximou Dele e disse: – Bom Mestre, o que devo fazer para adquirir a vida eterna? – Jesus lhe respondeu: – Por que me chamas de bom? Somente Deus é bom. Porém, se queres entrar na vida, guarda esses mandamentos. – Quais? Jesus lhe disse: Não matarás; não cometerás adultério; não roubarás; não dirás falso testemunho. Honrarás a teu pai e a tua mãe, e amarás o teu próximo como a ti mesmo. O jovem Lhe respondeu: – Eu guardei todos esses mandamentos desde a minha infância, o que me falta ainda? Jesus lhe disse: se quiseres ser perfeito, vai, vende o que tens e dá-o aos pobres, e terás um tesouro no Céu. Depois, vem e segue-me.*

Ouvindo essas palavras, o jovem se foi, triste, porque ele tinha muitos bens. E Jesus disse aos Seus discípulos: – Eu vos digo, em verdade, que é bem difícil um rico entrar no Reino dos Céus. Eu vos digo mais uma vez: — É mais fácil um camelo¹ passar pelo buraco de uma agulha do que um rico entrar no Reino dos Céus." (Mateus, XIX:16-24; Lucas, XII:18-25; Marcos, X:17-25)

Guardai-vos da avareza

3. *"Um homem, então, Lhe diz em meio à multidão: — Mestre, dize ao meu irmão para dividir comigo a herança que nos foi deixada. Mas Jesus lhe diz: — Homem! Quem me constituiu juiz para vos julgar ou para fazer partilhas? Depois lhes disse: Tendes cuidado com toda a avareza, pois a vida de um homem não consiste na abundância dos bens que possui.*

Ele lhes diz, em seguida, esta parábola: Havia um homem rico cujas terras tinham dado abundantes frutos. E ele se revolvia em pensamentos, dizendo: Que farei, já que não há lugar onde eu possa guardar tudo o que recolhi? Já sei o que farei, derrubarei os meus celeiros e os farei maiores; e lá colocarei toda a minha colheita e todos os meus bens e direi à minha alma: Minha alma, tu tens muitos bens reservados para muitos anos, repousa, come, bebe, aproveita. Mas Deus, ao mesmo tempo, disse a este homem: Insensato que és! Tua alma será recolhida esta noite mesmo e para quem ficará tudo o que acumulaste?

É isso o que acontece com aquele que acumula tesouros para si mesmo e que não é rico diante de Deus." (Lucas, XII:13-21)

Jesus na casa de Zaqueu

4. *"Estando Jesus em Jericó, passava pela cidade onde havia um homem chamado Zaqueu — chefe dos publicanos e muito rico — que, tendo vontade de ver a Jesus para conhecê-Lo, não o podia conseguir, pois era pequeno de estatura e a multidão o impedia. Por isso correu adiante, e subiu a uma árvore para vê-Lo, pois Ele passaria por ali. Tendo Jesus vindo a este lugar, levantou os olhos e o viu, chamando-o: Zaqueu, desça, pois é preciso que Eu me abrigue, hoje, na sua casa. Zaqueu desceu rapidamente e recebeu-O com*

⁽¹⁾ Esta figura de linguagem pode parecer estranha; na realidade, em hebreu, a mesma palavra serve para designar "cabo" e "camelo". A tradução com a primeira palavra seria a mais correta. (*N. do E.*)

alegria. Todos viram a cena e comentaram: Ele foi se abrigar na casa de um homem de má vida." (Ver Introdução, art. Publicanos.)

"Entretanto, se apresentando diante do Senhor, Zaqueu Lhe diz: Senhor, eu dou a metade dos meus bens aos pobres, e se defraudei alguém, pagar-lho-ei quadruplicado. Jesus lhe disse: Essa casa, hoje, recebeu a salvação, pois este também é filho de Abraão. Porque o Filho do Homem veio buscar e salvar o que estava perdido." (Lucas, XIX:1-10)

Parábola do mau rico

5. *"Havia um homem rico, vestido de púrpura e linho, que se banqueteava esplendidamente todos os dias. Havia também um pobre mendigo, chamado Lázaro, estendido à sua porta, todo coberto de chagas, que desejava as migalhas que caíam da mesa do rico, mas ninguém lhas dava; e os cães vinham lamber-lhe as feridas. Ora, esse pobre morreu e foi levado pelos anjos ao seio de Abraão. O rico também morreu e teve o inferno por sepulcro. Quando este, atormentado, ergueu os olhos, viu de longe Abraão e Lázaro, em seu seio. Gritando, ele disse essas palavras: – Pai Abraão, tende piedade de mim e manda cá Lázaro, para que ele molhe a ponta do seu dedo na água, para refrescar-me a língua, pois eu sofro tormentos extremos neste fogo. Mas Abraão lhe respondeu: – Meu filho, lembra-te de que recebeste os teus bens durante a vida, e Lázaro somente teve infortúnios; é por isso que ele está agora, consolado, enquanto tu estás atormentado. Além disso, há um grande abismo entre nós e vós, de maneira que aqueles que quiserem passar daqui para onde estais não podem fazê-lo, como não se pode passar daí para onde estamos.*

O rico lhe disse: – Eu vos suplico, pai Abraão, que envies à casa de meu pai, onde eu tenho cinco irmãos, para que eles saibam dessas coisas, pois temo que eles também venham para este lugar de tormentos. Abraão lhe respondeu: – Eles têm Moisés e os profetas; ouçam-nos. – Não, pai, se algum dos mortos for encontrá-los, eles farão penitência. Abraão lhe respondeu: – Se eles não ouvem Moisés, nem os profetas, tampouco se deixarão persuadir, nem mesmo se algum dos mortos ressuscitar." (Lucas, XVI:19-31)

Parábola dos talentos

6. *"O senhor age como um homem que, devendo fazer uma longa viagem, chamou seus servos e lhes entregou os seus bens. E tendo dado cinco talentos a um, dois a outro e um a outro, de acordo com a sua capacidade, partiu bem cedo. Aquele que tinha recebido cinco talentos foi negociar com o dinheiro e ganhou mais cinco. O que tinha recebido dois também ganhou mais dois. Mas aquele que apenas tinha recebido um, indo-se com ele foi cavar a terra, e nela escondeu o dinheiro de seu senhor. Muito tempo depois, o senhor desses servos voltou, e lhes pediu conta do que lhes tinha dado. Aquele que tinha recebido cinco talentos veio, e lhe apresentou mais cinco, dizendo: – Senhor, destes-me cinco talentos nas mãos e aqui estão mais cinco que eu ganhei. Seu senhor lhe respondeu: – Muito bem, bom e fiel servo, por teres sido fiel nas coisas pequenas, eu te reservarei a intendência das grandes; entra na alegria do teu Senhor. Aquele que havia recebido dois talentos veio da mesma forma se apresentar a ele e lhe disse: – Senhor, colocastes-me dois talentos nas mãos e aqui estão, além deles, mais dois que eu ganhei. Seu senhor lhe respondeu: Ó bom e fiel servo, por teres sido fiel nas pequenas coisas, eu te darei a intendência das grandes. Entra na alegria do teu senhor. Aquele que tinha recebido apenas um talento lhe disse: – Senhor, eu sei que és um homem rígido, segas onde não semeaste, e recolhes onde não espalhaste, é por isso que, temendo, escondi vosso talento na terra e aqui lhe devolvo o que é vosso. Mas seu mestre lhe respondeu: servo mau e preguiçoso, sabias que sego onde não semeei, e que recolho onde não tenho espalhado. Devias logo dar o meu dinheiro aos banqueiros, para que, na minha volta, eu o retirasse com os juros, que me pertence. Tirai-lhe, então, o talento, e dai-o ao que tem dez talentos. Pois a todo o que tem, dar-se-lhe-á, e terá em abundância, mas ao que não tem, tirar-se-lhe-á até o que parece ter. E lançai o servo inútil nas trevas exteriores. Ali haverá choro e ranger de dentes."* (Mateus, XXV:14-30)

Utilidade providencial da fortuna

7. Se a riqueza fosse um obstáculo absoluto à salvação daqueles que a possuem – como se poderia inferir de algumas palavras de Jesus, interpretadas segundo a letra e não segundo o Espírito. Deus, que as distribui,

Capítulo XVI

teria colocado nas mãos de alguns um instrumento fatal de perdição, pensamento que revolta à razão. A riqueza é, sem dúvida, uma prova muito arriscada, mais perigosa do que a miséria, graças aos seus atrativos, às tentações e à fascinação que exerce. É o supremo excitante do orgulho, do egoísmo e da vida sensual. É o laço mais poderoso que liga o homem à Terra e desvia os seus pensamentos do Céu. Produz uma tal vertigem, que se vê, muitas vezes, aquele que passa da miséria à fortuna esquecer rapidamente a sua antiga posição, bem como dos seus companheiros, daqueles que o ajudaram, tornando-se insensível, egoísta e fútil. Mas tornar a vida mais difícil não é o mesmo que torná-la inviável e pode se transformar a riqueza em meio de salvação nas mãos daquele que dela souber tirar proveito, como alguns venenos que podem recuperar a saúde, se forem empregados a propósito e com discernimento.

Quando Jesus disse ao jovem que O interrogava sobre os meios para ganhar a vida eterna: *"Desfaze-te de todos os teus bens e segue-me"*, não pretendia estabelecer como princípio absoluto que cada um devesse despojar-se do que possui, e que a salvação só se consegue a esse preço, mas mostrar que *o apego aos bens terrenos* é um obstáculo à salvação. Esse jovem, na verdade, acreditava estar correto, já que havia observado certos mandamentos e, entretanto, recuava diante da ideia de abandonar os seus bens; seu desejo de obter a vida eterna não ia até esse sacrifício.

A proposta que Jesus lhe fazia era uma prova decisiva, para esclarecer o fundo do seu pensamento. Ele poderia, sem dúvida, ser um padrão de homem honesto, segundo o mundo, não fazer mal a ninguém, não maldizer o seu próximo, não ser fútil nem orgulhoso, honrar ao pai e à mãe. Mas ele não tinha a verdadeira caridade, pois a sua virtude não chegava até a abnegação. Foi isso o que Jesus quis demonstrar. Era a aplicação do princípio: *"fora da Caridade não há salvação"*.

A consequência dessas palavras, tomadas num sentido rigoroso, seria a abolição da fortuna, como prejudicial à felicidade futura e como fonte de incontáveis males sobre a Terra. Seria, além disso, a condenação do trabalho que a pode proporcionar. Consequência absurda, que reconduziria o homem à vida selvagem e, exatamente por isso, estaria em contradição com a lei de progresso, que é uma lei de Deus.

Se a riqueza é a fonte de muitos males, se excita tanto as más paixões, se provoca tantos crimes, não é a ela que devemos nos ater, mas ao homem que dela abusa, assim como faz com todos os dons de Deus. Pelo abuso, ele torna pernicioso o que lhe poderia ser-lhe mais útil. É a consequência do estado de inferioridade do mundo terreno. Se a riqueza produzisse apenas o mal, Deus não a teria colocado na Terra. Cabe ao homem saber transformá-la em fonte do bem. Se ela não é uma causa imediata do progresso moral, é, sem contestações, um poderoso elemento de progresso intelectual.

Com certeza, o homem tem por missão trabalhar para o desenvolvimento material do globo. Ele deve desbravá-lo, saneá-lo, dispô-lo para receber, um dia, toda a população que a sua extensão comporta. É preciso aumentar a produção para alimentar essa população. Se a produção de uma região for insuficiente, é preciso buscá-la noutra. Por isso mesmo, as relações de povo a povo torna-se uma necessidade, e para facilitá-las é indispensável destruir os obstáculos materiais que os separam e tornar mais rápidas as comunicações.

Para os trabalhos que são obras dos séculos, o homem teve de extrair materiais das próprias entranhas da terra. Buscou na Ciência os meios de executá-los mais segura e rapidamente. Mas, para fazê-lo, necessitava de recursos. A necessidade o fez produzir as riquezas, assim como esta o fez descobrir a Ciência. A atividade necessária para estes mesmos trabalhos lhe aumenta e desenvolve a inteligência, a qual ele concentra, primeiramente, sobre a satisfação das necessidades materiais, e que o ajudará, mais tarde, a compreender as grandes verdades morais.

Sem a riqueza, o primeiro meio de execução, não haveria grandes trabalhos, nem atividades, nem estímulos, nem pesquisas.

Desigualdade das riquezas

8. A desigualdade das riquezas é um dos problemas que em vão se procuram resolver, se considerarmos apenas a vida presente. A primeira questão que se apresenta é esta: Por que todos os homens não são igualmente ricos? Por uma razão muito simples: *é que não são igualmente inteligentes, ativos e laboriosos para adquirir, nem sóbrios e previdentes* *para conservar*. É, além disso, uma questão matematicamente demonstrada que, repartida por igual, a riqueza daria a cada qual uma parte mínima e insuficiente; que, supondo-se feita esta divisão, o equilíbrio seria rompido em pouco tempo, pela diversidade dos caracteres e das aptidões; que, a supondo possível e durável, tendo cada um o suficiente para viver, isso equivaleria ao aniquilamento de todos os grandes trabalhos que concorrem para o progresso e o bem-estar da Humanidade. Imaginando, portanto, que ela desse a cada um o necessário, desapareceria a mola propulsora das grandes descobertas e os empreendimentos úteis. Se Deus concentra a riqueza em alguns pontos, é para que, de lá, ela se propague, em quantidades suficientes, segundo as necessidades.

Admitindo-se isto, pergunta-se por que Deus concede a riqueza a pessoas incapazes de fazê-la frutificar para o bem de todos. Essa é ainda uma prova da sabedoria e da bondade de Deus. Dando ao homem o livre-arbítrio, quis que ele aprendesse, pela sua própria experiência, a discernir o bem e o mal, de maneira que a prática do bem fosse o resultado dos seus esforços, da sua própria vontade. O homem não deve ser conduzido fatalmente ao bem, nem ao mal, sem isso ele seria apenas um instrumento passivo e irresponsável, como os animais. A riqueza é um meio de testá-lo moralmente; mas como, ao mesmo tempo, é um poderoso meio de ação para o progresso, Deus não quer que ela permaneça improdutiva, e é por isso que ele a *transfere incessantemente*. Cada um deve possuí-la, para exercitar-se em seu uso e provar a utilização que sabe fazer dela, mas como é impossível, materialmente, que todos a possuam ao mesmo tempo – e, além disso, se todos a possuíssem, ninguém trabalharia, e o desenvolvimento do globo sofreria com isso: *cada um a possui a seu tempo*. Aquele que hoje não a tem, já a teve no passado ou a terá no futuro, em outra existência, e aquele que agora a possui, poderá não tê-la mais amanhã. Há ricos e pobres porque Deus, sendo justo, cada qual deve trabalhar por sua vez. A pobreza é para uns a prova de paciência e de resignação; para outros, é a prova da caridade e da abnegação.

Lamenta-se, com razão, o triste uso que algumas pessoas fazem de sua fortuna, as ignóbeis paixões que a cobiça provoca, e pergunta-se se Deus é justo, quando dá a riqueza a tais pessoas. É verdade que, se o homem tivesse apenas uma existência, nada justificaria uma tal divisão dos bens terrenos; mas se, em vez de limitar a sua vida ao presente, considerássemos o conjunto das existências, veríamos que tudo se equilibra com justiça. O pobre não tem, então, motivos para acusar a Providência, nem para invejar os ricos, e estes não o têm para se vangloriarem do que possuem. Se abusam da fortuna, nenhum decreto ou lei suntuária remediará o mal. As leis podem mudar momentaneamente o exterior, não podem mudar o coração. É por isso que têm um efeito temporário e provocam sempre uma reação mais desenfreada. A fonte do mal está no egoísmo e no orgulho. Os abusos de toda natureza acabarão por si mesmos, quando os homens se dirigirem pela lei da caridade.

Instruções dos Espíritos
A verdadeira propriedade
Pascal – Genebra, 1860

9. O homem simplesmente possui de seu o que pode levar deste mundo. O que ele encontra ao chegar e o que deixa ao partir, usufrui segundo a sua permanência na Terra. Mas, já que é forçado a abandonar o que possui, apenas tem o usufruto, e não a posse real. O que é, então, que ele possui? Nada do que se destina ao uso do corpo, e tudo o que se refere ao uso da alma: a inteligência, os conhecimentos, as qualidades morais. É isto o que ele traz e leva consigo, o que ninguém tem o poder de tirar-lhe, e o que lhe servirá muito mais no outro mundo do que neste. Dele depende ser mais rico na sua partida do que em sua chegada, pois do que ele tiver conquistado no bem, depende a sua posição futura. Quando um homem vai a um país longínquo, arruma a sua bagagem com objetos que usará naquele país, mas não se sobrecarrega com coisas que lhe seriam inúteis. Fazei, pois, o mesmo, em relação à vida futura, abastecendo-vos de tudo o que poderá vos servir.

Ao viajante que chega a uma estalagem, dá-se-lhe um bom alojamento, se ele puder pagar. Àquele que pode menos, dá-se um pior. Quanto àquele que nada tem, é deixado ao relento. Assim ocorre com o homem, quando chega ao mundo dos Espíritos: sua colocação está subordinada às suas posses, mas não é com ouro que ele salda seu compromisso. Não lhe será perguntado: quanto possuístes na Terra? Que função ocupastes? Eras príncipe ou operário? Mas lhe será perguntado: O que trazes? Não será computado o valor de seus bens, nem dos seus títulos, mas a soma de suas virtudes. Sendo assim, o operário pode ser mais rico do que o príncipe. Em vão alegará que, antes de sua partida, pagou em ouro a sua entrada no Céu. A isto lhe responderão: os lugares não se compram aqui, eles são ganhos pelo bem que se faz. Com a moeda terrestre podeis comprar terras, casas, palácios. Aqui, tudo se paga com as qualidades do coração. Sois ricos destas qualidades? Sede bem-vindos, ide ao primeiro lugar, no qual todas as venturas vos esperam. Sois pobre? Ide ao último, onde sereis tratado em razão de vossas posses.

M., Espírito Protetor – Bruxelas, 1861
10. Os bens da Terra pertencem a Deus, que os dá de acordo com a sua vontade. O homem tem apenas o usufruto, é o administrador mais ou menos íntegro e inteligente. Pertencem tão pouco ao homem, como propriedade individual, que Deus frustra, muitas vezes, todas as suas previsões. A fortuna escapa àquele que acredita possuí-la com os melhores títulos.

Direis, talvez, que isto acontece com a fortuna hereditária, mas não àquela que se adquire trabalhando. Sem dúvida nenhuma – se há uma fortuna legítima, é a que foi adquirida honestamente – pois *uma propriedade somente é legitimamente adquirida quando, para possuí-la, não se prejudicou a ninguém*. Pedir-se-á contas de um centavo mal adquirido, em detrimento de alguém. Mas por que um homem deva a sua riqueza a si mesmo, trará alguma vantagem ao morrer? Os cuidados que ele toma para transmiti-la aos seus descendentes não são, muitas vezes, inúteis? Se Deus não quer que estes a recebam, nada poderá prevalecer sobre a Sua vontade. Pode ele usar e abusar dela, impunemente, durante a sua vida, sem ter de prestar contas? Não. Permitindo que o homem a adquira, Deus quis recompensá-lo, durante a sua vida, pelos seus esforços, coragem e perseverança. Mas se ele somente a empregou para a satisfação de seus sentidos ou de seu orgulho, se ela se tornou causa de queda para si mesmo, melhor seria se não a tivesse possuído.

Nesse caso, ele perde de um lado o que ganhou de outro, anulando por si mesmo o mérito de seu trabalho, e quando deixar a Terra, Deus lhe dirá que já recebeu a sua recompensa.

Emprego da fortuna
Cheverus – Bordeaux, 1861

11. Não podeis servir a Deus e a Mamon; guardai bem isto, vós a quem o amor do ouro domina, que venderíeis a alma para possuir tesouros, porque isso poderia vos colocar acima dos outros e dar-vos as alegrias das paixões. Não, não podeis servir a Deus e a Mamon! Se sentis vossa alma dominada pelas cobiças da carne, apressai-vos em sacudir o jugo que vos esmaga, pois Deus, justo e severo, vos dirá: O que fizeste ecônomo infiel, dos bens que te confiei? Empregaste este poderoso móvel das boas obras, apenas para a tua satisfação pessoal?

Qual é o melhor emprego da fortuna, então? Procurai nestas palavras: *"Amai-vos uns aos outros"*, a solução desse problema. Está aí o segredo do bom uso das riquezas. Aquele que tem em si o amor ao próximo tem a sua linha de conduta inteiramente traçada, pois a aplicação que agrada a Deus, é a da caridade. Não essa caridade fria e egoísta, que consiste em espalhar em volta de si o supérfluo de uma existência dourada, mas aquela que socorre sem humilhar. Rico, dá do teu supérfluo. Faze melhor: dá um pouco do que te é necessário, pois o teu necessário é ainda supérfluo, mas dá com sabedoria. Não repilas o pranto, com medo de seres enganado, mas vá à fonte do mal. Ajuda antes, informa-te em seguida, e verás se o trabalho, os conselhos, até a afeição não seriam mais eficazes do que a tua esmola. Difunde à tua volta, com a abastança, o amor do trabalho, o amor ao próximo, o amor de Deus. Põe a tua riqueza sobre uma base segura e ela te garantirá grandes lucros: as boas obras. A riqueza da inteligência deve servir-te como a do ouro: distribui à tua volta os tesouros da educação, distribui aos teus irmãos o fruto do teu amor e eles frutificarão.

Um Espírito Protetor – Cracóvia, 1861

12. Quando considero a brevidade da vida, causa-me dolorosa impressão a vossa incessante preocupação com o bem-estar material,

enquanto dedicais tão pouco do vosso tempo ao aperfeiçoamento moral, que vos será levado em conta na eternidade. Acreditar-se-ia, vendo a atividade desenvolvida, que se trata de questão do mais alto interesse para a Humanidade, quando, na verdade, trata-se quase sempre de satisfazer a vós mesmos nas necessidades exageradas, na vaidade, ou de vos entregardes aos excessos. Quanta dor, preocupações, tormentos, quantas noites de insônia para aumentar uma fortuna muitas vezes mais do que suficiente! O absurdo, não raro, é ver aqueles que têm um amor imoderado pela fortuna e prazeres que ela proporciona, sujeitarem-se a um trabalho penoso, vangloriarem-se de uma existência de sacrifício e de merecimento, como se trabalhassem para os outros e não para si mesmos. Insensatos! Credes realmente que vos serão levados em conta as preocupações e os esforços que o egoísmo, a cupidez ou o orgulho puseram em ação, enquanto negligenciais o vosso futuro, e os deveres da solidariedade fraterna inerentes a todos os que desfrutam das vantagens da vida social? Pensastes apenas no vosso corpo, em vosso bem-estar, nos prazeres. São o único objeto de vossa solicitude egoísta. Em prol do corpo que morre, negligenciastes vosso Espírito que viverá para sempre. Também esse amo, tão mimado e acariciado, tornou-se o vosso tirano. Ele comanda o vosso Espírito, que dele se fez escravo. Foi esse o objetivo da existência que Deus vos deu?

Fénelon – Argel, 1860

13. Sendo o homem o depositário, o administrador dos bens que Deus envia às suas mãos, ser-lhe-ão pedidas severas contas do emprego que houver feito deles, em virtude de seu livre-arbítrio. O mau emprego consiste em usá-los apenas para a sua satisfação pessoal. Ao contrário, o emprego é bom sempre que dele resulta um bem para os outros. O mérito é proporcional ao sacrifício que para tanto se impõe. A beneficência é apenas um dos modos de emprego da fortuna: ela alivia a miséria atual, aplaca a fome, protege do frio e dá abrigo àquele que não o tem; no entanto, é um dever imperioso, igualmente meritório, e consiste em prevenir a miséria. É essa, sobretudo, a missão das grandes fortunas, pelo trabalho, em geral, que podem proporcionar. Pudessem elas tirar disso um proveito legítimo, o bem não deixaria de existir, pois o trabalho desenvolve a inteligência e exalta a dignidade do homem, seguro de poder dizer que ele mesmo ganhou o próprio pão, enquanto que a esmola humilha e degrada. A riqueza concentrada numa só mão deve ser como uma fonte de água viva, que espalha a fecundidade e o bem-estar ao seu redor.

Ó vós, ricos, que a empregardes segundo os desígnios do Senhor, tereis o coração como o primeiro a beneficiar-se nessa fonte benfazeja. Tereis, nesta vida, as inefáveis alegrias da alma, em vez dos prazeres materiais do egoísta, que deixam o vazio no coração. Vosso nome será bendito na Terra e quando a deixardes, o Soberano Senhor vos dirigirá as palavras da parábola dos talentos: *"Oh! bom e fiel servo, entrai na alegria do Senhor"*. Nessa parábola, o servo que enterrou o dinheiro que lhe foi confiado não é a imagem dos avaros, nas mãos de quem a riqueza é improdutiva? Se, entretanto, Jesus fala principalmente das esmolas, é que naquele tempo, e no país em que vivia, ainda não se conheciam os trabalhos que as artes e a indústria desenvolveriam mais tarde, e nos quais a fortuna pode ser empregada utilmente, para benefício geral. A todos os que podem dar, pouco ou muito, direi, portanto: Dai esmolas, quando necessário, mas o quanto possível, convertei-a em salário, a fim de que aquele que a recebe não tenha do que se envergonhar.

Desprendimento dos bens terrenos
Lacordaire – Constantina, 1863

14. Venho, meus irmãos, meus amigos, trazer-vos o meu auxílio, para vos ajudar a caminhar corajosamente no caminho do aperfeiçoamento em que entrastes. Somos devedores uns dos outros e somente com uma união sincera e fraternal, entre os Espíritos e os encarnados, a regeneração será possível.

Vosso apego aos bens terrenos é um dos mais fortes entraves ao vosso progresso moral e espiritual. Por causa desse desejo pela posse, destruís as vossas faculdades afetivas, dirigindo-as para as coisas materiais. Sede sinceros; a riqueza traz a felicidade sem manchas? Quando vossos cofres estão cheios, não há sempre um vazio no coração? No fundo desse buquê

Capítulo XVI

de flores, não há sempre um réptil oculto? Eu entendo que o homem que, por um trabalho assíduo e honrado, conquistou uma fortuna, prove uma satisfação, bem justa por sinal. Mas desta satisfação, muito natural e aprovada por Deus, a um apego que absorve outro sentimento e paralisa os impulsos do coração, há uma grande distância, igual a que vai da sórdida avareza à prodigalidade exagerada, dois vícios entre os quais Deus colocou a caridade, santa e salutar virtude que ensina o rico a dar sem ostentação, para que o pobre receba sem humilhação.

Quer a riqueza venha de vossa família, quer ela tenha sido ganha com o trabalho, há uma coisa que nunca deveis esquecer: tudo o que vem de Deus, a Ele retorna. Nada vos pertence na Terra, nem mesmo o vosso pobre corpo; a morte vos despoja dele, assim como de todos os bens materiais. Sois administradores, e não proprietários, não vos enganeis. Deus vos emprestou, deveis restituir. E Ele vos empresta com a condição de que, ao menos o supérfluo, seja revertido àqueles que não têm o necessário.

Um de vossos amigos vos empresta uma quantia. Por menos honestidade que tenhais, tereis escrúpulos de pagá-la e lhe ficareis agradecido. Aí está a posição de todo homem rico! Deus é o amigo celestial que vos emprestou a riqueza, pedindo apenas o amor e o reconhecimento, mas exige, por sua vez, que o rico dê aos pobres, pois são Seus filhos tanto quanto ele.

O bem que Deus vos confiou excita em vossos corações uma ardente e desvairada cobiça. Já reflectistes quando vos apegais desmedidamente a uma fortuna perecível, e tão passageira como vós mesmos, que, um dia, tereis de prestar contas ao Senhor daquilo que veio Dele? Esqueceis que, pela riqueza, fostes investidos do caráter sagrado de ministros da caridade na Terra, para serdes os administradores inteligentes? O que sereis, pois, quando usais apenas em proveito próprio o que vos foi confiado além de administradores infiéis? Qual será o resultado desse esquecimento voluntário de vossos deveres? A morte, inflexível e inexorável, virá levantar o véu sob o qual vos escondestes, e vos forçará a prestar contas ao amigo que vos favoreceu, e que nesse momento se reveste aos vossos olhos da toga de juiz.

Em vão, procurais, na Terra, vos iludir, colorindo com o nome de virtude o que normalmente não passa de egoísmo. O que chamais de economia e prudência não passa de cupidez e avareza, ou generosidade o que não passa de prodigalidade em vosso proveito. Um pai de família, por exemplo, se eximirá de fazer caridade, economizará, juntará ouro sobre ouro, e tudo isso, diz ele, para deixar aos seus filhos o máximo de bens possível, evitando-lhes a queda na miséria. É justo e paternal, convenhamos, e não se pode censurá-lo. Mas é realmente este o único objetivo que o orienta? Não seria, muitas vezes, uma desculpa para a própria consciência, para justificar aos seus próprios olhos e aos olhos do mundo o seu apego pessoal aos bens terrenos? Admitindo, entretanto, que o amor paternal seja o único motivo, é suficiente para fazê-lo esquecer-se de vossos irmãos diante de Deus? Quando já tiver o supérfluo, deixará os seus filhos na miséria, simplesmente por deixar-lhes um pouco menos desse supérfluo? Com isso, não lhes estará dando uma lição de egoísmo que lhes endurecerá o coração? Não será asfixiar neles o amor ao próximo? Pais e mães, estais muito enganados, se credes com isso aumentar o afeto de vossos filhos por vós. Ensinando-lhes a serem egoístas para com os outros, ensinai-lhes a sê-los para vós mesmos.

Quando um homem trabalhou muito, e com o suor de seu rosto reuniu bens, costuma dizer que quando o dinheiro é ganho, se sabe melhor o valor dele. Nada é mais verdadeiro. Pois bem, se este homem – que alega conhecer todo o valor do dinheiro – fizer a caridade segundo os seus meios, terá mais mérito do que aquele que, nascido na abundância, ignora o cansaço do trabalho. Mas, se ao contrário, esse homem que se recorda de suas dores, seus esforços, se fizer egoísta, duro em relação aos pobres, será bem mais culpado que os outros, pois quanto mais se conhece por si mesmo as dores ocultas da miséria, mais devemos ser levados a socorrer os outros. Infelizmente, há sempre no homem rico um sentimento tão forte quanto o apego à fortuna: o orgulho. Não é raro ver o novo rico aturdir o infeliz que implora a sua assistência, com a história de seus trabalhos e das suas habilidades, em vez de ajudá-lo, acabando por dizer-lhe: "Faça como eu fiz!". Segundo ele, a bondade de Deus não influi em nada na sua fortuna; somente a ele cabe todo o mérito. O seu orgulho põe-lhe uma venda nos olhos e um tampão nos ouvidos. Ele não entende que, com toda a sua inteligência e capacidade, Deus pode derrubá-lo com uma só palavra.

Esbanjar a sua fortuna não é desprendimento aos bens terrenos, é descuido e indiferença. O homem, que administra os bens que possui, não tem o direito de dilapidá-los, nem de confiscá-los em benefício próprio. A prodigalidade não é generosidade. É, muitas vezes, uma forma de egoísmo. Quem joga ouro a mancheias na satisfação de uma fantasia não dará um centavo para prestar um auxílio. O desapego aos bens terrenos consiste em apreciar a fortuna em seu justo valor, em saber servir-se dela para os outros e não apenas para si mesmo, em não sacrificar por ela os interesses da vida futura, em saber perder sem se lamentar, se convir a Deus retirá-la. Se, por imprevistos reveses, vos tornardes como Jó, dizei como ele: *"Senhor, vós me destes, vós me tirastes, que a vossa vontade seja feita"*. Esse é o verdadeiro desapego. Sede, pois, submissos. Tende fé naquele que, tendo dado e tirado, pode também devolver-vos. Resisti com coragem ao abatimento e ao desespero que paralisam as vossas forças. Não vos esqueçais jamais de que quando Deus vos aplicar uma prova, ao seu lado é colocada também uma consolação. Pensai, sobretudo, que há bens infinitamente mais preciosos do que os da Terra, e esse pensamento vos ajudará a desligar-vos deles. Quanto menor for o valor dado a uma coisa, menos sensíveis somos à sua perda. O homem que se apega aos bens da Terra é como a criança que vê apenas o momento presente. Aquele que se desapega é como o adulto que vê coisas mais importantes, pois compreende essas palavras proféticas do Salvador: *"Meu Reino não é deste mundo"*.

O Senhor não ordena que nos despojemos do que possuímos para nos reduzir à mendicância voluntária, pois então nos tornaríamos uma carga para a sociedade. Agir dessa maneira seria compreender mal o desapego aos bens terrenos. É um egoísmo de outro gênero, pois significa fugir à responsabilidade que a riqueza dá àquele que a possui. Deus a dá àquele que melhor lhe parece poder administrá-la em proveito de todos. O rico tem, portanto, uma missão. Missão que pode tornar-se bela e proveitosa para si mesmo. Rejeitar a fortuna, quando Deus a concede, é renunciar ao benefício do bem que se pode fazer, administrando-a com sabedoria. Saber passar sem ela, quando não a temos, saber empregá-la utilmente, quando a recebemos; saber sacrificá-la, quando necessário; isto é agir segundo os desígnios do Senhor. Que aquele que possui o que chamamos no mundo de boa fortuna, diga a si mesmo: Meu Deus, enviastes-me um novo encargo; dai-me a força para desempenhá-lo segundo a vossa santa vontade!

É isso, meus amigos, o que eu queria ensinar-vos quanto ao desapego aos bens terrenos. Finalizo dizendo: Aprendei a vos contentar com pouco. Se sois pobres, não invejeis os ricos, pois a riqueza não é necessária à felicidade. Se sois ricos, não vos esqueçais de que esses bens vos foram confiados, e que deveis justificar o seu emprego, como numa prestação de contas de tutela. Não sejais administradores infiéis, servindo-vos da riqueza para a satisfação de vosso orgulho e de vossa sensualidade. Não vos julgueis no direito de dispor deles unicamente para vós, pois não o recebestes como doação, mas como empréstimo apenas. Se não sabeis pagar, não tendes o direito de pedir, e lembrai-vos de que aquele que dá aos pobres quita a dívida contraída com Deus.

São Luís – Paris, 1860

15. *O princípio, segundo o qual o homem é simplesmente um administrador da fortuna que Deus lhe permite usufruir durante a vida, tira-lhe o direito de transmiti-la aos seus descendentes?*

O homem pode perfeitamente transmitir, ao morrer, os bens que usufruiu durante a vida, pois a execução desse direito está sempre subordinada à vontade de Deus, que pode, quando o quiser, impedir que os descendentes possam usufruí-los. É assim que se vê ruírem fortunas que pareciam solidamente firmadas. A vontade do homem, em manter a sua fortuna para os descendentes é, dessa forma, impotente; o que não lhe tira o direito de transmitir o empréstimo que recebeu, já que Deus o retirará, quando julgar conveniente.

CAPÍTULO XVII

SEDE PERFEITOS

Características da perfeição – O homem de bem – Os bons espíritas – Parábola do semeador – Instruções dos Espíritos: O dever – A virtude – Os superiores e os inferiores – O homem no mundo – Cuidar do corpo e do Espírito.

Características da perfeição

1. *"Amai os vossos inimigos, fazei o bem àqueles que vos odeiam e orai pelos que vos perseguem e caluniam, para serdes filhos de vosso Pai que está nos Céus; o qual faz nascer o seu sol sobre bons e maus, e vir chuva sobre justos e injustos, pois se apenas amai aqueles que vos amam, que recompensa teríeis? Os publicanos não fazem o mesmo? E se saudardes apenas os vossos irmãos, que fazeis nisso de especial? Os gentios também não o fazem? Sede, pois, perfeitos como vosso Pai celestial é perfeito."* (Mateus, V:44-48)

2. Desde que Deus possui a perfeição infinita em todas as coisas, esta máxima: *"Sede perfeitos como o vosso Pai celestial é perfeito"*, tomada ao pé da letra, faria supor a possibilidade de atingirmos a perfeição absoluta. Se fosse dado à criatura ser tão perfeita quanto o seu próprio Criador, ela o igualaria, o que é inadmissível. Mas os homens aos quais Jesus se dirigia não teriam compreendido essa questão. Ele se limitou a lhes apresentar um modelo, e dizer que se esforçassem para atingi-lo.

É preciso entender, portanto, por essas palavras, a perfeição relativa, aquela à qual a Humanidade é suscetível, e que a aproxima da Divindade. Em que consiste esta perfeição? Jesus disse: *"Amar aos inimigos, fazer o bem aos que vos odeiam, orar por aqueles que vos perseguem e caluniam"*. Ele mostra com isto que a essência da perfeição é a caridade, em Seu mais amplo conceito, pois ela implica a prática de todas as outras virtudes.

Na verdade, se observarmos os resultados de todos os vícios e mesmo dos mais simples defeitos, reconheceremos que não há nenhum que não altere mais ou menos o sentimento de caridade, pois todos têm o seu princípio no egoísmo e no orgulho, que são a sua negação. Tudo o que excita o sentimento da personalidade destrói ou, ao menos, enfraquece os elementos da verdadeira caridade, que são: a benevolência, a indulgência, o sacrifício e o devotamento. O amor ao próximo levado até o amor aos inimigos, não podendo ligar-se a nenhum defeito contrário à caridade, é sempre, por isso mesmo, o indício de uma maior ou menor superioridade moral. Disto resulta que o grau de aperfeiçoamento está na proporção da extensão desse amor. É por isso que Jesus, depois de haver dado aos Seus discípulos as regras da caridade, no que elas têm de mais sublime, lhes disse: *"Sede, então, perfeitos, como vosso Pai celestial é perfeito".*

O homem de bem

3. O verdadeiro homem de bem é aquele que pratica a lei de justiça, de amor e de caridade, em sua maior pureza. Se interroga a sua consciência sobre os próprios atos, pergunta se não violou essa lei, se não fez algum mal, se fez todo bem *que podia*, se negligenciou voluntariamente uma ocasião de ser útil, se ninguém tem nada contra ele, enfim, se fez aos outros tudo o que queria que os outros fizessem por ele.

Ele tem fé em Deus, em Sua bondade, justiça e sabedoria; sabe que nada acontece sem a sua permissão e submete-se à sua vontade em todas as coisas.

Tem fé no futuro e, por isso, coloca os bens espirituais acima dos temporais.

Sabe que todas as vicissitudes da vida, todas as dores, decepções, são provas ou expiações, e as aceita sem lamentações.

O homem possuidor do sentimento de caridade e amor ao próximo faz o bem pelo bem, toma a defesa do fraco contra o forte e sacrifica sempre o seu interesse à justiça.

Capítulo XVII

Encontra sua satisfação nos benefícios que distribuiu, nos serviços que presta, na felicidade que promove, nas lágrimas que faz secar, no consolo que dá aos aflitos. Seu primeiro impulso é pensar nos outros, antes que em si mesmo, de buscar o interesse dos outros antes dos seus. O egoísta, ao contrário, calcula os benefícios e as perdas de cada ação generosa.

O homem de bem é bom, humano e benevolente para com todos, sem distinção de raças e crenças, pois vê todos os homens como irmãos.

Respeita nos outros todas as convicções sinceras, e não lança o anátema[1] aos que não pensam como ele.

Em todas as circunstâncias, a caridade é o seu guia. Considera que aquele que prejudica os outros com palavras maldosas, que fere a sensibilidade alheia com seu orgulho e desdém, que não recua à ideia de causar um sofrimento, uma contrariedade, por menor que seja, quando a pode evitar, falta com o dever de amor ao próximo e não merece a clemência do Senhor.

Não tem ódio, nem rancor, nem desejos de vingança. A exemplo de Jesus, perdoa e esquece as ofensas, e não se lembra dos benefícios, pois sabe que será perdoado, assim como houver perdoado.

É indulgente para com as fraquezas alheias, pois sabe que ele mesmo precisa de indulgência, e se recorda dessas palavras do Cristo: *"Que aquele que estiver sem pecado atire a primeira pedra"*.

Não se compraz em buscar os defeitos dos outros nem em colocá-los em evidência. Se a necessidade o obriga a isso, busca sempre o bem que pode atenuar o mal.

Estuda as suas próprias imperfeições e trabalha sem cessar para combatê-las. Todos os seus esforços tendem para que possa dizer, amanhã, que há nele algo de melhor do que na véspera.

Não procura destacar nem as suas qualidades, nem os seus talentos, às expensas dos outros. Aproveita, ao contrário, todas as ocasiões para ressaltar as vantagens dos outros.

Não se envaidece com a sua sorte, nem com as vantagens pessoais, pois sabe que tudo o que lhe foi dado pode lhe ser tirado.

---

[1] **Anátema** — Reprovação enérgica. (*N. do E.*)

Usa, mas não abusa dos bens que lhe são confiados, pois sabe que é um depositário desses bens dos quais deverá prestar contas, e que o emprego mais prejudicial para si mesmo, que poderá dar-lhes, é pô-los ao serviço da satisfação de suas paixões.

Se a ordem social colocou alguns homens sob a sua dependência, trata-os com bondade e benevolência, pois são seus semelhantes diante de Deus. Ele usa de sua autoridade para erguer-lhes o moral, e não para lhes ferir com o seu orgulho, e evitar tudo o que poderia tornar mais penosa a posição subalterna.

O subordinado, por sua vez, compreende os deveres de sua posição e tem escrúpulos em realizá-los conscienciosamente. (Ver Cap. XVII, nº 9)

O homem de bem, enfim, respeita nos seus semelhantes todos os direitos que lhes são assegurados pelas leis da Natureza, como gostaria que respeitassem os seus.

Essas não são todas as qualidades que distinguem o homem de bem, mas quem quer que se esforce para possuí-las está no caminho que conduz a todas as outras.

Os bons espíritas

4. O Espiritismo bem compreendido, mas, principalmente, bem sentido, conduz forçosamente aos resultados acima, que caracterizam o verdadeiro espírita, como o verdadeiro cristão, pois um e outro são a mesma coisa. O Espiritismo não criou nenhuma nova moral, mas facilita aos homens a compreensão e a prática da moral do Cristo, ao proporcionar uma fé sólida e esclarecida àqueles que duvidam ou vacilam.

Muitos daqueles que creem na realidade das manifestações não compreendem nem as consequências nem o seu alcance moral, ou, se os compreendem, não os aplicam a si mesmos. Por que acontece isso? Será por uma falta de precisão da doutrina? Não, pois ela não traz alegorias, nem figuras que pudessem dar lugar a falsas interpretações. A clareza é a sua própria essência, e é isso que lhe dá força, pois vai direto à inteligência. Nada tem de misteriosa e seus iniciados não estão de posse de nenhum segredo oculto ao povo.

É necessário, então, para compreendê-la, uma inteligência fora do

Capítulo XVII

comum? Não, pois vemos homens de capacidade notória que não a compreendem, enquanto inteligências comuns, jovens que mal saíram da adolescência, apreendem, com uma admirável clareza as nuanças mais delicadas. Isso ocorre porque a parte *material* da Ciência não requer nada além de olhos para ser observada, enquanto que a parte *essencial* pede um certo grau de sensibilidade, que se pode chamar de *maturidade do senso moral*, maturidade essa independente da idade ou do grau de instrução, pois ela é inerente ao desenvolvimento, num sentido especial, do Espírito encarnado.

Para alguns, os laços da matéria estão ainda muito tenazes para permitir ao Espírito desprender-se das coisas da Terra. O nevoeiro que os envolve lhes impede a visão do infinito, e é por isso que não conseguem romper facilmente com os seus gostos, nem com os seus hábitos, não compreendendo que possa haver nada melhor além do que aquilo que possuem. A crença nos Espíritos é para eles um simples fato, mas não modifica nada – ou pouco – as suas tendências instintivas. Em suma, eles veem apenas um raio de luz, insuficiente para orientá-las e dar-lhes uma aspiração profunda, capaz de vencer as suas tendências. Apegam-se aos fenômenos mais do que à moral – que lhes parece banal e monótona. Pedem aos Espíritos que incessantemente os iniciem em novos mistérios, sem indagarem se são dignos de penetrar os segredos do Criador. São, afinal, os espíritas imperfeitos. Alguns ficam no caminho ou se afastam de seus irmãos de crença, porque recuam diante da obrigação de se transformarem a si próprios, ou então reservam suas simpatias por aqueles que comungam de suas fraquezas e prevenções. Entretanto, a aceitação do princípio da doutrina é um primeiro passo, que lhes facilitará o segundo, em outra existência.

Aquele que podemos, com razão, qualificar de verdadeiro e sincero espírita está num nível superior de aperfeiçoamento moral. O Espírito que já domina mais completamente a matéria e lhe dá uma percepção mais clara do futuro; os princípios da doutrina fazem vibrar nele as fibras, que permanecem mudas nos primeiros; em suma, ele *foi tocado no coração*, e sua fé é, por isso, inabalável. Um é como o músico que se comove com alguns acordes, enquanto o outro apenas ouve os sons.

Reconhece-se o verdadeiro espírita pela sua transformação moral e pelos esforços que faz para dominar as suas más inclinações. Enquanto um se compraz no seu horizonte limitado, o outro, que compreende a existência de alguma coisa melhor, esforça-se para se libertar, e sempre o consegue, quando tem força de vontade.

Parábola do semeador

5. *"Nesse mesmo dia, tendo saído de casa, Jesus sentou-se à beira do mar. E vieram para Ele muitas pessoas, de tal sorte que subiu num barco, onde se sentou, enquanto o povo permaneceu na praia; e Ele lhes falou muitas coisas por parábolas, dizendo:*

Eis que saiu o semeador a semear e, enquanto semeava, uma parte da semente caiu ao longo do caminho, e vieram os pássaros do céu, e comeram-na.

Outra semente caiu em lugar pedregoso, onde não havia muita terra, mas nasceu assim mesmo, embora a terra não tivesse profundidade. Mas tendo o sol se erguido, a queimou e, como não tinha raiz, ela secou.

Outra igualmente caiu sobre os espinhos, e cresceram os espinhos, e estes a sufocaram.

Uma outra caiu, finalmente, em boa terra, e dava frutos. Alguns grãos rendiam cem para um, outros a sessenta, outros a trinta.

O que tenha ouvidos de ouvir, ouça." (Mateus, XIII:1-9)

"Escutai a parábola daquele que semeia. Aquele que ouve a parábola do Reino e não a entende, o espírito do mal vem e carrega o que foi semeado em seu coração; é aquele que recebeu a semente ao longo do caminho.

Aquele que recebe a semente em meio às pedras é o que ouve a palavra, e hoje a recebe no momento com alegria; mas ele não tem em si raízes, antes é de pouca duração. E quando acontecem as tribulações e as perseguições por amor da palavra, logo se escandaliza.

O que recebe a semente entre os espinhos é aquele que ouve a palavra mas, em seguida, as preocupações deste mundo e o engano das riquezas sufocam nele a palavra e a tornam infrutífera.

Mas aquele que recebe a semente em terra boa é o que ouve a palavra e a entende, e dá fruto, às vezes cem, e outro sessenta, e outro trinta por um." (Mateus, XIII:18-23)

6. A parábola da semente representa perfeitamente as diversas maneiras pelas quais podemos colocar em prática os ensinamentos do Evangelho. Quantas pessoas há, na verdade, para as quais ele é apenas uma letra morta, que, semelhante à semente caída nas pedras, não produz fruto algum!

Ela encontra uma aplicação, não menos justa, nas diferentes categorias de espíritas. Não é o símbolo daqueles que se ligam apenas aos fenômenos materiais, deles não tirando nenhum proveito, pois os veem como um simples objeto de curiosidade? Daqueles que buscam apenas o brilho das comunicações espíritas, e interessando-se por elas apenas para satisfazer a sua imaginação, mas que, depois de vê-las realizadas, continuam tão frios e indiferentes como antes. Que acham muito bons os conselhos e os admiram, mas deixam a aplicação deles para os outros e não para si mesmos? Daqueles, enfim, para quem essas instruções são como as sementes caídas na boa terra e produzem frutos.

Instruções dos Espíritos
O dever
Lázaro – Paris, 1863

7. O dever é a obrigação moral, primeiro para consigo mesmo, em seguida para com os outros. O dever é a lei da vida: encontramo-lo tanto nos mínimos detalhes como nos atos mais elevados. Quero falar aqui somente do dever moral, e não daqueles impostos pelas profissões.

Na ordem dos sentimentos, o dever é muito difícil de ser cumprido, pois se encontra em campo oposto ao das seduções do interesse e do coração. Suas vitórias não têm testemunhas, e suas derrotas não sofrem repressão. O dever íntimo do homem está entregue ao seu livre-arbítrio: o aguilhão da consciência, esse guardião da probidade interior, o adverte e sustenta, mas ele se torna, muitas vezes, impotente diante dos sofismas da paixão. O dever do coração, fielmente observado, eleva o homem. Mas como precisar esse dever? Onde ele começa? Onde termina? *O dever começa, precisamente, no ponto em que ameaçais a felicidade ou a paz do vosso próximo, e termina no limite em que não desejaríeis ver transposto em relação a vós mesmos.*

Deus criou todos os homens iguais para a dor; pequenos ou grandes, ignorantes ou esclarecidos, sofrem todos pelas mesmas causas, para que cada um pese judiciosamente o mal que pode fazer. O mesmo critério não existe para o bem, infinitamente mais variado nas suas expressões. *A igualdade diante da dor é uma sublime previsão de Deus, que quer que os Seus filhos, instruídos pela experiência comum, não cometam o mal, alegando o desconhecimento de seus efeitos.*

O dever é o resumo prático de todas as especulações morais. É uma intrepidez da alma, que enfrenta as angústias da luta. É austero e dócil, pronto a dobrar-se às mais diversas complicações, mas permanecendo inflexível diante de suas tentações. *O homem que cumpre seu dever ama a Deus mais do que às criaturas e às criaturas mais do que a si mesmo.* Ele é, a um só tempo, juiz e réu em sua própria causa.

O dever é o mais belo galardão da razão; nasce dela como o filho nasce de sua mãe. O homem deve amar o dever, não porque ele o preserve dos males da vida, aos quais a Humanidade não pode subtrair-se, mas porque ele dá à alma o vigor necessário ao seu desenvolvimento.

O dever se engrandece e esplende, sob uma forma, sempre mais elevada, em cada uma das etapas superiores da Humanidade. A obrigação moral da criatura em relação a Deus jamais cessa. Ela deve refletir as virtudes do Eterno, que não aceita um esboço imperfeito, mas deseja que a grandeza da Sua obra resplandeça aos seus olhos.

A virtude
François-Nicolas-Madeleine – Paris, 1863

8. A virtude, no seu mais alto grau, comporta o conjunto de todas as qualidades essenciais que constituem o homem de bem. Ser bom, caridoso, trabalhador, sóbrio, modesto, são as qualidades do homem virtuoso. Infelizmente, elas são, muitas vezes, acompanhadas de pequenas falhas morais, que as deslustram e enfraquecem. Aquele que faz alarde de sua virtude não é virtuoso, já que lhe falta a qualidade principal: a modéstia, e possui o vício contrário, o orgulho. A virtude verdadeiramente digna desse nome não gosta de exibir-se. Nós a percebemos, mas ela se esconde na sombra e foge à admiração das multidões. São Vicente de Paulo e o

digno Cura d'Ars eram virtuosos. E assim muitos outros, pouco conhecidos do mundo, mas conhecidos de Deus. Todos esses homens de bem ignoravam que eram virtuosos, pois deixavam-se levar pela corrente de suas santas inspirações e praticavam o bem com absoluto desinteresse e completo esquecimento de si mesmos.

É para essa virtude, assim compreendida e praticada, que eu vos convido, meus filhos. É a essa virtude verdadeiramente cristã e espírita, que vos convido a consagrar-vos. Mas afastai de vossos corações o sentimento do orgulho, da vaidade e do amor-próprio, que deslustram sempre as mais belas qualidades. Não imiteis esse homem que se apresenta como modelo e se gaba das próprias qualidades, para todos os ouvidos tolerantes. Essa virtude de ostentação esconde, quase sempre, uma infinidade de pequenas torpezas e odiosas fraquezas.

Em princípio, o homem que exalta a si mesmo, que eleva estátuas à sua própria virtude, aniquila com essa única atitude, o mérito efetivo que poderia ter. Mas o que direi daquele para o qual todo o valor é parecer o que não é? Eu realmente admito que o homem que faz o bem sente, no fundo do coração, uma satisfação íntima, mas desde que essa satisfação se exterioriza, para provocar elogios, degenera em amor-próprio.

Oh, vós todos, a quem a fé espírita reanimou com seus raios e que sabeis quanto o homem está longe da perfeição, jamais vos entregueis a essa presunção! A virtude é uma graça, que desejo a todos os espíritas sinceros, mas com esta advertência: mais vale menos virtudes com modéstia do que muitas com orgulho. É pelo orgulho que as gerações vão se perdendo; é pela humildade que elas um dia deverão redimir-se.

Superiores e inferiores
François-Nicolas-Madeleine, Cardeal
Morlot – Paris, 1863

9. A autoridade, assim como a fortuna, é uma delegação, de que se pedirá contas a quem dela foi investido. Não creiais que ela seja dada para vos proporcionar o fútil prazer de mandar, tampouco, segundo

acredita falsamente a maior parte dos poderosos da Terra, como um direito ou uma propriedade. Deus, entretanto, tem demonstrado suficientemente que ela não é uma coisa nem outra, já que Ele a retira quando bem lhe apraz. Se fosse um privilégio inerente à pessoa que a exerce, seria inalienável. Ninguém pode, então, dizer que uma coisa lhe pertence, quando lhe pode ser tirada sem o seu consentimento. Deus dá a autoridade a título de missão ou de prova, conforme lhe convém, e a retira do mesmo modo.

Quem quer que seja depositário da autoridade, independente da extensão que esta seja, desde o senhor sobre o seu escravo até a do soberano sobre o povo, não deve esquecer-se de que é um encarregado de almas, e responderá pela boa ou má orientação que der aos seus subordinados, bem como as faltas que estes poderão cometer, os vícios aos quais serão arrastados, em consequência dessa orientação ou de *maus exemplos* recebidos. Da mesma maneira, recolherá os frutos da sua solicitude, por conduzi-los ao bem. Todo homem, na Terra, tem uma missão – pequena ou grande. Qualquer que seja, sempre lhe é dada para o bem. Desviá-la, pois, no seu sentido, é fracassar no seu cumprimento.

Se Deus pergunta ao rico: O que fizestes da fortuna que deveria ser, em tuas mãos, uma fonte perene de fecundidade em seu redor? Igualmente perguntará àquele que possui alguma autoridade: Que uso fizeste dessa autoridade? Que males impediste? Que progressos impulsionastes? Se te dei subordinados, não foi para torná-los escravos de tua vontade, nem instrumentos dóceis para teus caprichos e da tua cupidez. Eu te fiz forte e te confiei os fracos, para sustentá-los e ajudá-los a subir até mim.

O superior que guardou as palavras do Cristo não despreza nenhum dos seus subordinados, porque sabe que as diferenças sociais não subsistem diante de Deus. O Espiritismo lhe ensina que, se eles hoje lhe obedecem, já podem tê-lo dirigido, ou poderão dirigi-lo mais tarde, e que então será tratado como os tratou.

Se o superior tem deveres a cumprir, o inferior também os tem por sua vez, e não são menos sagrados. Se este último for espírita, a sua consciência lhe dirá, ainda mais fortemente, que não está dispensado de cumpri-los, mesmo que o seu chefe não cumpra os dele, pois sabe que não se deve pagar o mal com o mal, e que as faltas de uns não autorizam as faltas dos outros. Se ele sofre com a sua posição, dirá que sem dúvida o mereceu, pois ele mesmo, talvez tenha abusado outrora da sua autoridade, e deve sentir, por sua vez, os inconvenientes que fez os outros sofrerem. Se ele for obrigado a suportar essa posição, por falta de outra melhor, o Espiritismo lhe ensina a resignar-se a isso, como uma prova para a sua humildade, necessária ao seu progresso. Sua crença o guia em sua conduta: ele age como gostaria que seus subordinados agissem com ele, caso fosse o chefe. Por isso mesmo, é mais escrupuloso no cumprimento de suas obrigações, pois compreende que toda negligência no trabalho que lhe foi confiado será um prejuízo para aquele que o remunera, e a quem deve o seu tempo e as suas preocupações. Em suma, ele é guiado pelo sentimento do dever que a sua fé lhe inspira, e a certeza de que todo desvio do caminho reto será uma dívida, que deverá pagar cedo ou tarde.

O homem no mundo
Um Espírito Protetor – Bordeaux, 1863

10. Um sentimento de piedade deve sempre animar os corações daqueles que se reúnem sob o olhar do Senhor e imploram a assistência dos bons Espíritos. Purificai, portanto, os vossos corações; não deixeis que pensamentos fúteis ou mundanos os perturbem. Elevai o vosso Espírito até aqueles a quem chamais, a fim de que, encontrando em vós as disposições necessárias, possam lançar muitas sementes para germinar em vossos corações, e neles produzir os frutos da caridade e da justiça.

Não creiais, entretanto, que ao vos exortar incessantemente à prece e à evocação mental, queiramos vos propor uma vida mística, que vos mantenha à parte das leis da sociedade na qual estais condenados a viver. Não. Vivei como os homens de vossa época, como devem viver os homens: sacrificai-vos às necessidades, às frivolidades de cada dia, mas sacrificai-vos com um sentimento de pureza que as possa santificar.

Fostes chamados a entrar em contato com espíritos de natureza diferente, de caracteres antagônicos: não melindreis a nenhum daqueles com quem vos encontrardes. Sede alegres, felizes, mas com a alegria de uma boa consciência e a ventura do herdeiro do Céu, que conta os dias que o aproximam da sua herança.

A virtude não consiste em vestir-se com aspectos lúgubres e severos, em recusar os prazeres que a vossa condição humana permite. Basta referir todos os vossos atos ao Criador, que vos deu a vida. Basta, ao começar ou terminar uma tarefa, que eleveis o pensamento ao Criador, e Lhe pedir, num impulso da alma, a Sua proteção para executá-la ou a Sua bênção para a obra terminada. O que quer que façais voltai-vos à fonte suprema. Nada façais sem que a lembrança de Deus venha purificar e santificar os vossos atos.

A perfeição, como disse o Cristo, está inteiramente na prática da caridade sem limites, pois os deveres da caridade se estendem a todas as posições sociais, desde a menor até a mais elevada. O homem que vivesse isolado não teria como exercer a caridade. Somente no contato com os seus semelhantes, nas lutas mais difíceis, é que ele encontra a ocasião de praticá-la. Aquele que se isola se priva, voluntariamente, do meio mais poderoso de aperfeiçoamento: tendo que pensar apenas nele mesmo, sua vida é a de um egoísta. (Cap. V, nº 26.)

Não imagineis, então, que para viver em comunicação constante conosco, para viver sob os olhos do Senhor, seja preciso entregar-se ao cilício[2] e cobrir-se de cinzas. Não, mais uma vez, não. Sede felizes segundo as necessidades humanas, mas que em vossa felicidade não entre jamais um pensamento, um ato que possa ofender a Deus ou velar o rosto daqueles que vos amam e vos dirigem. Deus é amor e abençoa aqueles que amam santamente.

Cuidar do corpo e do Espírito
Jorge, Espírito Protetor – Paris, 1863

11. A perfeição moral consiste na maceração do corpo? Para responder a essa questão, eu me apoio em princípios elementares e

---

[2] **Cilício** – Mortificação voluntária; martírio. (*N. do E.*)

Capítulo XVII

começo demonstrando a necessidade de cuidar do corpo, que, segundo as alternativas de saúde e doença, influem de maneira muito importante sobre a alma, pois temos de considerá-la como cativa na carne. Para que essa prisioneira viva, movimente-se e conceba a ilusão da liberdade, o corpo deve estar são, disposto, vigoroso. Estabelecemos uma comparação: eis que ambos se encontrem em perfeito estado; que devem fazer para manter o equilíbrio entre as suas aptidões e as suas necessidades tão diferentes? O embate entre eles parece inevitável e difícil chegar ao segredo do equilíbrio.

Temos dois sistemas que se defrontam neste caso: o dos ascetas, que desejam abater o corpo, e o dos materialistas, que querem diminuir a alma. Duas violências igualmente insensatas. Ao lado dessas duas correntes, fervilha a multidão dos indiferentes, que, sem convicção nem paixão, amam sem ardor e vivem com parcimônia. Onde está a sabedoria? Onde está a ciência do viver? Em parte alguma. E esse grande problema ficaria inteiramente por resolver, se o Espiritismo não viesse em auxílio dos pesquisadores, demonstrando-lhes as relações existentes entre o corpo e a alma, e dizer-lhes que, já que são necessários um ao outro, é indispensável cuidar de ambos.

Amai, então, a vossa alma, mas cuidai também do corpo, instrumento da alma. Desconhecer as necessidades que lhe são peculiares pela sua própria natureza é desconhecer a lei de Deus. Não castigueis o corpo pelas faltas que o vosso livre-arbítrio o fez cometer, e do qual ele é tão responsável quanto o cavalo malconduzido o é, pelos acidentes que causa. Seríeis mais perfeitos se, martirizando o corpo, continuásseis egoístas, orgulhosos e pouco caridosos com o vosso próximo? Não. A perfeição não está nisso. Ela está nas transformações a que submeterdes o vosso Espírito. Dobrai-o, submetei-o, humilhai-o, mortificai-o: esse é o meio de torná-lo dócil à vontade de Deus, e o único meio de vos conduzir à perfeição.

CAPÍTULO XVIII

MUITOS OS CHAMADOS E POUCOS OS ESCOLHIDOS

Parábola da festa de núpcias – A porta estreita – Os que dizem: Senhor! Senhor! – Muito será pedido a quem muito foi dado – Instruções dos Espíritos: Será dado àquele que tem – Reconhece-se o cristão pelas suas obras.

Parábola da festa de núpcias

1. *"Falando ainda por parábolas, disse Jesus: O Reino dos Céus é semelhante a um rei, que preparando as bodas de seu filho, enviou seus servos a chamar os convidados para as bodas, mas os convidados se recusavam a vir. Enviou outros servos com a ordem de dizer aos convidados: Eis aqui tenho preparado o banquete, meus touros e animais cevados já estão mortos, e tudo está pronto. Vinde às núpcias. Mas eles desprezaram o convite, e se foram, um para sua casa de campo, outro para os seus negócios. Os outros lançaram mão dos servos que ele enviara, e os mataram depois de os haverem ultrajado. Mas o rei, tendo ouvido isto, se irou; e tendo enviado o seu exército, os homicidas foram exterminados, e a cidade, queimada.*

Então, ele disse aos seus servos: A festa de núpcias está pronta, mas aqueles que foram chamados não foram dignos dela. Ide a todos os cantos e chamai para a festa todos aqueles que encontrardes, e convidai-os para as bodas.

E tendo saído os seus servos pelas ruas, congregaram todos os que acharam, maus e bons. E o salão de festas ficou repleto de pessoas.

O rei, em seguida, entrou para ver quem estava à mesa e, tendo percebido um homem que não estava vestido com veste nupcial disse-lhe: Meu amigo, como viestes aqui sem o traje nupcial? E esse homem emudeceu. Então, disse o rei aos seus ministros: Amarrai as mãos e os pés dele e lançai-o nas trevas exteriores. Lá haverá choro e ranger de dentes, pois muitos são os chamados, e poucos os escolhidos." (Mateus, XXII:1-14)

2. O incrédulo ri desta parábola, que lhe parece de uma ingenuidade pueril, pois não admite que possa haver tanta dificuldade para a realização de um banquete e, menos ainda, que os convidados façam resistência a ponto de massacrar os enviados do dono da casa. "As parábolas", diz ele, "são alegorias, sem dúvida, mas é preciso que não saiam do limite do possível".

Pode-se dizer o mesmo de todas as alegorias, das fábulas mais engenhosas, se não lhes buscarmos o sentido oculto. Jesus se inspirava nos usos mais comuns da vida e adaptava as Suas parábolas aos costumes e ao caráter do povo a quem se dirigia. A maior parte delas tinha por objetivo atingir as massas com a ideia da vida espiritual, e seu sentido, muitas vezes, só parece incompreensível se não partirmos desse ponto de vista.

Nesta parábola, por exemplo, Jesus compara o Reino dos Céus – onde tudo é alegria e felicidade – a uma festa nupcial. Os primeiros convidados são os judeus, que Deus havia chamado, primeiramente, para o conhecimento de Suas leis. Os enviados do rei são os profetas, que vinham exortá-los a seguir a estrada da verdadeira felicidade, mas as suas palavras foram pouco ouvidas. Suas advertências foram desprezadas, e muitos foram até mesmo massacrados, como os servos da parábola. Os convidados que se negaram a comparecer, sob o pretexto de irem para as suas casas de campo e seus negócios, são o conjunto das pessoas mundanas, que, absorvidas pelas coisas terrenas, mostram-se indiferentes em relação às celestiais.

Os judeus da época acreditavam que a sua nação deveria conquistar a hegemonia. Deus não havia prometido a Abraão que a sua posteridade

Capítulo XVIII

cobriria toda a Terra? Mas, como sempre, tomando a forma pela essência, eles acreditavam numa dominação efetiva e material.

Antes da vinda do Cristo, com exceção dos hebreus, todos os povos eram idólatras e politeístas. Se alguns homens superiores conceberam a ideia da unidade divina, essa ideia, entretanto, permanecia como sistema particular, pois em nenhuma parte ela foi aceita como verdade fundamental, a não ser para alguns iniciados que ocultavam os seus conhecimentos sob um véu misterioso, impenetrável às massas. Os hebreus foram os primeiros a praticar publicamente o monoteísmo. Foi a eles que Deus transmitiu a Sua lei, primeiro por intermédio de Moisés, depois através de Jesus. Era desse pequeno foco que a luz deveria expandir-se por todo o mundo, triunfar sobre o paganismo e dar a Abraão uma posteridade *espiritual "tão numerosa quanto as estrelas do firmamento"*. Mas os judeus, embora repelindo a idolatria, haviam negligenciado a lei moral para se dedicarem à prática mais fácil do culto exterior. O mal estava em seu ápice. A nação, dominada pelos romanos, estava dividida pelas facções, pelas seitas. A própria incredulidade havia penetrado até mesmo no santuário. Foi, então, que Jesus apareceu, para chamá-los ao cumprimento da lei e para abrir-lhes os novos horizontes da vida futura. Primeiros convidados para o grande banquete da fé universal, eles repeliram, porém, a palavra do celeste Messias e O sacrificaram. Foi assim que perderam o fruto que deveriam colher da sua própria iniciativa.

Seria injusto, entretanto, acusar todo o povo pelo que aconteceu. A responsabilidade coube, principalmente, aos fariseus e aos saduceus, que puseram a perder a nação, pelo orgulho e o fanatismo dos primeiros, e pela incredulidade dos segundos. São eles, principalmente, que Jesus compara aos convidados que se recusaram a participar da festa das bodas. Em seguida, Ele acrescenta: *"O rei, vendo isso, mandou convidar todos os que fossem encontrados nas ruas, bons e maus"*. Fazia entender, assim, que a palavra seria pregada a todos os outros povos, pagãos e idólatras, e os que a aceitassem seriam admitidos na festa em lugar dos primeiros convidados.

Mas não basta ser convidado; não basta dizer-se cristão, nem sentar-se à mesa para participar do banquete celestial. É preciso, antes de tudo, e como condição expressa, estar vestido com o traje nupcial, ou seja, ter a pureza de coração e praticar a lei segundo o Espírito. Ora, essa lei está inteira nestas palavras: *"Fora da caridade não há salvação"*. Mas entre todos aqueles que ouvem a palavra divina, quão poucos a guardam e a colocam em prática! Quão poucos se tornam dignos de entrar no Reino dos Céus! Foi por isso que Jesus disse: *"Haverá muitos chamados e poucos escolhidos"*.

A porta estreita

3. *"Entrai pela porta estreita, pois a porta da perdição é larga, e o caminho que a ela conduz é espaçoso e muitos entram por ela. A porta da vida é estreita! O caminho que a ela conduz é apertado e poucos são os que acertam com ela!"* (Mateus, VII:13-14)

4. *"Tendo alguém Lhe feito esta pergunta: Senhor, poucos então serão salvos? Ele respondeu: Esforça-te por entrar pela porta estreita, pois Eu te asseguro que muitos buscarão entrar por ela e não o poderão. E quando o pai de família tiver entrado, e fechado a porta, e vós, de fora, começardes a bater à porta, dizendo: Senhor, abre-nos! Ele vos responderá: Não sei de onde sois. Então, começareis a dizer: Nós somos aqueles que comemos e bebemos em tua presença, e a quem ensinaste em praça pública. E ele vos responderá: Não sei de onde sois; apartai-vos de mim, todos vós que obrai a iniquidade.*

Haverá, então, choro e ranger de dentes, quando virdes que Abraão, Isaac, Jacob e todos os profetas estão no Reino de Deus, e que vós ficais fora dele. Virão do Oriente e do Ocidente, do Setentrião e do Meio-Dia, e muitos tomarão lugar à mesa do Reino de Deus. E, então, aqueles que forem os últimos serão os primeiros, e os que são os primeiros serão os últimos." (Lucas, XIII: 23-30)

5. A porta da perdição é larga, porque as más paixões são numerosas e porque a estrada do mal é a mais frequentada. A da salvação é estreita, porque o homem que quer atravessá-la deve fazer grandes esforços sobre si mesmo para vencer as suas más tendências, e poucos a isto se resignam. É o complemento da máxima: *"Muitos são os chamados, e poucos os escolhidos"*.

Esse é o estado atual da Humanidade terrena, pois a Terra, sendo um mundo de expiações, é dominada pelo mal. Quando estiver transformada, a estrada do bem será a mais frequentada. Essas palavras devem ser tomadas no sentido relativo, e não absoluto. Se tal devesse ser o estado normal da Humanidade, Deus teria voluntariamente condenado à perdição a imensa maioria das criaturas, suposição inadmissível, desde que se reconheça que Deus é todo justiça e bondade.

De quais faltas, então, esta Humanidade teria podido tornar-se culpada, para merecer uma sorte tão triste, no presente e no futuro, se toda ela estivesse na Terra e a alma não tivesse outras existências? Por que tantos entraves semeados no seu caminho? Por que essa porta tão estreita, que apenas a uma minoria é dado transpor, se o destino da alma está definitivamente fixado após a morte? É assim que, com a unicidade da existência, estamos incessantemente em contradição conosco mesmos e com a justiça de Deus. Com a anterioridade da alma e a pluralidade dos mundos, o horizonte se alarga, a luz se faz sobre os pontos mais obscuros da fé, o presente e o futuro se mostram solidários com o passado. Só assim pode-se compreender toda a profundidade, toda a verdade e toda a sabedoria das máximas do Cristo.

Os que dizem: Senhor! Senhor!

6. *"Nem todos os que me dizem: Senhor! Senhor! entrarão no Reino dos Céus, mas, sim, aquele que fizer a vontade do meu Pai que está nos Céus. Muitos me dirão, naquele dia: Senhor! Senhor! Não temos profetizado em vosso nome? Não temos expelido demônios em Teu nome e não obramos tantos prodígios? E, então, Eu direi em voz alta: Pois Eu nunca vos conheci: retirai-vos de perto de mim, vós que cometeis iniquidades."* (Mateus, VII:21-23)

7. *"Todo aquele que ouve estas minhas palavras e as pratica será comparado a um homem sábio, que construiu a sua casa sobre a rocha e quando a chuva caiu, e transbordaram os rios, os ventos sopraram e combateram aquela casa, e ela não caiu, pois foi edificada sobre a rocha. Mas aquele que ouve estas palavras e não as observa será semelhante a um homem insensato, que construiu a sua casa sobre a areia; e quando a chuva*

caiu, os rios transbordaram, os ventos sopraram e combateram aquela casa e ela caiu, e foi grande a sua ruína." (Mateus, VII:24-27; Lucas, VI:46-49)

8. *"Aquele, pois, que violar o menor destes mandamentos e que assim ensinar aos homens será muito pequeno no Reino dos Céus, mas aquele que praticar e ensinar os mandamentos, esse será grande no Reino dos Céus."* (Mateus, V:19)

9. Todos os que confessam a missão de Jesus dizem: "Senhor! Senhor!". Mas de que serve chamá-Lo Mestre ou Senhor, se não seguimos os Seus preceitos? São cristãos aqueles que honram por meio de atos externos de devoção e se sacrificam ao mesmo tempo ao orgulho, ao egoísmo, à cupidez e a todas as suas paixões? São discípulos do Cristo aqueles que passam dias em preces e não são por isto nem melhores, nem mais caridosos, nem mais indulgentes para com seus semelhantes? Não, pois, tanto quanto os fariseus, eles têm a oração nos lábios, não no coração. Com a formalidade exterior eles podem impor-se aos homens, mas não a Deus. É em vão que dirão a Jesus: "Senhor, nós profetizamos, ou seja, ensinamos em Vosso nome, expulsamos os demônios em Vosso nome, bebemos e comemos convosco!". Ele lhes responderá: *"Não sei quem sois. Retirai-vos de perto de mim, vós, que cometeis iniquidades, que desmentis as vossas palavras pelas ações, que caluniais o vosso próximo, que roubais as viúvas e cometeis adultério! Retirai-vos daqui, vós, cujo coração destila ódio e fel, vós, que derramais o sangue de vossos irmãos em meu nome, que fazeis correrem as lágrimas ao invés de secá-las! Para vós, haverá choro e ranger de dentes, pois o Reino de Deus é para aqueles que são dóceis, humildes e caridosos. Não espereis dobrar a justiça do Senhor pela multiplicidade de vossas palavras e de vossas genuflexões. O único caminho aberto para encontrardes a graça diante Dele é a prática sincera da lei de amor e de caridade".*

As palavras de Jesus são eternas, pois elas são a verdade. Elas são não apenas a salvaguarda da vida celestial, mas também o penhor da paz, da tranquilidade e da estabilidade do homem entre as coisas da vida terrena. É por isso que todas as instituições humanas, políticas, sociais e religiosas, que se apoiarem nessas palavras, serão estáveis como a casa construída sobre a pedra. Os homens as conservarão, porque encontrarão nelas a sua felicidade. Mas as palavras que as violarem serão como a casa construída na areia: o vento das revoluções e o rio do progresso as levarão de roldão.

Muito será pedido a quem muito foi dado

10. *"O servo que tiver conhecido a vontade de seu senhor, e que, apesar disso, não obrou conforme a sua vontade, dar-se-lhe-ão muitos açoites. Mas aquele que não a soube e tiver feito coisas dignas de castigo será menos atingido. Porque a todo aquele a quem muito foi dado, muito será pedido e muitas contas serão pedidas àquele a quem muito tiver sido confiado."* (Lucas, XII:47-48)

11. *"E Jesus lhe disse: Eu vim a este mundo para exercitar um juízo, para que aqueles que não veem vejam, e os que veem se tornem cegos. Alguns fariseus que estavam com Ele ouviram estas palavras e disseram: Logo também nós somos cegos? Jesus respondeu-lhes: Se fôsseis cegos, não teríeis culpa; mas já que dizeis: nós vemos, o vosso pecado subsiste em vós."* (João, IX:39-41)

12. Estas máximas encontram suas aplicações sobretudo nos ensinamentos dos Espíritos. Quem quer que conheça os preceitos do Cristo é certamente culpado por não praticá-los. Mas além de não ser suficientemente difundido o Evangelho que os contém, senão entre as seitas cristãs, quantas pessoas existem que não o leem, e, entre as que o leem, quantas não o compreendem! Disso resulta que as próprias palavras de Jesus ficam perdidas para a maioria.

O ensinamento dos Espíritos, reproduzindo essas máximas sob diferentes formas, desenvolvendo-as e comentando-as para colocá-las ao alcance de todos, tem de particular o fato de não ser circunscrito. Assim, todos, letrados ou não, crentes ou incrédulos, cristãos ou não, podem recebê-lo, pois os Espíritos se comunicam em toda parte. Nenhum dos que o recebam – diretamente ou por intermédio de outros – pode pretextar ignorância, ou pode desculpar-se com a sua falta de instrução, ou com a obscuridade do sentido alegórico. Aquele, pois, que não os pratica para o seu aperfeiçoamento, que os admira como coisas interessantes e curiosas – sem que seu coração seja tocado – que não se faz menos indiferente, menos orgulhoso, menos egoísta, nem menos apegado aos bens materiais, nem melhor para o seu próximo, é tanto mais culpado quanto maior for a sua aptidão para conhecer a verdade.

Os médiuns que obtêm boas comunicações são ainda mais repreensíveis se persistirem no mal, pois, amiúde, escrevem a sua própria condenação, e, se não estivessem cegos pelo orgulho, reconheceriam que é a eles que os Espíritos se dirigem. Mas, em vez de tomarem para si as lições que escrevem, ou que veem serem escritas, o seu único pensamento é o de aplicá-las aos outros, configurando, assim, as palavras de Jesus: *"Vedes um argueiro nos olhos de vosso vizinho e não vedes a trave no vosso".* (Cap. X, nº 9.)

Por estas outras palavras: *"Se fôsseis cegos, não teríeis culpa"*, Jesus diz que a culpabilidade está na razão do conhecimento que se possui. Ora, os fariseus, que tinham a pretensão de ser, e que realmente eram, portadores de muitos conhecimentos, eram mais repreensíveis aos olhos de Deus do que o povo ignorante. Ocorre o mesmo hoje.

Aos espíritas, então, muito será pedido, pois muito receberam. O mesmo ocorre com aqueles que souberam aproveitar os ensinamentos, pois muito lhes será dado.

O primeiro pensamento de todo espírita sincero deve ser o de buscar, nos conselhos dados pelos Espíritos, algo que lhe diga respeito.

O Espiritismo vem multiplicar o número dos *chamados*. Pela fé que proporciona, multiplicará também o número dos *escolhidos*.

Instruções dos Espíritos
Será dado àquele que tem

13. *"E chegando-se a Ele os discípulos Lhe disseram: Por que lhes falas por parábolas? Respondendo, Ele lhes disse: Porque para vós vos foi dado conhecer os mistérios do Reino dos Céus, mas a eles não lhes é concedido. Pois ao que já tem, se lhe dará e estará na abundância, mas ao que não tem, até o que tem lhe será tirado. É por isto que Eu lhes falo por parábolas pois, vendo, eles nada veem, e ouvindo, nada ouvem e nem compreendem. E a profecia de Isaías neles se cumpre, quando diz: Ouvireis com os ouvidos e não entendereis; vereis com os olhos e nada percebereis."* (Mateus, XIII:10-14)

14. *"Prestai atenção no que ouvis, pois convosco será usada a mesma medida com que medirdes aos demais e se vos acrescentará, pois dar-se-á àquele que tem e ao que nada possui será tirado até mesmo o que tem."* (Marcos, IV:24-25)

Um Espírito amigo – Bordeaux, 1862

15. "Dá-se àquele que já tem e retira-se ao que não tem." Meditai nestes grandes ensinamentos, que frequentemente vos parecem paradoxais. Aquele que recebeu é aquele que possui o sentido da palavra divina. Ele somente a recebeu porque procurou dela fazer-se digno, e o Senhor, em Seu amor misericordioso, encoraja os esforços que tendem ao bem. Estes esforços contínuos, perseverantes, atraem as graças do Senhor. São como um ímã, que atrai as melhoras progressivas, as graças abundantes que vos tornam fortes para a subida da montanha sagrada, em cujo cume encontrareis o repouso depois do trabalho.

"Tira-se àquele que nada tem, ou que tem pouco". Tomai isto como um ensino em sentido figurado. Deus não retira de Suas criaturas o bem que se dignou conceder-lhes. Homens cegos e surdos! Abri vossas inteligências e vossos corações; procurai ver pelo Espírito; compreendei com a alma; e não interpreteis de maneira tão grosseiramente injusta as palavras daquele que fez resplandecer aos vossos olhos a Justiça do Senhor! Não é Deus quem retira daquele que pouco recebeu. É o próprio Espírito que, pródigo e descuidado, não sabe conservar o que tem e aumentar, fecundando-a, a migalha caída em seu coração.

O filho que não cultiva o campo que o trabalho de seu pai conquistou, que lhe coube por herança, vê esse campo cobrir-se de ervas parasitas. É o seu pai quem lhe tira as colheitas que ele não preparou? Se ele deixou os grãos destinados a produzir neste campo morrerem por falta de cuidado, deve ele acusar seu pai pela falta de produção? Não, não! Em vez de acusar aquele que tudo lhe deu, como se lhe houvesse retomado os bens, deve acusar-se a si mesmo, que é o verdadeiro autor de suas misérias e que assim, arrependido e ativo, coloque-se a trabalhar com coragem. Que trabalhe o solo ingrato, com o esforço de sua própria vontade; que trabalhe intensamente com a ajuda do arrependimento e da esperança; que nele atire, com confiança, o bom grão que tiver escolhido entre os maus, e que o regue com seu amor e sua caridade e Deus, o Senhor de amor e de caridade, dará àquele que já tem. E então, ele verá os seus esforços coroados de sucesso, e um grão produzir cem, e outro, mil. Coragem, trabalhadores! Tomai as vossas grades e as vossas charruas. Trabalhai vossos corações; arrancai deles o joio; semeai o bom grão que o Senhor vos confia, e o orvalho do amor fará produzir os frutos da caridade.

Reconhece-se o cristão pelas suas obras
Simeão – Bordeaux, 1863

16. *"Nem todos os que me dizem: Senhor, Senhor, entrarão no Reino dos Céus, e sim aquele que fizer a vontade de meu Pai, que está nos céus."*

Escutai estas palavras do Mestre, todos vós, que repelis a Doutrina Espírita como obra do demônio! Abri os vossos ouvidos, pois o momento de ouvir chegou.

Basta trazer a libré[1] do Senhor para ser um fiel servidor? Basta dizer: "Eu sou cristão", para seguir o Cristo? Buscai os verdadeiros cristãos e os reconhecereis por suas obras. *"Uma boa árvore não pode dar maus frutos, nem uma má árvore dar bons frutos."* – *"Toda árvore que não der bons frutos será cortada e lançada ao fogo."* Essas são as palavras do Mestre. Discípulos do Cristo, compreendei-as bem! Quais são os frutos que pode dar a árvore do Cristianismo, árvore poderosa, cujos ramos frondosos cobrem com sua sombra uma parte do mundo, mas ainda não abrigaram a todos aqueles que devem reunir-se à sua volta? Os frutos da árvore da vida são frutos de vida, de esperança e de fé.

O Cristianismo, como o vem fazendo desde muitos séculos, prega sempre essas divinas virtudes, buscando distribuir os seus frutos. Mas quão poucos os colhem! A árvore é sempre boa, mas os jardineiros são maus. Quiseram moldá-la segundo as suas ideias, segundo as suas conveniências. Para tanto a podaram, diminuíram, mutilaram. Seus ramos estéreis já não carregam maus frutos, pois nada mais produzem.

---

[1] **Libré** – Uniforme de criados, em casas nobres. Aparência, aspecto exterior. (*N. do E.*)

CAPÍTULO XVIII

O viajante cansado que para sob a sua sombra, a fim de buscar o fruto da esperança, que deve restituir-lhe a força e a coragem, não percebe que os galhos áridos pressagiam a tempestade. Em vão ele busca o fruto da vida na árvore da vida. As folhas caem secas aos seus pés. As mãos do homem tanto as manipularam, que acabam por crestá-las!

Abri, então, vossos ouvidos e vossos corações, meus bem-amados! Cultivai esta árvore da vida, cujos frutos dão a vida eterna. Aquele que a plantou vos conclama a cuidá-la com amor, pois ainda a vereis dar com abundância os seus frutos divinos. Deixai-a tal como o Cristo a entregou: não a mutileis. Sua sombra imensa quer estender-se pelo universo. Não lhe corteis os ramos. Seus frutos benéficos caem em abundância, para sustentar o viajante cansado, que aguarda chegar ao seu destino. Não os amontoeis para guardá-los e deixá-los apodrecer, não servindo a mais ninguém. *"Muitos são os chamados, poucos os escolhidos"*. É que há os usurpadores do pão da vida, como os há, muitas vezes, do pão material. Não vos coloqueis entre eles. A árvore que carrega bons frutos deve distribuí-los para todos. Ide buscar aqueles que estão cansados. Trazei-os sob os ramos da árvore e partilhai com eles o abrigo que ela vos oferece. *"Não se colhem uvas dos espinheiros."* Meus irmãos, afastai-vos daqueles que vos chamam para vos mostrar as pedras do caminho e segui os que vos conduzem à sombra da árvore da vida.

O divino Salvador, o justo por excelência, disse, e Suas palavras não passarão: *"Nem todos os que dizem Senhor, Senhor, entrarão no Reino dos Céus, e sim os que fazem a vontade do meu Pai, que está nos céus"*.

Que o Senhor de bênçãos vos abençoe; que o Deus da luz vos ilumine; que a árvore da vida vos entregue os seus frutos com abundância! Crede e orai.

CAPÍTULO XIX

A FÉ QUE TRANSPORTA MONTANHAS

O poder da fé – A fé religiosa. Condição da fé inabalável – Parábola da figueira seca – Instruções dos Espíritos: A fé, mãe da esperança e da caridade – A fé divina e a fé humana.

O poder da fé

1. *"E depois que veio até o povo, um homem se aproximou Dele, colocou-se de joelhos aos Seus pés e Lhe disse: Senhor, tende piedade de meu filho, que é lunático e sofre muito, pois cai muitas vezes no fogo e muitas vezes na água. Eu o mostrei a Seus discípulos, mas eles não puderam curá-lo. – Jesus respondeu, dizendo: Oh! geração incrédula e perversa, até quando estarei convosco? Até quando vos hei de sofrer? Trazei a mim esta criança. E tendo Jesus ameaçado o demônio, ele o deixou e desde aquela hora ficou o menino curado. Então, os discípulos vieram encontrar Jesus em particular e Lhe disseram: Por que nós não pudemos lançá-lo fora? Jesus lhes respondeu: Por causa da vossa incredulidade. Pois Eu vos digo, em verdade, se tiverdes fé do tamanho de um grão de mostarda, direis a esta montanha: Transporta-te daqui para acolá, e ela se transportará, e nada vos será impossível."* (Mateus, XVII:14-20)

2. No sentido comum, é certo que a confiança em nossas próprias forças torna-nos capazes de executar coisas materiais que não podemos fazer, quando duvidamos de nós mesmos; mas, aqui, é unicamente no sentido moral que se deve entender essas palavras. As montanhas que a

fé transporta são as dificuldades, as resistências, a má vontade, em uma palavra, que encontramos entre os homens, mesmo quando se trata das melhores coisas. Os preconceitos rotineiros, o interesse material, o egoísmo, o fanatismo cego, as paixões orgulhosas são também montanhas que embaraçam o caminho de qualquer um que trabalhe pelo progresso da Humanidade. A fé robusta dá a perseverança, a energia e os recursos necessários para vencer os obstáculos, tanto nas grandes como nas pequenas coisas. A fé vacilante gera a incerteza, a hesitação, da qual se aproveitam os adversários que devemos combater. Ela não busca os meios de vencer, pois não acredita na possibilidade de vitória.

3. Em uma outra concepção, considera-se fé a confiança que se tem no cumprimento de determinada coisa, na certeza de se atingir um objetivo. Ela proporciona um tipo de lucidez, que faz antever, pelo pensamento, os fins que se têm em vista e os meios de atingi-los. De forma que aquele que a possui caminha – por assim dizer – com passo certo. Num e noutro caso, ela realiza grandes coisas.

A fé sincera e verdadeira é sempre calma; dá a paciência que sabe aguardar, pois, tendo seu ponto de apoio na inteligência e na compreensão das coisas, tem a certeza de chegar ao fim. A fé insegura sente a sua própria fraqueza; quando é estimulada pelo interesse torna-se furiosa e crê suprir a força com a violência. A calma na luta é sempre um sinal de força e de confiança. A violência, ao contrário, é prova de fraqueza e de falta de confiança em si mesmo.

4. É preciso cuidado para não confundir a fé com a presunção. A verdadeira fé se alia à humildade. Aquele que a possui deposita a sua confiança em Deus mais do que em si mesmo, pois sabe que é simples instrumento da vontade de Deus, nada podendo sem Ele. É por isso que os bons Espíritos vêm ajudá-lo. A presunção é mais orgulho do que fé, e o orgulho é sempre castigado, mais cedo ou mais tarde, pela decepção e as quedas que lhe são infligidas.

5. O poder da fé recebe aplicação direta e especial na ação magnética. Por ela, o homem age sobre o fluido – agente universal – modificando as suas qualidades e lhe dando uma impulsão, por assim dizer, irresistível. É por isso que, juntando-se a um grande poder fluídico normal uma fé ardente, pode-se operar, unicamente pela sua vontade dirigida para o bem, esses fenômenos estranhos de curas e de outra natureza, que antigamente eram considerados prodígios e, que, entretanto, não passam de consequências de uma lei natural. Tal é a razão pela qual Jesus disse aos Seus apóstolos: *"Se não conseguistes curar é por causa da vossa pequena fé"*.

A fé religiosa. Condição da fé inabalável

6. Do ponto de vista religioso, a fé é a crença nos dogmas particulares que constituem as diferentes religiões, e todas elas têm os seus artigos de fé. Sob este ponto, a fé pode ser *raciocinada* ou *cega*. A fé cega, nada examinando, aceita sem controle o falso e o verdadeiro, e se choca a cada passo com a evidência da razão. Levada ao extremo, ela produz o *fanatismo*. Quando a fé se firma no erro, ela desmorona cedo ou tarde. A que tem por base a verdade é a única com futuro assegurado, porque nada deve temer do progresso do conhecimento, *já que o que é verdadeiro na obscuridade também o é à plena luz*. Cada religião pretende estar na posse exclusiva da verdade, mas *preconizar a fé cega sobre uma questão de crença é confessar a impotência para demonstrar que se tem razão*.

7. Diz-se, vulgarmente, que *a fé não se prescreve*, o que leva muitas pessoas a alegarem que não são culpadas de não terem fé. Sem dúvida, a fé não se prescreve ou o que é ainda mais certo: *a fé não se impõe*. Não, ela não se prescreve, mas se adquire, e a ninguém é recusado possuí-la, mesmo entre os mais refratários. Falamos de verdades espirituais fundamentais, e não de tal ou qual crença particular. Não é a fé que vai até elas, mas elas é que devem procurá-la e, se o fizerem com sinceridade, a encontrarão. Tomai por certo que aqueles que dizem: "Seria melhor se acreditássemos, mas não o podemos fazer", dizem-no com os lábios, e não sinceramente, pois dizendo isso, eles fecham os ouvidos. As provas, entretanto, crescem ao seu redor. Por que, pois, se recusam a ver? Para uns, é a indiferença; para outros, o medo de serem forçados a mudar seus hábitos. Para a maioria, é o orgulho que se recusa a reconhecer um poder superior, pois seria preciso curvar-se diante dele.

Para algumas pessoas, a fé parece de alguma forma inata: uma faísca basta para desenvolvê-la. Essa facilidade em assimilar as verdades espirituais é um sinal evidente de progresso anterior. Para outras, ao contrário, são assimiladas com dificuldade, sinal não menos evidente de uma natureza em atraso. Os primeiros já acreditaram e compreenderam, e trazem, *ao renascer*, a intuição do conhecimento. Sua educação já foi realizada. As segundas têm tudo para aprender: sua educação está por fazer. Mas ela se fará, e, se não puder terminar nesta existência, será noutra.

A resistência do incrédulo – é preciso convir – cabe menos a ele do que à maneira como se lhe apresentam as coisas. A fé precisa de uma base, e esta base é a perfeita compreensão daquilo em que se deve crer. Para crer, não basta *ver*, é preciso antes de tudo, *compreender*. A fé cega não é mais deste século[1]. Ora, é exatamente o dogma da fé cega que faz, atualmente, o maior número de incrédulos, pois ela quer impor-se exigindo a abdicação de uma das mais preciosas prerrogativas do homem: o raciocínio e o livre-arbítrio. É essa fé contra a qual, principalmente, se levanta o incrédulo, o que mostra a verdade de que a fé não se impõe. Não admitindo provas, ela deixa no Espírito um vazio, de onde nasce a dúvida. A fé raciocinada, que se apoia nos fatos e na lógica, não deixa nenhuma obscuridade: crê-se, porque se tem a certeza, e somente estamos certos se compreendemos. É por isso que ela não se dobra, pois *a fé inabalável é somente aquela que pode encarar a razão face a face em todas as épocas da Humanidade*. É a este resultado que o Espiritismo conduz, triunfando assim sobre a incredulidade, todas as vezes em que não encontra oposição sistemática e interessada.

Parábola da figueira seca

8. "*Quando saíam de Betânia, Ele teve fome,e, vendo ao longe uma figueira, foi ver se poderia encontrar nela alguma coisa. Aproximando-se, encontrou apenas folhas, pois não era tempo de figos. Então, Jesus disse à figueira: Que jamais ninguém coma de ti nenhum fruto. No dia seguinte,*

---

[1] Referência ao século XIX. (*N. do E.*)

ao passarem pela figueira, eles a encontraram seca até as raízes. E Pedro, lembrando-se das palavras de Jesus, disse-Lhe: Mestre, vês como a figueira que amaldiçoastes está seca. Jesus, tomando a palavra, lhe disse: Tende fé em Deus. Eu vos digo, em verdade, que qualquer um que disser a esta montanha: Tira-te daqui e lança-te ao mar sem hesitar, no seu coração, e acreditando firmemente que tudo o que disse sucederá, realmente, assim vai acontecer." (Marcos, XI:12-14 e 20-23)

9. A figueira seca é o símbolo das pessoas que têm apenas a aparência bondosa, mas, na verdade, nada produzem de bom: dos oradores que possuem mais brilho do que solidez; suas palavras têm o verniz exterior, agradam aos ouvidos; mas, quando as analisamos, nada revelam de substancial para o coração. Depois de tê-las ouvido, perguntamos que proveito delas tiramos.

É ainda o símbolo de todos os que têm os meios de serem úteis e não o são; de todas as utopias, dos sistemas vazios, de todas as doutrinas sem base sólida. O que falta, na maior parte das vezes, é a verdadeira fé, a fé fecunda, a fé que comove as fibras do coração – ou seja – a fé que transporta montanhas. São árvores frondosas, mas sem fruto. É por isso que Jesus as condena à esterilidade, pois chegará o dia em que ficarão secas até as raízes. Isso quer dizer que todos os sistemas, todas as doutrinas que não tiverem produzido nenhum bem para a Humanidade, cairão no nada. Todos os homens voluntariamente inúteis, por não terem colocado em prática os recursos que traziam em si mesmos, serão tratados como a figueira seca.

10. Os médiuns são os intérpretes dos Espíritos; eles suprem os órgãos materiais que faltam a estes para nos transmitirem as suas instruções. É por isso que são dotados de faculdades para tanto. Nestes tempos de renovação social, eles têm uma missão particular: são como as árvores que devem dar o alimento espiritual aos seus irmãos. Eles se multiplicam para que o alimento seja abundante. Espalham-se por toda a parte, em todas as regiões, em todas as camadas da sociedade, entre ricos e pobres, entre grandes e pequenos, para que não haja deserdados em parte alguma, e para provar aos homens que *todos são chamados*. Mas se eles desviam a faculdade preciosa que lhes é concedida, do seu objetivo providencial, ou se a colocam a serviço de coisas fúteis e prejudiciais, de interesses mundanos; se, em vez de frutos salutares, dão maus frutos; se recusam-se a torná-la proveitosa para os outros; se nem mesmo para si tiram os benefícios da melhoria própria, são como a figueira estéril. Deus, então, lhes retirará um dom que se tornou inútil entre as suas mãos – a semente que não souberam semear – e os deixará que se tornem presas dos maus Espíritos.

Instruções dos Espíritos
A fé, mãe da esperança e da caridade
José, Espírito Protetor – Bordeaux, 1862

11. A fé, para ser proveitosa, deve ser ativa; não pode adormecer. Mãe de todas as virtudes que conduzem a Deus, deve velar atentamente pelo desenvolvimento das suas próprias filhas.

A esperança e a caridade são uma consequência da fé. Estas três virtudes formam uma trindade inseparável. Não é a fé que nos sustenta a esperança de vermos cumpridas as promessas do Senhor? Pois, se não tivermos fé, o que esperaremos? Não é a fé que nos dá o amor? Pois, se não tiverdes fé, que reconhecimento tereis e, consequentemente, que amor?

A fé, divina inspiração de Deus, desperta todos os nobres sentimentos que conduzem o homem ao bem: é a base da regeneração. É preciso, pois, que esta base seja forte e durável, porque se a menor dúvida vier abalá-la, o que acontecerá com o edifício que construístes sobre ela? Erguei, portanto, este edifício sobre bases inabaláveis. Que a vossa fé seja mais forte do que os sofismas e as zombarias dos incrédulos, pois a fé que não desafia o ridículo dos homens não é a verdadeira fé.

A fé sincera é dominadora e contagiosa. Comunica-se aos que não a possuíam, ou mesmo não desejariam possuí-la. Ela encontra palavras persuasivas, que tocam a alma, enquanto a fé aparente somente tem palavras sonoras, que produzem o frio e a indiferença. Pregai pelo exemplo de vossa fé, para transmiti-la aos homens; pregai pelo exemplo de vossas obras, para que vejam o mérito da fé. Pregai pela vossa esperança inabalável, para lhes fazer a ver a confiança que fortifica e estimula a enfrentar todas as vicissitudes da vida.

Tende, pois, a verdadeira fé, na plenitude da sua beleza e da sua bondade, na sua pureza e na sua racionalidade. Não admitais a fé sem comprovação, essa filha cega da cegueira. Amai a Deus, mas sabei por que O amais. Crede nas suas promessas, mas sabei por que o fazeis. Segui os nossos conselhos, mas conscientes dos fins que vos propomos e dos meios que vos trazemos para atingi-los. Crede e esperai, sem jamais enfraquecer: os milagres são a obra da fé.

A fé divina e a fé humana
Um Espírito Protetor – Paris, 1863

12. A fé é o sentimento inato, no homem, da sua destinação. É a consciência das prodigiosas faculdades cujo germe foi nela depositado, primeiro em estado latente, e que deve eclodir e crescer por sua vontade ativa.

Até hoje, a fé somente foi compreendida no seu sentido religioso, pois o Cristo a revelou como poderosa alavanca, e porque foi visto apenas como o chefe de uma religião. Mas o Cristo, que realizou verdadeiros milagres, mostrou, através dos mesmos, o que pode o homem quando tem fé – ou seja – a *vontade de querer* e a certeza de que essa vontade pode realizar-se a si mesma. Os apóstolos, com o seu exemplo, não fizeram milagres também? Ora, o que eram esses milagres senão os efeitos naturais de uma causa desconhecida pelos homens de então, mas hoje em grande parte explicada, e que será compreendida totalmente com o estudo do Espiritismo e do Magnetismo?

A fé é humana ou divina, dependendo de como os homens aplicam as suas faculdades às necessidades terrenas, ou às aspirações celestes e futuras. O homem de gênio que persegue a realização de alguma grande empreitada triunfa, se tiver fé, pois ele sente que pode e deve conseguir, e esta certeza lhe dá uma força imensa. O homem de bem que, crendo em seu futuro celeste, quer realizar em sua vida belas e nobres ações, tira da sua fé e da certeza da felicidade que o espera, a força necessária. E assim também se realizam os milagres da caridade, do sacrifício e da abnegação. Enfim, com a fé, não há más tendências que não possam ser vencidas.

O Magnetismo é uma das maiores provas do poder da fé, quando posta em ação. É pela fé que ele cura e produz esses fenômenos estranhos que, antigamente, foram qualificados como milagres.

Eu repito; *a fé é humana e divina*. Se todos os encarnados estivessem persuadidos da força que trazem consigo e quisessem colocar a sua vontade a serviço dessa força, seriam capazes de realizar o que, até o momento, chamais de prodígios, e que não passam de desenvolvimento das faculdades humanas.

CAPÍTULO XX

OS TRABALHADORES DA ÚLTIMA HORA

Instruções dos Espíritos: Os últimos serão os primeiros – Missão dos espíritas – Os trabalhadores do Senhor.

1. *"O Reino dos Céus é semelhante a um pai de família, que saiu desde a manhã para assalariar trabalhadores para a sua vinha. Tendo combinado que eles teriam um dinheiro por dia, levou-os à vinha. E tendo saído junto da terceira hora do dia, e tendo visto outros na praça, ociosos, lhes disse: Ide vós também para a minha vinha, e eu vos darei o que for razoável. E eles foram. E saiu na sexta e na nona hora, e fez o mesmo. E tendo saído na décima primeira hora, encontrou outros que lá estavam, a quem disse: Por que permaneceis ao longo do dia sem trabalhar? – É que ninguém nos contratou, disseram eles. Ele então respondeu: Ide vós também para a minha vinha.*

Tendo chegado a noite, o senhor da vinha disse ao seu mordomo: Chama os trabalhadores e paga-lhes a jornada, começando pelos últimos e acabando nos primeiros. Aqueles que foram até a vinha apenas na décima primeira hora, aproximando-se, receberam o seu dinheiro. Aqueles que tinham sido contratados primeiro, vindo por sua vez, acreditaram que haviam de receber mais; porém, não receberam mais do que um dinheiro cada um. Recebendo-o, também estes falaram contra o pai de família, dizendo: Estes últimos apenas trabalharam uma hora, e pagastes a eles o mesmo que a nós, que suportamos o peso do dia e do calor.

E, como resposta, o senhor disse a um deles: Meu amigo, eu não errei contigo. Não combinaste comigo um dinheiro por vossa jornada? Toma o que te pertence e vai-te, que eu, de mim, quero dar a este último tanto quanto dei a ti. Visto isso, não me é lícito fazer o que quero? Acaso vosso olho é mau, por que eu sou bom?

Assim, os últimos serão os primeiros e os primeiros serão os últimos, pois muitos são os chamados e poucos os escolhidos." (Mateus, XX:1–16. Ver também: Parábola da festa de núpcias, Cap. XVIII, nº 1)

Instruções dos Espíritos
Os últimos serão os primeiros
Constantino, Espírito Protetor – Bordeaux, 1863

2. O trabalhador da última hora tem direito ao salário, mas para isso é preciso que a sua boa vontade o coloque à disposição do Senhor que deveria empregá-lo, e que seu atraso não seja fruto da sua preguiça ou da sua má vontade. Ele tem direito ao salário porque, desde o alvorecer, esperou impacientemente aquele que, finalmente, o chamaria ao labor. Ele era trabalhador, mas faltava o trabalho.

Se ele tivesse, entretanto, recusado o trabalho a qualquer hora do dia; se tivesse dito: Tenham paciência, o repouso me agrada, quando soar a última hora, pensarei no salário do dia, por que eu deveria me preocupar com esse patrão que não conheço e não estimo; quanto mais tarde, melhor! Neste, meus amigos, não teria encontrado o salário do trabalhador, mas o da preguiça.

O que será daquele que, em vez de ficar ocioso, tiver empregado as horas destinadas ao trabalho do dia para cometer atos condenáveis, blasfemado contra Deus, vertido o sangue de seus irmãos, perturbado as famílias, arruinado homens de boa-fé, abusado da inocência? Que tivesse, finalmente, se lançado à prática de todas as maldades? O que será dele? Será suficiente dizer, à última hora: Senhor, eu empreguei mal o meu tempo, aproveita-me até o fim do dia, e farei um pouco da minha tarefa, e dá-me o salário do trabalhador de boa vontade! Não! O

Senhor lhe dirá: Eu não tenho trabalho para ti no momento. Dissipaste o teu tempo, esqueceste o que aprendeste, não sabes mais trabalhar em minha vinha. Recomeces o aprendizado e quando estiveres melhor, vem procurar-me e poderás trabalhar em minhas terras a qualquer hora do dia.

Bons espíritas, meus bem-amados, todos vós sois trabalhadores da última hora. Muito orgulhoso seria aquele que dissesse: "Eu comecei a trabalhar pela manhã e só terminarei ao pôr do sol". Todos viestes quando chamados, uns mais cedo, outros mais tarde, para a encarnação cujos grilhões carregais. Mas há quantos séculos o Senhor vos chamava para a Sua vinha, sem que aceitásseis o convite? Eis que chega o momento de buscar o salário. Empregai bem essas horas que vos restam e não esqueçais nunca que a vossa existência, por mais longa que vos pareça, é apenas um momento muito breve, na imensidade dos tempos que representam para vós a eternidade.

Henri Heine – Paris, 1863

3. Jesus amava a simplicidade dos símbolos e, em Sua vigorosa linguagem, os trabalhadores que chegaram na primeira hora são os Profetas, Moisés e todos os iniciadores que marcaram as diversas etapas do progresso, continuadas através dos séculos pelos apóstolos, mártires, pais da Igreja, sábios, filósofos e, enfim, os espíritas. Estes, vindos na última hora, foram, entretanto, anunciados e preditos desde o advento do Messias. Receberão, portanto, a mesma recompensa. O que estou dizendo? Uma recompensa bem maior. Vindo por último, os espíritas aproveitam os trabalhos intelectuais de seus antecessores, pois o homem deve herdar do homem, e porque os trabalhos e seus resultados devem ser coletivos: Deus abençoa a solidariedade. Muitos entre eles revivem hoje, ou reviverão amanhã, para terminar a obra que haviam começado antes. Mais de um patriarca, mais de um profeta, mais de um discípulo do Cristo, mais de um propagador da fé cristã se encontram entre vós. Ressurgem mais esclarecidos, mais avançados, e já não trabalham mais na base, mas no topo do edifício. Seu salário será, pois, proporcional ao mérito de suas obras.

A reencarnação, esse belo dogma[1], eterniza e precisa a filiação espiritual. O Espírito, chamado a prestar contas do seu mandato terreno, compreende a continuidade do trabalho interrompido, mas sempre retomado. Ele vê e sente que apanhou no ar o pensamento de seus antecessores. Reinicia a luta, amadurecido pela experiência, para continuar avançando. E todos, trabalhadores da primeira e da última hora, de olhos bem abertos para a profundidade da Justiça de Deus, não lamentam mais e se põem a adorá-Lo.

Este é um dos verdadeiros sentidos desta parábola, que encerra, como todas as que Jesus dirigiu ao povo, as linhas do futuro e, também, sob todas as formas e imagens, a revelação dessa magnífica unidade que harmoniza todas as coisas no universo; desta solidariedade que reúne todos os seres atuais ao passado e ao futuro.

Missão dos espíritas
Erasto – Paris, 1863

4. Não percebeis desde já a formação da tempestade que deve assolar o Velho Mundo e lançar no nada a soma das iniquidades terrenas? Ah! Bendizei o Senhor, vós que colocastes a vossa fé em Sua soberana justiça e que, como novos apóstolos da crença revelada pelas vozes proféticas superiores, ides pregar o novo dogma da *reencarnação* e da elevação dos Espíritos, segundo o bom ou mau cumprimento de suas missões e o modo como suportaram as suas provas terrestres.

Nada de temores! As línguas de fogo estão sobre as vossas cabeças. Ó, verdadeiros adeptos do Espiritismo! Sois os eleitos de Deus! Ide e pregai a palavra divina. É chegada a hora em que deveis sacrificar os vossos hábitos, os vossos trabalhos, as vossas ocupações fúteis, à sua propagação. Ide e pregai. Os Espíritos do alto estão convosco. Certamente falareis a pessoas que não quererão ouvir a palavra de Deus,

---

[1] **Dogma** – Palavra utilizada na Codificação Espírita em seu sentido racional, como princípio e não como um dogma de Fé (Fideísmo), ou como base de doutrina infalível e indiscutível (Ver Kardec, Allan, *O Livro dos Espíritos*, perg. 171 e nota — Mundo Maior Editora, 5ª edição). (*N. do E.*)

pois essa palavra os conclama incessantemente à abnegação. Pregareis o desinteresse aos avaros, a abstinência aos dissolutos, a mansuetude aos tiranos domésticos e aos déspotas – palavras perdidas, bem sei, mas que importa? É preciso regar com o vosso suor o terreno em que deveis semear, pois ele somente frutificará e produzirá com os esforços incessantes da enxada e da charrua evangélicas. Ide e pregai!

Sim, todos vós, homens de boa-fé, que tendes consciência de vossa inferioridade, observando os mundos espalhados pelo infinito. Parti em cruzada contra a injustiça e a iniquidade. Ide e derrubai o culto de bezerro de ouro, que dia a dia mais se expande. Ide! Deus vos conduz! Homens simples e ignorantes, vossas línguas se soltarão, e falareis como nenhum outro orador sabe falar. Ide e pregai, que as populações atentas recolherão com alegria as vossas palavras de consolo, de fraternidade, de esperança e de paz.

Que importam as ciladas armadas em vosso caminho? Somente os lobos caem nas armadilhas de lobos, pois o pastor saberá defender o seu rebanho contra os carrascos imoladores.

Ide, homens grandes diante de Deus, que, mais felizes do que Tomé, credes sem precisar ver e aceitais os fatos da mediunidade, mesmo sem jamais ter conseguido obter nada para vós mesmos. Ide, o Espírito de Deus vos conduz.

Marcha, pois, adiante, grandiosa falange da fé! E os enormes batalhões dos incrédulos se desvanecerão diante de vós, como as brumas da manhã aos primeiros raios do sol nascente.

A fé é a virtude que transporta montanhas, disse Jesus. Mais pesada do que a mais pesada das montanhas, entretanto, são os vícios da impureza que jazem no coração dos homens. Parti, então, com coragem, para remover essas montanhas de atrocidades que as gerações futuras devem conhecer somente como lendas, como vós conheceis apenas superficialmente os períodos anteriores à civilização pagã.

Sim, as revoluções morais e filosóficas vão eclodir em todos os pontos do globo. Aproxima-se a hora em que a luz divina brilhará sobre os dois mundos.

Ide, pois, e levai a palavra divina: aos poderosos, que a desdenharão;

aos sábios, que dela pedirão prova; aos pequenos e simples que a aceitarão, porque é principalmente entre os mártires do trabalho, esta expiação terrena, que encontrareis o fervor e a fé.

Ide, pois estes receberão, com cânticos de agradecimento e louvores a Deus, a consolação divina que lhes oferecerdes; e, baixando a fronte, agradecerão pelo quinhão de aflições que a Terra lhes reservou.

Que a vossa falange se arme, pois, de resolução e coragem! Mãos à obra! O arado está pronto, e a terra preparada! É preciso trabalhar!

Ide e agradecei a Deus pela tarefa gloriosa que Ele vos confiou. Mas notai que, entre os chamados ao Espiritismo, muitos se desviaram da senda! Observai atentamente o vosso caminho e segui a estrada da verdade.

Perguntareis, então: Se entre os chamados ao Espiritismo muitos se desviaram, por qual sinal se reconhece aqueles que estão no bom caminho?

Responderemos: Vós os reconhecereis pelos princípios de verdadeira caridade que professarão e praticarão; pelo número de aflitos aos quais levarão a consolação; vós os reconhecereis pelo amor ao próximo e pela sua abnegação e altruísmo; enfim, pelo triunfo de seus princípios, pois Deus quer a vitória de Sua lei e aqueles que a seguem são os Seus eleitos, a quem será dada a vitória. Mas os que falsificarem o espírito dessa lei, para satisfazerem a sua vaidade e a sua ambição, esses serão destruídos.

Os trabalhadores do Senhor
O Espírito da Verdade – Paris, 1862

5. Estais no tempo do cumprimento das profecias anunciadas para a transformação da Humanidade. Felizes serão os que tiverem trabalhado o campo do Senhor com desinteresse e sem outro objetivo que o da caridade! Suas jornadas serão pagas cem vezes mais do que o esperado. Felizes serão aqueles que disserem aos seus irmãos: "Trabalhemos juntos e unamos os nossos esforços, para que o Senhor encontre o trabalho terminado quando chegar". Pois a esses o Senhor dirá: *"Vinde a mim, vós que sois os bons trabalhadores, vós que fizestes calar os vossos melindres e as vossas discórdias, para não deixar a obra inacabada!"*.

Mas infelizes daqueles que, por suas dissensões, houverem retardado a hora da colheita, pois a tempestade virá e eles serão levados pelo turbilhão! Eles clamarão: "Graça! Graça!". Mas o Senhor lhes dirá: *"Por que pedis graça, vós, que não tivestes piedade de vossos irmãos, e que recusastes a lhes estender as mãos, que esmagastes o fraco ao invés de socorrê-lo? Por que pedis graça, vós, que buscastes vossa recompensa nas alegrias da Terra e na satisfação do vosso orgulho? Já recebestes a vossa recompensa, de acordo com a vossa vontade. Nada mais tendes a pedir. As recompensas celestes pertencem àqueles que não houverem pedido as recompensas terrenas".*

Deus, neste momento, faz a enumeração dos Seus servidores fiéis e já marcou aqueles que têm apenas a aparência do devotamento, para que não usurpem o salário dos trabalhadores corajosos. Pois àqueles que não recuaram diante da tarefa é que Ele irá confiar os postos mais difíceis, na grande obra da regeneração pelo Espiritismo. E estas palavras se cumprirão: *"Os primeiros serão os últimos e os últimos serão os primeiros no Reino dos Céus!".*

CAPÍTULO XXI

HAVERÁ FALSOS CRISTOS E FALSOS PROFETAS

Conhece-se a árvore pelos frutos – Missão dos profetas – Prodígios dos falsos profetas – Não acrediteis em todos os Espíritos – Instruções dos Espíritos: Os falsos profetas – Características do verdadeiro profeta – Os falsos profetas da erraticidade – Jeremias e os falsos profetas.

Conhece-se a árvore pelos frutos

1. *"Não é boa a árvore que dá maus frutos, nem má árvore a que dá bons frutos; pois cada árvore é conhecida pelo seu próprio fruto. Não se colhem figos junto aos espinheiros e não se vindimam uvas dos abrolhos. O homem de bem tira o bem do bom tesouro de seu coração, e o homem mau tira a maldade do mau tesouro de seu coração, pois a boca fala do que está cheio o coração."* (Lucas, VI:43-45)

2. *"Guardai-vos dos falsos profetas, que vêm até vós vestidos como ovelhas e que, por dentro, são lobos usurpadores. Vós os conhecereis pelos frutos. Pode-se colher uvas junto aos espinhos ou figos dos abrolhos? Assim, toda a árvore que é boa produz bons frutos e toda a árvore má dá maus frutos. Não pode a árvore boa dar maus frutos, nem a árvore má dar bons frutos. Toda árvore que não produzir bons frutos será cortada e lançada ao fogo. Vós os conhecereis, pois, pelos seus frutos."* (Mateus, VII:15-20)

3. *"E, respondendo, Jesus lhes disse: Vede, não vos engane alguém, porque muitos virão em meu nome, dizendo: 'Eu sou o Cristo'; e assim seduzirão a muitos.*

E levantar-se-ão muitos falsos profetas, e enganarão a muitos. E porquanto, multiplicar-se-á a iniquidade, a caridade de muitos se resfriará. Mas será salvo aquele que perseverar até o fim.

Então, se alguém vos disser: O Cristo está aqui, ou lá, não lhe deis crédito, pois virão falsos Cristos e falsos profetas que farão grandes prodígios e maravilhas tais, que se fora possível, até os próprios eleitos se enganariam."
(Mateus, XXIV:4-5, 11-13 e 23-24; Marcos, XIII:5-6 e 21-22)

Missão dos Profetas

4. É comum atribuir-se aos profetas o dom de revelar o futuro, de maneira que as palavras *profecia* e *predição* se tornaram sinônimas. No sentido evangélico, a palavra *profeta* tem um significado mais amplo: diz-se de todo mensageiro de Deus, com a missão de instruir os homens e de lhes revelar as coisas ocultas, e os mistérios da vida espiritual. Um homem pode, então, ser profeta, sem fazer predições. Esta era a ideia dos judeus, no tempo de Jesus. É por isso que, ao ser levado diante do sumo sacerdote Caifás, os Escribas e os Anciãos, reunidos, Lhe cuspiram no rosto, o feriram a socos e bofetadas, dizendo: "Cristo, profetiza, e diga quem foi que te bateu". Entretanto, alguns profetas tiveram a premonição do futuro, seja por intuição ou por revelação providencial, para transmitirem advertências aos homens. Como estes eventos se realizaram, o dom de predizer o futuro foi visto como um dos atributos da qualidade de profeta.

Prodígios dos falsos profetas

5. *"Falsos Cristos e falsos profetas se levantarão, e farão grandes prodígios e coisas surpreendentes, para seduzirem até mesmo os eleitos."* Estas palavras dão o verdadeiro sentido da palavra *prodígio*.

No conceito teológico, os prodígios e os milagres são fenômenos excepcionais, além das leis da Natureza. Estas leis, tendo sido estabelecidas exclusivamente por Deus, não há dúvida que podem ser derrogadas por Ele, mas o simples bom senso diz que Ele não pode ter concedido a seres inferiores e perversos um poder igual ao seu, e ainda menos o direito de desfazerem o que Ele fez. Jesus não pode ter consagrado tal princípio. Se acreditarmos, pois, que, de acordo com o sentido que se dá àquelas palavras, o Espírito do Mal tem o poder de realizar prodígios tais, que enganariam até os eleitos, disso resultaria que, podendo fazer o que Deus faz, os prodígios e milagres não seriam privilégio exclusivo dos mensageiros de Deus, e nada provam, já que nada distingue os milagres dos santos dos milagres dos demônios. É preciso, pois, buscarmos um sentido mais racional para aquelas palavras.

Aos olhos do povo, todo fenômeno, cuja causa é desconhecida, passa por sobrenatural, miraculoso e maravilhoso. Uma vez conhecida a causa, reconhece-se que o fenômeno, por mais extraordinário que pareça, não é outra coisa além da aplicação de uma determinada lei natural. É assim que o círculo dos fatos sobrenaturais se restringe, à medida que se amplia o das leis científicas. Por muito tempo, os homens exploraram, em proveito de sua ambição, de seus interesses e de seu desejo de dominação, alguns conhecimentos que possuíam, para conseguirem o prestígio de um poder supostamente sobre-humano ou de uma pretensa missão divina. São esses os falsos Cristos e os falsos profetas. A difusão dos conhecimentos vem desacreditá-los. É por isto que o seu número diminui, à medida que os homens se esclarecem. O fato de operarem o que, do ponto de vista de algumas pessoas, parece prodígio, não é o sinal de uma missão divina, já que pode resultar de conhecimentos que qualquer um pode adquirir, ou de faculdades orgânicas especiais, que o mais indigno como o mais digno podem possuir. O verdadeiro profeta se reconhece por características mais sérias e, exclusivamente, de ordem moral.

Não acrediteis em todos os Espíritos

6. *"Meus bem-amados, não acrediteis em todos os Espíritos, mas verificai se os Espíritos são de Deus, porque são muitos os falsos profetas que se levantaram no mundo."* (João, Epístola I, cap. IV:1)

7. Os fenômenos espíritas, longe de confirmarem os falsos Cristos e os falsos profetas – como alguns gostam de dizer – vêm, ao contrário, dar-lhes um último golpe. Não soliciteis, ao Espiritismo, milagres, nem prodígios, pois ele declara, formalmente, que não os produz. Assim como a Física, a Química, a Astronomia e a Geologia vieram revelar

as leis do mundo material, ele vem revelar outras leis desconhecidas, que regem as relações do mundo material com o mundo espiritual e que, como as primeiras, pertencem à Natureza. Dando, assim, a explicação de uma certa ordem de fenômenos incompreendidos até o dia de hoje, ele destrói o que ainda restava do domínio do maravilhoso. Os que ficarem tentados a explorar estes fenômenos em benefício próprio, fazendo-se passar por mensageiros de Deus, não poderiam abusar por muito tempo da credulidade alheia, e bem logo seriam desmascarados. Aliás, como já foi dito, esses fenômenos por si mesmos nada provam. A missão se prova por efeitos morais que nem todos podem produzir. Este é um dos resultados do desenvolvimento da ciência espírita, que, pesquisando a causa de alguns fenômenos, levanta o véu sobre muitos mistérios. Os que preferem a obscuridade à luz são os únicos interessados em combatê-la, mas a verdade é como o sol: dissipa as mais espessas brumas.

 O Espiritismo vem revelar uma outra categoria, bem mais perigosa, de falsos Cristos e falsos profetas, e que se encontram – não entre os homens – mas entre os desencarnados: a dos espíritos enganadores, hipócritas, orgulhosos e pseudossábios que, da Terra, passaram para a erraticidade e se disfarçam com nomes veneráveis, para através da máscara que usam, tornar aceitáveis suas ideias, muitas vezes, estranhas e absurdas. Antes que as relações mediúnicas fossem conhecidas, eles exerciam a sua ação de uma maneira mais ostensiva, pela inspiração, pela mediunidade inconsciente, auditiva ou de incorporação. O número daqueles que, em épocas diversas, mas principalmente nos últimos tempos, se fizeram passar por alguns dos antigos profetas, como o Cristo, como Maria, mãe de Jesus, e mesmo como Deus, é considerável. São João nos previne contra eles, quando adverte: *"Meus bem-amados, não creiais em todos os Espíritos, mas provai se os Espíritos são de Deus, pois muitos falsos profetas surgiram no mundo"*. O Espiritismo nos oferece meios de experimentá-los, indicando as características pelas quais se reconhecem os bons Espíritos, características *sempre morais e jamais materiais*. (Ver *O Livro dos Médiuns*, cap. 24 e seguintes). É, sobretudo, ao discernimento dos bons e maus Espíritos, que se pode, sobretudo, aplicar estas palavras de Jesus: *"Reconhece-se a árvore pelo fruto; uma boa árvore não pode produzir maus frutos, e uma árvore má não pode produzir bons frutos"*. Julgam-se os Espíritos pela qualidade de suas obras, como a árvore pela qualidade de seus frutos.

Instruções dos Espíritos
Os falsos profetas
Luís – Bordeaux, 1861

8. Se alguém vos disser: "O Cristo está ali", não O procureis. Ao contrário, ponde-vos em guarda, pois os falsos profetas são numerosos. Não vedes as folhas da figueira que começam a embranquecer? Não vedes os numerosos rebentos esperando a época da floração? E o Cristo não vos disse: *"Reconhece-se a árvore pelos seus frutos?"*. Se os frutos são amargos, considerais que a árvore é ruim. Mas se eles são doces e saudáveis, dizeis: "Nada tão puro pode sair de um tronco mau".

É assim, meus irmãos, que deveis julgar: são as obras que deveis examinar. Se aqueles que se dizem revestidos do poder divino revelam todos os sinais de uma missão semelhante – ou seja – se eles possuem, no mais alto grau, as virtudes cristãs e eternas: o amor, a caridade, a indulgência e a bondade que concilia todos os corações; se, confirmando essas palavras a elas juntarem os atos, então, podereis dizer: Estes são realmente os mensageiros de Deus.

Mas desconfiai das palavras melífluas, desconfiai dos escribas e fariseus, que oram nas praças públicas, vestidos com longas vestes. Desconfiai daqueles que pretendem ter o único monopólio da verdade!

Não, não, o Cristo não está lá, pois aqueles que Ele envia, para propagar a Sua santa doutrina e regenerar o Seu povo, serão, a exemplo do Mestre, mansos e humildes de coração, acima de todas as coisas. Aqueles que devem, com seus exemplos e conselhos, salvar a Humanidade, que corre para a perdição e se desvia por caminhos tortuosos, serão, acima de tudo, inteiramente modestos e humildes. Todo aquele que revela um átomo de orgulho, fugi dele como da lepra contagiosa, que corrompe tudo o que toca. Lembrai-vos de que *cada criatura traz na fronte, e principalmente em seus atos, a marca de sua grandeza ou de sua decadência.*

Ide, pois, meus bem-amados, caminhai sem vacilações, sem segundas intenções, na bendita caminhada que empreendestes. Ide, avançai sempre sem nenhum temor e afastai corajosamente tudo o que possa entravar a vossa marcha rumo ao objetivo eterno. Viajores, não ficareis mais do que pouco tempo nas trevas e dores das provas, se vossos corações se deixarem levar por esta doce doutrina, que vem revelar-vos as leis eternas, satisfazendo todas as aspirações de vossa alma quanto ao desconhecido. A partir de agora, podeis corporificar esses silfos ligeiros que passam em vossos sonhos, e que, tão efêmeros, podiam apenas deleitar o vosso espírito, mas nada diziam ao vosso coração. Hoje, meus amados, a morte desapareceu, para dar lugar ao anjo radioso que conheceis, ao anjo do reencontro e da reunião! Agora, vós que cumpristes a tarefa imposta pelo Criador, não tendes mais nada a temer da Sua justiça, pois Ele é pai e perdoa sempre aos Seus filhos desgarrados, que clamam por misericórdia. Continuai, então, sem cessar! Que a vossa divisa seja a do progresso contínuo em todas as coisas, até chegardes, enfim, a este termo feliz no qual vos esperam, afinal, todos aqueles que vos precederam.

Características do verdadeiro profeta
Erasto – Paris, 1862

9. *Desconfiai dos falsos profetas*. Esta recomendação é útil em todos os tempos, mas principalmente nos momentos de transição em que, como neste, se elabora uma transformação da Humanidade, pois, nesses momentos, uma multidão de ambiciosos e farsantes se colocam como reformadores e messias. É contra esses impostores que é preciso estar em guarda e é dever de todos os homens honestos desmascará-los. Perguntareis, sem dúvida, como se pode reconhecê-los, e aqui estão os seus sinais:

Confia-se o comando de um exército somente a um general hábil e capaz de o dirigir. Credes, então, que Deus seja menos prudente do que os homens? Estais certos, que Ele confia as missões importantes somente àqueles que sabe serem capazes de cumpri-las, pois as grandes missões são fardos pesados, que esmagariam o homem demasiadamente fraco para carregá-las. Como em todas as coisas, o mestre deve saber disso mais do que o aluno. Para impulsionar a Humanidade, moral e intelectualmente, são necessários homens superiores em inteligência e moralidade! É por isso que são sempre os Espíritos mais avançados, os que já passaram por provas em outras existências, os que se encarnam para essas missões, pois se não forem superiores ao meio em que devem agir, sua ação será nula.

Assim sendo, concluireis que o verdadeiro missionário de Deus deve justificar a sua missão pela sua superioridade, pelas suas virtudes, pela sua grandeza, pelos resultados e pela influência moralizadora de suas obras. Há outra questão: se ele estiver, pelo seu caráter, por suas virtudes, pela sua inteligência, abaixo do papel que se atribui, ou do personagem cujo nome utiliza, não passa de um farsante de baixo nível, que não sabe sequer imitar o seu modelo.

Outra consideração a fazer é que a maior parte dos verdadeiros missionários de Deus ignoram que o sejam. Eles cumprem o que foram chamados a fazer pela força de seu próprio gênio, secundados pelo poder oculto que os inspira e os dirige, à sua revelia, mas sem que o tivessem premeditado. Em suma, *os verdadeiros profetas se revelam pelos seus atos e são descobertos pelos outros, enquanto os falsos profetas se apresentam por si mesmos como enviados de Deus.* Os primeiros são humildes e modestos; os segundos, orgulhosos e cheios de si, falam com arrogância e como todos os mentirosos parecem sempre receosos de não serem aceitos.

Estes impostores foram vistos passando-se por apóstolos do Cristo, outros pelo próprio Cristo, e, para vergonha da Humanidade, encontraram pessoas suficientemente crédulas para aceitarem os seus embustes. Uma observação bem simples, entretanto, bastaria para abrir os olhos aos mais cegos: se o Cristo reencarnasse na Terra, Ele o faria com todo o Seu poder e todas as Suas virtudes, a menos que se admita – o que seria absurdo – que Ele houvesse degenerado. Ora, da mesma forma que se tirássemos a Deus um único de Seus atributos, já não teríamos Deus, se tirarmos uma única virtude do Cristo, não mais O teríamos. Os que se fazem passar pelo Cristo têm todas as Suas virtudes? Esta é a questão. Olhai, sondai os seus pensamentos e atos, e reconhecereis que lhes faltam sobretudo as qualidades distintivas do Cristo: a humildade e a caridade. Enquanto lhes sobram as que Ele não tinha: a avareza e o orgulho. Notai, além disso, que há, neste momento, e em diferentes países, vários pretensos Cristos, como há também numerosos e pretensos Elias, supostos São João ou São Pedro e que, necessariamente, não podem ser todos verdadeiros. Podeis estar certos de que são pessoas que exploram a credulidade e que acham cômodo viver à custa daqueles que os escutam. Desconfiai, portanto, dos falsos profetas, sobretudo numa época de renovação, pois muitos impostores se apresentarão como missionários de Deus. São os que buscam uma vaidosa satisfação na Terra, mas uma terrível justiça os aguarda, podeis estar certos.

Os falsos profetas da erraticidade
Erasto, discípulo de São Paulo – Paris, 1862

10. Os falsos profetas não estão apenas entre os encarnados. Estão, também, e em número bem maior, entre os Espíritos orgulhosos que, sob semblantes de falso amor e caridade, semeiam a desunião e retardam a obra de emancipação da Humanidade, impingindo-lhe os seus sistemas absurdos, por meio dos médiuns que os servem. E para melhor fascinar aqueles que desejam enganar, para dar maior importância às suas teorias, eles se disfarçam inescrupulosamente com nomes que os homens somente pronunciam com respeito.

São eles que semeiam os germes da discórdia entre os grupos, que os fazem isolar-se uns dos outros e a se olharem com prevenções. Apenas isso seria o suficiente para os desmascarar, pois, assim agindo, eles mesmos desmentem o que pretendem ser. Cegos, portanto, são os homens que se deixam enganar de maneira tão grosseira.

Mas há ainda muitos outros meios de os reconhecer. Os Espíritos da ordem ao qual eles dizem pertencer devem ser não somente muito bons, mas, além disso, eminentemente racionais. Passai os seus sistemas pelo crivo da razão e do bom senso, e vereis o que restará. Então concordareis comigo em que, todas as vezes que um Espírito indicar, como remédio aos males da Humanidade, ou como meios de se realizar a sua transformação, medidas utópicas e impraticáveis, pueris e ridículas; ou quando formular um sistema que contradiz as mais comuns noções científicas, não passará de um Espírito ignorante e mentiroso.

Por outro lado, lembrai-vos de que, se a verdade nem sempre é apreciada pelos indivíduos, sempre o é pelo bom senso das massas, e isso também é um critério. Se dois princípios se contradizem, tereis a medida de seus valores intrínsecos, buscando aquele que tiver maior receptividade e simpatia. *Seria ilógico, na verdade, admitir que uma doutrina, que viesse diminuir o número de participantes, que fosse mais verdadeira que a outra, cujo número aumenta.* Deus, querendo que a verdade chegue a todos, não a confina num círculo restrito, mas a faz surgir em diferentes pontos, para que a luz esteja ao lado das trevas por toda a parte.

Repeli impiedosamente todos esses Espíritos que se manifestam como conselheiros exclusivos, pregando a divisão e o isolamento. São quase sempre Espíritos vaidosos e medíocres, que tentam impor-se a pessoas fracas e crédulas, prodigalizando-lhes louvores exagerados, para fasciná-las e mantê-las sob o seu domínio. São, geralmente, Espíritos sedentos de poder, que, tendo sido déspotas no lar ou na vida pública, quando vivos, querem ainda ter vítimas para tiranizar, depois de sua morte. Em geral, portanto, *desconfiai das comunicações que se caracterizam por um caráter místico e pela extravagância, que prescrevem cerimônias e práticas estranhas.* Sempre há, nesses casos, um motivo legítimo de desconfiança.

Por outro lado, estai certos de que, quando uma verdade deve ser revelada à Humanidade, ela é, por assim dizer, comunicada instantaneamente, para todos os grupos sérios, que possuem médiuns sérios, e não a este ou àquele, com exclusão de outros. Ninguém é médium perfeito, se estiver obsedado, e há obsessão evidente quando um médium está apto apenas a receber as comunicações de um determinado Espírito, por mais elevado que este pretenda ser. Consequentemente, todo médium e todo grupo que se acredita privilegiado pelas comunicações que somente eles podem receber, e que, por outro lado, estão sujeitos a práticas supersticiosas, estão, sem dúvida, sob uma obsessão bem caracterizada, principalmente quando o Espírito dominante se vangloria de um nome que todos, Espíritos e encarnados, devemos honrar e respeitar, não deixando que seja comprometido a todo instante.

É incontestável que, submetendo-se todas as comunicações espirituais ao crivo da razão e da lógica, será fácil repelir o absurdo e o erro. Um médium pode estar fascinado, um grupo pode ser enganado, mas o controle severo dos outros grupos, com o auxílio do conhecimento adquirido, e a elevada autoridade moral dos dirigentes de grupos, as comunicações dos principais médiuns, marcadas pelo cunho da lógica e da autenticidade dos Espíritos mais sérios, farão rapidamente desmascarar esses ditados mentirosos e astuciosos, emanados de uma turba de Espíritos enganadores ou malfazejos. (Ver na Introdução, o parágrafo II: Controle universal dos ensinamentos dos Espíritos. Ver ainda *O Livro dos Médiuns*, Cap. XXIII, Da obsessão.)

Jeremias e os falsos profetas

11. *"O Senhor dos exércitos diz: Não escuteis as palavras dos profetas, que vos profetizam e vos enganam; falam sobre as visões dos seus corações e não da boca do Senhor. Eles dizem aos que me blasfemam: O Senhor disse: Vós tereis a paz. E a todos aqueles que caminham na corrupção de seus corações a disseram: Não virá sobre vós o mal. Mas quem dentre eles assistiu ao conselho de Deus e viu e ouviu a sua palavra? Eu não enviava nenhum desses profetas e eles corriam; não lhes falava nada, e eles profetizavam como bem entendiam. Tenho ouvido o que esses profetas disseram, erroneamente, em meu nome: Eu sonhei, eu tenho sonhado. Até quando se achará isto no coração dos profetas que vaticinam a mentira e cujas profecias são apenas seduções do seu coração? Se este povo, ou um profeta, ou um sacerdote vos interroga, dizendo: Qual é o fardo do Senhor? Vós direis: Vós mesmos sois o fardo e Eu vos lançarei bem longe de mim, diz o Senhor."* (Jeremias, XXIII:16-18; 21; 25-26 e 33)

Luís, Espírito Protetor – Carlsruhe, 1861

É sobre esta passagem do profeta Jeremias que quero vos entreter, meus amigos. Deus, falando pela sua boca, disse: *"É a visão do coração que os faz falar"*. Essas palavras indicam claramente que, já naquela época, os charlatães e os vaidosos abusavam do dom da profecia e o exploravam.

Eles abusavam, consequentemente, da fé simples e quase cega do povo, predizendo *por dinheiro*, coisas boas e agradáveis. Este tipo de embuste era muito comum entre os judeus, e é fácil compreender que o pobre povo, ignorante, estava impossibilitado de distinguir os bons dos maus, e era sempre mais ou menos enganado pelos impostores e fanáticos que passavam-se por profetas. Nada é mais significativo do que estas palavras: *"Eu não enviei nenhum desses profetas, e eles corriam; não lhes falava nada, e eles profetizavam"*. Mais além, ele diz: *"Tenho ouvido estes profetas profetizando mentiras em meu nome, dizendo: Eu sonhei, eu tenho sonhado"*. Ele indicava, desta maneira, um dos meios empregados para explorar a confiança do povo. A multidão, sempre crédula, não pensava em lhes contestar a veracidade dos sonhos ou das visões, porque achava tudo muito natural e convidava sempre os profetas a falarem.

Depois das palavras do profeta, escutai os sábios conselhos do Apóstolo João, quando diz: *"Não creiais em todos os Espíritos, mas provai se os Espíritos são de Deus"*, pois, entre os invisíveis, há também os que se comprazem em enganar, quando encontram oportunidade. Estes enganados são, bem entendido, os médiuns que não tomam as precauções necessárias. Este é um dos maiores escolhos, contra o qual muitos acabam por chocar-se, principalmente quando são novatos no Espiritismo. É para eles uma prova, da qual só podem triunfar com muita prudência. Aprendei, pois, antes de tudo, a distinguir os bons dos maus Espíritos, para não vos tornardes, vós mesmos em falsos profetas.

CAPÍTULO XXII

NÃO SEPAREIS O QUE DEUS JUNTOU

Indissolubilidade do casamento – O divórcio

Indissolubilidade do casamento

1. *"Os fariseus também vieram tentá-Lo e Lhe disseram: É permitido a um homem repudiar a sua mulher, por qualquer motivo? Ele lhe respondeu: Não haveis lido que quem criou o homem desde o início dos tempos, os fez homem e mulher? E disse: por este motivo, o homem deixará o seu pai e a sua mãe e se ligará a sua mulher, e serão ambos uma só carne. Assim, não serão mais dois, mas uma só carne. Que o homem, pois, não separe o que Deus juntou.*

Replicaram-Lhe eles: mas, então, por que Moisés ordenou que se dê a uma mulher carta de desquite, repudiando-a? Respondeu-lhes: Em razão da dureza de vossos corações, Moisés vos permitiu repudiar vossas mulheres, mas não foi assim no princípio. Também Eu vos declaro que qualquer um que repudiar a sua mulher, não sendo caso de adultério, e esposar outra, comete adultério, e aquele que esposar uma mulher repudiada comete também um adultério." (Mateus, XIX:3-9)

2. Não há nada imutável, a não ser o que procede de Deus. Tudo o que for obra dos homens está sujeito a mudanças. As leis da Natureza são as mesmas em todos os tempos e em todos os países; as leis

humanas, porém, mudam segundo os tempos, os lugares e o desenvolvimento intelectual. No casamento, o que é de ordem divina é a união conjugal, para que se opere a renovação dos seres que morrem. Mas as condições que regulam essa união são de tal maneira humanas, que não há, no mundo inteiro – e mesmo na cristandade – dois países em que elas sejam absolutamente iguais, e não há mesmo um só em que elas não tenham sofrido mudanças através dos tempos. Disto resulta que, aos olhos da lei civil, o que é legítimo numa região e em determinada época, torna-se adultério noutra região e noutro tempo. Isso porque a lei civil tem por objetivo regular os interesses familiares, e esses interesses variam segundo os costumes e as necessidades locais. É assim, por exemplo, que em certos países o casamento religioso é o único legítimo, enquanto em outros é preciso também o casamento civil, e, em outros, ainda, somente o casamento civil é suficiente.

3. Mas na união conjugal, ao lado da lei material, comum a todos os seres vivos, há uma outra lei divina, imutável como todas as leis de Deus, e exclusivamente moral, que é a lei do amor. Deus quis que os seres se unissem, não apenas pelos laços da carne, mas também pelos da alma, para que a afeição mútua dos cônjuges se estenda aos filhos, e para que sejam dois, ao invés de um, para amá-los, tratá-los e fazê-los progredir. Nas condições ordinárias do casamento, é levada em conta a lei do amor? Absolutamente; o que se observa não é a afeição mútua de dois seres que se atraem reciprocamente, pois frequentemente esta afeição é rompida – o que se busca não é a satisfação do coração, mas a do orgulho, da vaidade, da cupidez, em suma, de todos os interesses materiais. Quando tudo está de acordo com esses interesses, diz-se que o casamento é conveniente, e quando as bolsas estão bem equilibradas, diz-se que os cônjuges estão também harmonizados e devem ser muito felizes.

Mas nem a lei civil, nem os compromissos que ela determina podem suprir a lei do amor, se esta lei não presidir a união. Disto resulta que, geralmente, *o que foi unido pela força se separa por si mesmo*. O juramento que se pronuncia diante do altar se torna perjúrio, se o dizemos como uma fórmula banal. Daí vêm as uniões infelizes, que acabam por tornar-se criminosas. Duplo mal que se evitaria, se, nas condições do casamento, não se fizesse abstração da única lei que o sanciona aos olhos de Deus: a lei do amor. Quando Deus disse: "Sereis uma só carne", e quando Jesus disse: *"Não separeis o que Deus juntou",* isso deve ser entendido como uma união segundo a lei imutável de Deus, e não segundo a lei inconstante dos homens.

4. A lei civil é, então, supérflua, sendo necessário voltar aos casamentos segundo a natureza? Certamente que não. A lei civil tem por objetivo regulamentar as relações sociais e os interesses das famílias, segundo as exigências da civilização. É por isto que ela é útil, necessária, mas variável. Deve ser previdente, pois o homem civilizado não pode viver como o selvagem. Mas nada, absolutamente, impede que ela seja o corolário da lei de Deus. Os obstáculos ao cumprimento da lei divina decorrem dos preconceitos sociais, e não da lei civil. Esses preconceitos, bem vivos ainda, perderam o seu poder junto aos povos esclarecidos, e desaparecerão com o progresso moral, que abrirá, enfim, os seus olhos para os males incontáveis, as faltas, e até mesmo os crimes que resultam das uniões contraídas com vistas apenas aos interesses materiais. E perguntaremos, um dia, se é mais humano, mais caridoso e mais moral, ligar um ao outro dois seres que não podem viver juntos, ou restituir-lhes a liberdade; já que a perspectiva de uma cadeia indissolúvel não aumenta o número das uniões irregulares.

O divórcio

5. O divórcio é uma lei humana, que objetiva separar legalmente o que já estava separado de fato. Não é contrário à lei de Deus, pois só reforma o que os homens fizeram e só tem aplicação nos casos em que não se considerou a Lei Divina. Se fosse contrário a essa lei, a própria Igreja seria forçada a considerar como prevaricadores os seus chefes que, com a sua própria autoridade e em nome da religião têm, em mais de uma circunstância, imposto o divórcio. Dupla prevaricação, então, já que foi praticada com interesses puramente materiais, e não para satisfazer a lei de amor. Mas nem mesmo o Cristo consagrou a indissolubilidade absoluta do casamento. Não disse ele: "Em razão da dureza de seus corações, Moisés vos permitiu repudiar as vossas mulheres?". Isto significa que, desde os tempos de Moisés, não sendo o afeto mútuo o único objetivo do casamento, a separação poderia se tornar necessária. Entretanto, ele acrescenta: *"Não foi assim desde o início"*. Ou seja, na origem da Humanidade, quando os homens não estavam ainda pervertidos pelo egoísmo e pelo orgulho e viviam segundo a lei de Deus, as uniões embasadas na simpatia recíproca – e não sobre a vaidade ou a ambição – não davam motivo ao repúdio.

Ele foi ainda mais longe, ao abordar o caso no qual o repúdio pode verificar-se: o de adultério. Ora, o adultério não existe onde reina o afeto recíproco sincero. Ele proíbe, é verdade, ao homem, de esposar a mulher repudiada, mas é preciso observar os costumes e o caráter dos homens daquele tempo. A lei mosaica, neste caso, prescrevia o apedrejamento. Querendo abolir um costume bárbaro, era preciso, ao menos, estabelecer uma penalidade, e ele a encontra na ignomínia decorrente da proibição de um segundo casamento. Era, de qualquer forma, uma lei civil substituindo uma outra lei civil, mas que, como todas as leis dessa natureza, deveria passar pela prova do tempo.

CAPÍTULO XXIII

MORAL ESTRANHA

Aborrecer pai e mãe – Abandonar pai, mãe e filhos – Deixai que os mortos enterrem os seus mortos – Não vim trazer a paz, mas a espada.

Aborrecer pai e mãe

1. *"Um grande grupo do povo marchava com Jesus, quando Ele se voltou e disse: Se alguém vem a mim, e não odeia seu pai e sua mãe, sua mulher e seus filhos e mesmo a sua própria vida não pode ser meu discípulo. E qualquer um que não carregar a sua cruz e não me seguir não pode ser meu discípulo. Assim, qualquer um dentre vós que não renunciar a tudo o que tem não pode ser meu discípulo."* (Lucas, XIV:25-27, 33)

2. *"Aquele que ama a seu pai ou a sua mãe mais do que a mim não é digno de mim. Aquele que ama seu filho ou sua filha mais do que a mim não é digno de mim."* (Mateus, X:37)

3. Algumas palavras, aliás muito raras, contrastam de maneira tão estranha com a linguagem do Cristo, que instintivamente nela repelimos o seu sentido literal, e a sublimidade de sua doutrina nada sofre com isso. Escritas depois da sua morte, já que nenhum Evangelho foi escrito durante a sua vida, acredita-se que, nesses casos, o fundo de seu pensamento não foi bem traduzido, ou ainda, o que não é menos provável, que o sentido primitivo tenha sofrido alguma alteração, ao passar de uma língua para outra. Basta um erro ocorrido na primeira vez para que os copistas o reproduzissem, como se vê muitas vezes nos fatos históricos.

A palavra *odiar*, nesta frase de São Lucas: *"Se alguém vem a mim e não odeia a seu pai e sua mãe"*, é exemplo disto. Ninguém teve a ideia de atribuí-la a Jesus. Seria, então, supérfluo discuti-la e ainda mais buscar justificá-la. Seria preciso saber, primeiramente, se ele a pronunciou, e, em caso afirmativo, se na língua na qual ele se exprimia esta palavra tinha o mesmo significado que na nossa. Nesta passagem de São João: *"Aquele que odeia a sua vida neste mundo a conserva para a vida eterna"*, é claro que não exprime a ideia que lhe atribuímos[1].

A língua hebraica não era rica, e muitas das suas palavras tinham diversos significados. É o exemplo, na Gênese, das que designam as fases da criação e que servia, ao mesmo tempo, para exprimir um período de tempo qualquer e o período diurno. Disso resultou, mais tarde, a sua tradução para a palavra dia, e a crença de que o mundo fora feito em 6 dias. Outro exemplo é a palavra que designa *camelo* e *cabo*, pois os cabos eram feitos de pelos de *camelo*, e foi traduzida por camelo, na alegoria do buraco da agulha. (Cap. XVI, nº 2.)

É preciso, além disso, considerar os costumes e as características dos povos, que influem na natureza particular de suas línguas. Sem esse conhecimento, o sentido verdadeiro de certas palavras nos escapa. De uma língua à outra, a mesma palavra tem conotação diferente. Pode ser uma injúria ou uma blasfêmia num idioma, e nada significar em outra, segundo a ideia que exprima. Na mesma língua, algumas palavras perdem o seu significado com o passar dos séculos. É por isso que uma tradução rigorosamente literal não exprime perfeitamente o pensamento, e, para ser exata, é preciso empregar, às vezes, não as palavras correspondentes, mas as equivalentes ou perífrases.

---

[1] **Nota de M. Pezzani:** *Non odit*, em latim, kaï ou *miseï*, não quer dizer odiar, mas amar menos. O que exprime o verbo grego *misen*, do qual serviu-se Jesus, diz ainda que não significa apenas odiar, mas amar menos, não amar tanto quanto, não amar igual ao outro. No dialeto siríaco, que Jesus usava frequentemente, segundo informações, este significado é ainda mais acentuado. É nesse sentido que ele é empregado na Gênese, Cap. XXIX, v. 30, 31): *"E Jacob amou também a Raquel, mais que a Lia, e Jeová, vendo que Lia era odiada..."* É evidente que o verdadeiro sentido é menos amada. E é assim que deve ser traduzido. Em várias outras passagens hebraicas, e principalmente siríacas, o mesmo verbo foi empregado no sentido de não amar tanto quanto a um outro, e seria contrassenso traduzi--lo por odiar, cuja acepção é bem diferente. O texto de São Mateus resolve, aliás, toda a dificuldade. (Constante dos originais em francês.)

Estas observações encontram uma aplicação especial na interpretação das santas escrituras e nos evangelhos em particular. Se não levarmos em conta o meio no qual vivia Jesus, corremos o risco de nos enganarmos sobre o sentido de certas expressões e de certos fatos, em decorrência do hábito que se tem de interpretarmos os outros de acordo com as nossas próprias condições. Em todo o caso, é preciso não dar à palavra odiar no Evangelho, o seu conceito moderno, senão será contrário ao espírito do ensinamento de Jesus. (Ver também Cap. XIV, nº 5 e seguintes.)

Abandonar pai, mãe e filhos

4. *"Quem tiver deixado sua casa, seus irmãos, irmãs, seu pai, sua mãe, sua mulher, seus filhos, ou suas terras por amor a mim receberá cem vezes mais e terá por herança a vida eterna."* (Mateus, XIX:29)

5. *"Então, Pedro disse-Lhe: Quanto a nós, deixamos tudo e O seguimos. Jesus lhes respondeu: Eu vos digo, em verdade, que ninguém deixará sua casa, seu pai e sua mãe, seus irmãos e sua mulher ou seus filhos, pelo Reino de Deus, sem receber desde já, neste mundo e muito além, no século futuro, a vida eterna."* (Lucas, XVIII:28-30)

6. *"Um outro Lhe disse: Senhor, eu O seguirei, mas permita que eu disponha primeiro dos bens que tenho em minha casa. Jesus lhe respondeu: Aquele que, tendo a mão no arado, olhar para trás, não é digno do Reino de Deus."* (Lucas, IX:61-62)

Sem discutir as palavras, é preciso buscar o pensamento, que era evidentemente este: *Os interesses da vida futura são mais importantes do que todos os interesses e todas as considerações humanas*, pois ela está de acordo com a essência da doutrina de Jesus, enquanto que a ideia da renúncia à sua família seria a sua negação.

Não temos, aliás, sob os nossos olhos, a aplicação destas máximas no sacrifício dos interesses e das afeições da família pela pátria? Condena-se um filho por deixar seu pai, sua mãe, seus irmãos, sua mulher e seus filhos para defender o seu país? Não lhe reconhecemos, pelo contrário, o mérito de deixar a tranquilidade do lar e o calor das amizades para cumprir um dever? Há, assim, deveres que se sobrepõem a outros. A lei não obriga a filha a deixar os pais e seguir o esposo? O mundo está cheio de casos nos quais as separações mais penosas são necessárias, mas nem por isso as afeições se rompem. A distância não diminui nem o respeito ou a solicitude que se devem aos pais, nem a ternura para com os filhos. Vê-se, pois, que mesmo tomadas ao pé da letra, salvo o verbo *odiar*, estas palavras não seriam a negação do mandamento que prescreve honrar ao pai e à mãe, nem do sentimento de ternura paternal. Terão mais razão ainda, se a entendermos em seu sentido mais profundo. Eles tinham como objetivo mostrar, por uma hipérbole, quanto é imperioso o dever de cuidar da vida futura. Deveriam, além disso, ser menos chocantes para um povo e uma época em que, por força das circunstâncias, os laços de família eram menos fortes do que numa civilização moralmente mais avançada. Esses laços, mais fracos entre os povos primitivos, fortificam-se com o desenvolvimento da sensibilidade e do senso moral. A separação, por si só, é necessária ao progresso tanto nas famílias quanto nas raças[1]. Elas se abastardam se não há cruzamento, se não se misturam entre si. É uma lei da Natureza, tanto no âmbito do progresso moral quanto no progresso material.

As coisas são observadas apenas sob o ponto de vista terreno. O Espiritismo no-las apresenta de um ponto mais alto, mostrando-nos que os verdadeiros laços de afeição são os do Espírito e não os do corpo; que esses laços não são desfeitos, nem pela separação nem mesmo pela morte do corpo; que eles se fortificam na vida espiritual, pela depuração do Espírito: é uma verdade consoladora, que nos dá uma grande força para suportar as vicissitudes da vida. (Ver Cap. IV, nº 18; Cap. XIV, nº 8.)

Deixai que os mortos enterrem os seus mortos

7. *"Ele disse a um outro: Segue-me. E ele Lhe respondeu: Senhor, permiti que vá antes enterrar o meu pai. Jesus lhe respondeu: Deixai que os mortos enterrem os seus mortos, e quanto a vós, ide anunciar o Reino de Deus."* (Lucas, IX:59-60)

---

[1] Ver Nota Explicativa no fim deste volume, página 391

8. O que podem significar estas palavras: *"Deixai que os mortos enterrem os seus mortos?"*. As considerações anteriores mostram, primeiramente, que nas circunstâncias em que foram pronunciadas, elas não poderiam exprimir uma censura contra aquele que via como dever de piedade filial ir enterrar o pai. Mas elas encerram um sentido mais profundo, que somente com um conhecimento mais completo da vida espiritual se poderia compreender.

A vida espiritual, na realidade, é a verdadeira vida. É a vida normal do Espírito. Sua existência terrena é apenas transitória e passageira. É um tipo de morte, se a compararmos ao esplendor e à atividade da vida espiritual. O corpo é apenas uma vestimenta grosseira, que reveste momentaneamente o Espírito, verdadeira prisão que o ata ao orbe terrestre e do qual ele fica feliz em se livrar. O respeito que se tem pelos mortos não se relaciona à matéria, mas, pela lembrança, ao Espírito ausente. É como aquele que temos aos objetos que lhe pertenceram, que ele tocou em vida e que guardamos como relíquias. Era isso o que aquele homem não podia compreender por si mesmo. Jesus lhe ensina, dizendo: Não vos preocupeis com o corpo, mas cuidai do Espírito. Ide ensinar sobre o reino de Deus. Ide dizer aos homens que a sua pátria não se encontra na Terra, mas no Céu, pois somente lá está a verdadeira vida.

Não vim trazer a paz, mas a espada

9. *"Não penseis que Eu vim trazer a paz para a Terra. Eu não vim trazer a paz, mas a espada, pois vim separar o homem de seu pai, a filha de sua mãe, e a nora de sua sogra. E o homem terá por inimigos os da sua casa."* (Mateus, X:34-36)

10. *"Eu vim trazer fogo à Terra e o que desejarei Eu senão que ele se acenda? Eu, pois, devo ser batizado num batismo e como aguardo para que isso se realize!*

Vós cuidais que Eu vim trazer a paz à Terra? Não, Eu vos asseguro, mas a separação. Pois de hoje em diante haverá, numa mesma casa, cinco pessoas divididas; três contra duas e duas contra três. O pai contra filho, e o filho contra seu pai; a mãe contra a filha, e a filha separada da mãe. A sogra contra sua nora, e a nora contra sua sogra." (Lucas, XII:49-53)

11. Foi Jesus a personificação da doçura e da bondade, que não cessava de pregar o amor ao próximo, quem disse estas palavras: Eu não vim trazer a paz, mas a espada; vim separar o filho do pai, o marido da mulher, vim lançar fogo na terra e tenho pressa que ele se acenda?! Essas palavras não estão em flagrante contradição com Seus ensinamentos? Não é uma blasfêmia atribuir-lhe a linguagem de um conquistador sanguinário e devastador? Não, não há nem blasfêmia nem contradição nessas palavras, pois foi Ele mesmo quem as pronunciou e elas testemunham a Sua elevada sabedoria. Apenas a forma um pouco equivocada não traduz exatamente o Seu pensamento, o que provocou alguns enganos quanto ao seu verdadeiro sentido. Tomadas ao pé da letra, elas transformariam a Sua missão pacífica em missão de turbulências e discórdias. Consequência absurda que o bom senso rejeita, pois Jesus não podia contradizer-se. (Ver Cap. XIV, nº 6.)

12. Toda ideia nova encontra forçosamente oposição, e não houve uma única que se estabelecesse sem lutas. Nesses casos, a resistência sempre está na razão da importância dos resultados *previstos*, pois quanto maior ela for, maior será o número de interesses ameaçados. Se for uma ideia notoriamente falsa, se a julgamos sem consequências, ninguém se perturba com ela, e todas a deixam passar, sabendo que não tem possibilidades. Mas se ela é verdadeira, se repousa sobre uma base sólida, se é possível entrever-lhe o futuro, um secreto pressentimento adverte os seus antagonistas de que se trata de um perigo para eles, e para a ordem das coisas, por cuja permanência se interessam. É por isso que se lançam contra elas e os seus adeptos.

A medida da importância e dos resultados de uma ideia nova se encontra, assim, na emoção que ela causa com o seu aparecimento, na violência da oposição que desperta, e no grau de intensidade e da persistência da cólera dos seus adversários.

13. Jesus vinha proclamar uma Doutrina que minava pela base o abuso no qual viviam os fariseus, os escribas e os sacerdotes daquele tempo. Por isso O mataram, acreditando assim matar a ideia juntamente com a morte do homem. Mas a ideia sobreviveu, pois era verdadeira; desenvolveu-se, pois estava nos desígnios de Deus;

e, nascida numa obscura vila da Judeia, plantou a sua bandeira na própria capital do mundo pagão, diante dos seus inimigos mais acirrados, daqueles que tinham o maior interesse em combatê-la, pois ela subvertia as crenças seculares, nas quais muitos se apegavam, mais por interesse do que por convicção. Era lá que as lutas mais terríveis aguardavam os Seus apóstolos; as vítimas foram incontáveis, mas a ideia crescia sempre e saiu triunfante, pois ela superava, como verdade, as suas antecessoras.

14. É preciso notar que o Cristianismo apareceu quando o paganismo declinava, e se debatia contra as luzes da razão. Ele era praticado na forma, mas a crença já havia desaparecido. Apenas o interesse pessoal o sustentava. Ora, o interesse é tenaz e jamais cede à evidência, e tanto mais irrita-se, quanto o raciocínio que se lhe opõe e que melhor demonstram o seu erro. Bem sabe que está errado, mas isso pouco lhe importa, pois a verdadeira fé não lhe interessa; pelo contrário, o que ele mais teme é a luz que abre os olhos aos cegos. O erro lhe é proveitoso, e é por isso que a ele se aferra, e o defende.

Sócrates não havia também formulado uma doutrina semelhante à doutrina do Cristo? Por que não prevaleceu naquela época, em meio a um dos povos mais inteligentes da Terra? É que o tempo ainda não havia chegado. Ele semeou em terreno não preparado: o paganismo não estava suficientemente *gasto*. O Cristo recebeu a Sua missão providencial no tempo propício. Os homens de Seu tempo não estavam todos à altura das ideias cristãs, mas havia um clima geral de aptidão para assimilá-las, pois começava-se a sentir o vazio que as crenças comuns deixavam na alma. Sócrates e Platão haviam aberto o caminho e predispostos os Espíritos. (Ver na Introdução, parágrafo IV, *Sócrates e Platão, precursores da ideia cristã e do Espiritismo.*)

15. Infelizmente, os adeptos da nova doutrina não se entenderam quanto à interpretação das palavras do Mestre, pois a maior parte estava velada por alegorias e figuras de expressão. Daí surgirem, desde o início, inúmeras seitas que pretendiam ter a posse da verdade exclusiva, e que nem 18 séculos conseguiram pôr de acordo. Esquecendo o mais importante dos preceitos divinos, aquele que Jesus tinha feito a pedra angular de Seu edifício e a condição expressa da salvação: a caridade, a fraternamente e o amor ao próximo, essas seitas se reprovaram reciprocamente, lançaram-se umas contra as outras, as mais fortes destruindo as mais fracas, afogando-as no sangue das torturas e nas chamas das fogueiras. Os cristãos, vencedores do paganismo, de perseguidos fizeram-se perseguidores. Foi a ferro e fogo que plantaram a cruz do Cordeiro sem mácula nos dois mundos. As guerras religiosas foram as mais cruéis e fizeram mais vítimas do que as guerras políticas e em nenhuma outra se cometeram tantas atrocidades e barbáries. O erro está na doutrina do Cristo? Certamente não, pois ela condena formalmente toda violência. Disse Ele em algum momento aos Seus discípulos: Ide matar, massacrar, queimar aqueles que não acreditam como vós? Não, Ele disse o contrário: Todos os homens são irmãos e Deus é soberanamente misericordioso; amai o vosso próximo; amai os vossos inimigos; fazei o bem àqueles que vos perseguem. Ele disse mais: *"Quem matar com a espada morrerá pela espada"*. A responsabilidade, então, não é da doutrina de Jesus, mas daqueles que a interpretaram erroneamente, e dela fizeram um instrumento para servir às suas paixões; daqueles que desconheceram estas palavras: *"Meu Reino não é deste mundo"*.

Jesus, em Sua profunda sabedoria, previa o que deveria acontecer, mas essas coisas eram inevitáveis, pois decorriam da própria inferioridade da natureza humana, que não podia ser transformada de repente. Era preciso que o Cristianismo passasse por esta longa e cruel prova de 18 séculos, para mostrar toda a sua pujança, pois apesar de todo o mal cometido em Seu nome, Ele saiu dela puro, e jamais duvidaram Dele. A censura caiu sempre sobre aqueles que dele abusaram. A cada ato de intolerância, sempre se disse: Se o Cristianismo fosse mais bem compreendido e praticado, isso não teria acontecido.

16. Quando Jesus disse: *"Não penseis que Eu vim trazer a paz, mas a separação"*, o Seu pensamento era o seguinte:

"Não penseis que a minha Doutrina se estabeleça pacificamente. Ela trará lutas sangrentas para as quais o meu nome será usado como pretexto, pois os homens não me terão compreendido ou não terão querido compreender-me. Os irmãos, separados por suas crenças, desembainharão a espada uns contra os outros, e a separação reinará entre os membros de uma mesma família, que não tiver a mesma fé. Eu vim lançar fogo sobre a Terra, para destruir os erros e os preconceitos, assim como se coloca fogo num campo para destruir as ervas daninhas, e anseio por que se acenda para que a depuração seja mais rápida, pois desse conflito a verdade sairá vencedora. À guerra sucederá a paz; ao ódio dos partidos, a fraternidade universal; às trevas do fanatismo sucederá a luz da fé esclarecida. Então, quando o campo estiver preparado, Eu vos enviarei *o Consolador, o Espírito da Verdade, que virá restabelecer todas as coisas* – ou seja – dará a conhecer o verdadeiro sentido das minhas palavras, que os mais esclarecidos poderão, enfim, compreender. Ele dará fim à luta fratricida que divide os filhos de um mesmo Deus. Cansados, enfim, de um combate sem solução, que somente acarreta desolação e traz distúrbios ao seio das famílias, os homens reconhecerão onde estão os seus verdadeiros interesses no tocante a este e ao outro mundo. Eles verão de que lado estão os amigos e os inimigos de sua paz. Todos virão abrigar-se sob uma mesma bandeira: a caridade e as coisas serão restabelecidas sobre a Terra, segundo a verdade e os princípios que já vos ensinei."

17. O Espiritismo vem realizar, no tempo determinado, as promessas do Cristo. Entretanto, ele não pode fazê-lo sem destruir os abusos. Como Jesus, ele encontra em seu caminho o orgulho, o egoísmo, a ambição, a cupidez, o fanatismo cego que, cercados em suas últimas trincheiras, tentam barrar-lhe o caminho e suscitam contra ele entraves e perseguições. É por isto que ele também precisa combater. Mas o tempo das lutas e perseguições sangrentas acabou, e as que ele tem de suportar serão as lutas morais, sendo que o fim de todas elas se aproxima. As primeiras duraram séculos; as de agora durarão apenas alguns anos, pois a luz, em vez de partir de um único foco, irrompe por todos os cantos do globo, e abrirá mais depressa os olhos aos cegos.

18. Aquelas palavras de Jesus remetem, portanto, aos problemas que, segundo previa, a Sua doutrina iria suscitar; aos conflitos momentâneos que surgiriam como consequência; às lutas que ela sustentaria, antes de se estabelecer, como aconteceu com os hebreus, antes de sua entrada na Terra Prometida; e não como um desígnio premeditado, de sua parte, em semear a desordem e a confusão. O mal devia provir dos homens, e não dele. Como um médico, Ele veio para curar, mas Seus remédios provocaram crises salutares, removendo os tumores malignos do enfermo.

CAPÍTULO XXIV
NÃO PÔR A CANDEIA SOB O ALQUEIRE

A candeia sob o alqueire. Por que Jesus fala por parábolas – Não ir aos gentios – Os sãos não precisam de médico – A coragem da fé – Carregar a cruz. Quem quiser salvar a vida.

A candeia sob o alqueire. Por que Jesus fala por parábolas

1. *"Não se acende uma lâmpada para deixá-la sob o alqueire, e, sim, sobre um candeeiro, para que ela ilumine a todos aqueles que estão na casa."* (Mateus, V:15)

2. *"Não há uma só pessoa que depois de haver acendido uma lâmpada, cubra-a com uma vasilha ou a coloque sob a cama. Coloca-a, sim, sobre um candeeiro, para que aqueles que entrem vejam a luz, pois não há segredo que não deva ser descoberto, nem nada escondido que não deva ser conhecido e levado a público."* (Lucas, VIII:16-17)

3. *"Seus discípulos, se aproximando, Lhe disseram: Por que lhes falas por parábolas? E respondendo, lhes disse: Para vós outros vos é dado conhecer os mistérios do Reino dos Céus, mas para eles não lhes é concedido. Porque ao que tem, se lhe dará, e terá em abundância; mas ao que não tem, até o que tem lhe será tirado. Por isso é que Eu lhes falo por parábolas; porque olhando, eles não veem e ouvindo, eles não ouvem, nem entendem. E a profecia de Isaías neles se cumpre, pois diz: Ouvireis com vossos ouvidos,*

mas não entendereis; olhareis com os vossos olhos, e nada vereis. Porque o coração deste povo está endurecido, e os seus ouvidos se tornaram tardos. E fecharam seus olhos: Para que não vejam com os olhos e ouçam com os ouvidos, e compreendam com o coração, e se convertam, e Eu os cure."
(Mateus, XIII:10-15)

4. Espanta-se de ouvir Jesus dizer que não se deve colocar a luz sob o alqueire, enquanto Ele próprio oculta a todo instante o sentido de Suas palavras sob o véu da alegoria, que não pode ser compreendida por todos. Ele se explica, dizendo aos Seus apóstolos: *"Eu lhes falo por parábolas, porque eles não estão prontos para compreender certas coisas: eles olham, veem, ouvem e não compreendem. Dizer-lhes tudo seria inútil no momento, mas a vós o digo, pois lhes foi dado compreender esses mistérios".* Ele tratava o povo, portanto, como se trata as crianças cujas ideias ainda não estão desenvolvidas. Com isto, Ele indica o verdadeiro sentido da máxima: *"Não se deve colocar a candeia sob o alqueire, mas sobre o candeeiro, para que todos aqueles que entram possam vê-la".* Não significa que seja preciso revelar todas as coisas inconsideradamente, pois todo ensinamento deve ser apropriado à inteligência daquele a quem se dirige, pois há pessoas para quem uma luz muito forte ofusca sem esclarecer.

Ocorre com a sociedade, em geral, o mesmo que com os indivíduos: as gerações têm a sua infância, juventude e idade madura. Cada coisa deve vir a seu tempo, pois o grão semeado fora de estação não produz. O que a prudência manda calar momentaneamente deve, cedo ou tarde, ser descoberto, porque, chegando a um certo grau de desenvolvimento, os homens buscam por si mesmos a luz viva. A obscuridade lhes pesa. Deus, tendo-lhes dado a inteligência para compreenderem e se guiarem nas coisas da Terra e do céu, querem racionalizar a sua fé. É então, que é preciso não colocar a lâmpada sob o alqueire, pois sem a luz da razão, a fé se enfraquece. (Ver Cap. XIX, nº 7.)

5. Se, então, em sua prudente sabedoria, a Providência revela a verdade somente de forma gradual, é que a vai sempre desvelando, à medida que a Humanidade está madura para recebê-la. Ela mantém a luz em reserva, e não sob o alqueire. Mas os homens que a possuem, em geral, somente a ocultam do povo, com a intenção de dominá-lo.

São eles que colocam realmente a luz sob o alqueire. É assim que todas as religiões sempre tiveram os seus mistérios, vedados ao conhecimento público. Mas, enquanto essas religiões se atrasavam, a ciência e a inteligência caminharam e romperam o véu misterioso. O povo tornou-se adulto e quis penetrar o fundo das coisas, e então rejeitou na sua fé o que era contrário à observação.

Não podem haver mistérios absolutos nesse terreno, e Jesus está com a razão quando afirma que não há segredo que não deva ser conhecido. Tudo o que está oculto será revelado um dia, e o que o homem ainda não pode compreender na Terra lhe será progressivamente desvendado nos mundos mais avançados, na proporção em que ele evoluir. Aqui, na Terra, ainda se perde no nevoeiro.

6. Pergunta-se que proveito o povo poderia tirar desta grande quantidade de parábolas, cujo sentido ficava oculto para ele? É preciso notar que Jesus somente se exprimiu por parábolas sobre as questões, de alguma maneira abstratas de Sua Doutrina. Mas, tendo feito da caridade e da humildade as condições essenciais da salvação, tudo o que disse em relação a isto está perfeitamente claro, explícito e sem ambiguidade. Deveria ser assim, pois era regra de conduta, regra que todos deveriam compreender, para poderem seguir. Era o essencial para a multidão ignorante, a qual se limitava a dizer: É isto o que é preciso fazer para ganhar o Reino dos Céus. Sobre outras questões, o raciocínio era acompanhado apenas pelos seus discípulos. Estes, mais avançados moral e intelectualmente, podiam ser iniciados por Jesus nos princípios mais abstratos. É por isso que Ele disse: *"Àquele que já tem, ainda mais lhe será dado, e terá em abundância"*. (Ver Cap. XVIII, nº 15.)

Entretanto, mesmo com Seus apóstolos, Ele tratou de modo vago sobre muitos pontos, cuja inteira compreensão estava reservada aos tempos posteriores. Estes pontos é que deram lugar a interpretações tão diversas, até que a Ciência de um lado e o Espiritismo de outro vieram revelar as novas leis da Natureza, que explicarão o seu verdadeiro sentido.

7. O Espiritismo, hoje, vem lançar a luz sobre uma multidão de pontos obscuros. Entretanto, não o faz inconsideradamente. Os

Espíritos procedem, nas suas instruções, com admirável prudência. Apenas gradualmente é que eles abordaram as diversas partes conhecidas da Doutrina, e é assim que as demais partes serão reveladas no futuro, à medida que chegue o momento de fazê-las sair da obscuridade. Se a houvessem apresentado na íntegra, desde o início, elas seriam acessíveis apenas a um pequeno número. Teriam assustado aqueles que não estavam preparados, o que prejudicaria a sua propagação. Se, então, os Espíritos não dizem tudo ostensivamente, não é que haja mistérios na doutrina reservados aos privilegiados, nem que eles estejam colocando a candeia sob o alqueire, mas porque cada coisa deve vir no tempo oportuno. Eles dão a cada ideia o tempo de amadurecer e se propagar, antes de apresentarem outra, *e deixam aos acontecimentos, o tempo de preparar-lhes a aceitação.*

Não ir aos gentios

8. *"Jesus enviou os doze apóstolos, depois de ter-lhes dado as seguintes instruções: Não procureis os gentios, não entreis na cidade dos samaritanos, ide antes às ovelhas desgarradas da casa de Israel. E nos lugares onde estiverdes, pregai, dizendo que o Reino dos Céus está próximo."* (Mateus, X:5-7).

9. Jesus prova, em diversas circunstâncias, que as Suas vistas não estão limitadas ao povo judeu, mas abrangem a toda a Humanidade. Se, então, diz aos Seus apóstolos para não se dirigirem aos pagãos, não é por desprezar a sua conversão – o que nada teria de caridoso – mas porque os judeus, acreditando no Deus único e aguardando o Messias, estavam preparados, pela lei de Moisés e pelos profetas, para receberem a Sua palavra. Para os pagãos, a base faltava, tudo estava por fazer, e os apóstolos não estavam suficientemente esclarecidos para uma tarefa tão pesada. É por isso que Ele disse: Ide às ovelhas desgarradas de Israel – ou seja – ide semear em terreno já preparado, sabendo que a conversão dos gentios viria a seu tempo. Mais tarde, com efeito, foi no meio do paganismo que os Apóstolos fincaram a cruz.

10. Essas palavras também podem ser aplicadas aos adeptos e aos propagadores do Espiritismo. Os incrédulos sistemáticos, os zombadores

CAPÍTULO XXIV

obstinados, os adversários interesseiros são para eles o que eram os gentios para os Apóstolos. A exemplo deles, devem buscar prosélitos, primeiramente entre as pessoas de boa vontade, aqueles que desejam a luz, nos quais se encontra o germe fecundo, cujo número é grande, sem perderem tempo com aqueles que se recusam a ver e entender, e que mais se aferram ao seu orgulho. Mais vale abrir os olhos a cem cegos que desejam ver claramente do que a um só que se compraz na obscuridade, pois é aumentar o número dos que sustentam a causa em maior proporção. Deixar os outros em paz não significa indiferença, mas boa política. A vez deles chegará, quando serão dominados pela opinião geral, e ouvirão a mesma coisa ser repetida incessantemente ao seu redor, então, acreditarão aceitar a ideia voluntariamente, e por si mesmos, e não sob a pressão de um indivíduo. Depois, há ideias que são como sementes; não podem germinar antes da estação própria, e a não ser em terreno preparado. Eis por que é melhor aguardar o tempo propício, cultivando antes aquelas sementes que estão em condições, para não abortar as outras, por precipitação.

Na época de Jesus, e em consequência das ideias restritas e materialistas do momento, tudo estava circunscrito e localizado. A Casa de Israel era um pequeno povoado. Os gentios eram pequenos povos vizinhos. Hoje, as ideias se universalizam e se espiritualizam. A nova luz não é privilégio de nação alguma. Para ela, não existem mais barreiras. Ela tem o seu foco por toda a parte, e todos os homens são irmãos. Mas os gentios não são mais um povo determinado, são uma opinião que se encontra por toda a parte, e cuja verdade triunfa pouco a pouco, assim como o Cristianismo venceu o paganismo. Não é mais com armas de guerra que se combate, mas com o poder da ideia.

Os sãos não precisam de médico

11. *"Estando Jesus sentado à mesa numa casa, para lá se dirigiam muitos publicanos e gente de má vida, que se colocaram à mesa com Jesus e Seus discípulos. Tendo os fariseus visto isso, disseram aos discípulos: Por que vosso mestre come com os publicanos e gente de má vida? Mas Jesus, ouvindo-lhes, disse: os sãos não têm necessidade de médico, mas, sim, os enfermos."* (Mateus, IX:10-12)

12. Jesus dirigia-se, sobretudo, aos pobres e aos deserdados, pois são esses os que mais necessitam de consolação; e aos cegos humildes e de boa-fé, porque eles pedem para ver, e não aos orgulhosos, que acreditam possuir toda a luz e não precisar de nada. (Ver Introdução: *Publicanos, Peageiros.*)

Estas palavras, como muitas outras, encontram explicação no Espiritismo. Surpreende-se, às vezes, que a mediunidade seja concedida a pessoas indignas, e por isso mesmo capazes de fazer mau uso dela. Parece, diz-se, que uma faculdade tão preciosa devesse ser atributo exclusivo de pessoas de maior merecimento.

Digamos, antes de tudo, que a mediunidade é inerente a uma condição orgânica, da qual todo homem pode ser dotado, como a visão, a audição, a fala. Não há nenhuma de que o homem, com seu livre-arbítrio, não possa abusar, e se Deus não tivesse concedido a palavra, por exemplo, apenas para aqueles incapazes de dizer coisas más, haveria muito mais mudos do que falantes. Deus deu ao homem as suas faculdades, e o deixa livre para usá-las como quiser, mas pune sempre aqueles que delas abusam.

Se o poder de comunicação com os Espíritos somente fosse dado aos mais dignos, quem ousaria pretendê-lo? Onde estaria, aliás, o limite da dignidade e da indignidade? A mediunidade é dada sem distinção, a fim de que os Espíritos possam levar a luz a todos os lugares, a todas as classes da sociedade, ao pobre como ao rico; para os virtuosos – fortificando-os no bem – e para os viciosos, corrigindo-os. Estes últimos não são os doentes que necessitam de médico? Por que Deus, que não quer a morte do pecador, o privaria do socorro que pode tirá-lo da lama? Os bons Espíritos, então, vêm em sua ajuda e os seus conselhos – que ele recebe diretamente – são de natureza a impressioná-lo mais vivamente do que se os recebesse de maneira indireta. Deus, em Sua bondade, para lhe poupar a dor de ir buscar a luz a distância, a coloca em suas mãos. Não será ele bem mais culpado se não a observar? Poderá ele desculpar-se de sua ignorância quando viu, com os seus próprios olhos, ouviu com os seus ouvidos e pronunciou com a sua própria boca a sua condenação? Se ele não aproveitar a oportunidade, é punido com a perda ou a perversão de sua faculdade, de que os maus Espíritos se apoderarão, para obsedá-lo e enganá-lo, sem prejuízo das aflições comuns com que Deus castiga os seus servidores indignos e os corações endurecidos pelo orgulho e pelo egoísmo.

A mediunidade não implica, necessariamente, as relações habituais com os Espíritos superiores. É simplesmente uma aptidão para servir de instrumento, mais ou menos dócil, aos Espíritos em geral. O bom médium não é, então, aquele que tem facilidade de comunicação, mas o que é simpático aos bons Espíritos e somente por eles é assistido. É neste sentido, unicamente, que a excelência das qualidades morais é de suma importância para a mediunidade.

A coragem da fé

13. *"Quem quer que se confesse e me reconheça diante dos homens, Eu o reconhecerei e o confessarei também diante do meu Pai que está nos céus. E quem quer que negue a mim diante dos homens, Eu também o negarei diante de meu Pai que está nos Céus."* (Mateus, X:32-33)

14. *"Se alguém se envergonhar de mim, e de minhas palavras, o Filho do Homem se envergonhará dele também, quando Ele estiver em Sua glória, e na de Seu Pai e dos santos anjos."* (Lucas, IX:26)

15. A coragem das opiniões sempre mereceu a consideração dos homens, pois há mérito em enfrentar os perigos, as perseguições, as discussões e mesmo os meros sarcasmos, aos quais se expõe quase sempre aquele que não teme confessar abertamente ideias que não são admitidas por todos. Nisto, como em tudo, o mérito está na razão das circunstâncias e na importância dos resultados. Há sempre fraqueza em recuar diante das consequências da sustentação das opiniões, mas há casos em que isso equivale a uma covardia tão grande quanto a de fugir no momento do combate.

Jesus estigmatiza essa covardia, do ponto de vista especial de Sua Doutrina, dizendo que se alguém se envergonhar de Suas palavras, Ele também se envergonhará daquele; que renegará o que o houver renegado; mas aquele que O confessar diante dos homens será reconhecido por Ele diante de Seu Pai que está nos Céus. Em outras palavras: *aqueles que tiverem medo de se confessar discípulos da verdade não serão dignos de serem admitidos no Reino da Verdade.* Eles perderão assim o benefício de sua fé, pois é uma fé egoísta, que guardam para si mesmos, mas que ocultam com medo que ela lhes traga prejuízo neste mundo. Enquanto isso, aqueles que colocam a verdade acima de seus interesses materiais, proclamando-a abertamente, trabalham ao mesmo tempo para o futuro próprio e pelo dos outros.

16. Assim será com os adeptos do Espiritismo, já que sua Doutrina não é nada além do desenvolvimento e da aplicação da Doutrina do Evangelho. É a eles também que se dirigem essas palavras do Cristo. Eles semeiam na Terra o que colherão na vida espiritual: os frutos de sua coragem ou da sua fraqueza.

Carregar a cruz. Quem quiser salvar a vida

17. *"Bem-aventurados sereis quando os homens vos odiarem, separarem, quando vos tratarem injuriosamente e rejeitarem o vosso nome como mau por causa do Filho do Homem. Alegrai-vos neste dia e sede felizes, pois uma grande recompensa vos aguarda no céu. Foi assim que seus pais trataram os profetas."* (Lucas, VI:22-23)

18. *"Chamando a si o povo, com Seus discípulos, Ele lhes disse: Se alguém quiser vir comigo, renuncie a si mesmo, carregue a sua cruz e siga-me. Pois aquele que quiser salvar a sua vida, perdê-la-á, e aquele que se perder por amor a mim e ao Evangelho, salvá-la-á.*

Na verdade, de que serviria ao homem ganhar o mundo inteiro e perder a sua alma." (Lucas, IX:23-25; Mateus, X:38-39; João, XII:25-26, Marcos VIII:34-36)

19. *"Alegrai-vos"*, disse Jesus, *"quando os homens vos odiarem e vos perseguirem por minha causa, pois sereis recompensados no céu"*. Estas palavras podem ser interpretadas assim: Sede felizes quando os homens, tratando-vos com má vontade, vos derem a ocasião de provar a sinceridade de vossa fé, pois o mal que eles vos fizerem resultará em vosso proveito. Lamentai-lhes, então, a cegueira e não os amaldiçoeis. Em seguida, Ele acrescenta: *"Aquele que quiser me seguir carregue a sua cruz"*, ou seja, que ele suporte corajosamente as tribulações que a sua

Capítulo XXIV

fé provocar, pois aquele que quiser salvar a sua vida e os seus bens, renunciando a mim, perderá as vantagens do Reino dos Céus, enquanto os que tudo perderem na Terra, até mesmo a vida pela vitória da verdade, receberão, na vida futura, o prêmio pela sua coragem, perseverança e abnegação. Mas àqueles que sacrificam os bens celestes pelos da Terra, Deus dirá: *"Já recebestes a vossa recompensa"*.

CAPÍTULO XXV
BUSCAI E ACHAREIS

Ajuda-te, e o Céu te ajudará. – Olhai as aves do céu – Não vos canseis pelo ouro.

Ajuda-te, e o Céu te ajudará

1. *"Pedi e vos será dado. Buscai e achareis. Batei e abrir-se-vos-á; pois todo o que pede receberá; quem buscar, achará; e a porta se abrirá a quem nela bater.*

Qual é o homem que, entre vós, dá uma pedra a seu filho quando ele lhe pede pão? Ou se lhe pedir peixe, lhe dá uma serpente? Se, então, sendo maus como sois, sabeis dar coisas boas aos vossos filhos, quanto mais vosso Pai, que está nos Céus, dará boas dádivas aos que lhas pedirem?" (Mateus, VII:7-11)

2. Do ponto de vista terreno, a máxima *"Buscai e achareis"* é semelhante a esta: *"Ajuda-te, e o Céu te ajudará"*. É o princípio da *lei de trabalho* e, consequentemente, da *lei de progresso*, pois o progresso é produto do trabalho, já que este aciona as forças da inteligência.

Na infância da Humanidade, o homem somente aplica a sua inteligência na busca de alimentos, dos meios de se preservar das intempéries e de se defender dos inimigos, mas Deus lhe deu, a mais do que ao animal, *o desejo incessante de melhorar*. É este desejo que o impele à busca dos meios para melhorar a sua situação, levando-o às descobertas, às invenções, ao aperfeiçoamento da ciência, pois é a ciência que lhe proporciona o que lhe falta. Por meio destas pesquisas, sua inteligência se desenvolve, sua moral se depura. Às necessidades do corpo sucedem as do Espírito. Depois do alimento material, é preciso o alimento espiritual. É assim que o homem passa da selvageria à civilização.

Mas o progresso que cada homem realiza individualmente, durante a vida terrena, é pouco, e num grande número deles, até imperceptível. Como, então, a Humanidade poderia progredir sem a preexistência e a *reexistência* da alma? Se as almas deixassem a Terra a cada dia para não mais voltar, a Humanidade se renovaria sem cessar com as entidades primitivas, tendo tudo outra vez a fazer, a aprender. Não haveria razão para que o homem fosse mais avançado hoje do que nos primeiros anos do mundo, já que a cada nascimento todo o trabalho intelectual recomeçaria. A alma, ao contrário, voltando com o seu progresso já realizado, e adquirindo de cada vez uma experiência a mais, vai passando, gradualmente, da barbárie à *civilização material*, e desta à *civilização moral*. (Ver Cap. IV, nº 17)

3. Se Deus tivesse liberado o homem do trabalho material, seus membros ficariam atrofiados; se o liberasse do trabalho intelectual, seu Espírito teria ficado na infância, no estado instintivo do animal. É por isto que Ele fez do trabalho uma necessidade e lhe disse: *"Busca e acharás, trabalha e produzirás. Desta maneira, serás o filho de tuas obras, terás o mérito da sua realização e serás recompensado segundo o que tiveres feito".*

4. É pela aplicação desses princípios, que os Espíritos não vêm poupar, na Terra, o trabalho de pesquisas ao homem, trazendo-lhe descobertas e invenções já feitas e prontas para a utilização, de maneira a só ter que tomá-las nas mãos, sem sequer o transtorno de algum esforço, nem mesmo o de pensar. Se fosse assim, o mais preguiçoso poderia enriquecer-se, o mais ignorante tornar-se sábio, ambos sem nenhum esforço e atribuindo-se o mérito pelo que fizeram. *Não, os Espíritos não vêm liberar o homem da lei de trabalho, mas mostrar-lhe o objetivo que deve atingir e o caminho que a ele conduz, dizendo: Caminha e chegarás. Tu encontrarás pedras nos teus passos. Observa e retira-as por ti mesmo. Nós te daremos a força necessária, se quiseres empregá-la.* (*O Livro dos Médiuns*, Cap. XXVI, nº 291 e seguintes.)

5. Do ponto de vista moral, estas palavras de Jesus significam: Pedi a luz que deve clarear o vosso caminho, e ela vos será dada; pedi a força de resistir ao mal, e vós a tereis; pedi a assistência dos bons Espíritos, e eles virão ajudar-vos. E como o anjo de Tobias, eles vos servirão de guias; pedi bons conselhos, e jamais vos serão recusados; batei à nossa porta, e ela vos será aberta. Mas pedi sinceramente, com fé, fervor e confiança. Apresentai-vos com humildade e não com arrogância, sem o que sereis abandonados às vossas próprias forças, e as quedas que sofrerdes serão a punição por vosso orgulho.

É este o sentido das palavras: *"Buscai e achareis, batei e vos será aberto"*.

Olhai as aves do céu

6. *"Não acumuleis tesouros na Terra, onde a ferrugem e a traça os consomem, e onde os ladrões os desenterram e roubam. Acumulai tesouros no Céu, onde nem a traça nem a ferrugem os consomem, e onde os ladrões não os desenterram nem roubam; pois, onde estiver o vosso tesouro lá estará também o vosso coração.*

É por isso que Eu vos digo: Não vos preocupeis em encontrar alimento para sustentar a vossa vida, nem com o que vestireis. A vida não é mais do que o alimento e o corpo mais do que a roupa?

Olhai as aves do céu: elas não semeiam, nem colhem e não fazem provimentos nos celeiros, contudo vosso Pai celestial as sustenta. Não sois muito mais do que elas? E quem entre vós pode, com todos os seus conhecimentos, acrescentar um côvado à sua estatura?

Por que, então, vos inquietais com a roupa? Olhai como crescem os lírios nos campos; eles não trabalham nem fiam e, entretanto, eu vos declaro que nem mesmo Salomão, em toda a sua glória, se vestiu como um deles. Se, pois, Deus tem o cuidado de vestir dessa forma o feno dos campos, que amanhã será lançado no forno, maior será o cuidado em vos vestir, homens de pequena fé!

Não vos inquieteis, pois, dizendo: Que comeremos ou que beberemos, com que nos vestiremos, pois assim fazem os pagãos, que buscam todas estas coisas. Vosso Pai sabe que tendes necessidade de todas elas. Buscai, então, primeiramente, o Reino de Deus e a Sua justiça, e todas estas coisas vos serão dadas por acréscimo. É por isto que não deveis estar inquietos com o futuro, pois o futuro cuidará de si mesmo. À cada dia basta a sua própria aflição." (Mateus, VI:19-21, 25-34)

7. Estas palavras tomadas ao pé da letra seriam a negação de toda a previdência e de todo o trabalho e, consequentemente, de todo o progresso. Com tal princípio, o homem se reduziria a um espectador passivo, suas forças físicas e intelectuais ficariam sem atividade. Se tal fosse a sua condição normal na Terra, ele jamais teria saído do estado primitivo, e se adotasse agora esse princípio, seria viver sem ter nada mais para fazer. Tal não pode ter sido o pensamento de Jesus, pois ele estaria em contradição com o que já dissera anteriormente, como no tocante às leis da Natureza. Deus criou o homem sem roupas e sem abrigo, mas deu-lhe a inteligência para produzi-las. (Ver Cap. XIV, nº 6; Cap. XXV, nº 2.)

É preciso, então, ver nestas palavras, apenas uma poética alegoria da Providência, que não abandona jamais aqueles que nela confiam. Mas ela quer, por sua vez, que eles se esforcem. Se nem sempre os socorre com ajuda material, inspira-lhe os meios de saírem por si mesmos das suas dificuldades. (Ver Cap. XXVII, nº 8.)

Deus conhece as nossas necessidades e a elas provê, segundo o caso. Mas o homem, insaciável nos seus desejos, nunca se contenta com o que tem. O necessário não lhe basta, ele quer também o supérfluo. É, então, que a Providência o deixa entregue a si mesmo. Normalmente, ele é infeliz por sua própria culpa e por ter desconhecido a voz que o advertia através da consciência; e Deus o deixa sofrer as consequências, para que lhe sirva de lição no futuro. (Ver Cap. V, nº 4.)

8. A Terra produz o suficiente para alimentar a todos os seus habitantes, quando os homens souberem administrar a sua produção, segundo as leis de justiça, caridade e amor ao próximo. Quando a fraternidade reinar entre os diversos povos, como entre as províncias de um mesmo império, o momentâneo supérfluo de um suprirá a momentânea insuficiência de outro, e todos terão o necessário. O rico, então, se considerará a si mesmo como um homem que possui grande quantidade de sementes e, se as distribuir, estas produzirão cem vezes mais para ele e para os outros, mas se ele as utiliza só para si ou se desperdiça e deixa que se perca o excedente do que comeu, elas nada produzirão, e todas ficarão em necessidade. Se ele as trancar em seu celeiro, os insetos as devorarão. É por isso que Jesus disse: *"Não acumuleis tesouros na Terra, pois são perecíveis, mas amontoai-os no Céu, onde são eternos".* Em outras palavras, não deis aos bens materiais mais importância do que aos bens espirituais, e aprendei a sacrificar os primeiros em proveito dos últimos. (Ver Cap. XVI, nº 7 e seguintes.)

Não é por meio de leis que se decretam a caridade e a fraternidade. Se elas não estiverem no coração, o egoísmo as asfixiará sempre. Fazê-las penetrar no coração é tarefa do Espiritismo.

Não vos canseis pelo ouro

9. *"Não vos preocupeis com o ouro ou o com a prata, nem leveis dinheiro em vosso bolso; nem alforje para o caminho, nem duas túnicas, nem calçado, nem bordão, pois digno é o trabalhador do seu alimento.*

10. *"Em qualquer cidade ou vilarejo em que entrardes, informai-vos sobre quem é digno de vos abrigar, e ali permanecei até o momento de vos retirardes. Entrando na casa, saldai-a, dizendo: Que a paz esteja nesta casa. Se a casa for digna, virá sobre ela a vossa paz e se não o merecer, tornará para vós a vossa paz.*

Quando alguém não puder vos receber, nem ouvir as vossas palavras, sacudi o pó de vossos pés ao sair desta casa ou da cidade. Eu vos digo, em verdade, que, no dia do juízo final, Sodoma e Gomorra serão tratadas menos rigorosamente do que esta cidade." (Mateus, X:9-15)

11. Estas palavras, que Jesus dirigia aos Seus apóstolos, ao enviá-los a anunciar pela primeira vez a boa nova, nada tinham de estranho para aquela época. Elas estavam de acordo com os costumes patriarcais do Oriente, onde o viajor era sempre bem-recebido. Mas os viajantes eram raros: entre os povos modernos, o crescimento das viagens teria de criar novos costumes; os antigos são encontrados apenas em regiões distantes, onde o tráfego intenso não penetrou ainda. E se Jesus viesse hoje à Terra, Ele não poderia mais dizer aos Seus Apóstolos: Ponde-vos a caminho sem provisões.

Ao lado do seu sentido próprio, essas palavras têm um sentido moral muito profundo. Jesus ensinava, desta maneira, para que os Seus Discípulos confiassem na Providência, pois estes, nada tendo, não podiam tentar a cupidez daqueles que os recebiam. Era o meio de distinguir os caridosos dos egoístas, e por isso lhes disse: *"Informai-vos sobre quem é digno de vos receber"*. Ou seja, quem é suficientemente humano para abrigar o viajante que não tem como pagar, pois estes serão dignos de ouvir as vossas palavras. É pela sua caridade que vós o reconhecereis.

Quanto àqueles que não quiserem recebê-los, nem ouvir, Ele recomendou aos Apóstolos que os amaldiçoassem e usassem de violência para os constranger a se converterem? Não, mas que se retirassem pura e simplesmente, à procura de pessoas de boa vontade.

Assim diz hoje o Espiritismo aos seus adeptos: Não violenteis nenhuma consciência; não obrigueis ninguém a deixar a sua crença para adotar a vossa; não lanceis o anátema sobre aqueles que não pensam como vós. Acolhei os que vos procuram e deixai em paz os que vos repelem. Lembrai-vos das palavras do Cristo: *"Antes o céu era tomado pela violência, mas hoje o será pela doçura e pela caridade"*. (Ver Cap. IV, nº 10, 11.)

CAPÍTULO XXVI

DAR DE GRAÇA O QUE DE GRAÇA RECEBER

Dom de curar – Preces pagas – Vendilhões expulsos do templo – Mediunidade gratuita.

Dom de curar

1. *"Curai os enfermos, ressuscitai os mortos, limpai os leprosos, expulsai os demônios; dai de graça o que de graça recebestes."* (Mateus, X:8)

2. *"Dai de graça o que de graça recebestes"* – disse Jesus aos Seus Discípulos, e por esse preceito, Ele estabelece que não se deve cobrar aquilo por que nada se pagou. Ora, o que eles haviam recebido de graça era a faculdade de curar os doentes e de expulsar os demônios – ou seja – os maus Espíritos. Esse dom lhes fora dado gratuitamente por Deus, para alívio dos que sofrem e para ajudar a propagação da fé. Ele lhes diz para não fazer disto um objeto de comércio ou de especulação, nem um meio de vida.

Preces pagas

3. *"Ele diz, em seguida, aos Seus discípulos, na presença de todo o povo que o ouvia: Tende cuidado com os escribas, que pretextam passar com roupas talares e gostam de ser saudados em praças públicas, e ocuparem os primeiros lugares nas sinagogas, e nas festas; que, sob pretexto de preces, devoram as casas das viúvas. Essas pessoas receberão por isso uma condenação mais rigorosa."* (Lucas, XX:45-47; Mateus, XXIII:14 e Marcos, XII:38-40)

4. Jesus diz também: Não façais que vos paguem pelas vossas preces, como os escribas, que *"a pretexto de longas preces, devoram as casas das viúvas"* – ou seja – apossam-se de suas fortunas. A prece é um ato de caridade, um impulso do coração; fazer pagar aquelas que são dirigidas a Deus pelos outros é nos transformarmos em intermediários assalariados. A prece se constitui, então, numa fórmula, cobrada de acordo com o seu tamanho. Ora, de duas, uma: Deus mede ou não as Suas graças pelo número de palavras; e se forem necessárias muitas, como dizer apenas algumas, ou quase nada, por aquele que não pode pagar? Seria falta de caridade. Se uma palavra basta, as demais são inúteis. Então, como cobrá-las? É uma prevaricação.

Deus não vende os benefícios que concede. Por que, então, aquele que não é nem mesmo o distribuidor delas, que não pode garantir-lhes a obtenção, cobraria algo que pode não ter resultado? Deus não pode subordinar um ato de clemência, de bondade ou de justiça, que se solicita de Sua misericórdia, por uma soma em dinheiro, mesmo porque, se o fizesse, resultaria que, se a soma não fosse paga ou fosse insuficiente, a justiça, a bondade e a clemência de Deus ficariam em suspenso. A razão, o bom senso, a lógica dizem-nos que Deus, a perfeição absoluta, não pode delegar às criaturas imperfeitas o direito de estabelecer preços para a Sua justiça. A justiça de Deus é como o sol, que se distribui para todos, para o pobre como para o rico. Se é considerado imoral traficar as graças de um soberano da Terra, seria lícito vender as do Soberano do Universo?

As preces pagas têm ainda um outro inconveniente: é que aquele que as compra acredita, muitas vezes, estar dispensado de orar por si mesmo, pois se considera livre dessa obrigação, desde que deu o seu dinheiro.

Sabe-se que os Espíritos são tocados pelo fervor do pensamento daqueles que se interessam por eles. Qual pode ser o fervor daquele que paga um terceiro para orar por ele? Qual é o fervor desse terceiro quando delega o mandato a outro, e este a outro, e assim por diante? Não é isso reduzir a eficácia da prece ao valor de uma moeda corrente?

Vendilhões expulsos do templo

5. *"Em seguida, eles vieram a Jerusalém, e havendo Jesus entrado no templo, começou a expulsar aqueles que lá vendiam e compravam; e derribou as mesas dos banqueiros, e as cadeiras daqueles que vendiam pombas; e não permitiu que ninguém transportasse nenhum utensílio para o templo. E ele os instruía, dizendo: Porventura não está escrito: Minha casa será chamada casa de oração por todas as nações? E, entretanto, haveis feito dela um covil de ladrões. Os príncipes dos sacerdotes e os escribas, ouvindo isso, buscaram um meio de o perder, porque todo o povo admirava a Sua doutrina e tinha medo Dele."* (Marcos, XI:15-18; Mateus, XXI:12-13)

6. Jesus expulsou os vendilhões do templo, e com isso condenou o tráfico das coisas santas *sob qualquer forma que seja*. Deus não vende a Sua bênção, nem o Seu perdão, nem a entrada no Reino dos Céus. O homem não tem, portanto, o direito de cobrar nada disso.

Mediunidade gratuita

7. Os médiuns modernos – pois os apóstolos também tinham mediunidade – receberam igualmente de Deus um dom gratuito, que é o de serem intérpretes dos Espíritos, para a instrução dos homens, para lhes ensinarem o caminho do bem e levá-los à fé, e não para lhes venderem palavras que não lhes pertencem, *pois que não são o produto de sua concepção, nem de suas pesquisas ou trabalho pessoal*. Deus deseja que a luz atinja a todos, e não que o mais pobre fique desamparado e possa dizer: Eu não tenho fé, porque por ela não pude pagar; não tive o consolo de receber o estímulo e o testemunho de afeto daqueles por quem choro, pois sou pobre. É por isso que a mediunidade não é um privilégio e se encontra por toda parte. Cobrar por ela seria, portanto, desviá-la de seu objetivo providencial.

8. Quem quer que conheça as condições nas quais os bons Espíritos se comunicam, sua repulsa a todas as formas de interesse egoísta, e saiba quão pouca coisa é preciso para afastá-los, não poderá jamais admitir que os Espíritos superiores estejam à disposição do primeiro que os convocar a tanto por sessão. O simples bom senso repele tal pensamento. Não seria ainda uma profanação, evocar, por dinheiro, os seres que respeitamos ou que nos são caros? Sem dúvida que podemos obter manifestações dessa maneira, mas quem poderia garantir-lhes a sinceridade? Os Espíritos levianos, mentirosos e espertos, e toda a turba dos Espíritos inferiores, muito pouco escrupulosos, atendem sempre a esses chamados, e estão prontos a responder, sem se preocupar com a verdade. Aquele, pois, que deseja comunicações sérias deve primeiro procurá-las seriamente, depois, certificar-se sobre a natureza das ligações do médium com os seres do mundo espiritual. Ora, a primeira condição para se conseguir a benevolência dos bons Espíritos é a que decorre da humildade, do devotamento e da abnegação, o mais absoluto desinteresse *moral* e *material*.

9. Ao lado da questão moral, apresenta-se uma consideração de ordem positiva, não menos importante, que se refere à própria natureza da faculdade. A mediunidade séria não pode ser e nunca será uma profissão, não apenas porque ela será desacreditada no plano moral, colocando os médiuns na mesma posição dos ledores de sorte, mas porque existe ainda um obstáculo material para isso: ela é uma faculdade essencialmente instável e fugaz e variável, com a qual ninguém pode contar. Seria, então, para o seu explorador, uma fonte incerta, que poderia faltar-lhe no momento mais necessário. Bem diversa é uma capacidade adquirida com estudo e trabalho, e que, por isso mesmo, torna-se uma verdadeira propriedade, da qual é naturalmente permitido tirar partido. Mas a mediunidade não é nem uma arte, nem uma habilidade, e por isso não pode ser profissionalizada. Ela só existe graças ao concurso dos Espíritos; se estes faltarem, não há mais mediunidade, pois, embora a aptidão possa subsistir, o exercício se torna impossível. Não há, portanto, um só médium no mundo que possa garantir a obtenção de um fenômeno espírita em determinado momento. Explorar a mediunidade, como se vê, é querer dispor de uma coisa que realmente não se possui. Afirmar o contrário é enganar os que pagam; além disso, não é de si mesmo que se dispõe, e sim dos Espíritos, das almas dos mortos, cujo concurso é posto à venda. Este pensamento repugna instintivamente. Foi esse tráfico, transformado em abuso, explorado pelo charlatanismo, pela ignorância, credulidade e superstição, que motivou a proibição de

Moisés. O Espiritismo moderno, compreendendo o aspecto sério do assunto, lançou o descrédito sobre essa exploração, e elevou a mediunidade ao nível de missão. (Ver *O Livro dos Médiuns*, Cap. XXVIII, e *O Céu e o Inferno*, Cap. XI.)

10. A mediunidade é uma coisa sagrada, que deve ser praticada santa e religiosamente. E se há uma espécie de mediunidade que requer esta condição de maneira ainda mais absoluta, é a mediunidade curadora. O médico oferece o resultado dos seus estudos feito com grandes sacrifícios; o magnetizador, o seu próprio fluido, e frequentemente a própria saúde: eles podem estipular um preço para isso. O médium curador transmite o fluido salutar dos bons Espíritos e não tem o direito de vendê-lo. Jesus e os Apóstolos, embora pobres, não cobravam as curas que operavam.

Que aquele, pois, que não tem do que viver, procure outros recursos que não os da mediunidade; e que não lhe consagre, se necessário, senão o tempo de que materialmente possa dispor. Os Espíritos levarão em conta o seu devotamento e sacrifícios, enquanto se afastarão daqueles que esperam fazer da mediunidade um meio de subir na vida.

CAPÍTULO XXVII
PEDI E OBTEREIS

Condições da prece – Eficácia da prece – Ação da prece. Transmissão do pensamento – Preces inteligíveis – Prece pelos mortos e pelos Espíritos sofredores – Instruções dos Espíritos: Modo de orar – Ventura da prece.

Condições da Prece

1. *"Quando orardes, não vos assemelheis aos hipócritas, que gostam de orar em pé nas sinagogas e nas esquinas, para serem vistos pelos homens. Eu vos digo, em verdade, que eles já receberam a sua recompensa. Mas vós, quando orardes, entrai em vosso aposento e, fechada a porta, orai ao vosso Pai em segredo, e Ele – que vê o que se passa em segredo – vos dará a recompensa.*

E quando orais não faleis muito, como fazem os gentios, imaginando que serão ouvidos por muito falar. Não queirais, portanto, parecer-vos com eles, pois vosso Pai sabe do que tendes necessidade, antes que vós lho peçais." (Mateus, VI:5-8)

2. *"Quando vos puserdes em oração, se tiverdes algo contra alguém, perdoai-lhe, para que também o vosso Pai que está nos Céus, perdoe os vossos pecados. Porque se vós não perdoardes, também vosso Pai que está nos Céus, não vos perdoará os pecados."* (Marcos, XI:25-26)

3. *"E propôs também esta parábola a alguns que confiavam em si mesmos, como se fossem justos, e desprezavam os outros: Dois homens subiram ao templo para fazer oração: um era fariseu e o outro publicano. O fariseu, em* *pé, orava lá no seu interior desta forma: Meu Deus, eu vos rendo graças, por não ser como o resto dos homens, que são ladrões, adúlteros, injustos, como é também este publicano. Eu jejuo duas vezes por semana e pago o dízimo de tudo o que possuo.*

O publicano, ao contrário, afastando-se, não ousava ao menos erguer os olhos ao céu, mas batia no peito, dizendo: Meu Deus, tende piedade de mim, pois sou um pecador.

Eu vos declaro que este voltou para casa justificado, e não o outro. Pois todo aquele que se exalta será humilhado, e todo o que se humilha será exaltado." (Lucas, XVIII:9-14)

4. As condições da prece foram claramente definidas por Jesus. Quando orardes, diz Ele, não vos coloqueis em evidência, mas orai em segredo. Não vos preocupeis em orar demais, pois não é pela multiplicidade das palavras que sereis atendidos, mas por vossa sinceridade. Antes de orardes, se tiverdes algo contra alguém, perdoai-lhe, pois a prece não será agradável a Deus, se não partir de um coração purificado de qualquer sentimento contrário à caridade. Orai, enfim, com humildade, como o publicano, e não com orgulho, como o fariseu. Examinai vossos defeitos, e não as vossas qualidades, e se vos comparardes aos outros, buscai o que há de mau em vós. (Ver Cap. X, nº 7 e 8.)

Eficácia da prece

5. *"O que quer que pedirdes através da prece, crede, conseguireis."* (Marcos, XV:24)

6. Há pessoas que contestam a eficácia da prece entendendo que, por conhecer Deus as nossas necessidades, torna-se inútil expô-las a Ele. Acrescentam ainda que, como tudo se encadeia no universo por meio das leis eternas, nossas rogativas não podem mudar os desígnios de Deus.

Sem dúvida alguma, há leis naturais e imutáveis que Deus não pode anular segundo os caprichos de cada um. Mas daí a acreditar que todas as circunstâncias da vida estejam submetidas à fatalidade, a distância é grande. Se assim fosse, o homem seria apenas um instrumento passivo, sem livre-arbítrio e sem iniciativa. Nessa hipótese, só lhe caberia curvar a fronte aos golpes de todos os acontecimentos, sem procurar evitá-los. Não deveria esquivar-se dos perigos. Deus não deu ao homem o entendimento e a inteligência para não serem utilizadas; a vontade para não querer; a atividade para ficar na inação. Sendo o homem livre para agir, num ou noutro sentido, seus atos têm, para ele mesmo e para os outros, consequências subordinadas às suas decisões. Por sua iniciativa, há, portanto, acontecimentos que escapam, forçosamente, à fatalidade, e que nem por isso destroem a harmonia das leis universais, assim como o avanço ou o atraso dos ponteiros do relógio não destrói a lei do movimento, sobre o qual está estabelecido o mecanismo. Deus pode, então, atender a certos pedidos sem derrogar a imutabilidade das leis que regem o conjunto, dependendo sempre da Sua vontade.

7. Seria, pois, ilógico concluir-se desta máxima: *"Aquilo que pedirdes através da prece vos será concedido"*, que basta pedir para obter, é injusto acusar a Providência se ela não atender a todos os pedidos que lhe fazem, pois ela sabe melhor do que nós o que nos convém. Assim acontece a um pai prudente, que se recusa a dar ao filho o que lhe seria prejudicial. O homem, normalmente, só vê o presente. Ora, se o sofrimento é útil à sua felicidade futura, Deus o deixará sofrer, como o cirurgião deixa o doente passar por uma cirurgia que deve curá-lo.

E o que Deus lhe concederá, se for pedido com confiança, é a coragem, a paciência e a resignação. O que Ele lhe concederá ainda são os meios de livrar-se dos problemas, com a ajuda das ideias que os bons Espíritos lhe sugerem, deixando-lhe assim, o mérito da ação. Deus assiste aqueles que se ajudam a si mesmos, segundo esta máxima: *"Ajuda-te, e o Céu te ajudará"*, e não os que tudo esperam do socorro alheio, sem usarem as suas próprias faculdades. Mas, na maior parte do tempo, preferimos ser socorridos por um milagre, sem nada fazermos. (Ver Cap. XXV, n.º 1 e seguintes.)

8. Tomemos um exemplo: Um homem está perdido num deserto; sofre terrivelmente de sede; sente-se desfalecer, cai ao chão; pede a Deus que o ajude, mas nenhum anjo vem lhe trazer água. Entretanto, um bom Espírito lhe *sugere* levantar-se e seguir determinada direção. Então, com um movimento instintivo, reúne suas forças, levanta-se e caminha ao acaso. Chegando a uma elevação, ele descobre, ao longe, um regato e com isso coragem. Se tiver fé, dirá: "Obrigado, meu Deus, pelo pensamento que me inspiraste e pela força que me deste." Se não tiver fé, dirá: "Que ótima ideia eu *tive*! Que *sorte eu tive*, em tomar o caminho da direita em vez do caminho da esquerda; o acaso, algumas vezes, nos ajuda de fato! Como eu estou feliz pela *minha coragem* e por não ter me deixado abater!".

Mas, dir-se-á, por que o bom Espírito não lhe disse claramente: "Siga este caminho, e no fim encontrarás o que tens necessidade!". Por que não lhe apareceu para guiá-lo e sustentá-lo no seu abatimento? Dessa forma, o teria convencido da intervenção da Providência. Primeiramente, para lhe ensinar que é preciso ajudar-se a si mesmo e fazer uso de suas próprias forças, depois, porque, por incerteza, Deus coloca à prova a confiança e a submissão à sua vontade. Esse homem estava na situação da criança que, ao cair, vendo alguém, põe-se a gritar esperando que alguém a levante. Mas, se não vê ninguém, esforça-se e levanta-se sozinha.

Se o anjo que acompanhou Tobias lhe houvesse dito: "Eu fui enviado por Deus para guiar-te em tua viagem e te preservar de todo perigo", Tobias não teria nenhum mérito. Foi por isso que o anjo somente se deu a conhecer na volta.

Ação da Prece. Transmissão do pensamento

9. A prece é uma invocação: por ela nos colocamos em relação mental com o ser a quem nos dirigimos. Ela pode ter por objeto um pedido, um agradecimento ou um louvor. Pode-se orar para si mesmo ou pelos outros, para os vivos ou pelos mortos. As preces dirigidas a Deus são ouvidas pelos Espíritos encarregados da execução dos Seus desígnios; as que são dirigidas aos bons Espíritos vão também para Deus. Quando se ora para outros seres além de Deus, aqueles nos servem apenas de intermediários, de intercessores, pois nada pode ser feito sem a vontade de Deus.

10. O Espiritismo nos faz compreender a ação da prece, explicando a forma de transmissão do pensamento, seja quando o ser a quem oramos atende ao nosso apelo, seja quando o nosso pensamento eleva-se a ele. Para entender o que se passa nesta circunstância, é preciso imaginar todos os seres encarnados e desencarnados, mergulhados no fluido universal que preenche o espaço, assim como na Terra estamos envolvidos pela atmosfera. Esse fluido recebe o impulso da vontade, pois é o veículo do pensamento, como o ar é o veículo do som, com a diferença de que as vibrações do ar são circunscritas, enquanto as do fluido universal se ampliam ao infinito. Então, quando o pensamento é dirigido até um ser qualquer, sobre a Terra ou no espaço, de encarnado para desencarnado, ou vice-versa, uma corrente fluídica se estabelece de um a outro, transmitindo o pensamento, assim como o ar transmite som.

A energia da corrente está na razão direta da energia do pensamento e da vontade. É assim que a prece é ouvida pelos Espíritos, em qualquer lugar em que se encontrem, podendo eles se comunicar entre si, transmitir as suas inspirações e estabelecer relações a distância entre os próprios encarnados.

Esta explicação é, sobretudo, para aqueles que não compreendem a utilidade da prece puramente mística. Ela não tem por objetivo materializar a prece, mas tornar seus efeitos compreensíveis, demonstrando que pode exercer uma ação direta e positiva. Nem por isso está menos sujeita à vontade de Deus, juiz supremo em todas as coisas e o único que pode tornar sua ação eficaz.

11. Através da prece, o homem chama para si a ajuda dos bons Espíritos, que vêm sustentá-lo nas suas boas resoluções e inspirar-lhe bons pensamentos. Ele adquire, assim, a força moral necessária para vencer as dificuldades e voltar para o bom caminho, quando dele se afastou. E assim ele pode, também, desviar de si os males que atraíra por suas próprias faltas. Um homem, por exemplo, vendo a sua saúde arruinada pelos excessos que cometeu, e leva, até o fim dos seus dias, uma vida de sofrimento. Tem ele o direito de queixar-se, se não obtiver a sua cura? Não, porque poderia encontrar na prece a força para resistir às tentações.

12. Se dividirmos os males da vida em duas categorias, de um lado aqueles que o homem não pode evitar e do outro, as atribulações que ele mesmo provoca por sua incúria e seus excessos (ver Cap. V, nº 4), veremos que estas superam as primeiras. É bem evidente, então, que o homem seja o autor da maior parte das suas aflições, e que poderia poupar-se, se agisse sempre com sabedoria e prudência.

Também é certo que estas misérias são o resultado de nossas infrações às leis de Deus, e que, se as observássemos rigorosamente, seríamos perfeitamente felizes. Se não ultrapassássemos os limites do necessário, na satisfação das nossas existências vitais, não sofreríamos as doenças que são consequência dos excessos nem experimentaríamos vicissitudes decorrentes dessas doenças. Se colocássemos limites em nossas ambições, não temeríamos a ruína. Se não quiséssemos subir mais alto do que podemos, não recearíamos a queda; se fôssemos humildes, não sofreríamos as decepções do orgulho ferido; se praticássemos a lei da caridade, não seríamos maledicentes, nem invejosos, e nem ciumentos, e evitaríamos as querelas e as intrigas. Se não fizéssemos nenhum mal a ninguém, não temeríamos a vingança, e assim por diante.

Admitamos que o homem nada pudesse fazer contra os outros males; que todas as preces fossem inúteis para livrar-se deles; já não seria o bastante poder afastar todos os que decorrerem de sua própria conduta? Ora, aqui, a ação da prece se concebe facilmente, pois ela tem por fim atrair a inspiração salutar dos bons Espíritos, pedir-lhes forças para resistirmos aos maus pensamentos, cuja execução nos pode ser funesta. E, para nos atenderem nisto, *não é o mal que eles afastam de nós, mas é a nós que eles afastam do pensamento que nos pode causar o mal; não entravam em nada os desígnios de Deus, nem suspendem o curso das leis naturais, mas é a nós que impedem de infringirmos as leis, orientando o nosso livre-arbítrio.* Mas o fazem sem o percebermos, de maneira oculta, para não prejudicarem a nossa vontade. O homem se encontra, pois, na posição daquele que solicita bons conselhos e os coloca em prática, mas que é sempre livre para segui-los ou não. Deus quer que seja assim seja, para que ele tenha a responsabilidade dos seus atos e para lhe deixar o mérito da escolha entre o bem e o mal. É isso o que o homem sempre receberá, se pedir com fervor, e a que se podem, sobretudo, aplicar estas palavras: *"Pedi e obtereis".*

A eficácia da prece, mesmo reduzida a essas proporções, não daria um imenso resultado? Estava reservado ao Espiritismo provar a ação da prece, pela revelação das relações existentes entre o mundo material e o espiritual. Mas não se limitam apenas a isso os seus efeitos.

A prece é recomendada por todos os Espíritos. Renunciar a ela é desprezar a bondade de Deus; é renunciar à Sua assistência para si mesmo; e para os outros, o bem que se poderia fazer.

13. Ao atender o pedido que lhe é dirigido, Deus normalmente tem como meta recompensar a intenção, o devotamento e a fé daquele que ora. É por isto que a prece do homem de bem tem mais mérito aos olhos de Deus, e sempre maior eficácia, pois o homem vicioso e mau não pode orar com o fervor e a confiança, que só o sentimento da verdadeira piedade pode dar. Do coração do egoísta, daquele que só ora com os lábios, sairiam apenas palavras, e nunca impulsos da caridade, que dão à prece toda a sua força. Compreende-se isso tão bem que, instintivamente, preferimos recomendar-nos às preces daqueles cuja conduta deve ser agradável a Deus, pois que são mais bem executadas.

14. Se a prece exerce uma espécie de ação magnética, podemos supor que o seu efeito estivesse subordinado à potência fluídica. Entretanto, não acontece assim. Desde que os Espíritos exercem esta ação sobre os homens, eles suprem, quando necessário, a insuficiência daquele que ora, seja agindo diretamente *em seu nome*, seja ao lhe conferirem momentaneamente uma força excepcional, quando for julgado digno desse benefício ou quando isso possa ser útil.

O homem que não se julga bom o suficiente para exercer uma influência salutar não deve se abster de orar por outro, por pensar que não é digno de ser ouvido. A consciência de sua inferioridade é uma prova de humildade, sempre agradável a Deus, que leva em conta a sua intenção caridosa. Seu fervor e sua confiança em Deus são um primeiro passo para o seu retorno ao bem, que os bons Espíritos se sentem felizes de encorajar. A prece repelida é a do *orgulhoso, que só tem fé no seu poder e nos seus méritos, e acredita poder substituir-se à vontade do Eterno.*

15. O poder da prece está no pensamento e não depende nem das palavras, nem do lugar, nem do momento em que é feita. Pode-se, então, orar em qualquer lugar e a qualquer hora, sozinhos ou não. A influência do local ou do tempo depende das circunstâncias que possam favorecer o recolhimento. *A prece em comum tem uma ação mais poderosa, quando todos os que oram se associam, de coração, a um mesmo pensamento e a um mesmo objetivo,* pois é como se muitos clamassem juntos e em uníssono. Mas que importaria estarem reunidos em grande número, se cada qual agisse isoladamente e por sua própria conta? Cem pessoas reunidas podem orar como egoístas, enquanto duas ou três, unidas em comum aspiração, oram como verdadeiros irmãos em Deus, e sua prece terá mais força do que a daquelas cem. (Ver Cap. XXVIII, nº 4, 5.)

Preces inteligíveis

16. *"Se eu, pois, não entender o significado das palavras, serei um estrangeiro para aquele a quem falo: e o que fala será um estrangeiro para mim. Se eu orar numa língua que desconheço, verdade é que meu espírito ora, mas o meu entendimento fica sem fruto. Mas se louvares apenas com o espírito, o que ocupa o lugar do simples povo como dirá Amém sobre a tua bênção, visto não entender ele o que dizeis? Verdade é que tu dás bem as graças, mas o outro não é edificado."* (Paulo, I Coríntios, XIV:11, 14 e 16-17)

17. A prece só tem valor pelo pensamento que a informa. Ora, é impossível ligar um pensamento àquilo que não se compreende, pois o que não se compreende não pode tocar o coração. Para a imensa maioria, as preces numa língua desconhecida não passam de mistura de palavras que nada dizem ao Espírito. Para que a prece toque o coração, é preciso que cada palavra revele uma ideia, e se não a compreendemos, ela não pode remeter a nenhuma. Podemos repeti-la como simples fórmula, cuja virtude estará apenas no menor ou maior número de repetições. Muitos oram por dever; alguns, para se seguir o costume. É por isto que acreditam estarem quites com o dever, depois de uma prece repetida por certo número de vezes e segundo determinada ordem. Mas Deus lê o íntimo dos corações; perscruta o nosso pensamento e a nossa sinceridade; e considerá-lo mais sensível à forma do que ao fundo seria rebaixá-lo. (Ver Cap. XXVIII, nº 2.)

Prece pelos mortos e pelos Espíritos sofredores

18. A prece é pedida pelos Espíritos sofredores, e estas lhe são de utilidade, pois ao verem que são lembrados, sentem-se menos abandonados e menos infelizes. Mas a prece tem um efeito ainda maior sobre eles. Ela reergue a sua coragem, dá a eles o desejo de se elevarem pelo arrependimento e pela reparação, e pode desviá-los do pensamento do mal. É nesse sentido que ela pode, não apenas aliviar, mas abreviar-lhes os sofrimentos. (Ver *O Céu e o Inferno*, segunda parte: Exemplos).

19. Algumas pessoas não admitem a prece pelos mortos, pois acreditam que a alma tem apenas uma alternativa: ser salva ou condenada às penas eternas. Num e noutro caso, portanto, a prece seria inútil. Sem discutir o valor dessa crença, admitamos por um instante a realidade das penas eternas e irremissíveis, e que as nossas preces sejam impotentes para interrompê-las. Perguntamos se, nesta hipótese, é lógico, é caridoso, é cristão, rejeitar a prece para os réprobos? Estas preces, impotentes que são para os libertar, não serão para eles uma prova de piedade, que pode amenizar-lhes o sofrimento? Na Terra, quando um homem é condenado à prisão perpétua, mesmo que não haja nenhuma esperança em obter a sua absolvição, é proibido a uma pessoa caridosa auxiliá-lo a carregar o peso dos grilhões? Quando alguém está atacado por um mal incurável, não havendo portanto nenhuma esperança de cura, deve-se abandoná-lo sem nenhum alívio? Pensai que entre os réprobos pode se encontrar uma pessoa que vos seja cara: um amigo, talvez um pai, a mãe, ou um filho, e só porque, segundo julgais, essa criatura não pode ser perdoada, podereis recusar-lhe um copo d'água para estancar-lhe a sede, um bálsamo para secar-lhe as feridas? Não faríeis por ela o que faríeis por um prisioneiro? Não lhe daríeis uma prova de amor, de consolação? Não, isso não seria cristão! Uma crença que endurece o coração não pode conciliar-se com a crença num Deus que coloca, como o primeiro de todos os deveres, o amor ao próximo!

Negar a eternidade das penas não implica negar uma penalidade temporária, mesmo porque, Deus, na Sua justiça, não pode confundir o mal com o bem. Ora, negar, nesse caso, a eficácia da prece, seria negar a eficácia da consolação, dos estímulos e dos bons conselhos; e isso equivaleria a negar a força que haurimos da assistência moral daqueles que nos querem bem.

20. Outros se fundamentam numa razão mais específica: a imutabilidade dos desígnios divinos. Deus, dizem, não pode mudar as suas decisões a pedido de Suas criaturas, pois caso contrário nada seria estável no mundo. O homem nada tem, portanto, de pedir a Deus, basta submeter-se e adorá-Lo.

Há, nesta ideia, uma falsa interpretação da imutabilidade da lei divina – ou melhor – ignorância da lei no que concerne à penalidade futura. Essa lei é revelada pelos Espíritos do Senhor, hoje que o homem já amadureceu para compreender o que, na lei, está conforme ou contrário aos atributos divinos.

Segundo o dogma da eternidade absoluta das penas, nem o arrependimento e os remorsos são considerados a favor do culpado. Para ele, todo o desejo de melhorar é inútil: está condenado a permanecer eternamente no mal. Se foi condenado, entretanto, por um tempo determinado, a pena cessará no fim do prazo. Mas quem diz, então, que ele terá melhores sentimentos? Quem pode afirmar que, a exemplo de muitos condenados da Terra, ao sair da prisão, ele não será tão mau quanto antes? No primeiro caso, seria manter sob a dor do castigo um homem que se tornara bom; no segundo, seria agraciar aquele que continua culpado. A lei de Deus é mais previdente: sempre justa, equitativa e misericordiosa, ela não fixa nenhuma duração à pena, qualquer que seja. Ela se resume assim:

21. "O homem sofre sempre a consequência das suas faltas; não há uma única infração à lei de Deus, que não tenha a sua punição."

"A severidade do castigo é proporcional à gravidade da falta."

"A duração do castigo, para toda e qualquer falta, *é indeterminada, pois está subordinada ao arrependimento do culpado e ao seu retorno ao bem*. A pena dura tanto quanto a obstinação no mal; seria perpétua, se a obstinação o fosse; é de curta duração, se o arrependimento vier logo."

"Desde que o culpado peça misericórdia, Deus o ouve e envia-lhe a esperança. Mas o simples arrependimento do mal não basta: é necessária a reparação da falta. É por isso que o culpado é submetido a novas provas, nas quais pode, sempre pela sua própria vontade, fazer o bem para a reparação do mal anteriormente praticado."

"O homem é, assim, o árbitro constante de seu próprio destino. Ele pode abreviar o seu suplício ou prolongá-lo indefinidamente. Sua felicidade ou infelicidade dependem de sua vontade de fazer o bem."

"Essa é a lei; lei *imutável* e em conformidade com a bondade e a justiça de Deus."

O Espírito culpado e infeliz pode, assim, salvar-se a si mesmo: a lei de Deus lhe diz sob quais condições ele pode fazê-lo. O que lhe falta, normalmente, é a vontade, a força e a coragem. Se, por meio de nossas preces, lhe inspiramos essa vontade, se o sustentamos e o encorajamos; se, pelos nossos conselhos, lhe damos as luzes que lhe faltam, *em vez de solicitarmos a Deus que derrogue a Sua lei, nós nos tornaremos os instrumentos da execução dessa lei de amor e caridade*, da qual Ele assim nos permite participar, para darmos nós mesmos uma prova de caridade. (Ver *O Céu e o Inferno*, 1ª parte, Cap. IV, VII e VIII.)

Instruções dos Espíritos
Modo de orar
V. Monod – Bordeaux, 1862

22. O primeiro dever de toda criatura humana, o primeiro ato que deve assinalar para ela o retorno à atividade diária, é a prece. Vós orais, quase todos, mas quão poucos sabem realmente orar! Que importam ao Senhor as frases que ligais umas às outras maquinalmente, por que já vos habituastes a repeti-las, por que é um dever que tendes de cumprir, e, como todo dever, ele vos pesa?

A prece do cristão, do espírita principalmente, seguidor de qualquer culto que seja[1], deve ser feita no momento em que o Espírito reencarna.

---

[1] Nos primeiros tempos da Codificação, alguns adeptos do Espiritismo permaneciam ligados às suas igrejas de origem. (*N. do E.*)

Ele deve elevar-se aos pés da Majestade Divina com humildade, mas também com profundeza, num impulso de reconhecimento por todos os benefícios recebidos até esse dia; pela noite transcorrida, durante a qual Ele vos permitiu, embora não guarde a lembrança, retornar junto aos vossos amigos, vossos guias, para nesse contato haurir novas forças e mais perseverança. Ele deve elevar-se humilde aos pés do Senhor, pedindo pela sua fraqueza, suplicando-Lhe o amparo, a indulgência, a misericórdia. E deve ser profunda, pois é a sua alma que deve elevar-se até o Criador, que deve transfigurar-se, como Jesus no Tabor, e chegar até Ele, branca e radiante de esperança e de amor.

Vossa prece deve encerrar o pedido das graças da qual tendes necessidade, mas uma necessidade real. É inútil pedir ao Senhor para abreviar as vossas provas ou que vos dê alegrias e riquezas. Pedi-Lhe antes para vos conceder bens mais preciosos: os da paciência, da resignação e da fé. Não dizei como ocorre com muitos de vós – "Não vale a pena orar, já que Deus não me atende". O que pedis a Deus na maior parte do tempo? Já vos lembrastes de pedir-lhe o vosso aperfeiçoamento moral? Oh! não, tão poucas vezes! O que mais vos lembrais de pedir é *o sucesso em vossas empreitadas terrenas, e depois exclamais: Deus não se ocupa conosco; se o fizesse, não haveria tantas injustiças!* Insensatos! Ingratos! Se mergulhásseis no fundo da vossa consciência, encontraríeis quase sempre o motivo dos males de que vos lamentais. Pedi, então, antes de qualquer coisa, por vosso aperfeiçoamento, e vereis que torrentes de graças e consolações se derramarão sobre vós! (Ver Cap. V, nº 4.)

Deveis orar incessantemente, sem para isso procurardes o vosso oratório ou vos lançar de joelhos nas praças públicas. A prece diária é o próprio cumprimento de vossos deveres, sem exceção, de qualquer natureza que sejam. Não é um ato de amor ao Senhor assistirdes os vossos irmãos numa necessidade qualquer, moral ou física? Não é um ato de reconhecimento elevar o vosso pensamento até Ele, quando uma felicidade vos chega, quando evitais um acidente, ou mesmo quando uma simples contrariedade vos aflora à alma, dizendo em pensamento: *Seja bendito, meu Pai!* Não é um ato de contrição, quando sentis que falistes, dizerdes humilde para o Juiz Supremo, mesmo que seja num rápido pensamento: *Perdoai-me, meu Deus, pois eu pequei (por orgulho, por egoísmo ou por falta de caridade). Dai-me a força de não mais falir e a coragem para reparar a minha falta?*

Isto independe das preces regulares da manhã e da noite e dos dias consagrados, pois, como vedes, a prece pode ser de todos os instantes, sem trazer nenhuma interrupção aos vossos afazeres; e até ao contrário, assim feitas, ela os santifica. E crede que um só desses pensamentos, partindo do coração, é mais ouvido pelo vosso Pai celestial do que as longas preces repetidas habitualmente, sem causa determinante, e *às quais a hora convencional vos chama maquinalmente.*

Ventura da prece
Santo Agostinho – Paris, 1861

23. Vinde, todos vós que desejais crer: os Espíritos celestiais acorrem e vêm anunciar-vos grandes coisas! Deus, meus filhos, abre os seus tesouros, para vos distribuir os seus benefícios. Homens incrédulos! Se soubésseis o quanto a fé beneficia coração e leva a alma ao arrependimento e à prece! A prece! Ah, como são tocantes as palavras que se desprendem dos lábios na hora da prece! Porque a prece é o orvalho divino que suaviza o excessivo calor das paixões. Filha predileta da fé, ela nos leva ao caminho que conduz a Deus. No recolhimento e na solidão, encontrai-vos com Deus. Para vós, nada de mistérios: Ele se revela a vós. Apóstolo do pensamento, a vida verdadeira se abre para vós! Vossa alma se liberta da matéria e se lança pelos mundos infinitos e etéreos, que a pobre Humanidade desconhece.

Marchai, marchai pelos caminhos da prece e ouvireis as vozes dos anjos! Que harmonia! Não é mais o barulho confuso e as vozes gritantes da Terra: são as liras dos arcanjos, são as vozes doces e suaves dos serafins, mais leves do que as brisas da manhã, quando brincam nas folhas dos arvoredos. Com que alegria então marchais! Vossa linguagem terrena não poderá exprimir jamais esta ventura, que vos impregna por todos os poros, como a fonte tão viva e refrescante em que bebeis através da prece! Doces vozes, inebriantes perfumes, que a alma ouve e aspira, quando se lança, por estas esferas desconhecidas e habitadas, pela prece!

Quando livres dos desejos carnais, todas as aspirações são divinas. E vós, também, orai como o Cristo carregando a vossa, do Gólgota ao Calvário. Levai-a e sentireis as doces emoções que lhe passavam pela alma, embora carregasse o madeiro infame. Sim, Ele ia morrer, mas para viver a vida celestial, na morada do Pai!

CAPÍTULO XXVIII
COLETÂNEA DE PRECES ESPÍRITAS

Preâmbulo

1. Os Espíritos sempre disseram: "A forma não é nada. O pensamento é tudo. Orai cada um segundo as vossas convicções e da maneira que mais lhe agrade pois um bom pensamento vale mais do que muitas palavras que não tocam o coração".

Os Espíritos não prescrevem nenhuma fórmula absoluta de preces, e quando nos dão alguma, é para orientar as nossas ideias e, principalmente, para chamar a nossa atenção sobre certos princípios da Doutrina Espírita. Ou ainda com o objetivo de ajudar as pessoas que sentem dificuldades em expressar suas ideias, pois estas não consideram haver realmente orado, se os seus pensamentos não estiverem bem formulados.

A coletânea de preces contidas neste capítulo é uma seleção feita entre aquelas ditadas pelos Espíritos em diferentes circunstâncias. Eles poderiam ter ditado outras, em termos diferentes, apropriadas a diversas ideias ou a casos especiais, mas a forma pouco importa, se o pensamento fundamental é o mesmo. O objetivo da prece é elevar nossa alma a Deus. A diversidade das fórmulas não deve estabelecer nenhuma diferença entre aqueles que Nele acreditam, e menos ainda entre os adeptos do Espiritismo, pois Deus aceita todas, quando sinceras.

Esta coletânea não é para ser considerada, então, como um formulário absoluto, mas como uma variante das instruções dos Espíritos. É uma aplicação dos princípios da moral evangélica desenvolvidos neste livro, um complemento de seus ditados sobre os nossos deveres em relação a Deus e ao próximo, no qual são relembrados todos os princípios da doutrina.

O Espiritismo reconhece como boas as preces de todos os cultos, quando são ditas de coração, e não apenas com os lábios. Ele não impõe, nem condena nenhuma. Deus é sumamente grande, segundo o Espiritismo, para repelir a voz que implora ou que Lhe canta os louvores, só porque são feitas de maneira diferente. *Quem quer que condenasse as preces que não constem de seu formulário prova que desconhece a grandeza de Deus.* Crer que Deus se atenha a uma determinada fórmula é dar-Lhe a pequenez e as paixões humanas.

Uma condição essencial para a prece, segundo São Paulo (Cap. XXVII, nº 16) é a de ser inteligível, para que possa tocar o nosso Espírito. Para isso, não é preciso que ela seja proferida na língua habitual. Há preces que, mesmo em linguagem coloquial, não dizem mais à nossa inteligência do que as de uma língua estrangeira, e que, por isso mesmo, não nos tocam o coração. As raras ideias que elas encerram são, muitas vezes, sufocadas pelo excesso de palavras e pelo misticismo da linguagem.

A principal qualidade da prece é a clareza; simples e concisa, sem fraseologia inútil, nem excesso de adjetivação, pois são apenas decorativos. Cada palavra deve ter o seu valor, exprimir uma ideia, tocar uma fibra da alma. Em resumo, ela *deve fazer refletir*. Somente nesta condição a prece pode atingir o seu objetivo, caso contrário, *é apenas palavreado*. Veja com que ar de distração e de volubilidade elas são proferidas, na maior parte do tempo. Percebemos que os lábios se agitam, mas, pela expressão da fisionomia ou mesmo pela voz, nelas se reconhece um ato maquinal, puramente exterior, de que a alma não participa.

As preces reunidas nesta coletânea estão divididas em cinco categorias: 1ª) Preces gerais; 2ª) Preces pessoais; 3ª) Preces pelos encarnados; 4ª) Preces pelos desencarnados; 5ª) Preces especiais para os enfermos e obsedados.

Com o intuito de chamar mais particularmente a atenção para o objetivo de cada prece, melhorando a compreensão do sentido, elas são todas precedidas de uma instrução preliminar, espécies de exposição de motivos, sob o título de *prefácio*.

I. Preces Gerais
Oração dominical

2. Prefácio – Os Espíritos recomendaram colocar a *Oração Dominical* no início desta coletânea, não apenas como prece, mas também como símbolo. De todas as preces, é a que eles consideram, em primeiro lugar, seja porque nos vem do próprio Jesus (Mateus, Cap. VI, 9-13), seja porque ela pode substituir a todas as outras, conforme a intenção que se lhe atribua. É o mais perfeito modelo de concisão, verdadeira obra-prima de sublimidade, na sua simplicidade. Com efeito, na forma mais restrita, ela resume todos os deveres do homem para com Deus, para consigo mesmo e para com o próximo. Ela encerra ainda uma profissão de fé, um ato de adoração e submissão, o pedido das coisas necessárias à vida terrena, e ao princípio da caridade. Dizê-la em intenção de alguém é pedir por outrem o que se pediria para si mesmo.

Entretanto, em razão de sua brevidade, o sentido profundo que algumas das suas palavras encerram escapa à maioria. É por isto que a proferimos normalmente, sem pensar no sentido de cada uma de suas frases. Proferem-na, como uma fórmula, cuja eficácia é proporcional ao número de vezes que for repetida. Esse número é quase sempre cabalístico: 3, 7 ou 9, extraídas da antiga crença supersticiosa no poder dos números e do seu uso nas práticas de magia.

Para preencher o vazio que a concisão desta prece nos deixa, ligamos a cada uma de suas proposições, segundo o conselho e com a assistência dos bons Espíritos, um comentário que lhe desenvolve o sentido e as aplicações. Segundo as circunstâncias e o tempo disponíveis, pode-se, pois, dizer a Oração Dominical em sua forma *simples ou desenvolvida*.

3. Prece – I. Pai nosso que estais no céu, santificado seja o vosso nome!

Nós cremos em vós, Senhor, pois tudo revela o vosso poder e a vossa bondade. A harmonia do Universo é a prova de uma sabedoria, de uma prudência e de uma previdência que superam todas as faculdades humanas. O nome de um Ser soberanamente grande e sábio está inscrito em todas as obras da criação, desde a relva humilde e o menor inseto até os astros que se movimentam no espaço. Por toda a parte, vemos a prova de uma solicitude paternal. É por isso que cego é aquele que não vos reconhece as obras; orgulhoso é aquele que não vos glorifica e ingrato aquele que não vos rende graças.

II – Venha a nós o vosso Reino!

Senhor, destes aos homens leis plenas de sabedoria, que fariam a felicidade deles, se as observassem. Com essas leis, eles fariam reinar entre si a paz e a justiça, e poderiam ajudar-se mutuamente, em vez de mutuamente se prejudicarem, como o fazem. O forte sustentaria o fraco, em vez de esmagá-lo. Evitados seriam os males que engendram os abusos e os excessos de todo tipo. Todas as misérias da Terra vêm da violação das vossas leis, pois não há uma só infração que não traga suas consequências fatais.

Destes ao animal o instinto que lhe traça os limites do necessário, e ele naturalmente se conforma. Mas ao homem, além do instinto, destes a inteligência e a razão. Destes a ele também a liberdade para observar ou violar aquelas das vossas leis que pessoalmente lhe concernem, ou seja, a faculdade de escolher entre o bem e o mal, para que ele tenha o mérito e a responsabilidade dos seus atos.

Ninguém pode pretextar ignorância das vossas leis, pois, na vossa paternal providência, quisestes que elas fossem gravadas na consciência de cada um, sem distinção de cultos ou de nacionalidades. Os que as violam é porque vos desprezam.

Virá o dia no qual, segundo a Vossa promessa, todos as praticarão, então, a incredulidade terá desaparecido. Todos vos reconhecerão como o Soberano Senhor de todas as coisas, e o primado de vossas leis estabelecerá o vosso Reino na Terra.

Dignai-vos, Senhor, de apressar o Seu advento, dando aos homens a luz necessária para se conduzirem no caminho da verdade!

III – Que a vossa vontade seja feita, assim na Terra como no Céu!

Se a submissão é um dever do filho em relação ao pai, do inferior ao superior, quanto maior não será a da criatura em relação ao seu Criador!

Fazer a vossa vontade, Senhor, é observar as Vossas leis e submeter-se sem lamentações aos Vossos decretos divinos. O homem a eles se submeterá, quando compreender que sois a fonte de toda a sabedoria, e que, sem vós, ele nada pode. Então, ele fará a Vossa vontade na Terra, como os eleitos a fazem no Céu.

IV – O pão nosso de cada dia dai-nos hoje.

Dai-nos o alimento para mantermos as forças do corpo, dai-nos também o alimento espiritual para o desenvolvimento do nosso espírito.

O animal encontra o seu alimento, mas o homem o deve à sua própria atividade e aos recursos de sua inteligência, porque o criastes livre.

Dissestes: *"Tu tirarás o alimento da Terra com o suor do teu rosto"*. Com isto, destes a ele a obrigação do trabalho, que o leva a exercitar a sua inteligência pela busca dos meios de prover às suas necessidades e atender ao seu bem-estar, uns com o trabalho material, outros com o trabalho intelectual. Sem o trabalho, permaneceria estacionário e não poderia aspirar à felicidade dos Espíritos superiores.

Assistis ao homem de boa vontade, que confia em vós para o necessário, mas não àquele que se compraz na ociosidade e gostaria de tudo obter sem esforço, nem o que busca o supérfluo. (Cap. XXV.)

Quantos não sucumbem por culpa própria, por incúria, imprevidência ou ambição, e por não terem se contentado com o que lhes destes! Estes são artífices de sua própria desgraça e não têm o direito de reclamar, pois são punidos naquilo mesmo em que pecaram. Mas a estes mesmos, não abandonais, pois sois infinitamente misericordioso, e lhes estendeis a mão segura, desde que, como o filho pródigo, retornem sinceramente a vós. (Cap. V, nº 4.)

Antes de nos lamentarmos da nossa sorte, perguntemo-nos se é a nossa própria obra. A cada infelicidade que nos acontecer, perguntemo-nos se não dependeu de nós evitá-la, mas digamos também que Deus nos deu a inteligência para sairmos do atoleiro e que depende de nós aplicá-la bem.

Já que a lei do trabalho é a condição do homem na Terra, dai-nos a coragem e a força de cumpri-la; dai-nos a prudência, a moderação, para que não percamos os seus frutos.

Dai-nos, pois, Senhor, o pão nosso de cada dia – ou seja – os meios de adquirirmos, pelo trabalho, o necessário à vida, pois ninguém tem o direito de reclamar o supérfluo.

Se o trabalho nos for impossível, confiemos na Vossa divina providência.

Se estiver em vossos desígnios provar-nos com as mais duras privações, apesar de nossos esforços, aceitamo-las como uma justa expiação pelas faltas que tivermos podido cometer nesta vida ou numa vida anterior, pois sois justo. Nós sabemos que não há dores imerecidas, e que não nos castigarias sem motivo.

Preservai-nos, meu Deus, de conceber a inveja por aqueles que têm o que não possuímos, até mesmo contra aqueles que têm o supérfluo, quando nos falta o necessário. Perdoai-lhes, se esquecem a lei de caridade e de amor ao próximo, que lhes ensinastes. (Cap. XVI, nº 8.)

Afastai também de nosso Espírito o pensamento de negar a Vossa justiça, vendo a prosperidade do mal e a infelicidade que abate, por vezes, o homem de bem. Pois já sabemos agora que a Vossa justiça sempre se cumpre e não faz exceção de ninguém; que a prosperidade material do maldoso é tão efêmera como a sua existência material e terá terríveis reveses, enquanto a alegria reservada àquele que sofre com resignação será eterna. (Cap. V, nº 7, 9, 12 e 18.)

V – Perdoai as nossas dívidas, assim como perdoamos aos nossos devedores. – Perdoai as nossas ofensas como nós perdoamos aos que nos ofenderam.

Cada uma das nossas infrações às Vossas leis, Senhor, é uma ofensa a vós, e uma dívida, contraída, que será quitada mais cedo ou mais tarde. Nós solicitamos, à Vossa infinita misericórdia, a remissão desta ofensa com a promessa de nos esforçarmos para não contrair novas dívidas.

Fizestes da caridade uma lei expressa, mas a caridade não consiste apenas em assistir o semelhante na necessidade. Ela é também o esquecimento e o perdão das ofensas. Com que direito reclamaríamos a vossa indulgência se faltamos com a mesma em relação a quem nos pede por ela?

Dai-nos, meu Deus, a força de sufocar em nossa alma todo ressentimento, todo ódio e todo rancor. *Fazei que a morte não nos surpreenda com nenhum desejo de vingança no coração.* Se vos aprouver retirar-nos deste mundo hoje mesmo, fazei que possamos nos apresentar a vós puros de toda animosidade, a exemplo do Cristo, cujas últimas palavras foram em favor dos seus algozes. (Cap. X.)

As perseguições que os maus nos fazem sofrer são parte de nossas provas terrenas; devemos aceitá-las sem lamentações, como todas as outras provas, e não maldizer os que, com as suas perversidades, nos abrem o caminho da felicidade eterna, pois vós nos dissestes, por intermédio de Jesus: *"Bem-aventurados aqueles que sofrem pela justiça!"*. Abençoemos, então, a mão que nos fere e humilha, pois as mortificações do corpo fortificam a nossa alma, e seremos erguidos de nossa humildade. (Cap. XII, nº 4.)

Abençoado seja o vosso nome, Senhor, por nos ter ensinado que o nosso destino não está irrevogavelmente fixado depois da morte; que encontraremos, em outras existências, os meios de resgatar e reparar as faltas passadas, e de realizar numa nova vida o que não pudermos fazer nesta, para o nosso aperfeiçoamento. (Cap. IV; Cap. V, nº 5.)

Isto explica, enfim, todas as anomalias aparentes da vida: a luz é lançada sobre o nosso passado e o nosso futuro, como um sinal claro de vossa soberana justiça e infinita bondade.

VI – Não nos deixeis cair em tentação, mas livrai-nos do mal[1].

Dá-nos, Senhor, a força para resistir às sugestões dos maus Espíritos, que tentarão desviar-nos do caminho do bem, inspirando-nos maus pensamentos.

Mas nós somos Espíritos imperfeitos também, encarnados neste planeta, para expiarmos nossas faltas e nos melhorarmos. A causa primeira do mal está em nós próprios, e os maus Espíritos apenas se aproveitam de nossas tendências viciosas, nas quais nos entretêm, para nos tentarem.

Cada imperfeição é uma porta aberta às suas influências, já que são impotentes e renunciam a toda tentativa contra os seres perfeitos. Tudo

---

[1] Certas traduções trazem: *"Não induzas à tentação"* (*et ne nos inducas in tentationem*), mas esta expressão daria a entender que a tentação vem de Deus, que impeliria voluntariamente os homens ao mal, ensinamento blasfemo que igualaria Deus a Satanás, e não pode ter sido o pensamento de Jesus. Ela está, por sinal, em conformidade com a doutrina vulgar sobre o papel dos demônios. (Ver *O Céu e o Inferno*, Cap. X, Os Demônios.) (Nota de Allan Kardec.)

o que fizermos para afastá-los será inútil, se não lhes opusermos uma vontade inabalável no bem, e renunciar a todo mal. É, então, contra nós mesmos que é preciso dirigir os nossos esforços, e então os maus Espíritos se afastarão naturalmente, pois é o mal que os atrai, enquanto o bem os repele. (Ver adiante: Preces pelos obsedados.)

Senhor, sustentai-nos em nossas fraquezas, inspirai-nos, pela voz dos nossos anjos guardiães e dos bons Espíritos, a vontade de corrigirmos as nossas imperfeições, a fim de fecharmos aos Espíritos impuros o acesso à nossa alma. (Ver adiante, nº 11.)

O mal não é vossa obra, Senhor, pois a fonte de todo o bem não pode engendrar os males. Somos nós mesmos que os criamos, infringindo as vossas leis, e usando mal a liberdade que nos destes. Quando os homens observarem as vossas leis, o mal desaparecerá da Terra, como já desapareceu dos mundos mais avançados.

Não existe para ninguém a fatalidade do mal, que somente parece irresistível àqueles que se lhe abandonam com prazer. Se temos a vontade de fazê-lo, temos também a de fazer o bem. É por isso, ó meu Deus, que pedimos a vossa assistência e a dos bons Espíritos, para resistirmos à tentação.

VII – Assim seja!

Que vos apraza, Senhor, que os nossos desejos se realizem! Mas nos curvamos diante de vossa sabedoria infinita. Em todas as coisas que não nos é dado compreender, que seja feito segundo a Vossa vontade e não segundo a nossa, pois quereis apenas o nosso bem, e sabeis melhor do que nós o que nos convém.

Nós dirigimos esta prece, ó meu Deus, por nós mesmos, mas também por todas as almas sofredoras, encarnadas ou não, por nossos amigos e inimigos, por todos aqueles que reclamam a nossa assistência, e em particular, por...

Nós pedimos a vossa misericórdia e bênção para todos.

Nota: Pode-se formular, aqui, a prece de agradecimento a Deus, pelas graças concedidas, e formulados os pedidos que se queiram, para nós mesmos ou para outrem. (Ver adiante as preces nº 26 e 27.)

Capítulo XXVIII

Reuniões Espíritas

4. *"Em qualquer lugar onde se encontrar duas ou mais pessoas reunidas em meu nome, aí também eu estarei."* (Mateus, XVIII:20.)

5. Prefácio – Para estarem reunidos em nome de Jesus, não basta a presença material, mas a união espiritual pela comunhão de objetivos e de pensamentos no bem. Então, Jesus se encontrará em meio à reunião, Ele ou os Espíritos puros que O representam. O Espiritismo nos faz compreender como os Espíritos podem estar entre nós. É graças ao seu corpo fluídico ou espiritual, e com a aparência que nos permitiria reconhecê-los, caso se tornassem visíveis. Quanto mais elevados na hierarquia, maior o seu poder de irradiação, de maneira que, possuindo o dom de ubiquidade, podem se encontrar em vários lugares ao mesmo tempo. Basta, para tanto, uma emissão de seu pensamento.

Com essas palavras, Jesus quis mostrar o efeito da união e da fraternidade. Não é o maior ou menor número que atrai os Espíritos, pois, se assim fosse, Ele poderia ter dito, em vez de duas ou três pessoas, dez ou vinte, mas o sentido de caridade que as anima reciprocamente. Ora, para isso, bastam duas pessoas. Mas se estas duas pessoas orarem separadas, mesmo que se dirijam a Jesus, não há entre elas comunhão de pensamentos, principalmente se não estiverem dotadas de sentimento de benevolência mútua. Se elas estiverem, então, animadas de muita prevenção, com ódio, inveja ou ciúme, as correntes fluídicas de seus pensamentos se repelem, em vez de se unirem por um impulso de simpatia e, assim, *elas não estarão reunidas em nome de Jesus*. O Cristo é apenas o pretexto da reunião, e não o seu verdadeiro motivo. (Cap. XXVII, nº 9.)

Isso não quer dizer que Jesus não ouça a uma só pessoa. Se Ele não disse: *"Eu virei a quem quer que me chame"*, mas exige, antes de tudo, o amor ao próximo, do qual se podem dar mais provas quando se está em conjunto do que isoladamente, e porque todo sentimento pessoal o nega. Segue-se que, numa assembleia numerosa, se duas ou três pessoas se ligassem pelo coração, num sentimento de verdadeira caridade, enquanto as outras se isolam e se concentram em ideias egoístas ou mundanas, Jesus estaria com as primeiras e não com as demais. Não é, então, a simultaneidade das palavras, dos cânticos ou dos atos exteriores, que constitui a reunião em nome de Jesus, mas a comunhão de pensamentos, em conformidade com o espírito da caridade personificada por Ele. (Cap. X, nº 7, 8 e Cap. XXVII, nº 2 a 4.)

Esse deve ser o caráter das reuniões espíritas sérias, em que sinceramente se deseja o concurso dos bons Espíritos.

6. Prece – (Para o início da reunião) – Rogamos ao Senhor Deus Todo-Poderoso enviar-nos os bons Espíritos para nos assistirem, que afaste aqueles que possam induzir-nos ao erro e dar-nos a luz necessária para distinguirmos a verdade do embuste.

Afastai também os Espíritos maldosos, encarnados ou não, que poderiam tentar lançar a desunião entre nós e desviar-nos da caridade e do amor ao próximo. Se alguns procurarem se introduzir neste recinto, fazei que não encontrem acesso em nossos corações.

Bons Espíritos, que vos dignais a vir instruir-nos, tornai-nos dóceis aos vossos conselhos, desviai-nos de todo pensamento de egoísmo, orgulho, inveja ou ciúme; inspirai-nos a indulgência e a benevolência para com os nossos semelhantes presentes ou ausentes, amigos ou inimigos; fazei, enfim, que pelos sentimentos que nos animarem, reconheçamos a vossa salutar influência.

Dai aos médiuns, que encarregardes de nos transmitir os vossos ensinamentos, a consciência da santidade do mandato que lhes é confiado e da gravidade do ato que vão praticar, para que eles o façam com o fervor e o recolhimento necessários.

Se estiverem entre nós pessoas que foram atraídas por outros sentimentos, que não os do bem, abri os seus olhos à luz, e perdoai-lhes, como nós lhes perdoamos, se vierem com intenções maldosas.

Nós rogamos principalmente ao Espírito de..., nosso guia espiritual, para que nos assista e vele por nós.

7. Prece (Para o fim da reunião). Agradecemos aos bons Espíritos que vieram conosco comunicar-se. Pedimos para nos ajudar a colocar em prática as instruções que eles nos deram, e façam que, saindo daqui, cada um de nós esteja fortificado na prática do bem e do amor ao próximo.

Desejamos igualmente que essas instruções sejam proveitosas para os

Espíritos sofredores, ignorantes ou viciosos, que puderam assistir a esta reunião, e para os quais pedimos a misericórdia de Deus.

Pelos médiuns

8. Nos últimos tempos, disse o Senhor: *"Eu derramarei do meu Espírito sobre toda a carne, e profetizarão vossos filhos e filhas, vossos jovens terão visões e vossos idosos terão sonhos. Neste dia, Eu derramarei do meu Espírito sobre os meus servos e minhas servas, e eles profetizarão."* (Atos, II:17-18)

9. Prefácio – Quis o Senhor que a luz se fizesse para todos os homens, e penetrasse por toda a parte pela voz dos Espíritos, para que todos pudessem obter a prova da imortalidade. É com esse objetivo que os Espíritos se manifestam hoje em todos os pontos da Terra, e que a mediunidade, revelando-se para as pessoas de todas as idades e condições, entre homens e mulheres, crianças e velhos, constitui um sinal de que os tempos chegaram.

Para conhecer as coisas do mundo visível e descobrir os segredos da natureza material, Deus deu aos homens a visão física, os sentidos corporais e os instrumentos especiais. Com o telescópio, ele mergulha o seu olhar nas profundezas do espaço, e com o microscópio descobriu o mundo dos infinitamente pequenos. Para penetrar no mundo invisível, deu-lhe a mediunidade.

Os médiuns são os intérpretes encarregados de transmitir aos homens os ensinamentos dos Espíritos – ou melhor – *são os instrumentos materiais pelos quais os Espíritos se expressam nas suas comunicações com os homens.* Sua missão é sagrada, pois ela tem por objetivo abrir-lhes os horizontes da vida eterna.

Os Espíritos vêm instruir os homens sobre o seu destino futuro, para conduzi-lo ao caminho do bem, e não para afastá-lo do trabalho material que deve realizar-se aqui na Terra, para o seu aperfeiçoamento, nem para favorecer a sua ambição e cupidez. É disso que os médiuns precisam saber, para não fazerem mau uso de suas faculdades. Aquele que compreende a seriedade do mandato de que se acha investido cumpre-o religiosamente. Sua consciência o reprovaria, como um ato sacrílego, se dele fizesse um divertimento e distração, *para si mesmo e para os outros,* usando as faculdades que lhe foram dadas com uma finalidade séria, pondo-o em contato com os seres de além-túmulo.

Como intérpretes do ensinamento dos Espíritos, os médiuns devem ter uma função importante na transformação moral que se opera. Os serviços que eles podem prestar estão na razão do bom direcionamento que derem as suas faculdades, pois os que seguem o mau caminho são mais prejudiciais do que úteis à causa do Espiritismo: pelas más impressões que produzem, retardam mais de uma conversão. É por isto que lhes será pedido contas do uso que fizerem das faculdades que lhes foram dadas para o bem de seus semelhantes.

O médium que quiser conservar a assistência dos bons Espíritos deve trabalhar para o seu próprio aperfeiçoamento. Aquele que quiser crescer e desenvolver a sua faculdade deve engrandecer-se moralmente e abster-se de tudo o que possa desviá-la de seu objetivo providencial.

Se os bons Espíritos se servem, algumas vezes, de instrumentos imperfeitos, é para bem aconselhá-los e procurar levá-los de volta ao bem, mas se encontram corações endurecidos, e se os seus conselhos não são ouvidos, retiram-se, e os maus têm, então, o campo livre. (Cap. XXIV, nº 11 e 12.)

A experiência prova que, entre os que não dão importância aos conselhos que recebem dos bons Espíritos, depois de terem lançado algum clarão sobre as comunicações, por algum tempo, degeneram pouco a pouco, e acabam por cair no erro, na oratória vazia ou no ridículo, sinal incontestável do afastamento dos bons Espíritos.

Obter a assistência dos bons Espíritos e afastar os Espíritos levianos e mentirosos devem ser o objetivo dos esforços constantes de todos os médiuns sérios. Sem isso, a mediunidade é uma faculdade estéril, que pode mesmo reverter em prejuízo daquele que a possui, pois ela pode se transformar em obsessão perigosa.

O médium que compreende o seu dever, em vez de orgulhar-se de uma faculdade que não lhe pertence, já que ela pode lhe ser retirada, atribui a Deus o que de bom consegue obter. Se as suas comunicações merecem elogios, não se envaidece com isso, por saber que elas são independentes de seu mérito pessoal, e agradece a Deus haver permitido que os bons Espíritos se manifestassem através dele. Se dão motivo a críticas, não se ofende por isso, pois sabe que elas não foram produzidas por ele. Pelo contrário, reconhece não ter sido um bom instrumento e que não possui todas as qualidades necessárias para impedir a intromissão dos maus Espíritos. É por isto que ele busca adquirir estas qualidades, e pede, através da prece, a força que lhe falta.

10. Prece – Deus Todo-Poderoso, permiti que os bons Espíritos me assistam na comunicação que solicito. Preservai-me da presunção de acreditar-me ao abrigo dos maus Espíritos; do orgulho que poderia enganar-me sobre o valor do que obtenha; de todo sentimento contrário à caridade em relação aos outros médiuns. Se for induzido ao erro, inspirai a alguém a ideia de me advertir, e a mim, a humildade para aceitar a crítica com reconhecimento, e aceitar para mim, e não para os outros, os conselhos que os bons Espíritos queiram dar-me.

Se me sentir tentado a enganar, seja no que for, ou a me envaidecer da faculdade que vos aprouve dar-me, suplico que a retireis de mim, para que não seja desviada de seu objetivo providencial – o bem de todos – e meu próprio aperfeiçoamento moral.

II – Preces pessoais
Aos Anjos Guardiães e aos Espíritos protetores

11. Prefácio – Todos nós temos um bom Espírito, que se liga a nós desde o nascimento, que nos tomou sob a sua proteção. Cumpre ao nosso lado a missão de um pai em relação ao filho: a de nos conduzir no caminho do bem e do progresso, por meio das provas da vida. Ele se sente feliz quando correspondemos à sua solicitude e sofre quando nos vê sucumbir.

Seu nome pouco importa, pois que ele pode não ter um nome conhecido na Terra. Invocamo-lo, então, como o nosso Anjo Guardião, o nosso Bom Espírito. Podemos até mesmo invocá-lo pelo nome de um Espírito Superior, pelo qual sintamos uma particular simpatia.

Além do nosso Anjo Guardião, que é sempre um Espírito Superior, temos os Espíritos Protetores, que, por serem menos elevados, não são menos bons e benevolentes. São Espíritos de parentes ou amigos e algumas vezes de pessoas que não conhecemos em nossa existência atual. Eles nos assistem com seus conselhos, e muitas vezes, pela sua intervenção nos acontecimentos de nossa vida.

Os Espíritos simpáticos são os que se ligam a nós por alguma semelhança de gostos e tendências. Podem ser bons ou maus, segundo a natureza das inclinações que os atraem para nós. Os Espíritos sedutores esforçam-se para nos desviar do caminho do bem, sugerindo-nos maus pensamentos. Aproveitam-se de todas as nossas fraquezas, como de outras tantas portas abertas, que lhes dão acesso à nossa alma. Existem os que se agarram a nós como a uma presa, *mas se afastam quando reconhecem a sua impotência para lutar contra a nossa vontade.*

Deus nos deu um guia principal e superior, o nosso Anjo Guardião, e como guias secundários, os Espíritos Protetores e Familiares, mas é um erro crer que foi colocado junto a nós um Espírito mau para contrabalançar as boas influências. Os maus Espíritos vêm *voluntariamente*, desde que achem possível dominar-nos, em razão de nossas fraquezas e negligências em seguir as inspirações dos bons Espíritos. Somos nós, portanto, que os atraímos. Disso resulta que nunca estamos privados da assistência dos bons Espíritos, e que depende de nós o afastamento dos maus. Pelas suas imperfeições, sendo o homem a primeira causa das misérias que sofre, é ele o seu próprio mau espírito. (Cap. V, nº 4.)

A prece aos Anjos Guardiães e aos Espíritos Protetores deve ter por objetivo solicitar a intervenção deles junto a Deus, pedir-lhes forças para resistir às más sugestões e a sua assistência nas necessidades da vida.

12. Prece – Espíritos sábios e benevolentes, mensageiros de Deus, cuja missão é assistir os homens e conduzi-los no caminho do bem, sustentai-me nas provas desta vida. Dai-me a força de suportá-las sem lamentações; desviai de mim os maus pensamentos e fazei que eu não dê acesso a nenhum dos maus Espíritos que tentarem induzir-me ao mal. Esclarecei a minha consciência quanto as minhas faltas e levantai dos meus olhos o véu do orgulho que poderia impedir-me de percebê-las e confessá-las a mim mesmo.

Sobretudo vós, meu Anjo Guardião, que velais mais particularmente por mim, e todos vós, Espíritos Protetores que vos interessais por mim, fazei que eu me torne digno de vossa benevolência. Vós conheceis as minhas necessidades, que elas sejam satisfeitas, segundo a vontade de Deus.

13. Prece – Meu Deus, permita que os bons Espíritos que me assistem venham para ajudar-me quando eu me achar em dificuldades e me sustentem se eu vacilar. Faze, Senhor, que eles me inspirem a fé, a esperança e a caridade. Que eles sejam para mim um apoio, uma esperança e uma prova da vossa misericórdia. Fazei, enfim, que eu encontre neles a força que me falta para as provas da vida e para resistir às sugestões do mal, a fé que salva e o amor que consola.

14. Prece – Espíritos amados, anjos guardiães, vós a quem Deus, em Sua infinita misericórdia, permite velar pelos homens, sede nossos protetores nas provas de nossa vida terrestre. Dai-nos a força, a coragem e a resignação. Inspirai-nos tudo o que for bom, detendo-nos no caminho do mal; que a vossa doce influência penetre as nossas almas. Fazei que nós sintamos que um amigo devotado está aqui, perto de nós, vendo os nossos sofrimentos e participando de nossas alegrias.

E vós, meu bom anjo, não me abandoneis. Necessito de vossa proteção, para suportar com fé e amor as provas que convier a Deus enviar-me.

Para afastar os maus Espíritos

15. *"Ai de vós, escribas e fariseus hipócritas, pois limpais por fora da taça e do prato e, por dentro, estais cheios de rapina e impurezas – Fariseus cegos, limpai primeiramente o interior do copo e do prato, para que o lado de fora fique limpo também. Ai de vós, escribas e fariseus hipócritas; pois sois semelhantes aos sepulcros claros que por fora parecem belos aos olhos dos homens, mas por dentro estão cheios de todo tipo de podridão. Assim, pareceis, por fora, justos aos olhos dos homens, mas por dentro estais cheios de hipocrisia e atrocidades."* (Mateus, XXIII: 25-28)

16. Prefácio – Os maus Espíritos somente vão aonde encontram chance de satisfazer a sua perversidade. Para afastá-los, não basta pedir, nem mesmo ordenar. É preciso eliminar de si o que os atrai. Os maus Espíritos descobrem as dores da alma, como as moscas descobrem as chagas do corpo. Assim, como limpais o corpo para evitar os vermes, limpai também a vossa alma das impurezas para evitar os maus Espíritos. Como vivemos num mundo onde pululam Espíritos maus, as boas qualidades do coração não estão sempre ao abrigo de suas tentativas, mas nos dão as forças necessárias para resistir-lhes.

17. Prece – Em nome de Deus Todo-Poderoso, que os maus Espíritos se afastem de mim e que os bons me defendam deles.

Espíritos malfeitores, que inspiram maus pensamentos aos homens, espíritos enganadores e mentirosos que os enganais; Espíritos zombeteiros, que zombais da sua credulidade, eu vos repilo com todas as forças da minha alma e fecho os ouvidos às vossas sugestões, mas peço a Deus misericórdia para vós.

Bons Espíritos que me assistem, dai-me a força para resistir à influência dos maus Espíritos e a luz necessária para não cair em suas ciladas. Preservai-me do orgulho e da presunção. Afastai de meu coração os ciúmes, o ódio, a malevolência e todo sentimento contrário à caridade, pois são também outras tantas portas abertas aos Espíritos maus.

Para corrigir um defeito

18. Prefácio – Nossos maus instintos são o resultado da imperfeição de nosso próprio Espírito, e não da nossa organização física. Se assim não fosse, o homem estaria isento de toda espécie de responsabilidade. Nosso aperfeiçoamento depende de nós, pois todo homem que tem a posse de suas faculdades tem, em todas as coisas, a liberdade de fazer o que quiser; só lhe falta, para fazer o bem, a vontade. (Cap. XV, nº 10; Cap. XIX, nº 12.)

19. Prece – Vós me destes, meu Deus, a inteligência necessária para distinguir o bem do mal. Ora, a partir do momento que reconheço que tal coisa é má, sou culpado em não me esforçar para resistir a ele.

Preservai-me do orgulho, que poderia impedir-me de perceber os meus defeitos e dos maus Espíritos que poderiam me instigar a neles perseverar.

Entre as minhas imperfeições, reconheço que sou particularmente inclinado a... e, se não resisto a este arrastamento, é por causa do hábito que adquiri de ceder a ele.

Não me criastes culpado, pois és justo, mas com igual aptidão para o bem e para o mal. Se preferir o mau caminho, foi por minha livre escolha. Mas, pela mesma razão que tive a liberdade em fazer o mal, eu tenho a de fazer o bem, consequentemente, sou livre para mudar meu caminho.

Meus defeitos atuais são o resto das imperfeições que eu trouxe das minhas existências precedentes. É o pecado original do qual eu posso me desvencilhar pela minha vontade e com a assistência dos bons Espíritos.

Bons Espíritos que me protegem, e vós, sobretudo meu Anjo Guardião, dai-me a força para resistir às más sugestões e sair vitorioso da luta.

Os defeitos são barreiras que nos separam de Deus e cada defeito superado é um passo dado no caminho do aperfeiçoamento que deve me aproximar Dele.

O Senhor, em Sua infinita misericórdia, concedeu-me a existência atual para que ela sirva ao meu aperfeiçoamento. Bons Espíritos, ajudai-me a realizá-lo, para que ela não seja perdida para mim e, quando aprouver a Deus dela me retirar, que eu saia melhor do que quando nela entrei. (Cap. V, nº 5; Cap. XVII, nº 3.)

Para resistir a uma tentação

20. Prefácio – Todo mau pensamento pode ter duas fontes: a própria imperfeição da nossa alma ou uma funesta influência que age sobre ela. Neste último caso, é sempre indício de uma fraqueza que nos torna propícios a receber essas influências e, consequentemente, de uma alma imperfeita. Dessa maneira, aquele que falir não poderia dar como desculpa a influência de um Espírito estranho, *já que esse Espírito não o teria levado ao mal, se o tivesse julgado inacessível à sedução.*

Quando temos um mau pensamento, podemos supor que um Espírito maldoso nos convida ao mal – ao qual somos também livres para ceder ou resistir – como se fosse a solicitação de uma pessoa viva. Devemos também supor que seja o nosso Anjo Guardião, ou Espírito Protetor, que, por sua vez, combate em nós a má influência e aguarda, com ansiedade, a decisão que tomaremos. Nossa hesitação em praticar o mal é a voz do Bom Espírito que se faz ouvir pela nossa consciência.

Reconhece-se que um pensamento é mau, quando ele se afasta da caridade, base de toda moral verdadeira. Quando tem por princípio o orgulho, a vaidade ou o egoísmo; quando a sua realização pode causar algum prejuízo a alguém; quando, enfim, ele nos pede que faça aos outros o que não gostaríamos que nos fosse feito. (Cap. XXVIII, nº 15, Cap. XV, nº 10.)

21. Prece – Deus Todo-Poderoso, não me deixes sucumbir à tentação de cair no erro! Espíritos Benevolentes que me protegem, desviai de mim este mau pensamento e dai-me forças para resistir à sugestão do mal. Se eu sucumbir, terei merecido a expiação da minha falta nesta vida e na outra, pois sou livre para escolher.

Ação de graças por uma vitória obtida sobre uma tentação

22. Prefácio – Aquele que resistiu a uma tentação deve o fato à assistência dos bons Espíritos, dos quais ouviu a voz. Deve, pois, agradecer por isto a Deus e ao seu Anjo Guardião.

23. Prece – Meu Deus, eu vos agradeço por ter me permitido sair vitorioso da luta que acabo de empreender contra o mal. Fazei que esta vitória me dê forças para resistir a novas tentações.

E vós, meu Anjo Guardião, eu vos agradeço a assistência dada. Possa a minha submissão aos teus conselhos merecer de novo a tua proteção!

Para pedir um conselho

24. Prefácio – Quando estivermos indecisos entre fazer ou não alguma coisa, devemos antes de tudo colocar as seguintes questões:

1º) O que pretendo fazer pode trazer prejuízo a alguém?

2º) Pode isto ser útil a alguém?

3º) Se alguém fizesse o mesmo para mim, eu ficaria satisfeito?

Se isto interessa a outrem, e se fazendo o bem a um pode resultar em mal a outro, é preciso, igualmente, pesar a soma do bem e do mal para se abster ou agir.

Enfim, mesmo para as melhores coisas, é preciso considerar a oportunidade e as circunstâncias, pois uma coisa boa em si pode ter maus resultados em mãos inábeis, se não for conduzida com prudência e circunspecção. Antes de realizá-la, convém consultar suas forças e meios de execução.

Em todo caso, pode-se sempre pedir a assistência dos Espíritos protetores, lembrando-nos deste sábio ditado: "Na dúvida, abstenha-te". (Cap. XXVIII, nº 38.)

25. Prece – Em nome de Deus Todo-Poderoso, vós, bons Espíritos que me protegeis, inspirai-me a melhor resolução a ser tomada na incerteza em que estou. Dirigi o meu pensamento para o bem e desviai-me da influência daqueles que tentam enganar-me.

Nas aflições da vida

26. Prefácio – Podemos pedir a Deus os favores terrenos, e Ele pode nos atender quando esses favores tiverem um objetivo útil e sério, mas como julgamos a utilidade das coisas de acordo com o nosso ponto de vista limitado e imediatista, não vemos nunca o lado ruim do que desejamos. Deus, que vê melhor do que nós, e só quer o nosso bem, pode então recusar-nos como um pai recusa ao filho o que poderia lhe prejudicar. Se o que pedimos não nos é concedido, não devemos nos desencorajar. É preciso pensar, ao contrário, que a privação imposta é uma prova ou expiação, e a nossa recompensa será proporcional à resignação com que a suportamos. (Cap. XXVII, nº 6; Cap. 2, nºs 5, 6 e 7.)

27. Prece – Deus Todo-Poderoso, que vedes as nossas misérias, por favor, ouça favoravelmente o pedido que vos faço neste momento. Se o meu pedido for inconveniente, perdoa-me; se ele for justo e útil aos vossos olhos, que os Bons Espíritos executores da vossa vontade venham em meu auxílio para realizá-lo.

O que quer que aconteça, meu Deus, que a vossa vontade seja feita. Se os meus desejos não são ouvidos é que está em vossos desígnios testar-me, e eu submeto-me sem me lamentar. Faze que eu não me desanime de forma alguma, e que nem a minha fé, nem a minha resignação sejam abaladas por isto. (*Fazer o pedido*)

Ação de graças por um favor obtido

28. Prefácio – Não se pode considerar como eventos felizes apenas as coisas de grande importância. Os de menor significação são muitas vezes os que influem mais em nosso destino. O homem esquece facilmente o bem e recorda-se frequentemente o que o aflige. Se registrarmos dia a dia os benefícios que recebemos, sem tê-los pedido, ficaríamos muitas vezes surpresos de haver recebido tanta coisa que esquecemos e nos sentiríamos humilhados com a nossa ingratidão.

Cada noite, ao elevarmos nossa alma a Deus, devemos nos lembrar dos favores que nos são concedidos durante o dia e agradecer por eles. Principalmente nos momentos em que provamos o efeito de sua bondade e proteção, que, por um movimento espontâneo, devemos testemunhar-lhe a nossa gratidão. Basta para isso um pensamento que recorde o benefício, sem que seja preciso desviar-se de seu trabalho.

Os benefícios de Deus não consistem apenas em favores materiais. É preciso também agradecer as boas ideias, as inspirações felizes que nos são sugeridas. Enquanto o orgulhoso faz disso um mérito e o incrédulo lhes atribui ao acaso, aquele que tem fé rende graças a Deus e aos bons Espíritos. Para isto, longas frases são inúteis: *Obrigado, meu Deus, pelo bom pensamento que me foi inspirado*, diz mais do que muitas palavras. O impulso espontâneo, que nos faz atribuir a Deus o que nos acontece de bom, testemunha um hábito de reconhecimento e humildade, que atrai em nossa direção a simpatia dos bons Espíritos. (Cap. XXVII, n°s 7, 8.)

29. Prece – Deus infinitamente bom, que o Teu nome seja abençoado pelos benefícios que me concedestes. Eu seria indigno de Vossa bondade, se os atribuísse ao acaso ou aos meus próprios méritos.

Bons Espíritos, que executastes a vontade de Deus, e sobretudo, tu, meu Anjo Guardião, eu agradeço. Desvia de mim a ideia de orgulhar-me e de fazer uso do que recebi para qualquer coisa que não seja para o bem.

Eu vos agradeço principalmente por...(*citar o benefício*).

Ato de submissão e resignação

30. Prefácio – Quando uma aflição qualquer nos acontece, ao procurarmos a causa dela, descobriremos, normalmente, a nossa imprudência, imprevidência ou uma ação anterior. Neste caso, devemos atribuí-la a nós mesmos. Se a causa de uma infelicidade independe de qualquer participação nossa, é uma prova para esta vida, ou expiação de uma existência passada, e, neste último caso, pela natureza da expiação podemos conhecer a natureza da falta, pois sempre somos punidos pelo que cometemos de errado. (Cap. V, n°s 4, 6 e seguintes).

No que nos aflige, somente vemos, em geral, o mal presente e não as consequências ulteriores e favoráveis que podem vir. O bem, normalmente é resultado de um mal passageiro, assim como a cura de uma doença é o resultado dos meios dolorosos que se empregam para obtê-la. Em todo caso, devemos submeter-nos à vontade de Deus, suportar com coragem as tribulações da vida, se quisermos que isto seja levado em consideração e que estas palavras do Cristo nos sejam aplicadas: *"Bem-aventurados os que sofrem"*. (Cap. V, nº 18.)

31. Prece – Meu Deus, és soberanamente justo. Todo sofrimento na Terra deve, então, ter a sua causa e sua utilidade. Eu aceito a aflição pela qual acabo de passar como expiação de minhas faltas passadas e uma prova para o futuro.

Bons Espíritos que me protegem, dai-me a força para a suportar sem lamentações; fazei que eu a encare como uma advertência salutar, que engrandeça a minha experiência, que combata em mim o orgulho, a ambição, a tola vaidade e o egoísmo e que contribua, assim, para o meu aperfeiçoamento.

32. Prece – Eu sinto, ó meu Deus, a necessidade de orar para vos pedir as forças necessárias para suportar as provas que me enviastes. Permita que a luz se faça viva em meu Espírito, para que eu aprecie toda a extensão de um amor que me aflige por querer me salvar. Eu me submeto com resignação, ó meu Deus. Mas, ai de mim! A criatura humana é tão fraca que, se não me sustentares, poderei sucumbir; não me abandoneis, Senhor, pois sem o Vosso amparo eu nada posso.

33. Prece – Elevei os meus olhos para Ti, ó Eterno, e me senti fortificado. Tu és minha força, e Te peço não me abandones, ó Deus! Eu estou esmagado sob o peso de minhas iniquidades. Ajuda-me, pois conheces a fraqueza da minha carne, não desvies de mim o Teu olhar.

Estou tomado por uma sede ardente. Faça brotar a fonte de água viva, e eu estarei aliviado. Que a minha boca se abra apenas para cantar-Te louvores, e não para me lamentar das aflições da vida. Sou fraco, Senhor, mas o Teu amor me sustentará.

Ó eterno! Somente Tu és grande, Só Tu és o fim e a razão da minha vida. Teu nome seja bendito, mesmo quando Tu me ferires, pois és o mestre e eu, o servidor infiel. Eu curvarei minha cabeça sem me lamentar, pois apenas Tu és grande, somente Tu és o alvo da minha vida!

Diante de um perigo

34. Prefácio –Por meio dos perigos que corremos, Deus nos lembra nossa fraqueza e a fragilidade de nossa existência. Ele nos mostra que a nossa vida está em Suas mãos, ligada por um fio que pode romper-se no momento em que menos esperamos. Quanto a isto, não há privilégio para ninguém, pois o grande e o pequeno estão submetidos às mesmas alternativas.

Se examinarmos a natureza e as consequências do perigo, veremos que, muitas vezes, essas consequências – se fossem verificadas – teriam sido a punição por uma falta cometida ou por um dever negligenciado.

35. Prece – Deus Todo-Poderoso, e tu, meu anjo guardião, socorrei-me! Se eu devo sucumbir, que a vontade de Deus seja feita. Se eu for salvo, que o resto da minha vida repare o mal que eu fiz e do qual me arrependo.

Ao escapar de um perigo

36. Prefácio – Pelo perigo que corremos, Deus nos mostra que podemos, de um momento a outro, ser chamados a prestar contas do emprego que fizemos da própria vida. Ele nos adverte, assim, que devemos examinar-nos e voltar a nós mesmos e nos modificar.

37. Prece – Meu Deus e vós, meu Anjo Guardião, eu vos agradeço pelo socorro que me enviastes no perigo que me ameaçou. Que este perigo seja para mim uma advertência, e que ele me esclareça sobre as faltas que puderam atraí-lo. Eu compreendo, Senhor, que a minha vida está em vossas mãos e que podeis retirá-la quando vos aprouver. Inspirai-me, através dos bons Espíritos que me assistem, o pensamento de empregar com utilidade o tempo que me concedestes aqui na Terra.

Meu Anjo Guardião, sustentai-me na resolução que tomo de separar os meus erros e fazer todo o bem que estiver em meu poder, para que eu chegue carregado com menos imperfeições no mundo dos Espíritos, quando aprouver a Deus me chamar.

No momento de dormir

38. Prefácio – O sono é o repouso do corpo, mas o Espírito não tem necessidade do repouso. Enquanto os sentidos se entorpecem, a alma se liberta, em parte, da matéria, e usufrui as faculdades do Espírito. O sono foi dado ao homem para a reparação da forças orgânicas e morais. Enquanto o corpo recupera os elementos que perdeu pela atividade da vigília, o Espírito se recupera entre os outros Espíritos. Ele tira de tudo o que vê, do que ouve e dos conselhos que lhe são dados, as ideias que lhe ocorrem ao despertar, em estado de intuição. É o retorno temporário do exilado à sua verdadeira pátria. É o prisioneiro momentaneamente de retorno à liberdade.

Mas acontece, como para o prisioneiro perverso, que o Espírito não aproveita este momento de liberdade para o seu aperfeiçoamento; se ele tem maus instintos, em vez de buscar a companhia dos bons Espíritos, procura a de seus iguais, e visita os lugares onde pode dar livre curso às suas tendências.

Que aquele que for tocado por esta verdade eleve o seu pensamento, no momento em que sentir a proximidade do sono; que ele apele aos bons Espíritos e àqueles cujas lembranças lhe são queridas para que venham se reunir a ele no curto intervalo que lhe é concedido, e, ao acordar, ele se sentirá mais forte contra o mal, mais corajoso contra a adversidade.

39. Prece – Minha alma vai se encontrar por um momento com os outros Espíritos. Que aqueles que forem bons me ajudem com os seus conselhos. Meu Anjo Guardião, faça que, ao me levantar, eu conserve deles uma impressão durável e salutar.

Prevendo a morte próxima

40. Prefácio – A fé no futuro, a elevação do pensamento, durante a vida, em direção aos destinos superiores do homem, ajudam na pronta libertação do Espírito, enfraquecendo os laços que o retém ao corpo. Frequentemente, mesmo sem a total extinção da vida material, a alma, impaciente, já ruma para a imensidade. Quanto ao homem, ao contrário, que concentra todos os seus pensamentos nas coisas materiais, estes laços são mais firmes, a separação é penosa e dolorosa e o despertar além-túmulo é cheio de problemas e ansiedade.

41. Prece – Meu Deus, eu creio em Ti e em Tua bondade infinita. É por isto que não posso acreditar que destes ao homem a inteligência para conhecer-te e a aspiração rumo ao futuro para lançá-lo no nada.

Eu creio que o meu corpo é apenas o envoltório perecível da minha alma, e que quando ele deixar de viver, eu despertarei no mundo dos Espíritos.

Deus Todo-Poderoso, sinto partirem-se os laços que unem minha alma ao meu corpo, e logo eu terei que prestar contas do emprego da vida que deixo.

Sofrerei as consequências do bem e do mal que tenha feito. Então não haverá mais ilusão, nenhum subterfúgio possível. Todo o meu passado vai se desenrolar diante de mim, e eu serei julgado segundo as minhas obras.

Não levarei nada dos bens terrenos, honras, riquezas, satisfação da vaidade e do orgulho; tudo o que pertence ao corpo, enfim, ficará aqui na Terra. Nem a menor parcela irá comigo e nada disto me servirá de ajuda no mundo dos Espíritos. Eu só levarei comigo o que pertence à alma, ou seja, as virtudes e os defeitos, que serão pesados na balança de uma justiça rigorosa. Serei julgado com tanto ou mais severidade, quanto mais a minha posição terrena tenha me proporcionado ocasiões de fazer o bem que eu não fiz. (Cap. XVI, nº 9.)

Deus de misericórdia, que o meu arrependimento possa vos alcançar! Conceda estender sobre mim a tua indulgência.

Se te aprouver prolongar a minha existência, que o restante seja empregado em reparar o maior número de males que eu tenha feito. Se minha hora chegou inexoravelmente, eu levo o pensamento consolador de que me será permitido resgatar-me por meio de novas provas para que eu mereça um dia a felicidade dos eleitos.

Capítulo XXVIII

Se não me é dado usufruir imediatamente desta felicidade constante, que somente é vivida pelo justo por excelência, sei que a esperança não me é interdita para sempre, e que pelo trabalho eu chegarei ao objetivo, cedo ou tarde, segundo os meus esforços.

Eu sei que os bons Espíritos e o meu Anjo Guardião me receberão, e em pouco tempo eu os verei, como eles agora me veem. Eu sei que encontrarei aqueles que amei na Terra, se o merecer, e que aqueles que aqui deixo virão se juntar a mim para continuarmos juntos; e que, aguardando, poderei vir visitá-los.

Eu sei também que vou reencontrar aqueles a quem ofendi. Possam eles perdoar-me o que lhes fiz; meu orgulho, minha dureza, minhas injustiças, e que eu não me envergonhe na presença deles.

Eu perdoo àqueles que me fizeram ou quiseram mal na Terra; não guardo nenhum ódio contra eles e peço a Deus para perdoá-los.

Senhor, dá-me forças para deixar sem pesares as alegrias mundanas, que nada são perto daquelas do mundo no qual vou entrar. Lá, para o justo, não há mais tormentos, sofrimentos, misérias. Apenas o culpado sofre, mas lhe resta a esperança.

Bons Espíritos, e tu, meu Anjo Guardião, não me deixeis neste momento supremo. Fazei brilhar aos meus olhos a divina luz, para reanimar a minha fé se ela vier a vacilar.

Nota: Ver em seguida o parágrafo V, "Preces pelos doentes e obsediados".

III. Preces pelos outros
Por alguém que está em aflição

42. Prefácio – Se é do interesse do aflito que a sua prova siga o seu curso, ela não será abreviada por nosso pedido, mas será um ato impiedoso o abandonarmos alegando que a nossa prece não será ouvida. Além disso, mesmo que a prova não se interrompa, pode-se esperar obter qualquer outro consolo, que suavize a sua amargura. O que é verdadeiramente útil para aquele que está aflito é a coragem e a resignação, sem as quais o que ele passa não lhe trará resultados, pois será obrigado a recomeçar a prova. É, então, em direção a este objetivo, que é preciso, principalmente, encaminhar os seus esforços, seja chamando os bons Espíritos para ajudar, seja levantando-lhe o moral através dos conselhos e encorajamentos, seja enfim, assistindo-o materialmente, se isso for possível. A prece, neste caso, pode ter um efeito direto, dirigindo para a pessoa uma corrente fluídica com o objetivo de fortificar o seu moral. (Cap. V, nº 1, 5 e 27. Cap. XXVII, nº 6 e 10.)

43. Prece – Meu Deus, cuja bondade é infinita, dignai-vos amenizar a amargura da situação de..., se tal for a vossa vontade.

Bons Espíritos, em nome de Deus Todo-Poderoso, eu vos suplico ajudá-lo nestas aflições. Se, em seu benefício, elas não puderem ser diminuídas, fazei-o compreender que elas são necessárias ao seu aperfeiçoamento. Dai-lhe a confiança em Deus e no futuro, que as tornará menos amargas. Dai-lhe também a força para não sucumbir ao desespero, o que lhe faria perder a prova e tornaria a sua condição futura mais penosa ainda. Conduzi meus pensamentos até ele, e que eles o ajudem a sustentar sua coragem.

Graças por um benefício concedido a alguém

44. Prefácio – Aquele que não está dominado pelo egoísmo se alegra com o bem que o seu próximo recebe, mesmo que ele não o tiver solicitado através da prece.

45. Prece – Meu Deus, sê bendito pela felicidade que... experimenta.

Bons Espíritos, fazei que ele veja neste benefício uma consequência da bondade de Deus. Se o bem que chega até ele é uma prova, inspirai-lhe o pensamento de bem empregá-lo e de não se envaidecer, para que não se lhe torne um prejuízo para o futuro.

Tu, meu anjo bom, que me proteges e desejas a minha felicidade, afasta de meu pensamento todo sentimento de inveja e ciúmes.

Para os inimigos e os que nos querem mal

46. Prefácio – Jesus disse: *"Amai aos vossos inimigos"*. Esta máxima é o que existe de mais sublime na caridade cristã, mas com isso, Jesus não quis dizer que devamos ter pelos nossos inimigos o mesmo carinho que temos pelos nossos amigos. Ele nos diz, por meio destas palavras, para esquecer as suas ofensas, perdoá-los pelo mal que nos fizeram, devolver-lhes o mal com o bem. Além de ser meritório, serve para mostrar aos olhos dos homens a verdadeira superioridade. (Cap. XII, nº 3 e 4.)

47. Prece – Meu Deus, eu perdoo ... pelo mal que me fez e pelo que quis fazer-me, assim como desejo que me perdoeis, e que ele mesmo me perdoe os erros que eu tenha cometido. Se o colocastes no meu caminho como uma prova, que a vossa vontade seja feita.

Afastai de mim, ó meu Deus, a ideia de maldizê-lo, e qualquer desejo malévolo contra ele. Faça que eu sinta nenhuma alegria na infelicidade que o possa atingir, nem nenhuma dor pelos bens que lhe poderão ser concedidos para que a minha alma não se manche com pensamentos indignos de um cristão.

Possa a vossa vontade, Senhor, estendendo-se sobre ele, induzi-lo a melhores sentimentos em relação a mim!

Bons Espíritos, inspirai-me o esquecimento do mal e a lembrança do bem. Que nem mesmo o ódio, o rancor, o desejo de lhe causar o mal com o mal, entrem em meu coração, pois o ódio e a vingança pertencem apenas aos maus Espíritos, encarnados e desencarnados. Que eu esteja, ao contrário, pronto para lhe estender a mão fraterna, a lhe pagar o mal com o bem, e a ajudá-lo se isto estiver ao meu alcance.

Eu desejo, para provar a sinceridade das minhas palavras, que a ocasião me seja ofertada para ser-lhe útil. Mas, sobretudo, meu Deus, preserva-me de fazê-lo por orgulho ou ostentação, abatendo-o com uma generosidade humilhante, caso contrário perderei o mérito de minha ação. Então, eu merecerei as palavras do Cristo: *"Vós já recebestes a vossa recompensa"*. (Cap. XIII, nº 1 e seguintes.)

Graças pelo bem concedido aos inimigos

48. Prefácio – Não desejar mal aos inimigos é ser caridoso apenas em parte. A verdadeira caridade consiste em lhes desejarmos o bem e em nos sentirmos felizes com o bem que lhes acontece. (Cap. XII, nos 7 e 8.)

49. Prece – Meu Deus, na vossa justiça, acreditastes dever alegrar o coração de..., eu vos agradeço por ele, apesar do mal que ele me fez ou procurou fazer-me. Se ele se aproveitar disso para humilhar-me, aceitarei como uma prova para a minha caridade.

Bons Espíritos que me protegem, não deixeis que eu guarde nenhum rancor por causa disso; desviai de mim a inveja e os ciúmes que rebaixam. Inspirai-me, ao contrário, a generosidade que eleva. A humilhação decorre do mal e não do bem e nós sabemos que, cedo ou tarde, a justiça será feita a cada um segundo as suas obras.

Pelos inimigos do Espiritismo

50. *"Bem-aventurados os que têm fome e sede de justiça, pois serão fartos.*

"Bem-aventurados os que sofrem perseguições por causa da justiça, porque é deles o reino dos céus.

Sereis felizes quando os homens vos injuriarem e vos perseguirem, e disserem todo mal por minha causa. Alegrai-vos, pois uma grande recompensa vos está reservada nos céus, pois foi assim que também perseguiram os profetas, que vieram antes de vós." (Mateus, V:6 e 10-12.)

"Não creiais naqueles que matam o corpo, e não podem matar a alma, mas crede nos que podem perder a alma e lançar o corpo no inferno." (Mateus, X:28.)

51. Prefácio – De todas as liberdades, a mais inviolável é a do pensamento, que compreende também a liberdade de consciência. Condenar aqueles que não pensam como nós é reclamar esta liberdade para si e recusá-la aos outros; é violar o primeiro mandamento de Jesus: a caridade e o amor ao próximo. Persegui-los por suas crenças é atentar contra o direito mais sagrado que todo homem tem de acreditar no que lhe convém, e adorar a Deus como lhe parece melhor. Constrangê-lo quanto aos atos exteriores semelhantes aos nossos é mostrar que nos apegamos mais à forma do que ao fundamento, às aparências mais do que à convicção. A abjuração forçada jamais proporcionou a fé. Ela só pode fazer hipócritas. É um abuso da força material, que não prova a verdade. *A verdade está segura de si mesma. Ela convence, não persegue, pois não tem necessidade disso.*

O Espiritismo é uma opinião, uma crença; fosse mesmo uma religião, por que não se teria a liberdade de dizer-se espírita como se tem a de se dizer católico, judeu ou protestante, adepto desta ou daquela doutrina filosófica ou deste ou daquele sistema econômico?

Esta crença é falsa ou verdadeira? Se é falsa, cairá por si só, pois o erro não pode prevalecer contra a verdade, quando a luz se faz nas inteligências. Se ela for verdadeira, a perseguição não a tornará falsa.

A perseguição é o batismo de toda ideia nova, grande e justa; ela cresce com a grandeza e a importância da ideia. O furor e a cólera dos inimigos da ideia estão na razão do temor que ela lhes inspira. É por este motivo que o Cristianismo foi perseguido antigamente, e o Espiritismo é perseguido na atualidade, com a diferença, entretanto, que o Cristianismo foi perseguido pelos pagãos, enquanto que o Espiritismo o é pelos cristãos. O tempo das perseguições sangrentas passou, é verdade, mas se hoje não se mata mais o corpo, tortura-se a alma. Atacam-na até em seus sentimentos mais sublimes, nas afeições mais caras. As famílias são divididas, incita-se a mãe contra a filha, a mulher contra o marido, ataca-se o corpo em suas necessidades materiais, negando-lhe o ganha-pão que lhe sacia a fome. (Cap. XXIII, n°s 9 e seguintes.)

Espíritas, não vos aflijais com os golpes que vos são desferidos, pois eles provam que estais com a verdade. Se não fosse assim, eles vos deixariam tranquilos e não vos agrediriam. É uma prova para a vossa fé, coragem, resignação, perseverança. Prova de que Deus vos reconhecerá entre os seus fiéis servidores, com os quais, hoje, ele já está contando, para que cada um faça a parte que lhe cabe em suas obras. A exemplo dos primeiros cristãos, sede, pois, fiéis em carregar a vossa cruz. Crede nas palavras do Cristo: *"Bem-aventurados aqueles que sofrem perseguições por causa da justiça, pois é deles o Reino dos Céus. Não temais aqueles que matam o corpo, mas não podem matar a alma".* Ele disse também: *"Amai os vossos inimigos; fazei o bem àqueles que vos fazem mal e orai por aqueles que vos perseguem".* Mostrai que sois os seus verdadeiros discípulos, e que a vossa doutrina é boa, fazendo o que Ele ensinou e exemplificou.

A perseguição será temporária. Esperai pacientemente o amanhecer, pois a estrela da manhã já se mostra no horizonte. (Cap. XXIV, n°s 13 e seguintes.)

52. Prece – Senhor, vós nos fizestes dizer por Jesus, o vosso Messias: *"Bem-aventurados aqueles que sofrem perseguição por causa da justiça; perdoai aos inimigos, orai por aqueles que vos perseguem"*, e Ele mesmo nos mostrou o caminho, orando pelos Seus algozes.

Desta maneira, meu Deus, nós pedimos Vossa misericórdia para aqueles que desconhecem os Vossos divinos preceitos, os únicos que podem assegurar a paz, neste e no outro mundo. Como o Cristo, nós vos pedimos: *"Perdoai-lhes, meu Pai, pois eles não sabem o que fazem"*.

Dai-nos a força para suportar com paciência e resignação, como provas para a nossa fé e a nossa humildade, as zombarias, as injúrias, calúnias e perseguições. Desviai-nos de todo pensamento de represálias, pois a hora da vossa justiça soará para todos, e nós a esperamos, submetendo-nos à Vossa santa vontade.

Prece por uma criança que acaba de nascer

53. Prefácio – Os Espíritos somente chegam à perfeição depois de haver passado pelas provas da vida material. Os que são errantes aguardam que Deus lhes permita retomar uma existência que lhes deve proporcionar meios de aperfeiçoamento, seja pela expiação de suas faltas vividas em meio às vicissitudes às quais estão submetidos, seja no cumprimento de uma missão útil à humanidade. Seu aperfeiçoamento e felicidade futuros serão proporcionais à maneira com a qual tiverem empregado o tempo que devem passar na Terra. A tarefa de guiar os seus primeiros passos, e dirigi-los ao bem, é confiada aos pais, que responderão diante de Deus pela maneira como tiverem cumprido a sua missão. É para facilitar-lhes esta execução, que Deus fez do amor paterno e do amor filial uma lei da Natureza, lei que nunca é violada impunemente.

54. Prece – (Para ser dita pelos pais). Espírito que vos encarnastes como nosso filho, seja bem-vindo entre nós. Deus Todo-Poderoso que o enviou, o nosso agradecimento.

Foi um depósito a nós confiado e do qual teremos que prestar contas um dia. Se ele pertence à nova geração dos bons Espíritos que devem povoar a Terra, obrigado, meu Deus, por este favor! Se for uma alma imperfeita, nosso dever é o de ajudá-lo a progredir no caminho do bem, por meio de nossos conselhos e bons exemplos. Se cair no mal por falta nossa, responderemos diante de Vós, pois não teremos cumprido nossa missão em relação a ele.

Senhor, sustenta-nos em nossa tarefa e dá-nos a força e a vontade de bem realizá-la. Se esta criança for motivo de provas para nós, que a vossa vontade seja feita!

Bons Espíritos, que viestes presidir ao seu nascimento e que deveis acompanhá-lo durante a vida, não o abandoneis! Afastai dele os maus Espíritos que tentarem induzi-lo ao mal; dai-lhe a força para resistir às suas sugestões e a coragem para enfrentar com paciência e resignação as provas que o esperam na Terra. (Cap. XIV, nº 9.)

55. Prece – Meu Deus, confiaste-me o destino de um de Teus Espíritos; fazei Senhor, que eu seja digno da tarefa que me é imposta. Concedei-me a tua proteção, esclarecendo a minha inteligência, para que eu possa discernir as tendências daquele que eu devo preparar para a vossa paz.

56. Prece– Deus de infinita bondade, desde que permitistes ao Espírito desta criança vir novamente enfrentar as provas terrenas destinadas os maus, a fazê-la progredir, dá-lhe a luz necessária para que aprenda a conhecer-Te, a amar-Te e a adorar-Te. Faze, por Teu poder, que esta alma se regenere na fonte de Tuas divinas instruções; que, sob a égide de seu Anjo Guardião, sua inteligência cresça, se desenvolva e a faça aspirando a aproximar-se cada vez mais de Ti. Que a ciência do Espiritismo seja a luz brilhante que a esclareça através dos obstáculos da vida. Que ela saiba, enfim, apreciar toda a extensão de Teu amor, que nos prova para nos purificar.

Senhor, lance um olhar paternal sobre a família à qual Tu confiaste esta alma. Possa ela compreender a importância de sua missão, e faze germinar nesta criança as boas sementes, até o dia em que ela puder, por suas próprias aspirações, se elevar até a Ti.

Digna-te, ó Meu Deus, ouvir esta humilde prece em nome e por mérito daquele que disse: *"Deixai vir a mim as criancinhas, pois o Reino dos Céus pertence àqueles que se lhes assemelham"*.

Por um agonizante

57. Prefácio – A agonia é o prelúdio da libertação da alma. Pode-se dizer que, neste momento, o homem não tem mais do que um pé neste mundo e já pôs um no outro. Esta passagem é, muitas vezes, penosa para aqueles que se apegam à matéria e viveram mais para os bens deste mundo do que para os do outro, ou cuja consciência está agitada pelas mágoas e remorsos. Para aqueles, ao contrário, cujos pensamentos são elevados rumo ao infinito, e são desprendidos da matéria, os laços são mais fáceis de se romper e os últimos momentos nada têm de dolorosos. A alma, então, só se liga ao corpo por um fio, enquanto que, no outro caso, liga-se por raízes profundas! Em todos os casos, a prece exerce uma ação poderosa no processo da separação. (Ver *O Céu e o Inferno*, Segunda Parte, Cap. I, A passagem.)

58. Prece – Deus poderoso e misericordioso, aqui está uma alma que deixa o seu invólucro terrestre, para retornar ao mundo dos Espíritos, sua verdadeira pátria. Possa ela voltar em paz e a Vossa misericórdia se estender sobre ela.

Bons Espíritos, que a acompanhastes na Terra, não a abandoneis neste momento supremo. Dai-lhe a força para suportar os últimos sofrimentos que aqui deve passar para o seu aperfeiçoamento futuro. Inspirai-a, para que ela consagre os últimos lampejos de inteligência, ao arrependimento de suas faltas, ou que momentaneamente ainda lhe advenham. Dirigi meu pensamento, em seu auxílio, a fim de que a sua ação torne menos penoso o seu trabalho da separação, e que ele traga em sua alma, no momento em que deixar a Terra, o consolo da esperança.

IV – Preces pelos Espíritos
Para alguém que acaba de morrer

59. Prefácio – As preces pelos Espíritos que acabaram de deixar a Terra não têm por objetivo apenas o de dar um testemunho de simpatia, têm ainda por efeito ajudar em seu desprendimento e, com isso, abreviar a perturbação que sempre segue à separação do corpo e torna o despertar mais calmo. Mas como em toda outra circunstância, a eficácia está na sinceridade do pensamento e não na abundância de palavras, ditas com maior ou menor ênfase, e às quais, muitas vezes, o coração não toma parte.

As preces que partem do coração encontram ressonância no Espírito – para quem as ideias ainda estão confusas – como vozes amigas que vão despertá-lo do sono. (Cap. XXVII, nº 10.)

60. Prece – Deus Todo-Poderoso, que a vossa misericórdia se estenda sobre a alma de... que acabais de chamar a Vós. Possam as provas que ele enfrentou na Terra serem levadas em conta, e nossas preces amenizar e abreviar as penas que pode ainda ter de sofrer como Espírito!

Bons amigos que vieram recebê-lo e vós, principalmente, que sois o seu Anjo Guardião, ajudai-o a se despojar da matéria, dai-lhe a luz e a consciência de si mesmo para tirar-lhe a perturbação que acompanha a passagem da vida material para a vida espiritual. Inspirai-lhe o arrependimento das faltas que tenha cometido, e o desejo de repará-las, para apressar seu aperfeiçoamento rumo à vida eterna feliz.

A ti, ..., que acabas de retornar ao mundo dos Espíritos e, entretanto, estás aqui presente entre nós. Tu nos vê e nos ouve, pois apenas deixaste o corpo perecível, que acabaste de deixar e que, logo, será reduzido a cinzas.

Deixaste o grosseiro invólucro sujeito a vicissitudes e à morte, e conservaste apenas o envoltório etéreo, imperecível e inacessível aos sofrimentos materiais. Se não vives mais pelo corpo, vives a vida dos Espíritos e esta vida é isenta das misérias que afligem a Humanidade.

Não tens mais o véu que oculta aos nossos olhos os esplendores da vida futura. Podes, de agora em diante, contemplar novas maravilhas, enquanto nós estamos ainda mergulhados nas trevas.

Vais percorrer o espaço e visitar os mundos com toda a liberdade, enquanto nós rastejamos penosamente sobre a Terra onde nos retém o nosso corpo material, um pesado fardo para nós.

Os horizontes do infinito se desvendarão para ti e na presença de tanta grandeza, compreenderás a vaidade de nossos desejos terrestres, de nossas ambições mundanas e das alegrias fúteis aos quais os homens se entregam.

A morte é, para os homens, apenas uma separação material de alguns instantes. Deste lugar de exílio onde nos mantém ainda a vontade de

Deus, assim como os deveres que temos que cumprir aqui na Terra, nós te seguiremos pelo pensamento até o momento em que nos seja permitido te reencontrar como agora encontras aqueles que te precederam.

Se não pudermos ir até ti, pode vir até nos. Vem, então, entre aqueles que te amam e que amaste. Sustenta-os nas provas da vida, vela por aqueles que vos são caros. Protege-os segundo as tuas possibilidades e ameniza-lhes as amarguras da saudade, sugerindo-lhes o pensamento de que estás mais feliz agora, e a consoladora certeza de estarem, um dia, reunidos a Vós num mundo melhor.

No mundo em que estás, todos os ressentimentos terrenos devem extinguir-se. Possas tu, pela tua felicidade futura, estar de agora em diante, inacessível a eles. Perdoa, pois, àqueles que erraram contra ti, assim como eles te perdoam o que puderes ter errado contra eles.

Nota: Pode-se acrescentar a esta prece – aplicável a todos – algumas palavras especiais, segundo as circunstâncias particulares da família ou das relações e da posição do desencarnado.

Quando se tratar de uma criança, o Espiritismo nos ensina que não é um Espírito recém-criado, e sim que já viveu outras vidas, e que pode estar bem adiantado. Se sua última existência foi curta, é que era apenas um complemento de sua prova ou devia ser uma prova para os pais. (Cap. V, nº 21.)

61. *Prece ditada a um médium de Bordeaux, no momento em que passava diante da sua janela o enterro de um desconhecido.*

Senhor Todo-Poderoso, que a Tua misericórdia se estenda sobre nosso irmão que acaba de deixar a Terra! Que a Tua luz brilhe em seus olhos! Tira-o das trevas, abra-lhe os olhos e ouvidos! Que Teus bons Espíritos o envolvam e o façam ouvir as palavras de paz e esperança!

Senhor, indignos que somos, ousamos implorar a Tua misericordiosa indulgência em favor deste nosso irmão que acaba de ser chamado do exílio. Faze que seu retorno seja o do filho pródigo. Esquece, ó meu Deus, as faltas que cometeu, para Te lembrar do bem que tenha podido fazer. Tua justiça é imutável, nós sabemos, mas o Teu amor é imenso.

Nós Te suplicamos o abrandamento da Tua justiça por esta fonte de bondade que emana de Ti!

Que a luz se faça para ti, meu irmão que acabas de deixar a Terra! Que os bons Espíritos do Senhor desçam, e te envolvam, e te ajudem a sacudir as tuas cadeias terrenas! Vê e compreende a grandeza de nosso Senhor; submeta-te sem lamentações à Sua justiça, mas não te desesperes jamais. Irmão! Que um profundo retorno ao teu passado te abra as portas do futuro, fazendo-te compreender as faltas que deixaste atrás de ti e o trabalho que te espera para repará-las! Que Deus te perdoe e que seus bons Espíritos te sustentem e encorajem! Teus irmãos da Terra oram por ti e te pedem para orar por eles.

Por aqueles que amamos

62. Prefácio – Quão horrível é a ideia do nada! Como são dignos de lástima aqueles que creem que a voz do amigo que chora o seu amigo se perde no vazio e não encontra sinal de resposta! Aqueles que pensam que tudo morre com o corpo jamais conheceram as puras e santas afeições. Pobre de quem crê que o gênio que esclareceu o mundo, com a sua vasta inteligência, é um jogo da matéria que se extingue para sempre, e de quem acredita que do ser mais querido, um pai, uma mãe ou um filho adorado só resta um pouco de pó que o vento dispersa.

Como um homem de coração pode ficar indiferente a este pensamento? Como a ideia de um aniquilamento absoluto não o gela de horror, e o faz ao menos desejar que não fosse assim? Se até este dia a razão não foi suficiente para dissipar as suas dúvidas, eis que o Espiritismo o vem fazer, através das provas materiais da sobrevivência da alma que nos proporciona e da existência dos seres de além-túmulo. Justamente por isso, essas provas foram acolhidas com alegria. A confiança renasceu, pois o homem sabe, de agora em diante, que a vida terrena é apenas uma passagem curta, que conduz a uma vida melhor. Ele sabe que os seus trabalhos aqui na Terra não estão perdidos e que as mais santas afeições não são rompidas sem qualquer esperança. (Cap. IV, nº 18; Cap. V, nº 21.)

63. Prece – Conceda, ó meu Deus, o favor de acolher favoravelmente a prece que eu te endereço pelo Espírito de.... Faze que ele entreveja as Tuas divinas luzes, tornando-lhe o caminho da felicidade eterna mais fácil. Permite que os Bons Espíritos levem até ele as minhas palavras e meu pensamento.

Tu, que foste tão importante para mim neste mundo, ouve a minha voz que te chama para dar-te uma nova prova do meu afeto. Deus permitiu que tu fosses libertado primeiro. Eu não poderia lamentá-lo sem egoísmo, pois seria desejar para ti as dores e os sofrimentos da vida. Eu aguardo, então, com resignação, o momento de nosso reencontro no mundo mais feliz onde tu me precedeste.

Eu sei que a nossa separação é apenas momentânea e que, por mais longa que ela me pareça, sua duração se apaga diante da eternidade e da felicidade que Deus promete aos Seus eleitos. Que a bondade Dele me impeça de fazer algo que possa retardar este instante desejado e que Ele me poupe, assim, a dor de não te reencontrar ao sair de meu cativeiro terreno.

Ah! Como é doce e consoladora a certeza de que há apenas entre nós um véu material que te oculta aos meus olhos! Que podes estar aqui, ao meu lado, ver-me e ouvir-me como antes e melhor ainda do que antes. Que tu não me esqueces assim como eu não te esqueço. Que nossos pensamentos estão sempre ligados e que os teus me seguem e me sustentam sempre.

Que a Paz do Senhor esteja contigo!

Pelos sofredores que pedem preces

64. Prefácio – Para compreender o alívio que a prece pode proporcionar aos Espíritos sofredores, é preciso lembrar do seu modo de ação, anteriormente explicado. (Cap. XXVII, n°s 9, 18 e seguintes). Aquele que se compenetrou desta verdade ora com mais fervor, pela certeza de não orar em vão.

65. Prece – Deus clemente e misericordioso, que a Tua bondade se estenda sobre todos os Espíritos que se recomendam às nossas preces e principalmente sobre o Espírito de...

Bons Espíritos, cujo bem é a única ocupação, intercedei comigo por seu alívio. Fazei brilhar aos seus olhos um raio de esperança e que a divina luz os esclareça sobre as imperfeições que os afastam dos Bem-aventurados. Abri seus corações ao arrependimento e ao desejo de se purificarem para apressarem o seu aperfeiçoamento. Fazei-os compreender que, com seus esforços, eles podem abreviar o tempo de suas provas.

Que Deus, em Sua bondade, lhes dê a força para perseverarem nas boas resoluções!

Possam estas palavras benevolentes amenizar-lhes as penas, mostrando-lhes que há na Terra, seres que deles se compadecem e que desejam a sua felicidade.

66. Prece – Nós oramos a ti, Senhor, derramai sobre todos aqueles que sofrem, seja no espaço, como Espíritos errantes ou entre nós, como Espíritos encarnados, as graças de Teu amor e Tua misericórdia. Tem piedade pelas nossas fraquezas. Tu nos fizeste falíveis, mas nos deste a força para resistir ao mal e vencê-lo. Que a Tua misericórdia se estenda sobre todos os que não conseguiram resistir às más tendências e são ainda arrastados para o mau caminho. Que os bons Espíritos os envolvam. Que a Tua luz brilhe aos seus olhos e que, atraídos pelo Teu calor vivificante, eles venham a se prostrar aos Teus pés, arrependidos e submissos.

Nós Te rogamos igualmente, Pai de Misericórdia, por aqueles nossos irmãos que não tiveram forças para suportar suas provas terrenas. Deste-nos um fardo para carregar, Senhor, e só devemos depositá-lo aos Teus pés, mas nossa fraqueza é grande e a coragem nos falta algumas vezes pelo caminho. Tem piedade destes servidores indolentes que abandonaram a tarefa antes da hora. Que a Tua justiça os poupe e permita aos Teus bons Espíritos levar-lhes o alívio, as consolações e a esperança no futuro. A visão do perdão fortifica a alma. Mostra-a, Senhor, aos culpados que se desesperam, e, sustentados por essa esperança, eles encontrarão forças na intensidade de suas próprias faltas e sofrimentos para resgatarem o seu passado e se preparar para conquistar o futuro.

Por um inimigo que morreu

67. Prefácio – A caridade para com os nossos inimigos deve segui-los além-túmulo. É preciso pensar que o mal que eles nos fizeram foi para nós uma prova, que pode ser útil ao nosso aperfeiçoamento, se soubermos tirar proveito. Elas teriam sido mais úteis que as aflições puramente materiais, por nos permitirem juntar à coragem e à resignação, também a caridade e o esquecimento das ofensas. (Cap. X, nº 6; Cap. XII, nºs 5 e 6.)

68. Prece – Senhor, foi Tua vontade chamar antes de mim a alma de... Perdoo-lhe o mal que me fez e suas más intenções com relação a mim. Possa ele arrepender-se de tudo isto, agora que não há mais as ilusões deste mundo.

Que a Tua misericórdia, meu Deus, se estenda sobre ele, e afaste de mim o pensamento de me alegrar pela sua morte. Se eu também errei para com ele, que me perdoe, como me esqueço do que tenha feito contra mim.

Por um criminoso

69. Prefácio – Se a eficácia das preces fossem proporcionais à sua duração, as mais longas deveriam ser reservadas para os mais culpados, pois eles necessitam mais delas do que os que viveram de maneira correta. Recusá-las aos criminosos, é faltar com a caridade e desconhecer a misericórdia de Deus. Acreditá-las inúteis, porque um homem cometeu faltas muito graves, é julgar antecipadamente a justiça do mais alto. (Cap. XI, nº 14.)

70. Prece – Senhor, Deus de Misericórdia, não repudies este criminoso que acaba de deixar a Terra. A justiça dos homens o atingiu, mas não o liberou de Tua justiça, se o coração não foi tocado pelo remorso.

Tira-lhe a venda que lhe esconde a gravidade de suas faltas. Possa o seu arrependimento merecer a Tua graça para que se aliviem os sofrimentos de sua alma! Possam também as nossas preces e a intercessão dos bons Espíritos trazer-lhe a esperança e a consolação, inspirar-lhe o desejo de reparar as suas más ações em uma nova existência e dar-lhe forças para não sucumbir diante das novas lutas que ele empreenderá.

Por um suicida

71. Prefácio – O homem não tem jamais o direito de dispor de sua própria vida, pois só a Deus é dado tirá-lo de seu cativeiro terreno, quando julgar oportuno. Entretanto, a justiça divina pode amenizar os seus rigores em favor das circunstâncias, mas ela reserva toda a sua severidade para aquele que quis se subtrair às provas da vida. O suicida é semelhante ao prisioneiro que escapa da prisão antes do término da pena e que, ao ser novamente capturado, é mantido mais severamente. Assim é com o suicida, que acredita escapar das misérias presentes e mergulha em desgraças maiores. (Cap. V, n°s 14 e seguintes.)

72. Prece – Nós sabemos, ó meu Deus, o destino reservado àqueles que violam as Tuas leis abreviando voluntariamente os seus dias. Mas também sabemos que a Tua misericórdia é infinita. Permita estendê-la sobre... Possam as nossas preces e a Tua comiseração amenizar a amargura dos sofrimentos que ele enfrenta por não ter tido a coragem de esperar pelo fim de suas provas.

Bons Espíritos, cuja missão é assistir os infelizes, tomai-o sobre a vossa proteção. Inspirai-lhe o arrependimento da falta cometida e que a vossa assistência lhe dê forças para suportar com mais resignação as novas provas que deverá enfrentar pela reparação do seu ato. Afastai dele os maus Espíritos que podem novamente levá-lo ao mal e prolongar os seus sofrimentos, ao fazê-lo perder o fruto de suas provas futuras.

E a ti, cuja infelicidade é o motivo de nossas preces, possa a nossa comiseração amenizar-lhe a amargura e fazer nascer em ti a esperança de um futuro melhor! Confia na bondade de Deus, cujo seio está aberto a todos os arrependidos e só é severo aos corações endurecidos.

Pelos Espíritos em arrependimento

73. Prefácio – Seria injusto colocar na categoria dos maus Espíritos os sofredores e endurecidos que pedem preces. Esses foram maus, mas já não o são, a partir do momento em que reconhecem as suas faltas e delas se arrependem. Eles são simplesmente infelizes. Alguns já começam até a usufruir de uma felicidade relativa.

74. Prece – Deus de misericórdia, que aceita o arrependimento sincero do pecador, encarnado ou não, aqui está um Espírito que se comprometeu com o mal, mas que reconhece os seus erros e entra no caminho do bem. Permita, ó meu Deus, recebê-lo como um filho pródigo e perdoá-lo.

Bons Espíritos a quem ele desprezou os conselhos que agora quer ouvir daqui para frente, permiti que ele entreveja a felicidade dos eleitos do Senhor, para que persista no desejo de se purificar para atingir este objetivo. Sustentai-o em suas boas resoluções, e dai-lhe forças para resistir aos seus maus instintos.

Espírito de..., nós te felicitamos pela tua mudança e agradecemos aos bons Espíritos que te ajudaram!

Se antes te alegravas em fazer o mal, é que não compreendias quão doce e bom é fazer o bem e porque te sentias demasiadamente impotente para o conseguir. Mas desde o momento em que colocaste os pés no bom caminho, uma nova luz se fez para ti. Começaste a experimentar uma felicidade desconhecida e a esperança entrou em teu coração. É que Deus ouve sempre a prece do pecador arrependido. Ele não repele nenhum dos que vem a ele.

Para entrar completamente nas graças Dele, aplica-te, daqui em diante, não só a não mais fazer o mal, mas em fazer o bem e, principalmente, reparar o mal que fizeste. Então, terás satisfeito a justiça de Deus. Cada boa ação apagará um de seus erros passados.

O primeiro passo foi dado. Agora, quanto mais avançares, mais o caminho te parecerá fácil e agradável. Persevera, então, e um dia, terás a glória de estar entre os Espíritos bons e felizes.

Pelos Espíritos endurecidos

75. Prefácio – Os maus Espíritos são aqueles que o arrependimento ainda não tocou, que se alegram com o mal e dele não se arrependem. São insensíveis às reprovações, repelem a prece e, muitas vezes, blasfemam contra Deus. São estas almas endurecidas que, depois da morte, se vingam dos homens pelos sofrimentos que suportaram e perseguem, com o seu ódio, aqueles a quem já odiavam durante a vida, seja pela obsessão, seja por uma funesta influência qualquer. (Cap. X, nº 6; Cap. XII, nºs 5 e 6.)

Entre os Espíritos perversos, há duas categorias bem distintas: aqueles que são francamente maus e os que são hipócritas. Os primeiros são infinitamente mais fáceis de serem conduzidos ao bem do que os segundos. São, muitas vezes, de natureza bruta e grosseira, como se vê entre os homens, que fazem o mal mais por instinto do que por cálculo, e não buscam se passar por melhores do que são. Mas há neles um germe latente que é preciso fazer eclodir, o que se consegue quase sempre com a perseverança, a firmeza e a benevolência, por meio de conselhos, da argumentação e da prece. Nas comunicações mediúnicas, a dificuldade que têm em pronunciar o nome de Deus é indício de um temor instintivo, e de uma recriminação da consciência, acusando-os de indignidade. Os que assim se apresentam estão no limiar da conversão e tudo podemos esperar deles. Basta encontrar o ponto vulnerável do coração.

Os Espíritos hipócritas são, quase sempre, muito inteligentes, mas não têm no coração nenhuma fibra sensível. Nada os toca. Eles simulam todos os bons sentimentos para captar a confiança e ficam felizes quando encontram tolos que os aceitam como santos Espíritos e que eles podem manipular à vontade. O nome de Deus, longe de lhes inspirar o menor medo, serve-lhes de máscara para cobrir as suas torpezas. Tanto no mundo invisível como no visível, os hipócritas são os seres mais perigosos, pois agem na sombra e deles não se desconfia, pois têm as aparências da fé, mas nenhuma fé sincera.

76. Prece – Senhor, permita lançar um olhar de bondade sobre os Espíritos imperfeitos que estão ainda nas trevas da ignorância e Te desconhecem, principalmente sobre o de...

Bons Espíritos, ajudai-nos a fazê-lo compreender que, induzindo os homens ao mal, obsediando-os e atormentando-os, ele prolonga o seu próprio sofrimento. Fazei que o exemplo da felicidade que usufruis seja um encorajamento para ele.

Espírito que se alegra com o mal, tu acabas de ouvir a prece que fizemos por ti. Ela deve provar-te que desejamos fazer-te o bem, embora tenhas feito o mal.

És infeliz, pois é impossível ser feliz fazendo o mal. Por que então permanecer na dor quando depende de ti sair dela? Olha os bons Espíritos que te rodeiam. Vê como eles são felizes! Não seria também mais agradável para ti usufruir da mesma felicidade?

Dirás que isto é impossível para ti, mas nada é impossível àquele que quer, pois Deus te deu, como a todas as Suas criaturas, a liberdade de escolher entre o bem e o mal – ou seja – entre a felicidade e a desgraça e ninguém está condenado a fazer o mal. Se tens a vontade de fazê-lo, podes ter a de fazer o bem e ser feliz.

Volta teus olhos a Deus. Eleva um só instante o pensamento para Ele e um raio desta divina luz virá esclarecer-te. Dize conosco estas simples palavras: Meu Deus, eu me arrependo, perdoa-me.

Tenta arrepender-te e fazer o bem em vez do mal e verás que prontamente a misericórdia divina se estenderá sobre ti, e um bem-estar desconhecido virá substituir as angústias que experimentas.

Uma vez que tiveres dado um passo no bom caminho, o resto te parecerá fácil. Compreenderás, então, quanto tempo perdeste – por tua culpa – da tua felicidade. Mas um futuro radioso cheio de esperança se abrirá diante de ti e te fará esquecer o teu miserável passado, cheio de problemas e de torturas morais, que seriam para ti o inferno se durassem eternamente. Dia virá em que essas torturas serão tantas, que a qualquer preço quererás fazê-las terminar. Mas quanto mais esperares, mais isto te será difícil.

Não creias que ficarás para sempre como estás, não, isto é impossível. Tens diante de ti duas perspectivas: uma, a de sofrer muito mais do que hoje, a outra, a de seres feliz como os Bons Espíritos que estão à tua volta. A primeira; é inevitável, se persistires em tua obstinação. A segunda, um simples esforço de tua vontade basta para te tirar do mau caminho em que estás. Apressa-te, então, pois cada dia de atraso é um dia perdido para a tua felicidade.

Bons Espíritos, fazei que estas palavras encontrem acesso nesta alma ainda atrasada, para que a ajudem a se aproximar de Deus. Nós te pedimos em nome de Jesus Cristo, que teve um tão grande poder sobre os maus Espíritos.

V – Pelos doentes e os obsedados
Pelos doentes

77. Prefácio – As doenças fazem parte das provas e das vicissitudes da vida terrena. Elas são inerentes à forma grosseira de nossa natureza material e à inferioridade do mundo em que oramos. As paixões e os excessos de todo tipo semeiam em nós os germes maus, muitas vezes hereditários. Nos mundos mais avançados, física e moralmente, o organismo humano, mais depurado e menos material, não está sujeito às mesmas enfermidades e o corpo não é minado secretamente pela devastação das paixões. (Cap. III, nº 9). É preciso, então, resignar-se a sofrer as consequências do meio no qual nos coloca a nossa inferioridade, até que mereçamos mudar daqui. Isto não nos deve impedir, mesmo aguardando, de fazer o que estiver ao nosso alcance para melhorar a nossa posição atual, mas se apesar de nossos esforços não conseguimos superá-los, o Espiritismo nos ensina a suportar, com resignação, nossos males passageiros.

Se Deus não quisesse que os sofrimentos materiais fossem amenizados ou curados em certos casos, Ele não teria colocado os meios de cura à nossa disposição. Sua atenção previdente com relação a isto – dando-nos o instinto de conservação – indica que é nosso dever buscá-los e aplicá-los.

Ao lado da medicação comum, elaborada pela Ciência, o magnetismo nos revelou o poder da ação fluídica, depois, o Espiritismo veio nos mostrar uma outra força, através da mediunidade curadora e da influência da prece. (Ver a seguir, notícia sobre mediunidade de cura nº 81.)

78. Prece – (Para o doente pronunciar). Senhor, és todo justiça. A doença que foi de Tua vontade enviar-me, eu mereci, pois tu não fazes sofrer sem motivo. Eu coloco a minha cura sob a Tua infinita misericórdia. Se for Tua intenção devolver-me a saúde, que o Teu santo nome seja abençoado. Se, ao contrário, eu devo sofrer mais um pouco, que ele seja abençoado também. Eu me submeto sem me lamentar aos Teus divinos decretos, pois tudo o que fazes só pode ter por objetivo o bem de Tuas criaturas.

Faze, ó meu Deus, que esta doença seja para mim uma advertência salutar, e me faça olhar para mim mesmo. Eu a aceito como uma expiação do passado e como uma prova para a minha fé e a submissão à Tua santa vontade. (Ver a prece nº 40.)

79. Prece – (Pelo doente). Meu Deus, Teus desígnios são impenetráveis e na Tua sabedoria acreditastes dever enviar a... uma doença. Volta para ele, eu te suplico, um olhar de compaixão sobre os seus sofrimentos e permita conceder-lhe um fim aos seus sofrimentos.

Bons Espíritos, ministros do Todo-Poderoso, secundai, eu vos suplico, meu desejo de aliviá-lo. Dirigi o meu pensamento, para que ele possa derramar um bálsamo salutar sobre seu corpo e a consolação para sua alma.

Inspirai-lhe a paciência e a submissão à vontade de Deus. Dai-lhe forças para suportar as suas dores com resignação cristã, para que ele não perca o fruto desta prova. (Ver a prece nº 57.)

80. Prece – (Pelo médium de cura) – Meu Deus, se quiseres te servir de mim, indigno que sou, poderei curar este sofrimento, se tal for a Tua vontade, pois eu tenho fé em Ti e sem Ti nada sou. Permite que os bons Espíritos me impregnem com o fluido salutar para que eu o transmita a este doente e desvia de mim todo pensamento de orgulho e egoísmo, que possa alterar essa pureza.

Pelos obsedados

81. Prefácio – A obsessão é a ação persistente que um mau Espírito exerce sobre um indivíduo. Ela apresenta características muito diferentes, desde a simples influência moral, sem sinais exteriores sensíveis, até o completo envolvimento do organismo e das faculdades mentais. Ela oblitera todas as faculdades mediúnicas. Na mediunidade psicográfica, traduz-se pela obstinação de um Espírito em se manifestar, à exclusão de todos os outros.

Os maus Espíritos pululam em volta da Terra, em consequência da inferioridade moral de seus habitantes. Sua ação maléfica faz parte dos flagelos que a Humanidade suporta neste mundo. A obsessão, como as doenças e todas as tribulações da vida, deve, então, ser considerada como uma prova ou expiação e aceita como tal.

Assim como as doenças são o resultado das imperfeições físicas que tornam o corpo acessível às influências perniciosas externas, a obsessão é sempre uma imperfeição moral dando acesso a um mau Espírito. A uma causa física opõe-se uma força física; a uma causa moral, é preciso opor uma força moral. Para preservar-se das doenças, fortifica-se o corpo; para preservar a alma da obsessão, é preciso fortificá-la. Além disso, para o obsedado, torna-se uma necessidade trabalhar para a sua própria melhoria, o que basta muitas vezes para desembaraçá-lo do obsessor sem o socorro de outras pessoas. Este socorro torna-se necessário quando a obsessão degenera em subjugação e em possessão, pois, então, o paciente perde, às vezes, a sua vontade própria e o seu livre-arbítrio.

A obsessão é quase sempre consequência de uma vingança exercida por um Espírito e que, muitas vezes, tem sua fonte nas relações que o obsedado teve com o obsessor em uma existência anterior. (Ver Cap. X, nº 6 e Cap. XII, nº 5 e 6.)

No caso de obsessão grave, o obsedado está como que envolvido e impregnado por um fluido pernicioso, que neutraliza a ação dos fluidos salutares e os repele. É desse fluido que se deve desembaraçá-lo. Ora, um mau fluido não pode ser repelido por outro mau fluido. Por uma ação idêntica a do médium de cura, preciso expulsar o mau fluido com a ajuda de um fluido melhor que produza, de certo modo, o efeito de um reagente. Esta é a ação que chamamos de mecânica, mas não basta. É preciso também, e principalmente, agir sobre o ser inteligente com o qual é necessário ter o direito de falar com autoridade e esta autoridade somente é dada pela superioridade moral. Quanto maior for esta última, maior será a autoridade.

Mas ainda não é tudo. Para assegurar a libertação, é preciso levar o Espírito perverso a renunciar aos seus maus desígnios. É preciso despertar nele o arrependimento e o desejo do bem, com a ajuda de instruções habilmente dirigidas, com a ajuda de evocações em prol de sua educação moral. Então, pode-se ter a dupla satisfação de livrar o encarnado e de converter um Espírito imperfeito.

A tarefa fica mais fácil, quando o obsedado, compreendendo a sua situação, oferece o concurso de sua vontade e das suas preces. Não é assim quando este, seduzido por um Espírito enganador, se ilude com as qualidades de quem o domina e se compraz no erro no qual este último o coloca, pois longe de ajudar, ele repele toda e qualquer assistência. É o caso da fascinação, sempre infinitamente mais rebelde do que a subjugação mais violenta. (*O Livro dos Médiuns*, Cap. XXIII.)

Em todo caso de obsessão, a prece é o mais poderoso auxiliar para agir contra o Espírito obsessor.

82. Prece – (Para o obsedado proferir). Meu Deus, permita que os bons Espíritos possam me livrar do Espírito malfeitor que se ligou a mim. Se é uma vingança que ele executa em decorrência dos erros que cometi anteriormente contra ele, e Tu a permites, meu Deus, para a minha punição, eu sofro a consequência da minha falta. Possa o meu arrependimento merecer o Teu perdão e a minha libertação! Mas, qualquer que seja o motivo, eu peço para ele Tua misericórdia. Permita que seja facilitado a ele o caminho do progresso, desviando-o do pensamento de fazer o mal. Possa eu, da minha parte, devolvendo-lhe o mal com o bem, levá-lo a ter melhores sentimentos.

Mas eu também sei, ó meu Deus, que são as minhas imperfeições que me fazem acessível às influências dos Espíritos imperfeitos. Dai-me a luz necessária para reconhecê-las. Combata em mim, sobretudo, o orgulho que me cega quanto aos meus defeitos.

Qual não deve ser a minha indignidade, já que um ser maldoso pode me martirizar!

Fazei, ó meu Deus, que este golpe em minha vaidade me sirva de lição no futuro. Que ele me fortifique na resolução que eu tomo de me purificar pela prática do bem, da caridade e da humildade, para que eu coloque, de agora em diante, uma barreira às más influências.

Senhor, dai-me forças para suportar esta prova com paciência e resignação. Eu compreendo que, como todas as outras provas, ela deve ajudar o meu aperfeiçoamento, se eu não perder dela o fruto lamentando-me, já que ela me fornece a ocasião de mostrar a minha submissão e de exercer a minha caridade em relação a um irmão infeliz, perdoando o mal que ele me fez. (Cap. XII, n⁰ˢ 5 e 6; Cap. XXVIII, nº 15 e seguintes, 46 e 47.)

83. Prece – (Para o obsedado). Deus Todo-Poderoso, permita-me o poder de livrar... do Espírito que o obseda. Se está em Teus desígnios colocar um fim a esta prova, conceda-me a graça de falar a este Espírito com autoridade.

Bons Espíritos que me assistis, e tu, Anjo Guardião deste irmão sofredor, dai-me o vosso concurso. Ajudai-me a desembaraçá-lo do fluido pelo qual está envolvido.

Em nome de Deus Todo-Poderoso, conjuro o Espírito maldoso que o atormenta, para se retirar.

84. Prece – (Pelo espírito obsessor). Deus, infinitamente bom, eu imploro a Tua misericórdia para o Espírito que obseda.... Faze que ele entreveja as divinas luzes, para perceber o caminho errado que tomou. Bons Espíritos, ajudai-me a fazê-lo compreender que ele tem tudo a perder fazendo o mal e tudo a ganhar proclamando o bem.

Espírito que se compraz em atormentar..., escuta-me, pois eu te falo em nome de Deus!

Se queres refletir, compreenda que o mal não pode superar o bem e que tu não podes ser mais forte do que Deus e os bons Espíritos, que poderão preservar... de qualquer investida da tua parte. Se não o fizeram, é que ele tinha uma prova a enfrentar. Mas quando esta prova tiver terminado, o mal que tiveres feito a ele, em vez de destruí-lo, terá servido para o seu aperfeiçoamento e ele estará muito feliz. Assim, a tua maldade terá sido uma perda e se voltará para ti.

Deus Todo-Poderoso, e os Espíritos superiores, Seus servidores, que são mais poderosos do que tu, poderão, então, colocar um fim a esta obsessão quando quiserem e a tua tenacidade se quebrará diante dessa suprema autoridade. Mas, exatamente por Deus ser bom, Ele quer te deixar o mérito em finalizar tudo isso por ti mesmo. É uma concessão que te foi concedida. Se não aproveitá-la, sofrerás as consequências deploráveis de tudo isso. Grandes castigos e cruéis sofrimentos te aguardam. Tu serás forçado a implorar pela piedade deles, e as preces da tua vítima – que já te perdoa e ora por ti, o que é um grande mérito aos olhos de Deus –apressarão a tua libertação.

Reflete, então, enquanto estás em tempo, pois a justiça de Deus pesará sobre ti como sobre todos os Espíritos rebeldes.

Lembra-te de que o mal que tiveres feito neste momento terá forçosamente um fim. Enquanto que, se persistires em teu endurecimento, teus sofrimentos irão aumentar indefinidamente.

Quando estavas na Terra, não achavas estúpido sacrificar um grande bem por uma pequena satisfação momentânea? O mesmo acontece agora que és Espírito. O que ganhas com o que fazes? O triste prazer de atormentar alguém? Isto não te impede de seres infeliz, independentemente do que possas dizer, e tornar-te-ás mais infeliz ainda.

Ao lado disso, vê o que perdes. Olha os bons Espíritos que te rodeiam e vê se o destino deles não é preferível ao teu. A felicidade que eles usufruem será a tua, quando quiseres. O que é preciso para isto? Implorar a Deus e fazer o bem em vez do mal. Eu sei que tu não podes te transformar de repente, mas Deus não pede o impossível. O que Ele quer é a boa vontade. Tenta, então, e nós te ajudaremos. Faze que, em breve, possamos dizer para ti a prece pelos Espíritos arrependidos (nº 73) e não mais te classificar entre os maus Espíritos, aguardando que tu possas te encontrar entre os bons. (Ver também, acima, nº 75, a prece pelos Espíritos endurecidos).

Nota: A cura das obsessões graves requer muita paciência, perseverança e devotamento. Ela exige, também, tato e habilidade para trazer para o bem os Espíritos muitas vezes perversos, endurecidos e astuciosos, pois os há rebeldes até o último grau. Na maior parte dos casos, é preciso guiar-se segundo as circunstâncias. Não obtemos nada com constrangimentos ou ameaças. Toda influência está no ascendente moral. Uma outra verdade igualmente constatada, tanto pela experiência quanto pela lógica, é a completa ineficácia dos exorcismos, fórmulas, palavras sacramentais, amuletos, talismãs, práticas exteriores ou quaisquer símbolos materiais.

A obsessão que se prolonga por muito tempo pode ocasionar desordens patológicas e requer, muitas vezes, tratamento simultâneo ou consecutivo, seja magnético, seja médico, para restabelecer o organismo. A causa sendo destruída resta combater os efeitos. (Ver *O Livro dos Médiuns*, Cap. XXIII sobre Obsessão e a *Revista Espírita*, Fevereiro e Março de 1864 e Abril de 1865 – Exemplos de curas de obsessão.)

BREVE DESCRIÇÃO HISTÓRICA

IMITATION DE L'ÉVANGILE SELON LE SPIRITISME (IMITAÇÃO DO EVANGELHO SEGUNDO O ESPIRITISMO) L' ÉVANGILE SELON LE SPIRITISME

O EVANGELHO SEGUNDO O ESPIRITISMO

"A ninguém comunicara eu o objeto da obra em que estava trabalhando; guardei tanto segredo acerca do título que lhe dei, que o próprio editor, o Sr. Didier, só veio a saber dele quando a foi imprimir. O título era, na primeira edição, **Imitação do Evangelho**. Mais tarde, porém, graças à observação do Sr. Didier e de outros, foi substituído por este: **O Evangelho Segundo o Espiritismo**."[1]

É desta forma que Allan Kardec descreve os passos iniciais para a elaboração daquele que seria o terceiro baluarte da Codificação Espírita: a religião, ou mais precisamente, o sustentáculo da moral espírita, assentada sobre a moral de Jesus[2]. Para tanto, o Espírito que se comunica a 9 de agosto de 1863 revela: "Este livro de doutrina terá influência considerável. Tu atacas as questões capitais e não somente o mundo religioso encontrará nele as máximas, que lhe são necessárias, mas a vida prática das nações obterá excelentes instruções. Fizeste bem em tratar de questões de alta moral prática sob o ponto de vista do interesse geral, dos interesses sociais e dos religiosos. A dúvida precisa ser destruída; a Terra e a sua população civilizada estão preparadas; há longo tempo os teus amigos do espaço a tem roteado: lança pois a semente que te confiamos, porque é tempo de fazer a Terra gravitar na ordem radiante das esferas para sair da penumbra e do nevoeiro, que obscurece as inteligências. Acaba a tua obra: conta com a proteção do teu guia – guia de todos nós – e com o concurso devotado dos mais fiéis Espíritos, em cujo número podes contar-me".

E, em 1864, assentado sobre o ensino moral do maior representante de Deus sobre a Terra, é lançada a 1ª edição do *Imitation de l'Évangile selon le Spiritisme*. Após a revisão criteriosa de Kardec, em 1866 vem à luz a 3ª edição, com o nome de **O Evangelho Segundo o Espiritismo**. As mudanças ali praticadas eram de estrutura, e não de substância. Os capítulos conservavam a mesma disposição e a mesma sequência até o de nº 22 – *"Não separeis o que Deus juntou"*. O de nº 23, na primeira edição, é transposto para o Capítulo 27. O texto correspondente à prece pelos doentes e obsidiados, é colocado no item V do Capítulo 28. O Capítulo 25 – "Diversas máximas" foi desdobrado em quatro: 23 – Moral Estranha, 24 – Não pôr a candeia sob o alqueire, 25 – Buscai e Achareis, 26 – Dar de graça o que de graça receber. No Capítulo 28 foi desenvolvida e comentada a Oração Dominical. A numeração dos itens, que era seguida, foi refeita, seguindo a sequência dentro dos Capítulos. Não fugiu, porém, dos aspectos históricos da vida do Cristo, os milagres, as predições, analisando-os criteriosamente nas obras posteriores, **O Céu e o Inferno** (1865) e **A Gênese** (1868).[3]

Dos cinco livros que compõem a monumental obra da Codificação, três demonstram como e por que as ideias básicas do Evangelho podem ser vistas sob nova luz, revelando-as sob novo enfoque, sem deslustrá-las ou alterá-las. Ou seja, o Espiritismo, concordante aos conteúdos que permeiam os ensinos de Jesus, não poderia jamais compactuar com a prática religiosa vigente, embora rotulada de Cristianismo.

"Aproxima-se a hora em que deverás abertamente declarar o que é o Espiritismo e mostrar a todos onde está a verdadeira doutrina ensinada pelo Cristo; aproxima-se a hora em que, à face do Céu e da Terra, deverás proclamar o Espiritismo como única tradição verdadeiramente cristã, única instituição realmente divina e humana."

Tal como as Epístolas Paulinas, **O Evangelho Segundo o Espiritismo** não é teologia, mas otimização dos conteúdos subjacentes da alma humana, ciosa por libertar-se do jugo da matéria, e alçar voo, na maravilhosa acepção de Jesus: *"Conhecereis a Verdade, e a Verdade vos libertará"*.

---

[1] *Obras Póstumas*, 2ª parte, *Imitação do Evangelho*.
[2] *O Livro dos Espíritos* fora lançado em abril de 1857; *O Livro dos Médiuns* teria de ser o seguinte da série (1861), a fim de possibilitar o estudo criterioso dos aspectos experimentais suscitados pelo intercâmbio entre os dois planos.
[3] **Fonte**: Anotações à Edição Brasileira de *Imitation de l'Évangile selon Le Spiritisme*, de autoria de Hermínio C. Miranda.

Dados Biográficos de Allan Kardec

Hippolyte Léon Denizard Rivail, este é o verdadeiro nome de Allan Kardec. Nasceu em Lyon, França, a 3 de outubro de 1804. Seus pais eram Jean Baptiste Antoine Rivail e Jeanne Louise Duhamel, família de dignas tradições. Kardec em tenra idade revelou uma inteligência brilhante, inclinando-se para as ciências e para assuntos filosóficos. Foi aluno de Pestalozzi no Instituto de Yverdon (Suíça), uma das mais renomadas escolas da época. Cercado por colegas tão brilhantes quanto ele, aos 14 anos já ensinava o que aprendia aos colegas. Essa particular atenção para com os problemas educacionais chamou a atenção de Pestalozzi, granjeando-lhe a simpatia e a admiração.

Conquistou diversas honrarias e tornou-se membro de diversas Sociedades e Institutos durante sua carreira de professor e diretor de colégio. Sua postura pedagógica o fazia um pesquisador de extrema erudição. Viveu numa época em que os estudos ganhavam cunho empírico. Essa herança de formação foi primordial para que no futuro o trabalho da Codificação fosse realizado. O professor Rivail ganhou notoriedade invulgar, sendo detentor das seguintes honrarias:

. Diploma de fundador da Sociedade de Previdência dos Diretores de Colégios e Internatos de Paris (1829);

. Diploma da Sociedade para Instrução Elementar (1847). Secretário Geral: H. Carnot;

. Diploma do Instituto de Línguas, fundado em 1873. Presidente: Conde Le Peletier-Jaunay;

. Diploma da Sociedade de Ciências Naturais de França (1835). Presidente: Geoffrey de Saint-Hilaire;

. Diploma da Sociedade de Educação Nacional, constituída pelos diretores de Colégios e de Internatos da França;

. Diploma da Sociedade Gramatical, fundada em Paris, em 1807, por Urbain Domergue (1829);

. Diploma da Sociedade de Emulação e de Agricultura do

Departamento do Ain (1828), onde Rivail fora designado para expor e apresentar na França o método de Pestalozzi;

. Diploma do Instituto Histórico, fundado em 24 de dezembro de 1833 e organizado a 6 de abril de 1834. Presidente: Michaud, membro da Academia Francesa;

. Diploma da Sociedade Francesa de Estatística Universal, fundada em Paris, a 22 de novembro de 1820, por César Moreau;

. Diploma da Sociedade de Incentivo à Indústria Nacional, fundada por Jomard, membro do Instituto;

. Diploma da Academia Real de Ciências de Arrás. (Trecho do Livro: "Grandes Espíritas do Brasil", Z. Wantuil.)

Rivail e o Espiritismo

Humanista ligado ao pensamento empírico e racional vigente em sua época, Rivail, ao entrar em contato pela primeira vez com os fenômenos espirituais, procurou observar-lhes as características lógicas. Não poderia ser diferente, quando um amigo, Sr. Fortier, lhe revela que, em certa casa, as mesas não eram apenas girantes, mas também falantes. A primeira reação de Rivail foi constatar a veracidade do fato. Ele era profundo conhecedor do Magnetismo e, como outros observadores e magnetizadores, acreditava que os fenômenos eram apenas manipulações de fluido magnético. Frente a frente aos fatos, o perspicaz professor logo observou, com seriedade, o que muitos utilizavam como passatempo. Após árduas pesquisas e profundo estudo, concluiu que a causa inteligente por trás daqueles fenômenos, eram os Espíritos daqueles que já haviam partido, deduzindo, assim, as leis que regem esses fenômenos. A partir desse momento, traz à luz, todo um corpo de doutrina, explicitado na Filosofia Espírita, plena de conhecimento superior.

Com essa percepção, Rivail, futuro Allan Kardec, passou a frequentar inúmeras reuniões, levando perguntas sistematizadas sobre diversos problemas, às quais os Espíritos respondiam com "precisão, profundeza e lógica". Em casa do Sr. Roustan, a 30 de abril de 1856, a médium Japhet lhe transmitiu a primeira revelação positiva da missão que teria de desempenhar. Humildemente, Kardec recebeu uma página do Espírito da Verdade que lhe confirmava haver sido escolhido para tão grandiosa missão. *"Confirmo o que te foi dito, mas recomendo-te discrição, se quiseres sair-te bem. Não te esqueças que tanto podes vencer como falir. Neste último caso, outro te substituiria, porquanto os desígnios de Deus não assentam na cabeça de um só homem."*

Segue-se o trabalho, e a 18 de abril de 1857, é finalmente lançado *O Livro dos Espíritos* contendo a base da Doutrina Espírita, as Leis Morais, Esperanças e Consolações.

O surgimento de Allan Kardec

"No momento de publicá-lo" – diz Henri Sausse, biógrafo de Kardec – *"o autor ficou muito embaraçado em resolver como assinaria, se com o seu nome, Hippolyte Léon Denizard Rivail, ou através de pseudônimo. Sendo seu nome muito conhecido do mundo científico, em virtude dos seus trabalhos anteriores e podendo originar equívocos, talvez até mesmo prejudicar o êxito do empreendimento, optou por assinar com o nome de Allan Kardec, nome que, segundo lhe revelara um Espírito, tivera ao tempo dos Druidas."*

Após o lançamento de *O Livro dos Espíritos*, seguiram-se outros: *Instruções Práticas sobre as Manifestações Espíritas* – *O que é o Espiritismo* – *Carta sobre o Espiritismo* – *O Livro dos Médiuns* – *O Espiritismo na sua expressão mais simples* – *Viagem Espírita em 1862* – *Resposta à mensagem dos Espíritas Lioneses por ocasião do Ano Novo* – *Resumo da Lei dos Fenômenos Espíritas, ou Primeira Iniciação* – *Imitação do Evangelho Segundo o Espiritismo*, daí originando *O Evangelho Segundo o Espiritismo* – *Coleção de composições inéditas extraídas de O Evangelho Segundo o Espiritismo* – *A Gênese* – *O Céu e o Inferno* – *Coleção de Preces Espíritas* – *Estudo acerca da poesia medianímica* – *Caracteres da Revelação Espírita* – *Obras Póstumas* – *Revista Espírita*.

Nos seus últimos anos de vida, Kardec tornara-se um homem universal – segundo o sr. André Moreil (La Vie et l'Oeuvre d'Allan Kardec, Paris, 1961). Em preparativos de mudança de residência, em 31 de março de 1869, aos 65 anos incompletos, é vítima de um aneurisma que o leva ao desenlace. Em seu enterro, no Cemitério de Montmartre, dentre outros oradores, o astrônomo Camille Flammarion destacou a contribuição de Allan Kardec para o mundo científico e filosófico.

Atualmente, os despojos mortais de Kardec encontram-se no centro do monumento druídico, no Cemitério Père-Lachaise, em Paris.

NOTA EXPLICATIVA

"*Hoje creem e sua fé é inabalável, porque assentada na evidência e na demonstração, e porque satisfaz à razão. [...]. Tal é a fé dos espíritas, e a prova de sua força é que se esforçam por se tornarem melhores, domarem suas inclinações más e porem em prática as máximas do Cristo, olhando todos os homens como irmãos, sem acepção de raças, de castas, nem de seitas, perdoando aos seus inimigos, retribuindo o mal com o bem, a exemplo do divino modelo.*" (KARDEC, Allan. Revista Espírita, *de 1868. 1ª ed. Rio de Janeiro: FEB, 2005. p. 28, janeiro de 1868.*)

A investigação rigorosamente racional e científica de fatos que revelavam a comunicação dos homens com os Espíritos, realizada por Allan Kardec, resultou na estruturação da Doutrina Espírita, sistematizada sob os aspectos científico, filosófico e religioso.

A partir de 1854 até seu falecimento, em 1869, seu trabalho foi constituído de cinco obras básicas: *O Livro dos Espíritos* (1857), *O Livro dos Médiuns* (1861), *O Evangelho Segundo o Espiritismo* (1864), *O Céu e o Inferno* (1865), *A Gênese* (1868), além da obra *O Que é o Espiritismo* (1859), de uma série de opúsculos e 136 edições da *Revista Espírita* (de janeiro de 1858 a abril de 1869). Após sua morte, foi editado o livro *Obras Póstumas* (1890).

O estudo meticuloso e isento dessas obras permite-nos extrair conclusões básicas: a) todos os seres humanos são Espíritos imortais criados por Deus em igualdade de condições, sujeitos às mesmas leis naturais de progresso que levam todos, gradativamente, à perfeição; b) o progresso ocorre por meio de sucessivas experiências, em inúmeras reencarnações, vivenciando necessariamente todos os segmentos sociais, única forma de o Espírito acumular o aprendizado necessário ao seu desenvolvimento; c) no período entre as reencarnações o Espírito permanece no Mundo Espiritual, podendo comunicar-se com os homens; d) o progresso obedece às leis morais ensinadas e vivenciadas por Jesus, nosso guia e modelo, referência para todos os homens que desejam desenvolver-se de forma consciente e voluntária.

Em diversos pontos de sua obra, o Codificador se refere aos Espíritos encarnados em tribos incultas e selvagens, então existentes em algumas regiões do planeta, e que, em contato com outros polos de civilização, vinham sofrendo inúmeras transformações, muitas com evidente benefício para os seus membros, decorrentes do progresso geral ao qual estão sujeitas todas as etnias, independentemente da coloração de sua pele.

Na época de Kardec, as ideias frenológicas de Gall e as da fisiognomonia de Lavater eram aceitas por eminentes homens de Ciência, assim como provocou enorme agitação nos meios de comunicação e junto à intelectualidade e à população em geral, a publicação, em 1859 – dois anos depois do lançamento de *O Livro dos Espíritos* – do livro sobre a *Evolução das Espécies,* de Charles Darwin, com as naturais incorreções e incompreensões que toda ciência nova apresenta. Ademais, a crença de que os traços da fisionomia revelam o caráter da pessoa é muito antiga, pretendendo-se haver aparentes relações entre o físico e o aspecto moral.

O Codificador não concordava com diversos aspectos apresentados por essas assim chamadas ciências. Desse modo, procurou avaliar as conclusões desses eminentes pesquisadores à luz da revelação dos Espíritos, trazendo ao debate o elemento espiritual como fator decisivo no equacionamento das questões da diversidade e desigualdade humanas.

Kardec encontrou, nos princípios da Doutrina Espírita, explicações que apontam para leis sábias e supremas, razão pela qual afirmou que o Espiritismo permite *"resolver os milhares de problemas históricos, arqueológicos, antropológicos, teológicos, psicológicos, morais, sociais etc."* (*Revista Espírita*, 1862, p. 401). De fato, as leis universais do amor, da caridade, da imortalidade da alma, da reencarnação, da evolução constituem novos parâmetros para a compreensão do desenvolvimento dos grupos humanos, nas diversas regiões do orbe.

Essa compreensão das Leis Divinas lhe permite afirmar que:

> *"O corpo procede do corpo, mas o Espírito não procede do Espírito. Entre os descendentes das raças, há apenas consanguinidade."* (O Livro dos Espíritos, *item 207*)

> *"[...] o Espiritismo, restituindo ao Espírito o seu verdadeiro papel na Criação, constatando a superioridade da inteligência sobre a matéria, faz com que desapareçam, naturalmente, todas as distinções estabelecidas entre os homens, conforme as vantagens corporais e mundanas, sobre as quais só o orgulho fundou as castas e os estúpidos preconceitos de cor".* (Revista Espírita, *1861, p. 432.)*

> *"Os privilégios de raças têm sua origem na abstração que os homens geralmente fazem do princípio espiritual, para considerar apenas o ser material exterior. Da força ou da fraqueza constitucional de uns, de uma diferença de cor em outros, do nascimento na opulência ou na miséria, da filiação consanguínea nobre ou plebeia, concluíram por uma superioridade ou uma inferioridade natural. Foi sobre este dado que estabeleceram suas leis sociais e os privilégios de raças. Deste ponto de vista circunscrito, são consequentes consigo mesmos, porquanto, não considerando senão a vida material, certas classes parecem pertencer, e realmente pertencem, a raças diferentes. Mas se se tomar seu ponto de vista do ser espiritual, do ser essencial e progressivo, numa palavra, do Espírito, preexistente e sobrevivente a tudo, cujo corpo não passa*

Espírito, preexistente e sobrevivente a tudo, cujo corpo não passa de um invólucro temporário, variando, como a roupa, de forma e de cor; se, além disso, do estudo dos seres espirituais ressalta a prova de que esses seres são de natureza e de origem idênticas, que seu destino é o mesmo, que todos partem do mesmo ponto e tendem para o mesmo objetivo; que a vida corporal não passa de um incidente, uma das fases da vida do Espírito, necessária ao seu adiantamento intelectual e moral; que em vista desse avanço o Espírito pode sucessivamente revestir envoltórios diversos, nascer em posições diferentes, chega-se à consequência capital da igualdade de natureza e, a partir daí, à igualdade dos direitos sociais de todas as criaturas humanas e à abolição dos privilégios de raças. Eis o que ensina o Espiritismo. Vós que negais a existência do Espírito para considerar apenas o homem corporal, a perpetuidade do ser inteligente para só encarar a vida presente, repudiais o único princípio sobre o qual é fundada, com razão, a igualdade de direitos que reclamais para vós mesmos e para os vossos semelhantes". (Revista Espírita, *1867, p. 231.*)

"Com a reencarnação, desaparecem os preconceitos de raças e de castas, pois o mesmo Espírito pode tornar a nascer rico ou pobre, capitalista ou proletário, chefe ou subordinado, livre ou escravo, homem ou mulher. De todos os argumentos invocados contra a injustiça da servidão e da escravidão, contra a sujeição da mulher à lei do mais forte, nenhum há que prime, em lógica, ao fato material da reencarnação. Se, pois, a reencarnação funda numa lei da Natureza o princípio da fraternidade universal, também funda na mesma lei o da igualdade dos direitos sociais e, por conseguinte, o da liberdade". (A Gênese, cap. I, item 36, p. 42-43. Ver também Revista Espírita, *1867, p.373.*)

Dos negros, Kardec sabia apenas o que vários autores contavam a respeito dos selvagens africanos, sempre reduzidos ao embrutecimento quase total, quando não escravizados impiedosamente.

É firmado nesses informes "científicos" da época que o Codificador repete, com outras palavras, o que os pesquisadores europeus descreviam quando de volta das viagens que faziam à África negra. Todavia, é peremptório ao abordar a questão do preconceito racial:

> *"Nós trabalhamos para dar a fé aos que em nada creem; para espalhar uma crença que os torna melhores uns para os outros, que lhes ensina a perdoar aos inimigos, a se olharem como irmãos, sem distinção de raça, casta, seita, cor, opinião política ou religiosa; numa palavra, uma crença que faz nascer o verdadeiro sentimento de caridade, de fraternidade e deveres sociais".* (KARDEC, Allan. Revista Espírita de 1863 – 1ª ed. Rio de Janeiro: FEB, 2005 – janeiro de 1863.)

> *"O homem de bem é bom, humano e benevolente para com todos, sem distinção de raças, nem de crenças, porque em todos os homens vê irmãos seus".* (O Evangelho Segundo o Espiritismo, Cap. XVII, item 3.)

É importante compreender, também, que os textos publicados por Kardec na *Revista Espírita* tinham por finalidade submeter à avaliação geral as comunicações recebidas dos Espíritos, bem como aferir a correspondência desses ensinos com teorias e sistemas de pensamento vigentes à época. No Capítulo XI, item 43, do livro *A Gênese*, o Codificador explica essa metodologia:

> *"Quando, na Revista Espírita de janeiro de 1862, publicamos um artigo sobre a interpretação da doutrina dos anjos decaídos, apresentamos essa teoria como simples hipótese, sem outra autoridade afora a de uma opinião pessoal controversa, porque nos faltavam então elementos bastantes para uma afirmação peremptória. Expusemo-la a título de ensaio, tendo em vista provocar o exame da questão, decidido, porém, a*

> *abandoná-la ou modificá-la, se fosse preciso. Presentemente, essa teoria já passou pela prova do controle universal. Não só foi bem aceita pela maioria dos espíritas, como a mais racional e a mais concorde com a soberana justiça de Deus, mas também foi confirmada pela generalidade das instruções que os Espíritos deram sobre o assunto. O mesmo se verificou com a que concerne à origem da raça adâmica".* (A Gênese, Cap. XI, item 43.)

Por fim, urge reconhecer que o escopo principal da Doutrina Espírita reside no aperfeiçoamento moral do ser humano, motivo pelo qual as indagações e perquirições científicas e/ou filosóficas ocupam posição secundária, conquanto importantes, haja vista o seu caráter provisório decorrente do progresso e do aperfeiçoamento geral. Nesse sentido, é justa a advertência do Codificador:

> *"É verdade que esta e outras questões se afastam do ponto de vista moral, que é a meta essencial do Espiritismo. Eis por que seria um equívoco fazê-las objeto de preocupações constantes. Sabemos, aliás, no que respeita ao princípio das coisas, que os Espíritos, por não saberem tudo, só dizem o que sabem ou o que pensam saber. Mas como há pessoas que poderiam tirar da divergência desses sistemas uma indução contra a unidade do Espiritismo, precisamente porque são formulados pelos Espíritos, é útil poder comparar as razões pró e contra, no interesse da própria doutrina, e apoiar no assentimento da maioria o julgamento que se pode fazer do valor de certas comunicações".* (Revista Espírita, *1862, p. 38.*)

Feitas essas considerações, é lícito concluir que na Doutrina Espírita vigora o mais absoluto respeito à diversidade humana, cabendo ao Espírita o dever de cooperar para o progresso da Humanidade, exercendo a caridade no seu sentido mais abrangente (*"benevolência para com todos, indulgência para as imperfeições dos outros e perdão das ofensas."),* tal como a entendia Jesus, nosso Guia e Modelo, sem preconceitos de nenhuma espécie: de cor, etnia, sexo, crença ou condição econômica, social ou moral.

A Editora

OBRAS BÁSICAS

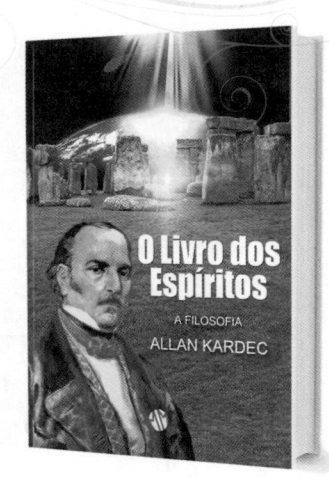

O Livro dos Espíritos
A Filosofia

Lançada em 18 de abril, de 1857, foi a primeira obra básica do espiritismo de uma série de cinco livros. Um livro escrito para todos os homens e para todas as épocas, que aborda questões profundas da existência.

O Livro dos Médiuns
O Fenômeno

A segunda obra publicada, em 1861. Trata sobre a parte experimental da Doutrina. Obra destinada a esclarecer os médiuns sobre as práticas mediúnicas ou interessados em estudá-las.

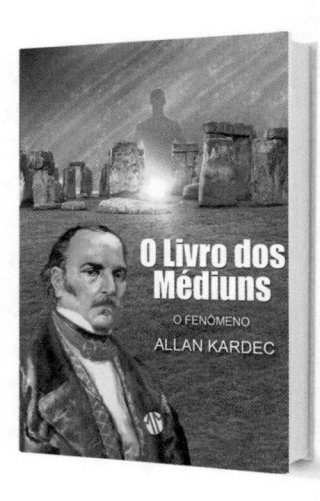

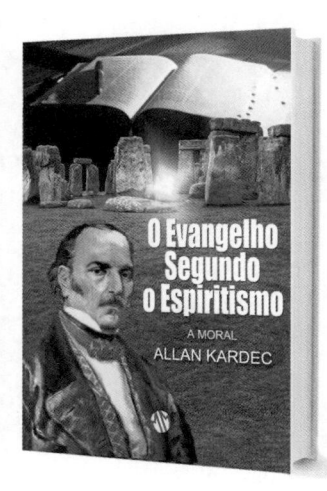

O Evangelho Segundo o Espiritismo
A Moral

O terceiro livro da codificação lançado em 1864. Um manual de vida no qual o leitor encontrará profundos apontamentos sobre os ensinamentos morais do Cristo e sua aplicação às diversas situações da vida.

www.mundomaior.com.br

ALLAN KARDEC

O Céu e o Inferno
A Justiça

Publicada em 1865, esta é a quinta e penúltima das cinco obras da coleção de Kardec. Traz uma visão reflexiva e ao mesmo tempo racional a respeito da Justiça Divina à luz do Conhecimento Espírita.

A Gênese
A Ciência

O Espiritismo e a Ciência completam-se um ao outro. A Ciência, sem o Espiritismo é impotente para explicar certos fenômenos apenas pelas leis da matéria; o Espiritismo, sem a Ciência, ficaria sem suporte e comprovação. Se o Espiritismo tivesse vindo antes das descobertas científicas, teria tido sua obra abortada, como tudo o que vem antes de seu tempo.

Obras Póstumas
O Legado

Uma compilação de escritos do Codificador da Doutrina Espírita, Allan Kardec, lançada póstumamente em Paris, em janeiro de 1890, pelos dirigentes da Sociedade Parisiense de Estudos Espíritas.

Contato (11) 4964-4700

Acesse nosso *site* e redes sociais.

www.mundomaior.com.br

DESPERTANDO CONHECIMENTO

Curta no Facebook
Mundo Maior

Siga-nos
@edmundomaior

WordPress
Acesse nosso Blog:
www.editoramundomaior.wordpress.com